현존 기반 코칭

마음, 몸, 가슴

DOUG SILSBEE 저
김환영 김선휘 김혜옥 공역

PRESENCE-BASED COACHING:
Cultivating Self-Generative Leaders Through Mind, Body, and Heart

박영story

"더그 실스비는 매우 엄격하고 미묘한 차이로 현존 기반 코칭과 리더십의 영역을 그려낸다. 비즈니스 교육자들은 코치–고객 관계의 체험에서 얻은 학습과 실행에 대한 통찰력에 흥미를 느낄 것이다."

–Elizabeth A. Powell, associate professor,
Darden School of Business, University of Virginia

"이 책은 코치, 리더, 촉진자 및 컨설턴트에게 중요한 새로운 장을 열어준다. 더그는 그의 고객들이 기본을 훨씬 뛰어넘는 성과를 달성하고 지속할 수 있도록 돕는 데 있어 20년 이상의 성공을 거두며 선도적인 코치로서 명성을 쌓은 지혜와 기법을 아낌없이 공유한다."

–Anne S. Davidson, associate, Roger Schwarz and
Associates, and coauthor, *Facilitative Coaching*

"더그는 현존이라는 어렵지만 근본적인 리더십 자질의 핵심에 도달한다. 이 실용적인 가이드북은 명확하고 명쾌하다. 사례와 연습이 풍부하게 포함되어 있어 정말 실용적이다."

–Ann Fisher, managing director,
Integral Coaching International, Shanghai, China

"이 책을 꼭 경험해 보라! 나는 직장에서 팀원들과 가정에서 남편과 함께 더 편안하고, 더 강력한 파트너십을 맺고, 더 큰 기쁨을 느끼는 일들이 일어나는 것에 놀랐다. 이 책은 중요한 관계에서 어떻게 현존할 수 있는지에 대해 큰 도움을 준다!"

–Connie Maltbie–Shulas, manager,
V–22 Training Program, The Boeing Company

"현존 기반 코칭은 정신을 고양시키고 실용적이다. 균형 잡힌 삶을 살면서 전문적으로 효과적이기를 원하는 코치와 리더들에게 필수적인 책이다. 이 책은 실용적인 비즈니스 사례를 제시하면서 현존을 발산하고 있다."

—Diana Whitney, president, Corporation for Positive Change, and coauthor, *The Power of Appreciative Inquiry*

"결론적으로 코치의 존재감을 키워주는 진정 위대한 책이다. 이렇게 명확하고 실용적인 도구를 제공하는 책은 없다. 코칭 접근법을 사용하는 전문 코치와 리더라면 반드시 읽어야 할 필독서이다."

—Henry Kimsey—House, cofounder, The Coaches Training Institute, and coauthor, *Co—Active Coaching*

"만약 관계에서 의도와 진정성에 관심이 있는 사람이라면 이 책을 추천한다. 더그는 우리 자신과 타인의 성장과 변화를 탐구하도록 지원하고 도전으로 초대한다."

—Nancy Light, senior associate director of philanthropy, The Nature Conservancy in Maine

"모든 중요한 업무를 완수하기 위해서는 현존이 필수적이다. 코치와 리더에게 요구되는 것은 완전한 집중과 완전한 연결이다. 더그는 진정한 변화가 일어날 수 있는 유일한 장소인 인간의 호기심을 깊이 탐구하기 위해 현존을 주제로 삼는 훌륭한 스승이다."

—Harrison Owen, author, *Open Space Technology*

"더그 실스비는 현존의 힘을 경험하고 이를 진정성 있고 목적 지향적인 리더의 개발에 활용할 수 있는 길을 제시한다. 이 책은 현명하고 근거가 있는 필독서이다!"

—Richard J. Leider, founder, The Inventure Group, and author, *The Power of Purpose*

"실스비는 발달의 핵심적인 과제를 예리하게 파고든다. 엄격한 방법론과 사례는 우리에게 꼭 필요한 진정성 있고 탄력적인 리더를 개발하는 방법을 보여준다. 실스비는 가속화된 개발의 엄격한 요구사항에 기꺼이 참여하는 사람들에게 어떤 가능성이 기다리고 있는지 잘 알고 있는 대가이다."

—Rod Napier, coauthor, *The Courage to Act*

"현존 기반 코칭은 우리의 첫 번째 단계가 스스로에게 작업하는 것임을 상기시켜 준다. 이 책은 기술과 기법을 넘어 우리 자신과 고객을 위한 가능성과 선택의 폭을 넓혀주는 현존을 제공하도록 우리를 초대한다."

—Sharon King, editor,
Center for Creative Leadership *Handbook of Coaching*

"더그 실스비는 코치와 리더가 현재의 효과성 수준을 넘어 깨어나고 발전하도록 돕는다. 그는 고객을 현존하게 하는 힘에 대한 설득력 있는 그림을 제시한다."

—Mary Beth O'Neill, founder, MBO Consulting, and author,
Executive Coaching with Backbone and Heart

"더그는 실제 리더십 스킬을 개발하기 위한 프레임워크를 제공하는 동시에 가능한 것, 심지어 필수적인 것에 대한 인식을 넓혀준다. 진정성 있고 생각을 자극하는 이 중요한 신작을 강력히 추천한다."

—Kelly Durkan Bean, assistant dean of executive education,
UCLA Anderson School of Management UCLA

"현존은 가장 중요하지만 가장 잘 이해되지 않는 코칭 역량이다. 여기 코치와 리더에게 효과성, 평생 동안의 전문성 개발, 기쁨으로 가는 길이 있다."

—Marcia Reynolds, author, *Outsmart Your Brain,*
and former president, International Coach Federation

차 례

‖ 제3부 ‖ 마음, 몸, 가슴에 현존하기 위한 생성적 프랙티스

| 제6장 | 마음

| 제7장 | 몸

| 제8장 | 가슴

‖ 제4부 ‖ 현존 기반 코칭을 위한 관계적 조치

| 제9장 | 자기관찰과 깨달음을 위한 코칭

| 제10장 | 재구성을 위한 코칭

| 제11장 | 안정화를 위한 코칭

| 제12장 | 이정표들: 시작, 지속 및 완결

서 문

더그 실스비DOUG SILSBEE의 신간 *Presence-Based Coaching: Cultivating Self-Generative Leaders Through Mind, Body, and Heart*는 코치를 위한 책이다. 즉, *현존 기반 코칭: 마음*mind (역자 주: 저자는 마음을 사고에 초점을 맞춘다), *몸*body, *가슴*heart (역자 주: 저자는 "heart"를 신체적으로는 심장이 있는 장소와 감정을 다루는 곳을 중의적으로 사용한다)을 통한 자기생성적 리더 양성을 위한 책이다. 이 책은 현존presence 상태를 개발하는 방법과 리더와 코치의 작업work에 현존을 적용하는 방법을 명료하게 설명한다. 실스비의 책은 리더 고객들과 훨씬 더 깊고 강력한 코칭 대화를 나누고 싶어하는 코치들을 위한 것이다. 또한 비즈니스, 비영리 및 교육 분야의 리더는 이 책에서 제공하는 혜택을 크게 누릴 수 있다.

그러나 이 책은 코치나 리더에게 더 이상의 것을 제공한다. 이것은 본질적으로 깨어남waking up에 관한 책이다. 여기에 제시된 모든 것들은 인간의 진화와 변형transformation에 관심이 있는 모든 사람들에게 적용된다. 이것은 변화change가 가속화되고 있는 이 역사적인 시기에 매우 중요하다. 지구의 환경 파괴, 전혀 나아지지 않는 전 세계에 만연한 폭력 상황 그리고 인간의 기본권리를 박탈하는 부도덕적인 역병과 직면했을 때, 우리가 깨어나 능숙하고 연민 어린 행동으로 대응하는 것이 무엇보다 중요하다. 이 책은 리더들과 코치들뿐만 아니라, 그 깨어남의 소명에 응답하여 세계에 더 큰 공헌을 할 모든 사람들을 위한 책이다.

코칭이라는 직업 분야가 성장하고 있다. 정부 기관, 비즈니스 및 비영리 단체는 정기적으로 코치를 활용하여 관리자와 임원을 지원하고 팀성과를 개선한다. 코치를 인증하는 많은 국제 조직들, 수백 개의 코치 훈련 프로그램들 그리고 셀 수 없이 많은 코칭 전문분야가 있다. 여느 담론과 같이 그것들은 가식적이며 기회주의적이고 훈련에 현저한 차이가 있다. 그러나 코칭은 여전히 효과적이라 말할 수 있으며, 평생 학습과 변화를 제공하는 데 있어 가능성을 보여준다. 그러나 코치들의 훈련에는 무엇인가가 부족하다.

코칭은 다음 단계의 성숙기로 넘어가고 있는 전문분야로서, 테크닉과 스킬을 습득하고 과정을 이수하는 것 이상으로 코치의 학습을 확장해야 할 중요한 필요성이 대두되고 있다. 코치의 교육에도 자아self의 성장을 강조할 때가 왔다. 분명히 코치가 *무엇을 할 수 있느냐*가 중요하지만 *어떻게 존재하는지*가 더 중요하다. 이것은 자기생성self-generating(역자 주: generative(생성적 혹은 양성적으로 해석될 수 있음). 저자는 Self-generative를 발달적 관점과 새로운 행동을 만들어 내는 코치의 자질로 본다. 그러므로 양성보다는 생성이 본래의 의도와 가깝다고 본다), 자기치유self-healing, 자기교육self-educating이 구현된 현존의 개발을 요구한다. *현존 기반 코칭*은 이러한 요구를 직접적으로 충족한다. 이 책은 코칭이 어떻게 프랙티스practice(역자 주: 저자가 사용하는 practice는 실행do or execution의 의미를 포함하고 혹은 연습exercise의 의미와 구분되고 실천commitment에 헌신하는 행위로서의 의미이다)되고 학습되는지를 의심할 바 없이 발전시킬 것이다. 또한 코칭을 현재 보여주고 있는 것보다 훨씬 더 크게 구별시켜 줄 것이다. 이 책은 초보 코치를 위한 "요령" 책이나 입문자를 위한 입문서가 아니다(이를 위해 나는 코칭을 위한 단단한 토대를 마련한 더그의 첫 번째 책인 『*The Mindful Coach*』를 추천한다). 이 새로운 책에서 더그는 바로 훌륭한 코치에게 필요한 목적, 현존 그리고 인식 개발의 핵심으로 직행한다.

*현존 기반 코칭*은 더그 실스비가 여러 해 동안 리더를 코칭하고 다른 코치들을 가르친 결과이며, 개인 진화에 대한 지속적인 실행이 결합된 결과이다. 여러분이 이 책에서 찾을 수 있는 것은 그가 직접 걸었던 여정을 가르치는 사람의 진정한 목소리이다. 더그는 매우 세련된 지성인 이상이다. 그는 자신이 여행한 다양한 영역에서 배워왔고 코치와 교사로서 이 배움을 자신의 삶과 작업에 통합했다. 그는 자신이 제공하는 특징을 구현하고 실천한다. 그의 글은 깊이를 희생하지 않고 접근할 수 있다. 이 책에는 학습을 개인적으로 매우 관련성 있게 만드는 친밀함이 있다. 더그는 마스터 코치가 되기 위해 필요한 전인whole person이 되기 위한 힘든 개인 작업을 해왔고 또 하고 있다. 그는 이 여정의 범위와 그의 인식의 힘을 결합하여 실용적이고 시적으로 감동적인 책을 만든다. 현존기반의 코칭은 코칭 직종의 생태계보호에 중요한 기여를 한다.

이 책은 두 가지 이유로 중요하다. 하나는 더그가 보다 효과적으로 코칭을 위해 마음, 몸 및 가슴을 통합하는 코치의 자기구성self-organization의 중요성을 강조한다는 것이다. 그는 여러분에게 '무엇을 행하라'고 하는 것이 아니라, 질문과 신체적인 프랙티스를 통해 여러분을 성찰의 상태로 초대한다. 여러분이 이러한 인식과 성찰 프랙티스에 진심으로 참여한다면, 여러분은 코치의 조치들moves과 기법들techniques을 배울 것이다. 더 중요한 것은 여러분 자신의 변화를 촉진하는 에너지를 만들어 낼 것이다. 곧 독자들은 이 책이 코칭 교육과 훈련을 포함한 존재의 방식을 가리키는 보석으로 가득 차 있다는 것을 깨닫기 시작하고 그리고 훨씬 더 나아가게 된다. 대부분의 코칭 책은 무엇을, 언제, 어떻게 해야 하는지 알려준다. 이것은 단지 시작점일 뿐이라는 점을 깨닫는 한 초보 코치들에게 유용하다. 이것은 처방전의 형식이지 한 사람의 프로세스process가 전개되는 것에 대한 유기적인 접근이 아니다. 그것은 학습의 시작 단계에는 필요하지만,

코치의 생생한 현존이 코칭 계약[engagement]의 아웃컴[outcome]에 어떤 영향을 미치는지 근본적으로 간과하고 있다. 더그는 매우 명확하고 근거 있는 방식으로 코치가 자신의 기술적 스킬을 향상시키는 것뿐만 아니라 코칭을 받는 리더에게 강력하고 긍정적인 영향을 미치는 새로운 존재와 현존의 차원을 여는 방식으로 자기구성을 할 수 있는 방법의 개요를 그린다. 실스비는 코치가 진정성과 진실성 있는 태도로 자신이 누구인지 완전히 구현할 때, 코칭 프랙티스에서 더 효과적으로 임하기 위해 더 깊은 직관, 인식 및 에너지의 장을 끌어낼 것이라고 지적한다. 이런 존재의 상태를 *현존*[presence]이라고 한다. 이것은 개인을 더 큰 현실과 살아있는 관계에 완전히 빠져들게 하는 확장된 인식의 상태이며, 시간을 초월하는 깊은 느낌의 경험이다. 그는 몸을 통해 이 모든 것을 근거로 삼기 때문에 이것들은 단순히 좋은 아이디어나 다년간의 철학을 재탕하는 것이 아니라 실용적이고 매우 실행력이 큰 것이 특징이다. 더그는 그의 풍부한 개인적 경험들을 끌어냄으로서 독자들이 참여할 수 있는 프랙티스, 그의 아이디어에 살아있는 현실을 가져다 주는 은유 그리고 독자들이 코치로서 그들의 현존을 어떻게 향상시킬 수 있는지에 대한 모델을 제시함으로서 능숙하고 예술적으로 이것을 해낸다.

또 다른 핵심은 우리 모두가 자기생성적 리더가 될 수 있다는 가능성이다. 우리의 마음, 몸 및 가슴 속에 깊이 살아감으로써 우리는 더 많은 선택, 우리의 삶을 볼 수 있는 더 큰 맥락, 행동에 대한 새로운 가능성, 더 긴 깨어있음[awakening]의 순간 그리고 우리가 다른 사람들에게 확장될 수 있는 더 많은 성취로 인도된다. 우리가 일하는 비즈니스, 교육, 비영리 단체의 환경은 개인, 팀 및 공동체의 의식 변화에 긍정적으로 기여할 수 있는 기회를 제공한다. 이 책은 새로운 세대의 코칭과 리더십을 위한 길을 열어줄 것이다. 그것 이상으로, 이 책은 우리가 우리의 잠재력을 최대한 발휘할 수 있는 상태로 가는 길을 가리킨다.

더그와 함께 이 여정을 떠나자. 여러분의 목적을 성찰하고, 프랙티스를 실행하며, 모두에게 이익이 되도록 새로운 삶의 방식을 구현하라.

리처드 스트로치-헤클러Richard Strozzi-Heckler

*'리더십 도장과 전사의 정신을 찾아서'*의 저자

스트로치 연구소

Richard Strozzi-Heckler Author of

The Leadership Dojo and In Search of the Warrior Spirit

Strozzi Institute

감사의 말

낭비되는 햇살은 없다.
하지만 그것이 깨우는 식물이
존재하기 위해서는 싹을 틔울 시간이 필요하고,
수확을 보는 것이 항상 씨뿌리는 사람에게 보장된 것은 아니다.
가치 있는 모든 일은 믿음으로 이루어진다.
알버트 슈바이처(Albert Schweitzer)

이 책은 많은 사람들의 노력과 공헌을 반영한다. 이것은 실로 팀의 노력이었다.

원고의 일부 또는 전부를 읽어주고 내 생각에 도전하고 긍정적인 피드백을 해준 분들께 깊은 감사를 드린다. 그렇게 사려 깊은 격려와 따뜻한 시선을 받는 것은 매우 회복이 되는 일이었다. 여러분들은 내 날개 밑의 공기였다. 베스 데이비스Beth Davis, 엘레인 플로이드Elaine Floyd, 줄리 해리스Julie Harris, 로빈 맥컬로우Robyn McCullough, 로드 네이피어Rod Napier, 워커 실스비Walker Silsbee, 캐리 스미스Carey Smith, 리처드 스트로치-헤클러Richard Strozzi-Heckler 그리고 캐시 스위니Kathe Sweeney에게 감사한다.

특히 롭 브랜트Rob Brandt, 브라이언 그림Brian Grimm, 니나 크라이덴Nina Kreiden, 마리아 메네스Maria Meneses, 베브 밀러Bev Miller, 에이드리언 모건Adrian Morgan, 레베카 스틸Rebecca Still, 카렌 워너Karen Warner, 케이티 스위니Kathe Sweeney를 비롯한 조시 베이스Jossey-Bass의 뛰어난 팀에게 감사한다. 이러한 역량과 경험을 파트너로 삼는 것은 기쁜 일이었다. 돈 캐롤Don Carroll, 앤

데이비슨Anne Davidson, 엘레인 플로이드Elaine Floyd, 존 플러드Elaine Floyd, 레스 란데즈Les Landes, 마크 무니Mark Mooney, 릴리 파월Lili Powell, 조엘 로타이저Joel Rothaizer, 로저 슈바르츠Roger Schwarz, 제니 시한Jenny Sheehan, 매들린 웨이드Madeline Wade, 한나 와일더Hannah Wilder, 나의 AL 팀 등 당신의 특별한 재능을 통해 나에게 상당한 지원을 해준 사람들 덕분이다.

이 작업에는 살아있는 수많은 스승들과 고대의 스승들의 유산이 고스란히 담겨 있다. 나는 나를 직접적으로 가르친 분들, 로드 네이피어Rod Napier, 리처드 모스Richard Moss, 다리아 펀치스Darya Funches, 낸시 스펜스Nancy Spence, 제임스 플레러티James Flaherty, 사리타 차울라Sarita Chawla, 이르만샤 에펜디Irmansyah Effendi 그리고 리처드 스트로치-헤클러Richard Strozzi-Heckler에게 받은 영향을 확실하게 인식하고 있다. 당신들은 자신들의 성장을 위해 헌신적이고 엄격하게 노력하고, 그 노력의 일환으로 우리와 같은 이들이 유익을 얻을 수 있게 해준 데 대한 깊은 감사의 마음을 어떻게든 전하고 싶다. 여러분, 여러분 앞의 여러분의 스승들이 내 안에 존재한다. 그 유산은 수천 년 전으로 거슬러 올라간다.

이 책의 독자 여러분, 내가 수년간 함께 일했던 많은 고객들 그리고 내 수련회 참가자들, 내가 많은 것을 배웠고, 내가 제공한 것으로부터 모든 사람들이 어떤 식으로도 유익을 얻었기를 바란다. 그것이 유산의 본질이다.

내 부모님도 역시 나에게 훌륭한 선생님이었다. 나의 어머니 앤Ann은 나에게 창의력과 열정 및 자기성찰을 남겼다. 밥Bob, 나는 당신에게서 세상에 경탄해하고 무한히 호기심을 갖고, 온화하고 친절하며, 가장 좋은 의미의 교사가 되는 것을 배웠다. 나는 다 성장한 세 아이들에게 깊은 감사를 표한다: 알리시아Alisia, 메건Megan, 네이슨Nathan. 너희들은 사랑과 내려놓는 것에 대해 너희들이 알 수 있는 것보다 많이 나를 가르치고 계속 가르쳐주었다. 그리고 첫 원고 마감 다음 날에 태어난 첫 손자인 마일즈Miles

에게도. 너는 나에게 무조건적인 사랑에 대해 가르치면서 동시에 인간의 기적적인 발달과정에 대한 친밀한 시각을 제공하고 있다.

내가 해야 할 일을 할 수 있도록 지원해준 워커Walker에게 다시 한번 감사드린다. 당신은 삶의 춤에서 헌신적이고 멋지고 엄격한 파트너이다. 그리고 나는 항상 빛나는 별인 당신과 결혼하게 되어 정말 감사한다. 내 아내가 되어줘서 고마워!

그리고 마지막으로 말하지만 결코 잊지 말아야 할 진정한 근원에게 이 삶의 수많은 축복에 감사드린다.

저자 소개

더그 실스비는 현존 기반 리더십 개발 분야의 리더이다. 그는 노스 캐롤라이나 애쉬빌Asheville, North Carolina의 경영진 코치, 수련회 리더, 강연자, 작가이다. 그는 대기업, 중소기업, 교육 분야에서 자기생성적 리더를 전문적으로 코칭하고 있다. 그의 현존 기반 코칭은 고객들이 강력한 헌신에 적극 참여하고 그들이 중요하게 여기는 결과를 도출하기 위해 의미 있고 능숙한 행동을 취하도록 촉진한다. 그 과정에서 고객은 리더십 현존, 회복 탄력성 및 생동감을 함양한다.

마스터 교사인 실스비는 4대륙 11개국의 리더들과 함께 작업해왔으며 노스캐롤라이나에 산악 수련 센터를 소유하고 있다. 그는 제임스 플래허티James Flahert와 리차드 스트로치-헤클러Richard Strozzi-Heckler를 포함한 코칭 분야의 선구자들과 함께 연구했으며 스트로치 인스티튜트Strozzi Institute로부터 마스터 소마틱 코치Master Somatic Coach로 인증을 받았으며 국제코칭연맹ICF으로부터 인증을 받았다. 그는 연방경영연구원the Federal Executive Institute의 겸임교수이며 피라미드 리소스 그룹Pyramid Resource Group의 회원이다.

그는 『*The Mindful Coach*』(2004)의 저자이며, ICF콘퍼런스뿐만 아니라 국제 퍼실리테이터 협회International Association of Facilitators, 경험 교육 협회Association for Experiential Education, 조직개발 네트워크OD Network의 콘퍼런스에서 자주 호평을 받는 발표자였다.

실스비의 연구에 대한 더 많은 정보는 http://dougsilsbee.com에서 찾을 수 있다.

도입

우리는 다른 사람들을 돕기 위해 자신을 수양하고
자신을 수양하기 위해 남을 돕는다.
페마 쇼드론(Pema Chödrön)

수년 전, 나는 중요한 직업적인 도전에 직면했다. 나는 해외로 날아가 명문 경영대학원에서 라틴 아메리카 교수 그룹에게 열흘 간의 세미나를 진행하려던 참이었다. 그 때는 내 경력의 초기였고 나는 두려웠다. 세미나 참가자들은 나보다 더 똑똑하고, 주제에 대해 더 잘 알고, 회의적이고, 저항적이며, 나의 역량에 대해 의문을 가질 것이라고 확신했다.

나는 떠나기 전날 내 멘토와 이야기했다. 그는 내 안에서 내가 아직 볼 수 없는 능력을 보았다. 그는 차분하게 나의 능력, 설계 능력 그리고 예상치 못한 일에 창의적으로 대응하는 능력에 대한 논쟁의 여지가 없는 증거를 상기시켰다. 이 증거(내가 당황할 때 보통 잊어버리게 되는)를 기억하는 것은 안심이 되었다. 더 중요한 것은 그의 목소리에 무형적인 특성이 −자신감, 권위, 혹은 현존이라고 부르는−나의 긴장을 풀고, 나의 지식과 본능에 의지하고, 이 미지의 영역에 개방적이고 차분하게 발을 디딜 수 있도록 나를 초대했다는 것이다.

이 대화를 하는 동안, 나는 이러한 특별한 특성들을 통해 내 멘토의 현존을 경험했다. 통화의 마지막에 나는 미묘하지만 정말로 다른 사람이 되었다. 나는 내 안에서 통화 전에 발견되지 않은 자원들이 많은 장소를 발견했다. 그리고 나는 나중에 내가 가장 필요로 할 때 그 자원을 끌어낼 수 있었다.

이틀 후 코스타리카에서 나는 프로그램 시작 5분만에 참가자 중 2명이 영어를 하지 못한다는 것을 알게 되었다. 나는 10일간의 세미나 전체를 스페인어로 진행해야 할 것이다. 창의력을 발휘할 수 있는 나의 첫 번째 기회가 너무 빨리 생겨났다! 이전의 대화에서 나는 창의적이고 침착하게 대응할 수 있는 즉각적인 나 자신의 감각에 접근했다. 재앙의 가능성은 유연성과 대응성의 기회가 되었다. 나는 그 자리에서 언어를 바꾸고, 개방적이고, 세련되고, 지적인 리더 그룹과 함께 멋지고 매우 성공적인 프로그램을 진행했다. 그 순간, 나는 현존을 경험했다.

내가 이 때 좀 더 관찰력이 있었다면 나는 다음과 같이 생각했을 것이다. 내가 경험한 현존의 본질은 무엇인가? 내가 어떻게 그의 그것을 알아볼 수 있을까? 내 자신 안에서? 이 감각이 나의 멘토로부터 나에게 어떻게 전달되었을까? 그의 현존이 나에 대한 다른 감각과 새로운 행동을 위한 능력을 만들어낸 이유는 무엇인가? 어떻게 하면 나는 내 현존을 함양할 수 있을까? 그리고 어떻게 하면 다른 사람들과 함께 하는 내 자신의 작업에 의도적으로 현존을 이루어 낼 수 있는가?

그때부터 현존에 대해 궁금해졌다. 나는 청중의 주의를 끌고 더 위대한 무엇인가를 위해 그들의 실행을 불러일으키는 강력한 리더들에게서 그것을 보았다. 나는 그것을 자신의 경기가 최고조에 달했던 스포츠 선수에게서 보았다. 나는 재능 있는 멘토들, 코치들 그리고 내 자신의 개발 과정에서 함께 일할 수 있는 영광을 누리게 해준 스승들에게서 그것을 경험했다. 나는 내 자신의 실험실에서 광범위한 실험을 했고 나의 현존을 함양하는 방법에 대해 많은 것을 배웠다. 그리고 나는 중요하고 지속적인 변화를 통해 경영진과 리더를 코칭하는 데 있어 현존이 내 자신의 효능성의 핵심임을 보았다.

사실 다른 사람들에게 장기적이고 지속 가능한 개발을 촉진하는 우리의 능력은 절대적으로 우리가 관계에 제공하는 현존에 달려 있다. 코칭은 우리가 먼저 내면 작업을 해야 할 것을 요구한다. 사실 현존을 개발하는 것은 우리가 인간으로서 할 수 있는 가장 중요한 일이다. 그런 다음, 오직 그런 다음, 비로소 우리는 코칭이 종종 보장하는 것을 실현하는 데 근접한 방식으로 코칭을 할 수 있다.

코칭이 이 책의 프랙티스의 장이고 초점이지만 실제로 이 책은 그 보다 더 훨씬 깊고 광범위한 것을 제공하고자 한다. 현존은 더 만족스러운 가족관계, 당신 자신의 행복과 성공 및 삶에서 목적이 있는 행동의 열쇠이다.

핵심 주장

이 책은 기업, 비영리 단체, 교육 및 정부의 리더들에 대한 가장 중요한 관심사에 대한 몇 가지 주장에 기반을 두고 있다. 이러한 핵심 주장은 뒤에 있는 모든 것의 기초가 된다.

- 현존으로 들어가는 세 개의 문이 있다: 마음, 몸, 가슴이다. 이러한 영역들과 관련된 프랙티스를 할 때, 우리는 우리의 내면 상태에 대해 점점 더 숙달되고, 현존의 경험에 더 쉽게 접근할 수 있다.
- 인간 개발에 모든 노력의 초점을 맞춘 리더로서 그리고 프랙티셔너practitioner로서 우리의 현존의 질은 우리의 전문적 효능성efficacy의 핵심이다.
- 현존은 창의성, 민첩성, 회복 탄력성과 진정성을 창출하며, 이것들은 위대한 리더의 모든 핵심 요구사항이다. 우리가 현존할 때 우리는 가장 충만하고 우리의 상황이 우리에게 요구하는 것에 대응한다.

- 이러한 현존 상태를 발견하고 함양하기 위한 실천 속에서 사는 것은 우리가 선택하는 모든 영역에서 배우고 개발하는 우리의 능력을 크게 가속화한다. 사실 현존은 우리가 살아있는 순간마다, 우리가 누구인지 그리고 우리가 삶에 어떻게 반응하는지를 선택할 수 있는 자기 생성적이기 위한 능력의 중심에 있다.
- 현존은 우리 모두가 언제든지 접근할 수 있는 상태이다. 우리가 습득한 습관과 경향성은 현존에 대한 경험을 크게 제한하지만, 그것에 대한 접근은 의도적이고 체계적으로 수련할 수 있다.

현존 기반 코칭은 상기한 주장을 깊이 있게 탐구한다. 나는 중요하고 영향력 있는 여러 흐름에서 나온 아이디어들을 현존이 무엇인지, 현존이 왜 중요한지, 현존을 어떻게 개발시키고 사용해야 자신뿐만 아니라 다른 사람들에게 변화를 불러일으킬 수 있는지에 대한 명료하고 전례 없는 진술로 종합한다. 중요한 것은 이 작업이 구체적인 비즈니스 사례와 실제 적용에 기반을 두고 있다는 것이다.

이 책의 사용 방법

현존 기반 코칭은 기본적인 코칭 방법에 관한 책이 아니다(내 첫 책 『*The Mindful Coach*』는 코치의 자기인식을 기반으로 한 실용적인 질문 기반 코칭 모델을 제공한다. 이것은 코칭에 대한 좋은 입문서이며, 보다 전문적인 프랙티셔너를 위한 마음챙김mindfulness을 통합하는 것에 대한 좋은 입문서이다[1]). 현존 기반 코칭은 어느 정도 수준의 코칭 경험을 바탕으로 한다. 처음부터 코칭을 시작하는 데 필요한 모든 것을 제공하는 것은 아니다. 그리고 이 책은 여러분 자신의 학습과 성장에 대한 건강한 욕구가 있음을 전제로 한다.

여러분이 코칭을 리더십 역할의 일부로 여기든, 당신 자신이 전문적인 코치이든, 이 두 가지 요소를 고려할 때, 이 책은 여러분의 작업을 다음 단계로 끌어올리도록 여러분을 초대한다. 정력적인 비즈니스 전문가들은 처음에는 현존에 접근하는 것이 어렵다고 생각할 수 있지만, 효능성과 진정성을 통해 더 나은 결과를 얻기 위해서는 현존이 절대적으로 필요하다.

이 책은 리더십, 경영, 인적자원, 교육, 촉진, 컨설팅 및 중재 분야와 광범위하게 관련되어 있다. 그렇지만 이 책은 주로 비즈니스 환경에서 리더를 코치하고 그들을 개발시키기 위해 쓰였다. 코칭의 축소판은 인간의 개발이 중심이 되는 다른 장면까지 확장되는 특징이 있다.

이 책에서 *코치*coach라는 단어는 직무에 관계없이 그 역할을 맡은 사람에게 적용된다. 코치는 외부 전문가, 상사 또는 내부 코치일 수 있다(일부 주의사항은 팀원을 코칭할 때 적용된다. 이 영역은 까다로우며 상사 자신의 어젠다agenda와 우려로 인해 코칭 프로세스에 필수적인 중립성과 신뢰를 제공하기 어려운 경우가 많다). 마찬가지로 *고객*client이라는 단어는 관계의 본질이 코치에게 무엇이든 간에 개발되는 사람에게 적용하기 위해 일반적으로 사용된다.

이 책은 두 가지 흐름에 균형을 맞추고 통합한다. 첫째, 우리는 인간 학습과 개발의 필수 요소로서의 현존을 탐구한다. 나는 현존이 어떻게 지원하는지에 대한 포괄적인 지도를 제공하고, 당신의 현존을 함양하기 위한 구체적이고 실용적인 도구를 제공하여 실제로 이 기적적인 전개를 필연적으로 만든다. 이 책을 관통하는 이러한 공통된 주제는 여러분을 평생의 자기개발 과정으로 초대한다.

둘째, 우리는 리더십 개발 영역, 특히 코칭 분야에서의 실질적인 적용을 탐구한다. 이 두 번째 흐름에서 나는 현존이 다른 사람들에게 어떻게 변화를 일으키는지에 대한 명료한 차이와 전인적이고 효과적인 리더의 개발을 중심으로 구성된 관계에서 현존에 접근하고 사용하기 위한 구체적인 도구를 제공한다.

나는 코칭 현존을 개발하고 사용하기 위한 연습 및 실용적인 도구와 잘 조직화된 개념을 통합했다. 경영자 코치, 코치의 스승과 멘토, 평생 학습자로서 나의 폭넓은 경험은 자료의 기반을 마련하고 독자가 완성의 과정 중에 있도록 충분히 허용한다.

제1부의 세 장은 책의 나머지 부분을 위한 토대가 된다. 제1장은 현존 자체의 본질과 현존이 만들어내는 충만한 자원[resourcefulness], 연결[connectedness] 및 기쁨[joy] 등을 탐구한다. 제2장은 코칭 방법론에 좌우되는 인간의 개발과 자기생성에 대한 가정들이 전개된다. 또한 나는 자기생성의 프로세스를 설명하고 실례가 되는 비즈니스 사례를 제공한다. 제3장은 이 모든 것을 현존 기반 코칭이 어떻게 매우 가속화된 개발 프로세스에 필요한 구조와 지원을 제공할 수 있는지에 대한 설명으로 통합한다. 이는 우선 우리가 어떻게 성장하고 변화하는지에 대한 확실한 이해를 바탕으로 한다.

제2부는 현존 기반 코칭 방법론을 단계별로 살펴보고 우리가 코칭 대화에 가장 유용한 자원이 되기 위해 코치로서 할 수 있는 내적 조치에 초점을 맞춘다. 이 부분에서 내적 숙달[inner mastery]이 코칭 관계에서 온전하게 현존하기 위한 요건임이 분명해진다.

제3부는 코칭에서 현존을 개발하는 것에 대한 실질적인 지침을 제공한다. 여기의 세 장은 각각 마음, 몸, 가슴 중심으로 구성되어 있다. 각각은 이 특별한 현존에 이르는 문에 대한 설명과 일련의 프랙티스들을 제공한다. 꾸준히 프랙티스들을 수련하면 시간이 지남에 따라 현존 상태에 대한 당신의 접근성과 다른 사람들에게 현존을 제공하는 당신의 능력이 크게 향상될 것이다.

제4부는 고객의 발달 속도, 깊이 및 지속 가능성을 엄청나게 증가시키

는 광범위한 대화를 통한 조치에 이 모든 것을 통합한다. 어떤 수준에서는 이것이 도구 키트로서 제공된다. 그러나 만약 바쁜 전문가인 여러분이 제4부로 바로 건너뛰기로 결정하고 이 모든 새로운 기법들을 여러분의 고객에게 시도한다면 어떤 일이 벌어질 것인가? 그렇다. 여러분은 단순히 고객에게 새로운 기법들을 시도하고 있다는 인상만을 심어줄 것이다.

나는 이 조치들을 여러분이 자신의 내면에 자리잡은 현존(오직 프랙티스를 통해 개발될 수 있는) 상태에서 사용하지 않은 한, 기법들이 잘 작동하지 못할 것이라는 경고를 하려고 한다. 그 기법들은 실패하거나 (고객을) 조종하는 것처럼 보일 것이다. 현존 기반 코칭에서 작업은 실제로 당신과 더불어 시작된다. 그리고 지금 시작한다.

연습[exercise]에 대해 한마디 한다. 현존 기반 코칭이 개념적 영역에 대한 그랜드 투어(역자 주: 가이드가 딸린 시찰)가 아니라 새롭고 예측할 수 없는 방식으로 여러분이 감동을 받을 수 있는 경험을 제공하기 위해, 나는 새로운 내적 경험을 제공하고 탐구심을 자극하기 위해 고안된 많은 활동들을 제공했다. 어떤 것들은 본질적으로 인지적이다. 다른 것들은 당신 자신의 마음, 몸 그리고 가슴을 새로운 방식으로 경험하도록 초대한다. 연습은 보통 무엇인가 관심이 가는 것을 드러내기 위해 한두 번 정도 수련한다. 반면에 프랙티스들은 우리가 운동 프로그램에 전념하는 것처럼 반복적이고 지속적인 활동으로 시작되어야 한다. 전체적으로 이러한 경험들은 책이 보장하는 것을 충족시키는 데 중심이 된다.

나는 적어도 모든 장에 제시된 활동들 중 일부는 수행할 것을 강력히 추천한다. 모든 것을 순서대로 하는 것이 꼭 필요한 것은 아니지만, 실질적인 지침을 제공하는 활동들에 대해 내적 작업을 위한 시간을 할애하지 않는다면 근본적으로 책의 요점을 놓치게 될 것이다. 또한 당신은 자신만의 존재 방식에 기반을 두지 않고 책의 뒷부분에 제시된 코칭 기법들을 적용할 수 없을 것이다.

간단히 말해 우리는 우리 자신의 수련에 대가를 지불하지 않고는 여기서 제공되는 것의 혜택을 얻을 수 없다. 우리의 내적 작업은 우리를 그 게임에 참여하게 한다.

나의 약속

현존 기반 코칭은 코치로서 자기 자신에게 우선적으로 필요하며 다른 사람을 코칭하고 개발하는데 도움이 되는 현존으로 작업을 하는 영역에 대한 실용적인 지도를 제공한다(도움이 되는 템플릿, 추가 사례 및 기타 자료는 현존 기반 코칭 홈페이지http://dougsilsbee.com/books/pbc.에서 찾아볼 수 있다).

자, 여기 당신에게 전하는 나의 약속이 있다. 이 책을 모두 읽고, 제3부 프랙티스들의 일부를 지속적으로 어느 정도 꾸준히 사용하고, 제2부와 제4부에 기술된 기법들을 가지고 작업을 한다면 다음과 같은 결과를 얻을 수 있다.

- 현존 상태로의 보다 쉽고 빠른 전환
- 다른 사람들과 함께 현존의 장을 구축하고 유지할 수 있는 능력의 향상
- 자신의 진정한 현존을 통해 다른 사람을 포용하고 영향을 미칠 수 있는 능력의 향상
- 현존이 어떻게 자기생성을 촉진하고 개발을 가속화하는지 이해
- 다른 사람들이 자신의 과제와 관련하여 자신을 바라보는 시각을 바꾸고 새롭고 창의적인 행동을 취할 수 있도록 하는 일련의 코칭 기법을 적용

- 자신과 다른 사람들을 위해 현존을 위한 능력을 함양하는 고유한 프랙티스를 설계
- 자신과 다른 사람들이 더욱 현존하고, 진정성 있고, 생동감을 경험

현존은 인간 존재의 본질이다. 그것은 선천적인 권리이며, 자연스러운 존재의 상태이다. 현존 기반 코칭은 내적(성찰과 프랙티스) 작업과 외적(리딩, 코칭, 숙련된 대화 진행) 작업을 수단으로 사용하여 자신의 현존 능력을 재발견하는 데 도움이 된다.

경험으로서의 독서

나는 현존 기반 코칭을 읽는 것이 하나의 경험이 되기를 바란다. 책을 읽는 내내 나는 여러분을 독서 가운데 현존을 경험하도록 자주 초대한다. 예를 들어, 때때로 현존을 위한 멈춤을 선보일 것이다. 이런 곳들은 내가 말하는 것이 여러분의 신념 체계에 맞설 수도 있고 새로운 시각을 열 수도 있다고 기대하는 곳이다.

책을 읽을 때 이 순간들을 얼버무리는 것은 쉽다. 그러나 이러한 순간들이 이 책의 핵심이다. 책을 읽은 경험이 확장되는 순간들은 실제로 체화된 학습에 가장 큰 잠재력을 제공한다. 이러한 순간들을 빠르게 지나치는 것은 여러분이 이미 알고 있는 것을 보호하는 훌륭한 방법이다.

게다가 제공되는 것에 멈추고, 탐색하고, 느끼는 것은 새로운 것을 열어줄 수 있다. 그래서 나는 당신이 내가 주장하는 것에 대해 어려움을 겪을 때마다 잠시 멈추고, 탐색하고, 느끼도록 초대한다. 나는 당신의 반응에 주목할 것을 요청한다. 당신이 내적 긴장, 저항 혹은 논쟁을 느낄 때, 그것에 대해 호기심을 가져보라. 당신은 어떤 것에도 동의할 필요가 없다. 사실 당신에게 아무것도 믿음으로 받아들이지 말라고 부탁한다. 오히

려 나는 당신이 주장의 진실의 *가능성*이 여러분에게 스며들게 하고 당신 안에서 작동할 수 있도록 요청한다.

한번 시도해 보자. 내가 하나의 주장을 할 것이다. 읽은 후에 잠시 휴식을 취하라. 책을 2분 정도 내려놓으라. 그 주장이 당신의 마음 속에 맴돌게 하라. 그것을 열어보라. 여러분의 마음이 그것에 대해 말하는 것, 여러분의 몸이 어떻게 반응하는지에 주목하라. 그 진술이 실제로 사실이라면 무엇이 가능한지 확인하라. 그리고 나서 착석하라. 그것과 함께 현존하라.

자, 다음과 같은 주장이 있다. 만약 여러분이 이 책을 읽고 열린 마음으로 제안된 프랙티스들을 시도한다면 여러분은 다른 사람이 될 것이다. 이 책은 여러분을 변화시키고, 오래된 습관의 지배력을 느슨하게 하며, 여러분이 직면한 어떤 상황에서도 더 현존하고, 유효하고, 생동감이 넘치도록 여러분을 지원할 것이다.

– 현존을 위한 멈춤 –

이제 무슨 일이 있었는가? 무엇인가 열린 것이 있는가? 당신의 마음 속에 어떤 주장이나 회의적인 생각이 있는가? 결과적으로 가능한 새로운 행동이 있는가?

이것이 내가 당신을 책을 읽도록 초대하는 방식이다. 당신의 반응에 주목하라. 호기심을 가지라. 현존을 위한 멈춤을 보게 되면 그것을 받아들여라. 그리고 당신 자신이 조급함과 에너지의 증가 또는 판단을 하고 있음을 발견할 때마다 그것을 탐구하고 당신 자신의 현존을 위해 멈추라. 나는 현존 기반 코칭이 단순히 아이디어의 모음을 제공하는 것이 아니라 여러분에게 경험을 불러일으키기를 원한다.

이 책은 매우 실용적으로 설계되었으며 실험을 통해 자신에 대한 모든 주장을 검증할 수 있도록 초대한다. "이를 스스로 시험해보라"는 반복되는 주제이다. 당신은 내가 제기하는 모든 주장에 이의를 제기하거나 실험, 검증 또는 반박할 수 있는 분명한 권한을 가지고 있으며, 당신에게 더 잘 적용될 수 있도록 당신이 원하는 모든 사항을 변경할 수 있다.

내 독자들은 대부분은 서구적이고 뉴턴적이며 환원주의적인 방식으로 세상을 해석하는 데 깊이 훈련되어 있다. 이 책을 읽으면서 당신이 이미 가지고 있는 이해를 뒷받침하는 코칭 방법을 통해 숙달을 추구하고 있을지도 모른다. 이런 경우라면 여러분은 실망할 수도 있다.

오히려 나는 당신이 알고 있다고 믿는 것에 도전하기 위한 몇 가지 중대한 주장들과 어쩌면 그것에 방해되는 프랙티스를 제시한다. 나는 당신이 이해할 수 있지만 한계가 있는 방식, 새롭게 안주할 코칭의 기초가 되는 고정적이고 기본적인 것을 찾아 읽는 방식을 내려 놓기를 요청한다. 나는 당신이 새로운 수준의 혼란과 개방성으로 그리고 여러분의 경험과 상관없이 기꺼이 초심자가 될 것을 초대한다. 만약 당신이 그렇게 한다면 당신의 관점은 바뀔 것이다. 당신은 덜 편할 수도 있지만, 또한 더 생성적이고, 더 창의적이고, 더 많은 자원을 갖게 될 것이다.

나는 이것을 리더십 개발, 코칭, 현존, 발달 심리, 신경과학에 관한 모든 문헌들이 대통합된 다소 학술적인 책으로 만들고 싶은 유혹을 경험했다. 그러나 나는 학자가 아니라 프랙티셔너이다. 내가 원래 생각하고 있던 논문을 쓸 사람이 아니라는 인식은 나를 자유롭게 해주었다.

나에게는 수년간 나의 학습과 발전에 많은 기여를 한 훌륭한 스승들이 계셨다. 나의 기회는 마음으로부터 글을 쓰는 것, 내가 배운 것을 진정성 있고 직접적이며 열정적인 방식으로 공유하는 것 그리고 당신을 위해 열린 무엇인가 새로운 것에 닿을 가능성을 유지하는 것이다. 그것은 훨씬 더 작은 (더 성취 가능한) 약속이다.

나는 이것을 실용 모델working model로 제공한다. 그것이 연구와 프랙티스에 근거가 충분하지만 미완성이기도 하다. 책의 모든 면을 검토하여 현재의 이해와 어떻게 일치하는지 보기보다는 당신 자신의 경험을 통해 내가 말하는 것의 요소들을 검증하거나 반박하기를 권한다.

현존은 불확실성과 개방성을 통해 가능해진다. 코칭에서 현존을 강력하게 만드는 것 중 하나는 팀원이나 고객이 그것들이 우리가 생각했던 것이 아닐 수도 있고, 더 큰 것들이 가능할 수 있다는 가능성에 대해 개방적이라는 것이다. 이 책은 고객에게 코칭에 접근하는 것을 요청하는 것과 같은 방식으로 접근하면 가장 큰 유익을 얻을 수 있다. 개방적이고 새로운 가정을 해볼 의지이다. 우리가 진실로 여기던 것이 점점 허술해진다.

나는 내가 이 책의 모든 것을 실행하지 못한다는 것을 알고 있다. 종종 나는 현존의 힘을 명료하게 대변하는 책을 쓰는 것이 위선적이라고 느낄 수 있다. 대부분의 경우 나는 내 자신에 현존하지 않는다. 현존에 대한 책에 걸맞은 가치를 지니기 위한 나 자신의 노력으로, 나는 내 자신이 완성되어가는 중인 것을 거듭 상기시켰다. 이 책은 근본적인 가능성을 제공한다. 글쓰기를 통해 나는 그 가능성에 점점 더 빠져들고 있다. 나는 당신이 나와 함께 완성되어가는 중인 작품이 되기를 바란다. 실행하라. 실험하라. 이 아이디어들을 시도해보고, 무슨 일이 일어나는지 보라. 그러는 중에 자신을 보고 웃어라.

그래서 이것을 읽고 있는 사람은 어떤 사람인가? 당신은 개방적이고 수용적인가?

– 현존을 위한 멈춤 –

나는 여기 앉아서 내가 열정을 가지고 있는 것에 대해 쓸 수 있는 행운을 그저 즐기는 법을 배우고 있다. 나는 노스 캐롤라이나 산에 있는 우리의 수련 센터에서 작은 오두막의 느낌을 즐긴다. 햇빛이 창문과 개울가의 진달래에 비치고 있다. 내 강아지 라이라Lyla가 내 옆 바닥에 누워 있다. 힘들 때도 있고 노력할 때도 있지만 지금 이 순간만큼은 내가 하고 있는 일을 하면서 정말 행복하다.

내가 글을 쓰는 것을 즐기는 만큼 당신도 책 읽는 것을 즐기기를 바란다.

그럴 것인가?

– 현존을 위한 멈춤 –

역자 서문

인간 이해를 기반으로 인간을 변화시키고자 하는 다양한 접근법이 존재하고 또한 새로운 접근법이 계속 개발되는 가운데 15세기부터 발달해 온 코칭은 이제 학문과 직업의 새로운 분야로 성장하고 있다. 특히 코칭이 기존의 경영 프랙티스들에 비해 탁월한 효과성과 효율성을 보이면서 코칭을 통한 경영자와 리더 육성과 같은 인력개발이 각광을 받게 되었다. 이와 같은 상황에서 코칭과 코치의 수요가 증가하면서 코치의 수월성이 이슈가 되었다. 국제코치연맹[ICF]과 같은 세계적인 단체에서 코치 자격 과정을 제공하고, 코칭 이론과 기법을 연구, 검증한 결과를 활용하여 코치를 양성하고 있다.

이러한 맥락에서 더그 실스비의 새로운 책인 *Presence-Based Coaching: Cultivating Self-Generative Leaders Through Mind, Body, and Heart*, 즉 *현존 기반 코칭*이 번역되었다. 이 책은 자기생성적 리더 양성에 대한 코치를 위한 책이다. 현존 기반과 자기생성이라는 말이 다소 생경하게 들릴 수 있지만 서문과 도입부만 읽어봐도 그 의미가 명료해진다. 이 책은 현존 상태의 개발을 통해 고객과 훨씬 더 깊고 강력한 코칭 대화를 나누고 싶어하는 코치들을 위한 책으로 비즈니스, 비영리 단체 및 교육 분야에서 프랙티스를 하고 있는 경영자, 리더 및 코치들은 크게 도움을 받을 것이다. 이 책의 많은 전문가들의 추천사만 읽어보아도 이 책의 내용이 얼마나 독특하고 탁월한가를 쉽게 알아차릴 수 있다.

*현존 기반 코칭*이라는 책은 서문에서 언급한 바와 같이 초보자를

위한 코칭 입문서는 아니다. 초보 코치는 더그의 『*The Mindful Coach*』를 통해 코칭의 기본기를 습득할 수 있다. *현존 기반 코칭*이라는 새로운 책에서 저자는 탁월한 코치에게 필요한 목적, 존재감 및 의식을 개발하는 핵심을 제공한다. 또한 저자는 성숙기로 전환되는 이 시기에 코칭 테크닉과 스킬의 습득뿐만 아니라 코치의 학습까지 확장되어야 하며 코치 육성에도 코치의 자아성장이 중요하다고 강조한다. 즉, 코치가 무엇을 할 수 있느냐도 중요하지만 어떻게 존재하는지가 더욱 중요하다는 것이다. 저자는 현존을 통한 자기생성과 코칭의 가장 핵심적인 결과인 아웃컴의 개념을 이용하여 차별화를 시도한다.

더그는 코칭을 "한 사람이 다른 사람의 역량, 자기생성 및 생동감의 장기적인 개발에 주로 헌신하는 관계의 한 부분"으로 광범위하게 정의한다. 이것은 코칭의 산물이기도 하다. 여기에서 "self-generation"과 "aliveness"를 자기생성과 생동감으로 번역을 하였지만 온전한 번역인가는 의구심이 든다. "self-generation"은 자기생성, 자기양성 및 자기육성들의 의미가 통합된 개념이고 "aliveness"는 생생함, 살아있음, 에너지가 충만한, 생동감의 의미가 통합된 개념으로 보고 각각을 자기생성과 생동감으로 번역하였으니 참고하기 바란다. 특히 "presence"라는 단어는 프레즌스 또는 현존의 의미인데 현존으로 번역을 하였고 이 개념들이 다른 코칭 방법론과 차별화 포인트가 된다.

그래서 더그는 현존과 자기생성을 개념화하여 정교화하고 이를 코칭의 맥락에서 통합적으로 제시하고, 현존의 의미와 자기생성의 개념을 기반으로 자기생성적 리더 육성을 위한 코치가 되는 방법론을 제시하고 있다. 특히 현존을 통한 자기생성의 연속적인 과정을 자기관찰, 깨달음, 재구성 및 안정화 등의 네 가지 구성 요소를 제안한다. 이 자기생성 과정은 현존 기반 코칭의 핵심이다. 각각의 요소들은 특정한 개발 활동, 프랙티스 및 연습에 의해 지원이 되고, 실제 코칭 대화를 통해 코칭 역량을 강화시킨다. 물론 이를 확장하면 코칭 방법론뿐만 아니라 우리가 인간으로서 어떻게 살아가야 할 것인가에 대한 삶의 핵심 가이드라인이 된다.

또 다른 차별화 포인트 중에 하나는 전통적인 성과 중심의 코칭과 발달 코칭의 비교에서 나타난다. 전통적인 성과 코칭은 역량모델, 360도 평가 및 기타 도구를 사용하여 개발 요구 사항을 진단하고 성과 격차를 메우거나 더 큰 책임을 대비하기 위해 스킬과 역량 개발의 학습 접근 방식을 권장한다. 발달 코칭은 고객의 새로운 정체성을 형성을 위한 발달 어젠다를 설정하고 더 높은 수준의 자기인식 및 자기생성에 기반을 둔 개발 접근 방식을 적용한다. 발달 코칭은 코치, 멘토 및 교사 등이 다른 세상에 살고 있는 고객과 코칭 계약을 맺고, 자기인식과 자기조절 능력을 향상시키는 일관되고 지속적이고 생성적인 프랙티스를 통해 더 높은 수준의 현존 상태를 함양하고, 특정 아웃컴을 위한 현장작업에 초점을 맞춘다.

특히 현존 기반 코칭은 고객이 직면한 현장의 코칭 이슈를 코칭 대화로 초대하여 즉시성을 창출하고, 코칭 대화 과정에 고객의 마음, 몸 및 가슴을 통한 현존 프랙티스를 통해 고객의 자기생성을 지원하여 이슈를 해결하고자 한다. 또한 코치와 고객의 프랙티스 중심의 해결 방법은 코칭 대화를 통해 현장작업 설계로 이어지고 이것을 현장에 적용하여 코칭 이슈를 해결하고, 필요시 또 다른 프랙티스와 현장작업 등을 반복하여 고객의 행동, 역량, 습관 및 정체성을 변화시킨다. 이것이 생성적 변화이다.

저자는 이 책의 마지막에서 장(이정표들: 시작, 지속 및 완결)에서 코칭의 시작부터 종료까지의 주요 조치에 따라 사례 중심의 코칭 대화를 시놉시스로 정리하여 현존 기반 코칭의 프로세스를 요약하고, 코다(종결)에서 가족들과 함께 한 요세미티 국립공원에서의 깨어있는 삶과 살아있음을 보여주는 장면은 감동적이다. 그리고 우리가 익숙한 정체성과 존재 방식에 무의식적으로 집착할수록 더 많은 것을 요구하기 때문에 삶이 더 도전적이고 험난한 여정이 될 가능성이 크다는 것을 통찰하고 우리가 현존해야 하고 모든 것이 생태학적인 주변 시스템과 연결되어 상호의존적이라는 결론은 코치와 리더뿐만 아니라 모든 존재들에게 큰 울림이 준다.

더그는 분석적이며, 체계적이며, 통합적이며, 영적이어서 그의 내면의 소리를 번역하는 것이 쉽지 않았다. 특히 “mindfulness”(마음챙김 또는 알아차림) 기반의 기법들은 실제 체험없이 온전히 번역하는 것은 더욱 어려웠다. 그나마 위빠싸나, NLP, 소마틱스, 에니어그램 및 코칭 등의 분야에서의 역자들의 프랙티스와 경험들이 번역에 도움을 주었다. 혹시 적절하지 못한 번역은 온전히 역자의 몫으로 남겨두고자 한다. 이 책이 인간의 이해와 변형 및 성장에 초석이 되고, 특히 코치와 리더의 변형과 육성에 크게 기여하기를 바라며 코치들에게 일독을 권한다.

이 책의 번역과 출간의 과정에 다양한 역할의 코칭을 해 주신 분들께 감사의 말씀을 전하고자 한다. 번역의 전체 과정에서 코칭의 실제와 이론을 모아 좋은 번역을 위해 함께 해 주신 김선휘 코치님과 김혜옥 코치님께 감사드리며, 오랜 시간 동안 격려와 인내로 기다려 주신 박영스토리의 노현 상무님과 편집과 교정에 최선을 다해주신 배근하 선생님께 깊은 감사를 전한다.

역자 일동

제1부 현존, 자기생성, 코칭의 역할

Presence, Self-Generation, and the Role of Coaching

활력, 생명력, 에너지, 활력이 있는데, 그것은 당신을 통해 행동으로 옮겨지고, 당신은 언제나 유일한 사람이기 때문에 이 표출은 독특하다. 그리고 만약 당신이 그것을 막으면, 그것은 어떤 매체를 통해서도 존재하지 않고 사라질 것이다.

마사 그레이엄(Martha Graham)

어느 누구든지 변화의 여정 가운데 있는 누군가를 인도하려면 현재 그들이 서 있는 기반에 대해 명확히 하는 것은 필수이다. 우리 모두는 인간이 된다는 것이 무엇을 의미하는지, 우리가 어떻게 지금의 모습을 갖게 되었는지 그리고 어떻게 변화하는지에 대한 가정들을 가지고 있다. 우리 대부분은 그러한 가정에 의문을 제기해 본 적은 없지만, 그것들은 우리가 그 가정들은 알고 있는지 여부와 관계없이 우리를 안내하고 제한한다.

리더십 훈련과 코칭 분야는 종종 핵심 가정에 대한 질문을 놓쳤고 주로 "저 밖에" 있는 것들과 작업하기 위해 리더들을 훈련시키는 데 초점을 맞추었다. 내 말은 리더는 이를 통해 자료, 기능, 또는 인간의 배치를 최적화하는 결정을 내릴 수 있고, 목표를 진전시키는 정보를 제공하거나, 원하는 결과를 도출하는 방식으로 의사소통을 할 수 있는 방법을 생각하는 데 익숙하다는 것이다. 우리는 리더들이 그들의 세상에서 마치 복잡한 체스 게임을 하는 것처럼 행동하도록 훈련시키고 그들의 역할은 체스의 말들이 해야 할 일을 하게 만드는 것이다.

여기서 빠진 것은 내적 게임이다. 우리 주변의 모든 것으로부터 우리 자신을 분리하고 사람과 다른 자원들을 체스의 말처럼 취급함으로써 만물의 근본적인 연결성과 접촉을 잃었다. 우리는 우리의 내면 상태(우리가 주변 상태와 관련하여 우리가 인식하는 것, 우리의 주의가 놓인 곳 그리고 우리 자신을 어떻게 경험하는지를 의미함)가 우리가 접근하고 반응할 수 있는 정보와 다른 사람들에 의해 어떻게 인식될 것인가에 중심이 된다는 것을 잊는다.

서로 다른 두 시기의 동일한 상황에 동일한 단어로 대응하면 근본적으로 다른 결과를 낳을 수 있다는 점을 생각해보라. 리더의 내면 상태가 주요 결정이 될 것이다. 예를 들어 엄격하고 통제적인 내면 상태가 다른 사람들에게 방어나 저항을 일으킬 가능성이 더 높다는 것은 우리 대부분에게 직관적으로 분명하다. 같은 말이라도 편안하고 개방적이며 낙관적인 내면 상태가 개방성과 수용성을 만들어낼 가능성이 훨씬 더 높다.

우리의 내면 상태는 우연이 아니다. 우리는 그것에 익숙해질 수 있고, 결국에는 그것을 다루는 데 숙달될 수 있다. 이러한 내면 세계에 대한 숙달은 우리의 효과성 effectiveness에 대한 필수 사항이며 인간으로서 그리고 리더로서 우리의 개발을 가속화하는 데 핵심이다. 코치로서 이러한 숙달은 팀원과 고객을 위해 실질적이고 지속적인 변화를 배양하는 능력의 핵심이다(세상에서 우리가 직면한 도전을 고려할 때, 효과적인 리더의 개발을 가속화하는 것은 우리 모두에게 큰 관심사가 되어야 한다).

이러한 내면 상태는 근본적으로 현존 기반 코칭에 관한 것이다. 우리 모두가 모든 순간에 이용할 수 있는 가장 자원이 풍부하고 잘 준비된 탄력적인 내면 상태를 우리는 *현존* presence이라고 한다.

제 1 장

현존

우리의 목표를 달성하기 위해 현재의 길을 계속 간다면 우리가 목표에 다다르지 못하게 될 것임을 지적으로 이해하는 것만으로 충분하지 않다... 우리는 그것을 느껴야 한다. 우리가 행동의 영향에 대해 충분히 깊은 감정적 경험을 할 때, 우리의 삶은 영구적으로 변한다.

케빈 캐시먼(Kevin Cashman)

지금 이 순간에 최선을 다하는 것은 다음 순간을 위한 최고의 장소에 당신을 위치시킨다.

오프라 윈프리(Oprah Winfrey)

나는 대형 금융 기관의 수석 부사장을 코칭하고 있었는데, 그의 사업 목표는 너무 급진적이고 야심차서 어디에서도 시도해 본 적이 없는 것이었다. 나의 고객은 종종 순수한 에너지, 의지 및 성격의 힘으로 이례적인 성공을 거둬왔다. 그는 카리스마가 있고 영감을 주는 것으로 보였으나 종종 1인 밴드라는 비판을 받았다.

그 사업 목표는 내 고객과 그의 사장이 다른 사람들의 의견을 거의 수렴하지 않고 정한 것이다. 내 고객은 현명하게도 이 목표를 성공시키기 위해서는 그의 수석팀에게 몹시 부족한 주인의식이 적정 수준까지 올라와야 된다는 것을 인식했다. 그는 그것이 자신과 관련이 있다는 것을 알았지만, 이 주인의식을 만들기 위해 무엇을 바꾸어야 할지에 대한 단서는 없었다. 그가 그들이 자신들의 사업을 발전시키도록 영감을 주려 노력할수록 더욱 소극적이 되는 것 같았다.

우리의 초기 대화 중에 나는 약간 막히는 것을 느꼈다. 그는 그의 핵심 멤버들이 사업에 나서지 않는 것에 대해 당혹감을 표현하고 있었고, 그의 리더십이 어떻게 그들이 그렇게 하는 것을 막았는지 알지 못했다. 대화의 어느 순간, 나는 멈췄다. 그 순간 나는 어떻게 해야 할지 알았다. 나는 갑자기 명료해지고, 더 날카로운 인식을 경험했다. 나는 실험을 제안했다. 나는 그에게 일어서서 자신의 몸을 공격적이고 앞으로 기울인 자세를 잡고, 그 자세로 다른 사람에게 자신의 생각을 묻는 것이 어떤 것인지를 느끼도록 제안했다. 그리고 나서 나는 그에게 몸을 뒤로 젖히고 수용적인 자세로 똑같이 해달라고 요구했다.

그가 그렇게 하자 그의 얼굴에 인정하는 빛이 떠올랐다. 그는 그 순간 자신의 말이 자신의 몸이 보내는 메시지와 전혀 어울리지 않다는 것을 감지했다. 그의 말은 "나는 당신의 아이디어를 원한다"라고 말했다. 그의 몸은 그의 말보다 더 큰 소리로 말했다. "이것은 나의 쇼야. 그리고 나는 그것을 해낼 것이다. 나에 관한 것이다." 그는 그의 사람들이 몇 년 동안 봐왔던 것을 한순간에 보았다. 그 순간, 내 고객은 그가 사람들과 상호작용하는 방식을 바꿔야 한다는 것을 깨달았다. 그는 자기 존재의 핵심에서 자신의 요청에 진정성이 없었으며 자신의 깊은 무엇인가가 변화되어야 한다고 느꼈다. 그 인식은 현존의 힘에서 비롯되었다.

이것은 내가 경영자 코치로서 경험한 많은 현존 중 하나였다. 현존이 사실 센터링(역자 주: 산만하거나 혼란스러운 마음을 집중시키는 기법. 기도, 명상, 코칭, 상담에서 널리 사용된다)된 장소에서 다른 사람들을 코칭하고, 진정한 리더가 되고, 충만하고, 리소스풀하고, 만족스러운 삶을 사는 것이 무엇을 의미하는지에 핵심적이라는 것이 나에게 분명해졌다. 현존은 인간으로서 내재된 기본적인 능력이다. 리더와 코치로서 우리의 일은 우리 자신 안에서 이것을 발견할 수 있는 독특한 기회를 제공한다.

밝혀진 현존

여기에는 마법이 없다. 사실 나는 현존을 철저히 밝혀내는 것부터 시작할 생각이다. 여기 몇 가지 추가적인 예가 있다. 그 영역의 범위를 보면 현존이 무엇인지 이해하고 리더십, 개발 및 코칭에 대해 무엇을 보여줄 수 있는지 살펴볼 수 있다.

- 제리[Jerry]는 최근에 고용했지만 결과가 좋지 않은 관리자를 해고하기로 결정했다. 제리는 당혹스러웠고 그 관리자는 비생산적이면서도 방어적이었다. 그는 고용 과정에서 이 사람을 고용하기 위해 거의 모든 사람들의 반대를 무릅썼기에 그를 내보내는 것은 개인적으로 어려웠다. 제리는 갈등을 싫어했고, 사람들의 성과가 좋지 않을 때도 사람들을 곁에 두려는 경향이 강했다. 이러한 상황에 직면하는 것은 또한 그 자신의 습관에 직면하는 것을 의미했다. 제리는 어려운 대화를 하지 않기 위해 자신에게 다음과 같은 이야기하는 습관적인 경향이 있었다("그는 단지 시간이 더 필요할 뿐이다. 나는 그와 함께 일할 수 있다. 그는 이 일을 해낼 것이다").

나와 함께 한 작업에서 그는 자기 성찰에 상당한 시간을 보냈고, 당혹감을 떨쳐버리고, 자신이 그 문제를 악화시킨 것을 인식했고, 그의 감정 상태에 대한 작업을 했다. 그가 자신에게 하던 이야기는 사라져 버렸고, 이제 행동을 취해야 할 때가 되었다는 것이 갑자기 분명해졌다. 그러자 어떤 대화를 해야 할지보다 어려운 대화를 어떻게 해야 할 지가 문제가 되었다.

이 준비 이후에 제리는 그 관리자와 만났다. 차분함, 배려, 솔직함으로 일이 잘 풀리지 않은 것을 설명했다. 그는 자신의 오산에 책임을 졌고 또한 상대방이 가족을 데리고 반대편 해안으로부터 장거리 이사까지 한 그의 어려운 상황 깨달았다. 그 대화는 사실 선택의 여지가 거의 없는 물에 빠진 사람처럼 느껴졌던 상대방에게 안도감으로 다가왔다. 그들은 상호 존중하면서 공평한 해결책을 도출할 수 있었다.

- 밥Bob이라는 이름의 US에어웨이US Airways의 직원이 있는데, 그는 내가 자주 이용하던 노스캐롤라이나주 애쉬빌 공항 카운터에서 일한다. 내가 하루 일과에 정신이 팔려 공항에 들어서면 밥을 찾는데, 왜냐하면 내가 밥을 찾으면 하루가 달라질 것을 알기 때문이다. 밥은 언제나 긍정적이고 심지어 낙관적이다. 그는 눈을 마주치고, 모든 승객의 이름을 부르며, 사람들이 어떻게 지내는지 묻는다(그는 그 일을 진심으로 한다). 나는 내 기분이 바뀐 것을 늘 알아차렸다. 밥의 주변에 있을 때 나는 더욱 활기차고, 어떤 방식으로든 가벼워지고 하루를 즐길 준비가 되어 있다고 늘 느낀다. 나는 수년 동안 그를 지켜봤고 그의 주변에서 다른 사람들의 기분이 어떻게 좋아지는지 꾸준히 알아챘다. 밥은 전염성이 있다.

- 몇 년 전, 우리 동네 주유소에서 차의 기름 탱크를 가득 채운 후, 나는 주유구 뚜껑을 닫지 않았나 하는 의구심이 계속 들어 고속도로 옆에 차를 세웠다. 나는 내 차 옆에 노즐과 가스 호스 전체가 매달려 있는 모습을 보고 충격을 받았다! 창피스러운 이야기지만 본능적으로 처음 떠오르는 것은 호스를 가져다가 잡초 속에 던져버리고 차를 몰고 떠나는 것이었다. 그러던 중 동료가 같은 짓을 해서 주유소 전체가 고장이 난 펌프에서 나온 휘발유로 넘쳐났던 때가 생각났다. 나는 지역 BP주유소가 100피트 높이의 화염에 휩싸이는 것을 상상했고 갑자기 부담이 더 커졌다. 또한 나는 만약 내가 호스를 덤불에 던져버린다면 내 아이들의 눈을 다시는 똑바로 쳐다보지도 못하고 거짓말을 하지 말라고 말할 수 없다는 것을 깨닫게 되었다.

  이것은 나의 무의식 그러나 유혹적인 본능 혹은 내가 항상 지지할 가치 사이에서 매우 분명한 선택으로 실존적 순간이었다. 나는 익숙한 "헤드라이트 속의 사슴" 마비를 경험했고, 내 가치관이 위태롭고 어느 선택이든 실제적인 결과가 있다는 것을 알았다. 나는 내가 무엇을 해야 할지 모른 채 서 있었다. 그리고 진짜 선택이라는 것이 아님이 분명하고 확실하게 되었다. 나는 12피트의 무겁고 냄새나는 호스를 조수석에 싣고 음악을 마주하기 위해 돌아갔다.

- 우리가 세계의 어느 곳에서 살았던 간에 우리 대부분은 2001년 9월 11일 아침을 생생하고 분명하게 기억한다(나는 딸이 우리 수련원에서 결혼한 지 사흘 만에 차를 몰고 집으로 떠나려는 부모님과 아침을 먹으며 미련을 느끼고 있었다). 우리는 각각 특정한 순간에 그 소식을 듣거나 보았다. 그 순간 이후, 우리는 뭔가 근본

적인 것이 바뀌었다는 것을 깨달았다. 우리가 그 변화를 어떻게 해석했는지는 우리가 어디에 살고 있는지, 문화적 가정assumption들과 신념들, 우리의 성격과 삶의 방향 등 많은 요소에 달려 있었다. 그러나 그 어려운 사건들로부터 우리 자신의 의미를 부여하기 위해 우리의 해석이 시작되기 전에 세상은 멈춘 것처럼 보였다. 우리의 내면 세계는 바뀌었고, 우리는 더 큰 진실을 인식하게 되었고, 우리는 결코 예전으로 돌아갈 수 없었다. 이러한 순간 역시 현존의 순간이다.

이러한 예들은 현존과 관련된 광범위한 경험의 예를 제공한다. 공통점은 아직 쉽게 드러나지 않을 수도 있다. 당신이 자신의 현존 경험을 그렇게 이름을 붙이지 않았을 수도 있지만, 우리는 모두 그것들을 가지고 있고, 다른 사람의 그것들을 목격했다. 어떤 사람들은 그러한 현존 체험이 9/11과 관련된 사건처럼 크고 극적인 사건이었을 수도 있고, 다른 것들은 내 고객이 그의 매니저와 대화하는 것처럼 현실적이고 실용적인 것이었을 수도 있다.

이 범위를 고려하여 현존이 무엇인지 그리고 그것이 팀 리더, 코치 또는 임원으로서 당신의 업무와 어떻게 관련이 있는지 알아보자.

●○

연습 1.1.

현존의 경험

- 현존을 경험한 적이 있었던 때를 생각해보라. 당신이 자연에서 폭포, 일몰 또는 웅장한 경치에 의해 감동을 받았던 때를 기억하라. 그때 기분은 어땠는가? 당신은 구체적으로 자신의 내면에서 무엇

을 경험했는가?

- 배우자, 자녀 또는 다른 사람에 대한 갑작스러운 애정이나 사랑의 물결을 느꼈던 때를 기억하라. 그 경험에서 무슨 일이 있었는가?
- 당신이 선택에 직면했을 때, 그 선택이 당신에 대해 무언가를 말해주었고, 책임을 전가할 곳이 없었다는 것을 기억하라. 당신의 결정을 알고 있으면서도 어떻게 할 바를 모르던 바로 그 순간에 어떤 경험을 했는가?
- 기분이 언짢았던 사람, 어쩌면 울고 있는 아이, 기분이 언짢은 직원 또는 사고 현장을 가장 먼저 접한 사람과 함께 있었던 때를 떠올려보라. 아마도 직관적으로 당신은 침착함이 당신이 도울 수 있는 방법의 핵심이라는 것을 이해했을 것이다. 어쩌면 당신의 침착한 현존이 다른 사람을 도왔다. 당신은 어떻게 그 침착함을 사용하였는가?
- 9/11 아침에 당신이 어디에 있었는지 기억하라. 그날 아침에 날카롭게 집중되는 것 같던 모든 것을 생각해 보라. 당신에게 감동을 주거나, 갑자기 다르게 인식되거나, 이전보다 더 중요하게 떠오른 것이 있었는가?

이것들은 현존의 예이다. 그리고 나는 당신이 최소한의 노력으로도 각 질문에 대해 무엇인가를 식별할 수 있었다고 생각한다.

●○

현존이란 무엇인가?

*현존*은 정의하기에 지독히 파악하기 힘든 도전적인 단어로 판명되었다. 다른 저자들은 다양한 방식으로 그것에 접근했다. 당신이 재능 있는 관찰자로부터 다음과 같은 설명을 볼 때, 당신이 어떤 반응을 하는지 주목하라. 이것이 당신이 더 원하는 것인가? 그 정의의 어떤 점이 당신에게 인상적인가?

"현존은 당신이 코칭할 때 당신 자신을 가져오는 것이다: 고객과 함께 하는 모든 순간에 당신의 가치, 열정, 창의성, 감정, 분별력을 가져오는 것이다."[1]

"현존… 깊은 경청; 자신의 선입견과 의미를 이해하는 전통적인 방법을 넘어서는 개방성."[2]

"다른 사람의 생각 및 감정과 진정으로 연결되어 원하는 결과를 향해 동기를 부여하고 영감을 주는 능력."[3]

이 설명들은 일반적으로 우리가 하고 있는 일을 묘사한다. 그들은 현존이 주로 동사라고 주장한다. 이러한 관점에서 현존은 기술과 기법의 개발에 적합하며 다른 사람들과의 관계에 풍부한 자원과 특정한 자질을 가져오는 데 유용하다. 나는 이 저자들이 묘사하는 일을 하는 사람과 함께 있으면 열린 마음과 완전히 다른 방식으로 경청하는 경험으로 이어질 수 있다고 상상할 수 있다. 또한 그 설명들은 진정성과 다른 사람들과 함께하는 다른 방식을 만들어내기 위해 우리가 무엇을 할 수 있는지를 암시한다. 그것은 실용적이다.

나는 현존에 대한 더 광범위하고 포괄적인 다른 정의를 제안한다. 나는 현존이 이러한 실용적인 정의를 모두 포함한다고 제안한다. 그러나 현존의 개념을 적용 가능성으로만 제한한다면, 우리는 매우 중요한 것을 스스로 박탈하고 있는 것이다.

- 여기 내가 제시하는 더 넓은 정의가 있다. *현존은 인식의 상태이다. 순간적으로 시간의 초월, 연결됨 및 더 큰 진실의 경험을 느끼는 것으로 특징지어진다.*
- 현존은 동사가 아니라 *상태*이다. 그것은 주관적이고 개인적이며 내적이다. 지금이 바로 *그 순간*이라는 뜻이다. 지금 이 순간. 그리고 이것.
- 우리가 느끼는 *시간*의 경험은 근본적으로 변한다. 미래의 걱정과 과거의 기억은 사라지고, 오직 이 순간만이 있다.
- 우리는 우리 자신이 다른 사람들과, 우리 자신과, 우리의 환경과 상황에 *연결*되어 있다고 경험한다.
- 현존은 우리로 하여금 더 *큰 진리*를 직접 경험하게 한다. 이것은 우리가 누구인지, 다른 사람이 누구인지, 우리가 더 큰 그림에 어떻게 들어맞는지, 상황이 실제로 무엇인지, 우리에게 무엇이 가능한 것인지, 혹은 사용할 수 있는 어떤 선택지가 무엇인지를 명확하게 직접적으로 보는 것을 의미할 수 있다.

현존
현존은 순간적으로 시간의 초월, 연결 및 더 큰 진리의 경험을 느끼는 것으로 특징지어지는 인식의 상태이다.

나는 이 정의가 다른 저자들의 유용한 묘사보다 광범위한 경험을 포함한다고 믿는다. 현존은 리더이자 사람의 개발자로서 우리의 효능성에 도움이 된다는 것은 사실이다. 현존 기반 코칭은 이러한 현존의 경험을 업무 영역으로 가져오는 것에 대한 실용적이고 검증된 지혜를 제공한다.

현존이 우리 자신의 개발을 위해 근본적으로 가속화된 경로의 문을 연다는 것도 사실이다. 현존 상태는 학습 능력 자체의 중심적이고 필수적인 요소임이 밝혀졌다. 현존으로 작업하는 것은 당신의 삶의 모든 영역에 영향을 미칠 자신에 대한 더욱 심화되는 경험의 수문을 여는 것이다.

•◦

연습 1.2.
지금 현존하기

현존을 경험해보자. 다음은 당신이 실행할 수 있는 두 가지 간단한 실험이다. 익숙해질 때까지 각 연습에 대한 지침을 끝까지 읽은 다음에 지문이 없이 연습을 실시하라.

첫째, 방해받지 않고 편안한 의자에 앉는다. 눈을 감는다. 긴장을 푼다. 이제 생각들 사이의 짧은 공간에 주목하라. 한 생각의 끝과 다음 생각의 시작 사이에 정적의 순간이 있을 때를 주목하라. 그 고요함에 주의를 기울이라. 고양이가 온전히 경계하며 쥐가 나타나기를 기다리는 것처럼 다음 생각의 시작을 기대하면서 지켜보라. 생각 사이의 그 순간이 현존이다.

그런 다음 사랑하는 사람의 사진, 자연 경관, 특별한 예술 작품 등 당신을 감동시키는 무엇인가의 앞에 앉으라. 눈을 감고 그것을 시각화하라. 그것이 당신에게 어떤 의미인지 생각해 보라. 이미지에 집중하면서 마음의 눈에 고정하라. 이제 천천히 눈을 뜨고 처음 보는 것처럼 대상을 바라보라. 당신이 새롭게 보고 있는 것을 신성함과 호기심으로 느껴보라.

그래서 당신은 무엇을 알아 차렸는가? 당신은 무엇을 느꼈는가? 그것이 현존이다.

•◦

현존의 의미

현존은 내면의 상태이며 종종 잠깐 지속되는 일종의 인식이다. 지금은 이전 일화를 통해 이 상태의 의미 중 일부를 살펴보고 어떻게 그 정의에 생명을 불어넣고 유용한 의미를 확립하고 함께 작업할 수 있는 기반을 마련할 수 있는지 살펴보겠다. 이 장의 뒷부분에서 나는 이것을 코칭과 연결할 것이다.

현존은 더 큰 맥락을 드러낸다. 때때로 우리의 관점이 갑자기 바뀌고, 우리는 우리가 어떻게든 피해왔던 더 큰 진실을 분명히 보게 된다. 우리는 이것에 저항할 수 있다(개리 라슨의 만화에서 사방에서 화살이 날아올 때, 천막이 쳐진 마차들로 만들어진 방어진 안의 카우보이 중 한 명이 말한다. "이봐! 쟤들이 화살에 불을 붙이고 있어! 쟤들 저럴 수 있는거야?"). 혹은 우리는 이 확장된 관점을 우리로 하여금 무엇인가 새로운 것을 향하도록 요구하는 것으로 볼 수 있다. 보다 포괄적인 관점에서 결정을 내리는 리더는 근시안적이고 증상 중심적 의사결정의 함정에 빠질 가능성이 적다.

현존은 행동을 위한 새로운 가능성을 펼친다. 우리는 세상을 보다 포괄적인 맥락에서 직시하는 것을 통해 사물을 명확하고 광범위하게 본다. 이 느낌의 경험은 새로운 행동들을 조명한다. 9/11의 아침, 각 개인이 깨달음의 순간에 그들의 세계는 바뀌었다. 내셔널 풋볼 리그의 스타인 팻 틸먼Pat Tillman과 같은 일부 사람들은 입대를 하도록 마음이 움직여졌다. 다른 사람들은 헌혈로 응답했다. 아내와 나는 이웃과 친구들을 불러 모닥불 주위에 모여 우리 공동체의 소중하고 덧없는 본질을 깨달았다. 이러한 각각의 결정은 느낀 경험에 대한 유의미한 선택된 반응으로 받아들여졌다.

현존은 우리 선택의 자유를 드러낸다. 가스 호스 딜레마는 순간 선택의 즉시성을 보여주는 훌륭한 예를 제공한다. 나는 그 결정과 각 대안의 의미에 대해 예리하게 인식하고 있었다. 나는 당혹스러운 고백(그리고 위버빌Weaverville이라는 작은 마을이 지금까지 본 것 중 가장 큰 화재에 대한 잠재적인 책임)에 직면하거나 내 위선에 대해 평생 반성하며 참회할 수 있었다. 책임을 떠넘길 사람은 아무도 없었고, 모든 것이 내 몫이라는 것을 깨달으면서 시간은 멈췄다. 궁극적으로 상황이 악화되면 우리 각자는 그 순간에 성과를 내거나 그렇지 않을 것이다. 선택의 순간을 인식하는 것은 현존에서 비롯된다.

현존은 지적 순간을 제공한다. 현존은 깨어나는 느낌을 준다. 사물의 초점이 선명해지고 우리는 즉시 더 많은 에너지, 기민함, 충만감을 경험한다. 우리는 이 장에서 설명하는 모든 예에서 이것을 볼 수 있다. 그 순간에는 다른 것이 없다. 우리가 보내는 대부분의 시간에서 모호함이 사라지고 모든 것이 갑자기 명확하고 근본적이다.

현존은 초대이다. US Airways 직원인 밥은 공항에 있는 대부분의 다른 사람들과 너무 분명하고 눈에 띄게 다른 분위기에 있기에 우리를 긴장하게 한다. 그의 분위기는 매우 안정적이고 전염성이 있어 주변의 모든 사람에게 새로운 가능성을 열어준다. 그는 행복한 상태를 공유하도록 초대한다. 그의 현존은 사람들에게 분명한 선택을 요구한다. 그 순간에 그들은 더 행복해질 수도 있고 심술궂은 기분으로 비행기에 탈 수도 있다. 초대가 있고, 밥에 대한 나의 경험은 그 초대를 거절하기보다 받아들이는 것이 더 쉽다는 것이다.

현존은 성취를 향한 문이다. 현재는 우리가 실제로 기쁨과 성취감을 가질 수 있는 유일한 순간이다. 우리는 행복에 대해 다음과 같이 생각한다. 완벽한 집, 다음 승진, 새 직업, 최신 아이팟 또는 더 많은 급여를 받을 때 행복이 찾아온다. 우리의 마케팅 문화에 의해 잘 조건화된

이러한 신념은 우리의 행복을 영원한 미래 상황으로 미루게 된다. 현존은 지금 우리에게 기쁨을 열어준다.

현존의 의미
현존은 더 큰 맥락을 드러낸다. 현존은 행동을 위한 새로운 가능성을 펼친다. 현존은 우리의 선택의 자유를 드러낸다. 현존은 지적 순간을 제공한다. 현존은 초대이다. 현존은 성취를 향한 문이다.

현존의 특성이 몇 가지 필수적인 리더십 특성의 개발과 어떻게 관련이 있는지 알아보자.

- *민첩성* Agility : 의사결정에 대한 시사점과 맥락을 고려하고 새로운 행동 가능성을 발견하기 위한 실행이 매우 중요하다. 조직 차원에서 이것은 민첩하고 대응력이 뛰어나며 혁신적인 문화를 만들어 낸다. 개인적인 차원에서 이것은 빠른 개발과 학습을 위한 레시피이다.
- *책무성* Accountability : 비즈니스와 개인의 효능성에 대한 의미있는 정의는 측정 가능한 결과와 그 결과가 동료, 직원, 고객, 지역사회 그리고 궁극적으로 지구상의 삶 전체에 미치는 영향을 모두 포함해야 한다. 현존은 우리가 내리는 모든 결정에 대해 점점 더 큰 맥락을 고려해야 할 책임을 갖게 한다.
- *충만성* Resourcefulness : 현존은 습관적인 방법으로 일을 하는 것에서 벗어나 매일 매 순간 이용할 수 있는 현실적인 가능성으로 초대한다. 그것은 선택에 관한 것이다. 창조적이고 생성적인 과정으로서 삶을 사는 것에 관한 것이다. 만약 우리가 혁신과 창의적인 문

화를 구축하는 데 관심이 있다면 우리는 우리 자신부터 시작해야 한다.

- *탄력성* Resilience : 현존은 리더의 회복 탄력성의 기초이다. 현존의 경험은 스트레스와 예측 불가능성 그리고 시간이 지남에 따라 최고의 리더들조차 지치게 만드는 압도감의 강한 영향에 대한 해독제이다. 현존하는 순간에 우리는 자신에게서 멀어지게 하는 일에 덜 얽매이고 더욱 충만해지기 위해 우리를 반복적으로 돌이킬 수 있는 일시적인 휴식을 발견한다.
- *진정성* Authenticity : 현존은 진정성의 핵심 속성이다. 진정한 리더의 현존은 고상하고 더 위대하고 가치 있는 일에 동참하도록 초대하는 것이다. 우리가 직원을 유지하고 동기를 부여하며 조직의 효과성을 다루려 한다면 사람들이 따르고 싶어하는 리더가 되는 것보다 더 좋은 방법은 무엇인가?
- *활력* Vitality : 많은 사람들처럼 직장에서 "천천히 죽어가는 것"을 경험하는 것이 아니라 현존은 우리를 깨우도록 초대한다.[4] 현존할 때 우리는 매 순간이 무언가를 배우고 우리의 에너지와 살아있음을 경험할 수 있는 기회임을 알 수 있다. 현존은 우리에게 우리 삶의 완전한 경험과 주변 사람 및 환경과의 연결성을 열어준다.

현존이 지원하는 리더십 특성
민첩성 책무성 충만성 탄력성 진정성 활력

비즈니스 또는 비영리 조직의 리더, 교육자 혹은 코치로서 현존을 함양하는 것은 효능성과 불가분의 관계에 있다. 현존은 우리가 내린 결

정의 의미에 대한 이해에 근거한 선택을 할 수 있게 해주고 우리가 습관적으로 피할 수 있는 새로운 행동 방침을 선택하는 데 있어 더 대담해질 수 있게 해준다. 그러므로 현존은 인간의 변화와 개발을 지속하는 데 필수적이다. 그것은 전문가로서의 우리의 창의성과 재능의 중심이며 우리가 다른 사람들에게 어떻게 인식되고 수용되는지에 대한 주요 요인이다.

내가 여기서 제공하는 것은 삶의 모든 것에 관한 것이다. 이 책에 제시된 도구와 프랙티스들의 광범위한 사용은 기업, 협회 및 비영리 단체에서 더 뛰어난 리더를 이끌 것이다. 나는 또한 교육 분야에서 더 강력한 교육자와 모든 분야에서 고객들이 더 연민을 가지고, 더 안정되고, 더 강력한 기여자가 되도록 지원할 수 있는 코치들을 보는 것에 최선을 다하고 있다.

현존과 코칭의 산물

이 책의 제목을 고려할 때, 나는 당신이 실제로 자신을 코치라고 부르든 아니든 다른 사람들의 학습과 개발을 위한 실행을 하기 때문에 이 글을 읽고 있는 것이라고 추측한다. 그런가?

나는 *코칭을 한 사람이 다른 사람의 역량, 자기생성 및 생동감의 장기적인 개발에 주로 헌신하는 관계의 한 부분으로 광범위하게 정의한다.*[5] 코칭은 자신이 다른 사람들과 함께 그리고 다른 사람들을 통해 일을 하는 것으로 생각하는 조직의 모든 리더들에게 중요하고 결정적인 활동이다. 이 책을 읽는 어느 누구든 당신이 하는 일의 구성 요소로서 코칭을 근본적으로 이해하지 못하는 사람들은 거의 없을 것이다.

이 정의는 그룹 코칭을 제외한다. 비록 현존이 개인 코칭만큼 그룹 코칭에도 적절하지만 이 대화를 필수 요소들에 집중하고 싶다. 이것들은 그룹 대화보다는 일대일 대화에 적용하고 확인하기가 훨씬 간단할 것이다. 나는 그것을 프랙티셔너들에게 다른 맥락에 쉽게 확장하도록 맡길 것이다.

또한 코칭에 대한 나의 정의는 한 파트너의 학습과 개발에 전념하지 않는 일대일 상호작용을 제외한다. 따라서 나는 개인의 학습과 개발보다는 조직의 목표와 우선 순위에 의해 주도되는 슈퍼바이저의 개입 supervisory intervention 및 기타 대화를 제외한다. 현존이 그러한 대화와 분명히 관련이 있지만 이 책의 제한된 범위를 벗어나는 추가적인 복잡함이 있다.

코칭
코칭은 한 사람이 다른 사람의 역량, 자기생성 및 생동감의 장기적인 개발에 우선적으로 헌신하는 관계의 부분이다.

이러한 주의사항을 감안할 때, 나는 코칭이 직책의 포함 여부와 관계없이 모든 비즈니스 리더와 교육자가 수행하는 것이라고 생각한다. 비즈니스 맥락에서 코칭은 다른 사람들이 효과적이고 진정성 있고 결과를 만들어내는 행동 역량을 개발하도록 지원하기 위한 것이다. 동시에 코칭은 사람들이 기여할 수 있는 능력을 개발하게 하고, 자기 개발을 주도하는 유능한 학습자가 되고, 성취감을 찾는 것을 추구한다.

나는 코칭의 세 가지의 핵심적인 산출물들을 다음과 같이 분류한다.[6]

- *고객의 약속을 이행하는 데 있어 관찰 가능한 역량.* 고객의 구체적인 약속은 일반적으로 코칭의 초점을 결정한다. 결과를 산출하는 역량은 고객과 다른 사람 모두가 관찰할 수 있다.
- *자기생성 능력.* 다음 장에서 이에 대해 더 자세히 알아본다. 여기에서 나는 자신의 지속적인 학습과 개발에 대한 역량과 주인정신

이 코칭의 핵심적인 산출물이라고 주장한다. 이것는 종종 코칭에서 추구하는 원래의 결과를 훨씬 능가하는 이점이 있다.

- *더 큰 생동감, 성취감, 기쁨의 경험.* 현존을 기반으로 한 코칭은 우리가 매 순간의 경험에 훨씬 더 직접적으로 접촉할 수 있게 해준다. 우리 자신의 경험에 대한 민감성과 인식의 증가는 우리가 삶에서 추구하는 무형적 보상의 핵심이다. 이것 또한 숙련된 코칭에서 예상할 수 있다.

현존은 이 세 가지 산물의 핵심이다. 우리 자신과 고객의 효능성과 성취 모두에 관심이 있는 코치로서 우리는 현존의 개발에 깊은 관심을 가져야 한다.

코칭의 산물
고객의 약속을 이행하게 하는 관찰 가능한 역량 자기생성 능력 더 큰 생동감의 경험

현존은 믿을 만한 마술 지팡이나 세심하게 연습한 일련의 기법을 통해 다른 사람에게 만들어낼 수 있는 것이 아니다. 우리는 다른 사람을 통제하지 않으며 다른 사람을 현존으로 조종할 수도 없다.

만약 당신이 이 책을 집어들었다면, 당신은 이미 자신의 개발이 다른 사람들의 개발자로서의 자신의 효능성과 불가분의 관계에 있다는 생각을 하고 있을 것이다. 그것은 단지 모델링의 문제가 아니다. 물론 그것도 역할이 있다. 나는 당신의 존재 방식이 당신이 코칭하는 사람들과 함께 진정으로 새로운 변화, 통찰력 및 행동을 만들어내는 능력의 기본이라고 말하고 있다. 코치는 고객 개발을 위한 도구이다.

현존은 초대이다. 우리가 현존할 때, 우리는 초대하는 입장에 있다.

코칭은 우리 자신의 내면 작업에서 시작된다. 우리가 다른 사람들에게 현존의 경험을 환기시키는 것은 우리 자신 안에 현존하는 능력의 개발을 통해서이다. 현존 기반 코칭은 자신의 개발과 다른 사람들을 개발하는 데 필수적인 현존에 대한 역량을 크게 높일 수 있도록 도와준다.

그런 다음에 비로소 당신은 고객이 자유롭게 되고 새로운 행동의 가능성으로 이어지는 방식으로 현존을 경험할 가능성을 높이는 코칭 방법을 탐색할 수 있다.

– 현존을 위한 멈춤 –

위의 제리의 예에서 현존은 어려운 상황을 성공으로 해결하기 위해 필수적이었다. 제리는 그 문제에 대한 자신의 책임을 지고, 그의 매니저에게 연민을 갖고, 어느 쪽에도 효과가 없는 상황을 우아하게 끝내기 위해 자신의 내면 작업을 해야만 했다. 솔직하고 연민을 가지고 말하면서, 제리는 현재의 방식을 끝낼 것이라는 것을 분명히 했고, 그의 매니저를 가능한 최선의 해결책을 위한 탐구에 동참하도록 초대했다. 제리의 현존 상태가 충분히 매력적이어서 그 매니저는 방어하지 않고 반응했으며 그들은 서로 만족스러운 해결책을 만들 수 있었다. 이것은 또한 제리와 회사의 명성을 높였다.

현존에 대한 도전

코칭 환경의 많은 요소와 코치의 한계는 현존을 유지하는 것을 상당히 어렵게 만든다. 우리가 고객에게 더 효과적인 행동을 할 수 있는 현존과 능력을 불러일으키는 최후의 단계까지 자신의 현존을 유지하려면 우리도 도전과제를 인식해야 한다.

다음은 우리 자신의 현존 상태의 유지를 어렵게 만드는 몇 가지 사항이다.

현존에 대한 내적 장애

- 수년 간의 프랙티스로 인해 생긴 좁은 홈 속을 달리는 경향이 있는 우리 자신의 사고 습관
- 멋지게 보이고, 갈등을 피하고, 똑똑한 사람으로 인식되고자 바라는 우리의 욕망 등
- 다른 사람과의 관계에서 균형을 유지하기 위한 우리의 노력
- 우리가 특정한 종류의 사람이나 코치로서 우리 자신을 보고자 하는 혹은 자신을 보이려고 하는 우리의 욕구

현존에 대한 외적 장애

- 조직의 어젠다 또는 기타 이해 관계자들로부터 우리가 느끼는 압박감
- 코치이에 대한 상사의 어젠다와 같은 다른 이해 관계자들의 외부 압력
- 고객의 이익과 불일치할 수 있는 조직 목표, 문화적 속성 및 성과 측정
- 코칭 아웃컴의 비즈니스적 동기
- 시간 요인 및 압박
- 내적 불협화음을 만드는 이중 역할(예를 들어, 우리는 당사자의 코치이며 감독자이다).
- 한 사람과 함께 작업할 수 있는 기간 또는 논의할 수 있는 내용에 대한 계약상의 제한
- 문화적 장애(예를 들어, 몸과 정신을 분리하고 존재보다 사고를

중요시하는 우리의 문화적 편견)

다음은 간단한 코칭 대화의 예로서 위의 요소 중 일부가 어떻게 대화를 방해할 수 있는지 보여준다. 이 책의 대부분의 예시와 대화처럼 이 대화는 실제 코칭 대화를 기반으로 한다. 그러나 익명성을 보장하기 위해 이름과 세부 사항이 변경되었으며, 대화 중 일부 예시는 여러 고객의 조합이다. 그러한 모든 경우에 해당 대화들은 명료하고 간결하게 편집되었다.

이 대화에서 준June은 제품 부서의 책임자인 릭Rick의 사내 코치이다. 준은 일주일 전에 릭과 나눈 대화를 다시 시작한다. 이전 대화에서 릭은 성과에 관한 이슈가 있는 부하 직원과 함께 어려운 대화를 나누기로 약속했다. 그녀는 이것이 릭에게 힘든 상황이라는 것을 안다.

이것은 위험한 일이 될 것이다. 나는 그 대화가 잘 되지 않았다고 장담한다. 그녀는 릭과 함께 그 주제에 대해 시작하기 전에 매우 중립적인 입장에서 시작할 것이라고 생각한다. "그래서 짐Jim과의 대화는 어땠는가? 지난 주에 계획했던 것, 그가 당신을 위해 관리하고 있는 개발 프로젝트의 일정 지연에 대해 논의하기로 했는가?"

릭은 다소 간결하게 대답한다. "우리는 대화를 나눴다. 그것이 최선의 말이다. 잘 되지 않았다. 그는 정말 방어적이었다. 나는 그의 말을 듣고 공감하려고 노력했지만 내 피드백에 잘 반응하지 않았다"고 말했다.

예상대로군, 코치는 속으로 생각한다. 릭이 이에 대해 말할 때 짐은 항상 방어적인 것처럼 보이지만 릭은 그가 그것을 조장할 수 있다는 것을 인식하지 못한다. 그녀는 "그가 잘 반응하지 않았다는 것을 어떻게 압니까?"라고 묻는다.

릭은 "그는 내 질문을 피했다. 내가 계속 탐문하자 그는 화를 냈다. 그는 프로젝트와 잘 맞지 않는 모든 것에 대해 변명을 했다. 모든 것은 그의 통제 밖에 있었다."

이런. 또 시작이다! 그는 짐에게 불만이 있지만 자신의 역할을 보지 못한다. 준은 릭의 이야기에 약간 사로잡힌 느낌이 들었고 릭의 방어적인 모습을 자주 경험했다. 그러나 그녀는 릭과 그 관점을 공유하지 않았다. 그녀는 "그래서 당신은 그가 방어적인 것에 대해 당신이 한 역할이 있다고 보는가?"라고 물었다.

릭은 다소 힘차게 대답한다. "당신이 그것을 물어볼 줄 알았다. 사실 나는 내가 해야 할 부분을 보려고 했지만, 내가 어떻게 다르게 할 수 있었는지 모르겠다. 나는 그에게 어떻게 생각하는지 물었다. 나는 그에게 지연의 원인이 무엇인지 물었다. 그가 무엇을 다르게 할 수 있었는지를 물었다. 나는 그의 말을 들었다, 정말로 들었다. 그는 달리 할 수 있는 일이 없다고 말했다. 주인의식이 없다. 전혀."

릭은 많은 질문을 했다. 그러나 그는 결코 그의 우려나 평가를 공유하지 않았다. 그는 짐이 그 문제를 자발적으로 해결하도록 노력하고 있었지만, 짐은 그것을 볼 수 없었다. 그녀는 초조하고 좌절감을 느낀다. 주의가 정신이 혼미해진 그녀는 생각했다. *릭의 상사가 우리가 오늘 오후에 모였을 때 상황에 대해서 나에게 물을 것이다. 릭의 부서에서 더 많은 코칭을 하고 싶지만, 그는 사람들에게 코칭이 효과가 있다는 것을 보여줘야 한다. 그래서 뭔가 일어나게 해야 한다.*

준은 "그래서 당신이 다르게 할 수 있었던 것이 무엇이라고 생각하는가?"라고 묻는다.

"나는 일부 사람들이 피드백을 기꺼이 듣지 않을 것이라고 생각한다. 벽에 머리를 박는 느낌이다. 그가 그 일에 적합한 사람인지 정말 확신이 서지 않는다."

그는 이해하지 못하고 있다! 준은 어떤 자기 판단을 느끼기 시작하고 본능적으로 그녀의 긴장이 증가한다. *나는 막힌 듯했다. 나는 이런 일을 잘 못한다. 이건 릭의 시간을 낭비하는 것이고, 릭은 그것을 알고 있다. 릭은 새로운 행동을 모델링을 하려 하지 않고, 이 새 프로젝트는 물 속으로 사라질 것이다.*

아마도 짐은 그 일에 정말 적합하지 않은 사람일 것이다. 그것은 릭에게 새로운 행동을 할 수 있는 방법이 있을 수 있다. "릭, 우리 앞에 선택권이 있다.

우리가 짐과의 대화가 어떻게 다르게 진행될 수 있었는지를 살펴보는 것이 당신에게 더 중요한가 아니면 짐이 이 관리자 역할에 적합한 사람인지에 대해 어떻게 결정할 수 있는지를 탐구하는 것이 더 중요한가?"

대화는 계속된다. 하지만 당신은 아마 대화의 기반이 바뀌었다는 것을 알아차렸을 것이다. 준은 릭과 함께 어려운 대화에서 그의 행동에 대해 작업하는 것으로 시작하였는데, 이는 짐에게 행동을 식별하도록 요구하는 간접적이고 조작적인 기법을 지향하는 경향이 있다. 릭은 이미 자신이 문제라고 생각하는 것을 확인했지만, 큰 소리로 말하는 위험을 감수하고 싶지는 않다. 지금 그들은 매우 다른 대화를 하고 있다. 방향이 변경되는 이유는 무엇인가?

두 가지 주요한 역학 관계는 릭과 함께 준의 완전한 현존과 충만함을 막는 것이다. 이러한 역동성은 준을 제한하고, 그녀의 한계 때문에 둘 다 그들이 필요로 하는 것을 얻지 못하고 있다. 첫째, 내적 장애가 있다. 준은 실제로 릭에게서 그것을 볼 때 그녀를 당혹케 하는 똑같은 일을 하고 있다. 솔직함에 대한 그녀의 불편함은 그녀가 자신의 평가를 공유하는 것을 방해하고 있는데, 릭은 그것을 스스로 발견할 수 없는 것이 분명하다. 둘째, 외적 장애를 제공하는 중요한 조직 역동성이 있다. 준과 릭의 상사가 코칭을 부서에 더 많이 도입하기를 바라는 공통된 희망이다. 이것은 이 대화에서 시스템의 다른 사람들이 볼 수 있는 어떤 종류의 결과, 즉 합리적인 목표를 이루려는 암묵적인 압박을 형성한다. 그러나 지금 이 순간에 느꼈던 압박감은 유익할 수도 있고 그렇지 않을 수도 있는 다소 극적인 접촉 선상에서 릭과 함께하려는 준의 명백한 의지로 표현되거나 릭이 현재 상황에서 배우지 못하게 하고 잠재적으로는 짐이 일자리를 잃게 될 수도 있다.

릭과 직접적으로 대화하는 것에 대한 준의 불편함과 그녀의 조직의

목표가 이 대화를 방해하고 있다. 준이 현존할 수 있다면:

그녀는 지시에 대한 자신의 혐오감을 인식하고 릭의 학습에 가능한 가장 유용한 선택을 할 것이다.

- 그녀는 대화에 대한 자신의 견해에 영향을 미치는 조직 역학을 인식하고 그것들을 일단 제쳐 둘 것이다.
- 그녀는 릭에게 연민을 품고 직접적이며 자신의 방어를 자극할 가능성을 줄이면서 자신의 평가를 솔직하게 공유할 수 있다.
- 그녀는 릭에게 새로운 가능성을 열어줄 수 있는 릭과의 대화에 더 현존할 수 있을 것이다.

상황을 다시 보자. 준이 더 많이 현존한다면 이것이 어떻게 다르게 진행될 수 있는지 알아보자.

준은 대화에 들어갈 준비를 하고 있다. *나는 여기서 결과를 얻는 것이 좋겠다. 나는 릭의 상사가 다른 사람들이 릭이 일을 다르게 하는 것을 보기를 원한다는 것을 안다. 잠깐 기다려라! 그 압박감은 지금 나에게 도움이 되지 않는다. 그것은 그냥 제쳐두자. 지금은… 이것은 불확실할 수도 있다. 나는 그 대화가 잘 되지 않았다고 확신한다. 자신에게 집중하고 릭과 함께 현존하자. 명확한 질문을 작성해보자.* "릭, 짐과의 대화에 대해 이야기해 봅시다. 나는 이것이 까다로울 것이라는 것을 알고 있고, 당신은 그에게 직접적으로 솔직할 의도가 있었다. 어떻게 짐에게 직설적인 행동을 했는가?"

릭은 대답한다. "우리는 대화를 나눴다. 그것은 잘 되지 않았다. 나는 그가 정말 방어적이었기 때문에 매우 직접적이지 않았다. 나는 듣고 공감하려고 노력했지만, 그는 정말로 내 피드백에 개방적이지 않다."

릭이 무엇을 하고 있었길래 이런 방어적인 자세를 취하게 되었을까? 짐은 릭이 그에게 말할 때 항상 방어적인 것처럼 보인다. 릭은 그에 말한다.

릭은 여기서 무엇을 하는가? 그녀는 묻는다. "그가 반응이 좋지 않았다는 것을 어떻게 알았는가?"

릭은 짜증나는 목소리로 설명한다. "그는 내 질문을 피했다. 내가 계속 탐문하자 그는 화를 냈다. 그는 프로젝트가 잘 되지 않는 모든 것에 대해 변명했다. 모든 것이 그의 통제 밖이었다."

이런, 다시 시작이다! 릭은 짐을 문제의 전부로 본다. 준은 자신의 조바심과 릭이 자신의 역할을 하지 못하는 것에 대한 판단을 알아차린다. 그녀는 자신을 되찾는다. *이런 일은 익숙하다. 나는 낚이고 있다고 느끼기 시작했고 내 직감에는 긴장감을 느끼고, 갇혀 있는 느낌이다. 호흡하라. 현존하라. 아, 그게 더 낫다.* "그래서 릭, 나는 당신이 짐의 방어적인 것에 어떻게 기여했는지 알아낼 수 있는지 궁금하다."

릭은 다소 힘차게 대답한다. "준, 나는 그것을 모르겠다. 나는 그에게 어떻게 생각하는지 물었고 나는 그에게 지연의 원인을 물었고, 그가 다르게 할 수 있는 것이 무엇이라고 생각하는지 물었다. 나는 그의 말을 들었다. 정말로 들었다. 그는 아무것도 가지고 있지 않았다. 아무것도. 내가 다르게 할 수 있었던 것이 무엇인지 모르겠다."

여기 있다. 또 그런 본능적인 것이 있다. 나는 점점 방어적이게 된다. 우리가 대화에서 바로 여기이다. 여기에 시작이 있다. 호흡하자. 현존하자. 부드러워지자. 우리가 이야기하고 있는 것에 대해 내가 어떻게 본보기가 될 수 있을까? 준은 자신의 에너지가 극적으로 증가하는 것을 알아차렸지만, 그녀는 강렬한 집중력과 차분함을 동시에 느꼈다. "그래서 릭, 내 경험을 제시하고 싶다. 지금, 나는 속이 약간 조이는 것을 알아차렸다. 나는 당신에게 직접적으로 말하는 것을 꺼리는 나 자신을 지켜보고 있다. 그리고 나는 당신이 할 수 있는 모든 것을 했다고 너무 명확하게 말했을 때 당신의 에너지가 증가한 것을 안다." 그녀는 잠시 멈추고 그녀의 가슴에 손을 대고 릭에 대한 연민을 느낀다. 그리고 나서, 그녀는 더 부드럽게 질문한다. "릭, 나는 궁금하다. 당신이 지금 우리 대화에서 일어나고 있는 무엇을 보고 있는지 궁금하다."

릭은 놀란 표정을 짓더니 얼굴이 굳어진다. “글쎄… 잘 모르겠다.” 그는 멈춘다. “당신이 무슨 말을 하고 있는지 알겠다. 나는 지금 방어적이다. 맞는가?”

준은 릭이 그녀가 말하는 것을 이해하려고 애쓰는 것을 볼 수 있다. 그녀는 그에게 좀 더 솔직해지려고 했던 자신의 노력을 기억하며 연민을 느낀다. 그녀는 말할 때 마음이 부드러워지는 것을 느낀다. “릭, 당신이 결정해야 할 것이다. 당신의 에너지가 올라가고 당신이 다르게 할 수 있었다는 것이 없다고 강조했을 때, 나는 내 의견을 당신과 공유하기를 꺼린다는 것을 알게 되었다. 내가 보기에는 당신에게 전달하는 데 많은 에너지가 필요했을 것 같았다.”

“그건 알겠다. 하지만 나는 내가 어제 무엇을 다르게 할 수 있었던 것인지는 모르겠다.”

“아마도 우리는 그것을 알게 될 것이다. 하지만 지금, 릭, 당신의 에너지가 어디에서 오는지 파악할 수 있는가?”

“글쎄, 당신은 내가 다르게 할 수 있었던 것에 대해 질문을 했지만 나는 그것을 알지 못했다. 나는 아무것도 모르고 다소 비난을 받은 느낌이다. 그래서 방어적이 된 것 같다.”

“고맙다. 릭. 알겠다. 물론, 나는 당신이 아무것도 모른다고 생각하지 않는다. 우리는 단지 사물을 보는 새로운 방법을 탐구하고 있을 뿐이다. 나는 지금 이 순간에 짐과 무슨 일이 있었는지에 대해 어떤 깨달음이 있을지 궁금하다.”

릭은 다시 그 놀란 표정을 지었다. “그래, 그렇다.” 그는 멈칫한다. 준은 그의 얼굴이 움직이는 것을 볼 수 있다. 그의 몸은 이완되고, 어깨는 내려가고, 눈은 부드러워 보인다. 그는 고개를 들고 거의 미소를 짓는다. “그래, 이제 알 것 같다. 그냥 짐에게 질문을 해서 자백을 받아내려고 했다. 나는 그에게 내 진짜 생각을 말할 용기가 없었기 때문에 그것을 말하게 하려고 했다. 그는 나처럼 방어적인 태도를 취했다. 준, 하지만 나는 정말로 나를 보호하고 있었다.” 그는 멈춘다. “나는 그것을 정말 다르게 할 수 있었다.”

그리고 우리는 기타 여러 가지 대화를 계속할 수 있었지만 요점은 정해졌다.

대화를 통한 이 두 번째 시도에서 상황이 매우 다르게 전개된다는 것을 주목하라. 준은 자신의 현존으로 작업을 하고 있다. 첫째로, 그녀는 조직적인 압박이 대화에 들어올 수 있는 가능성을 인식하고 그것을 제쳐 두기를 의식적으로 선택한다. 나중에 그녀는 자신의 불편함과 조바심을 인식한다. 그리고 몇 번, 그녀는 자신의 모습을 되찾기 위해 스스로 작업해야 한다.

대화 도중에 그녀는 그때 자신에게 무슨 일이 있었는지 이야기한다. 준은 즉각적이며 현존을 경험하는 순간의 초대장이 된다. 릭이 현존하게 되었을 때, 릭은 자신의 상황을 보는 새로운 방법을 발견했다. 그가 진실을 보다 명료하게 볼 때, 새로운 행동이 가능해진다.

또한 우리는 일단 그 순간에 현존할 때, 릭의 상사와 조직 역학 및 부서에 코칭을 도입하는 것이 준의 생각에 없다는 것을 알아차릴 수 있다. 현존 상태는 대화를 활성화시키고 감동을 더하고, 에너지와 대화의 참여 수준은 조직 역학이 다시 개입될 여지를 남기지 않는다.

준이 이 대화에서 한 일은 그녀가 초대할 수 있는 현존의 공간을 만드는 것이다. 릭은 짐과의 대화에서 무엇이 잘못되었는지에 대해 다른 관점을 발견한다. 이것은 짐과의 대화에서 무엇이 그를 움직이게 했는지 그리고 그의 선택지가 무엇이었는지에 대한 더 명확한 이해를 보여준다.

내면 습관과 조직 역동성의 도전에 직면하여 코치로서의 현존을 개발하려면 지속적인 관심과 내적 작업이 필요하다. 이것은 전문적인 효능에 대한 필수 사항인 동시에 우리 자신의 전문적이고 궁극적으로는 영적인 개발 작업을 수행하는 지속적인 과정에 대한 초대이다.

본 장의 요약

- 현존은 시간의 초월, 연결, 더 큰 진실의 경험을 느끼는 인식 상태이다.
- 우리 모두는 그 경험들을 확인했든 아니든 현존의 경험을 가지고 있다. 그리고 우리는 현존 상태에 대한 접근을 연습하고 발전시킬 수 있다.
- 현존은 리더십에 중요한 영향을 미친다. 리더로서 현존을 통해 우리는 다른 사람들에게 다르게 인식될 것이다. 더욱 회복 탄력성이 있고, 더 충만해지고, 더 큰 맥락에서 더 나은 결정을 내릴 수 있게 된다.
- 리더의 코치이자 개발자로서 우리의 현존 능력은 진정성에 대한 우리의 풍부한 자원과 능력에 영향을 미치고 우리의 고객들에게 효과적으로 현존을 확대한다.
- 코칭은 관찰 가능한 역량, 자기생성 능력 및 더 큰 생동감의 경험을 제공한다. 이 세 가지 산물 모두에서 현존이 중요하다.
- 외부 환경과 코치의 내적 환경 모두에서 많은 요소들이 현존을 유지하는 것을 어렵게 만든다. 현존에 대한 우리의 특정한 도전에 익숙해지고 주의를 기울이는 것은 자기 숙련에 필수적이다.
- 우리 자신의 내면 작업 수행은 전문적인 효능성에 대한 요구 사항이자 고객과 함께 기반을 갖춘 방식으로 현존 기반 코칭 기법을 사용하기 위한 전제 조건이다. 우리는 고객들로부터 최고의 것을 이끌어내기 위해 내면 작업에 대해 엄격해야 한다.

제 2 장

인간이 어떻게 변화하는가: 조건화, 정체성 및 자기생성

우리는 먼저 습관을 만들고, 그런 다음 습관이 우리를 만든다.

존 드라이든(John Dryden)

한동안 너무 편안하게 느껴져서 우리가 그것을 충분히 인식하지 못할 수도 있다는 믿음은 어떻게든 우리에게 효과의 한계에 도달하고 우리를 방해하기 시작한다… 발달이란… 항상 이전의 알던 방식을 초월하고 그것을 새롭고 더 복잡한 방식에 포함시키는 것의 문제이다.

빌 드라스 & 엘렌 반 벨서(Bill Drath & Ellen Van Velsor)

세계는 회복력이 있고, 낙관적이며, 재능있고, 진정성 있고, 헌신적인 리더들을 필요로 한다. 리더와 코치로서 우리는 이 역량을 개발하는 데 무엇이 필요한지를 이해하는 것이 우리의 일이다. 처음에는 우리 자신에게서 그리고 나중에는 코칭을 통해 개발할 것을 제안하는 다른 사람에게 말이다.

인간은 변화하고 진화하지 않을 수 없지만, 이러한 발달은 느리게 진행되는 경향이 있다. 자기 보존, 적응 및 순응에 대한 깊은 생물학적 요구는 새롭게 떠오르는 정치, 경제, 사회 및 자연 환경에 반응하는 존재 방식의 개발을 가속화하기보다는 우리를 정체시키는 경향이 있다. 우리는 생물학적 생명체이고, 그래서 수백만 년 동안 생존에 필요했던 특성들을 구현하는 경향이 있지만, 지금 우리의 독특한 상황과 반드시 관련이 있는 것은 아닐 수도 있다.

리더의 개발을 가속화하려면 우리가 어떻게 우리 자신의 모습으로 형성되는지 이해해야 한다. 유용한 코칭 방법론이 이러한 가정에 의존하기 때문에 우리는 인간이 어떻게 성장하고, 변화하고, 개발하는지에 대해 우리가 만드는 가정에 대해 명확히 해야 한다.

이 장에서 우리는 인간 조건화의 본질을 탐구하기 위해 몇 페이지가 주제에 벗어나는 것처럼 보인다. 우리가 어떻게 리더가 되었을까? 무엇이 우리의 성격과 행동을 유지하게 하는가? 그리고 우리는 위에 열거된 특질을 스스로 생성하고 구현하기 위해 조건화의 본질을 어떻게 활용해야 할까?

이것들은 중요한 질문들이다. 철학자들, 신경과학자들, 유전학자들 그리고 심리학자들은 이 주제들을 매우 깊이 탐구해왔다. 나는 이것이 어떻게 발현되는지에 대한 새로운 설명을 제공하는 척하지는 않을 것이다. 그러나 우리 자신의 개발과 다른 사람들의 개발에 모두 관심을 갖는 프랙티셔너로서 인간이 어떻게 개발되고, 성격이 형성되어 변화하고, 변화에 저항하는지에 대한 작업 모델을 갖는 것이 중요하다. 이것이 우리 작업의 기초가 된다.

조건화

우리의 작업을 안내할 수 있는 스토리narrative를 갖는 것이 매우 중요하다. 임원, 교사, 작가, 코치 및 기업가로서의 역량과 성과는 우리가 누구인지에 구현된 무수한 요소에 의해 가능하고, 형성되며, 제한된다. 우리 자신을 아는 것은 우리의 본성을 특정한 스토리를 받아들인 생물학적 유기체로서 우리가 자신의 독특한 유전적 재능과 역사를 가진 사람들로서 그리고 우리 자신의 깊은 역사와 우리가 지금까지 했던 모든 선택이 필연적으로 누적된 산물로서 이해하는 것이다.

마찬가지로 우리가 미래에 어떤 사람이 될지는 지금 우리가 하는 선택에 의해 어떤 식으로든 실현될 것이다.

- 현존을 위한 멈춤 -

우리가 어떻게 우리 자신이 되었는지를 의식함으로써 우리는 자신의 삶에서 전개되는 스토리에 눈을 뜨고 발달적인 틀에서 우리 자신을 볼 수 있다. 사실 우리는 우리 자신의 발달 과정을 의식할 수 있고, 우리가 그것에 어떻게 개입할지를 선택하고 크게 가속화할 수 있다. 더욱 현존함으로써 우리는 우리가 천천히 깨어나는 스토리 속에서 무의식적으로 사는 것보다 우리 자신의 스토리를 쓰기 시작한다.

발달 충동과 형성

우리 각자는 우리가 발달이라고 부르는 기적적인 전개 과정의 필연적인 산물이다.

우리 모두처럼 내 손자 마일즈[Miles]도 의존적이고 무기력하게 이 세상에 왔다. 그러나 그는 젖가슴을 찾아내는 본능적인 욕구를 가지고 도착했다. 그는 그것을 어떻게 하는지 배울 필요가 없었다. 그는 단지 알고 있었다. 마일즈에게 주변을 뒤지는 행동은 빠르게 따뜻한 우유와 보살핌의 보상으로 금방 익숙해지고 습관이 되었다.

내가 이 글을 쓸 때, 마일즈는 생후 8주가 되었다. 그는 끊임없이 움직이고 있다. 그의 얼굴을 시시각각 변하고, 그의 작은 팔과 다리는 의식적인 통제 없이 아무렇게 휘저어진다. 그는 사랑스럽고, 우리는 이 작고 완벽한 생명체에 대해 즉각적이고 완전한 사랑으로 반응하지 않을 수 없다.

기적이 계속 펼쳐지면서 그의 신경계는 이런 무작위적 움직임을 통해 발전한다. 그가 무엇이 효과가 있고 무엇이 효과가 없는지를 발견하면서, 무작위적 움직임은 기고 걷는 것으로 발달할 것이다. 그리고 누가 알겠는가? 어쩌면 결국 장대높이 뛰기를 할지도! 손자를 보면서 나는 우리 모두를 앞으로 나아가게 하는 깊은 충동에 이끌려 원시적이고 강력한 발달 과정의 초기 단계를 목격하고 있다는 것에 경외감을 느낀다.

우리는 창조성과 실험에 대한 원시적인 충동과 효과 여부에 대한 세상으로부터의 지속적인 피드백 사이의 상호작용에 의해 전 생애에 걸쳐 형성된다. 우리의 어린 시절은 특히 형성적이다. 어떤 행동들은 보상을 받는다. 부모들은 우리의 첫 번째 더듬거리는 말에 흥분하고, 우는 것은 보살피는 사람이 우리를 위로하기 위해 뛰어오게 한다. 우리는 승인, 사랑, 음식, 좋은 느낌 및 우리가 원하는 것을 얻는 법을 배운다. 다른 행동들은 보상을 받지 못한다. 고양이의 눈을 찌르는 것은 고통스러운 찰과상을 초래하거나, 우는 것은 이미 혹사당하고 있는 부모로부터 강한 반응을 이끌어낸다.

이것은 자기적응적 학습 능력을 의미한다. 무엇인가가 효과가 있고 재미있을 때, 우리는 그것을 더 많이 한다. 우리는 먼저 즐거움을 가져오지만 원하지 않는 결과를 초래하는 충동을 억제하는 법을 배운다. 우리의 몸은 우리가 배우고 발달함에 따라 특정한 종류의 경험을 향하게 하거나 멀어지게 하는 기능을 가진 자연적인 지향 메커니즘을 갖추고 있다.

실험과 창의성에 대한 충동은 항상 우리 안에서 가능하지만, 우리의 창의성을 제한하는 행동 패턴이 형성되기 시작한다. 비록 이것이 필요하지만 그것은 또한 인간으로서 우리의 완전한 표현을 약화시킨다. 우리는 우리가 경험한 모든 경험의 산물이라는 것을 알 수 있다. 우리는 우리 주변의 세상에 의해 조건화되었다고 말할 수 있다. 시인 데이빗 와이트David Whyte가 말했듯이, "우리는 우리 자신을 형성한다/ 이 세상에 맞게/ 그리고 세상에 의해/ 다시 형성된다."[1]

습관 형성

시간이 지남에 따라 새로운 행동 패턴은 습관으로 굳어진다. 우리는 우리의 특정한 습관이 축적되어 독특한 성격의 기초가 된다고 생각할 수 있다. 습관은 세상에서 우리가 누구인지의 일부이며, 습관의 본질은 우리가 더 이상 그것들에 대해 생각할 필요가 없다는 것이다.

운전을 생각해보라. 그리고 우리가 처음에 얼마나 어색하고 서툴렀는지. 운전이 더 익숙해지고 연습이 되면서 우리의 뇌는 필요한 움직임과 균형의 복잡한 조정을 내재화했다. 이제, 우리 중 일부는 너무 자동적으로 운전하기 때문에 (잘못되게) 교통 상황에서 운전 중 안전하게 전화를 걸거나 이메일을 확인할 수 있다고 생각한다. 이것은 운전과 같은 기계적인 습관 이상인 것이 사실이다. 우리가 진정한 대답을 기대하지 않거나 심지어 바라지 않을 때, "안녕하세요"라고 묻거나 대화를 계속하는 동안 음식을 어떻게 먹는지에 대해, 종종 맛도 보지 않고 묻는 반복적인 방식을 생각해보라.

이런 습관들은 우리 자신의 일부일 뿐이다. 그 습관들은 우리가 다른 사람들과 상호작용하고 삶이 제공하는 것에 반응하는 방법을 형성하는 수년에 걸쳐 학습된 디폴트default(역자 주: 아무 노력을 하지 않는 것, 다시 말해서 기본값)이다. 습관은 행동을 주도하는 우리 뇌의 부분에 있는 파여진 홈과 같다. 다른 것을 하기 위한 의식적인 결정이 없다면 우리는 거의 항상 이러한 습관에 따라 행동한다. 총체적으로 우리의 습관은 한 사람으로서 우리가 누구인지, 우리가 세상에 어떻게 보이는지 그리고 다른 사람들이 우리를 어떻게 인식하고 반응하는지를 결정한다.

우리가 편안함을 느낄 수 있는 방법으로 세상과 상호작용하는 활동들을 수년간 행한 후, 우리는 더 이상 그것들에 대해 생각할 필요가 없을 정도로 우리의 습관을 내재화했다. 다른 사람들은 그것들을 잘 알아채고 우리의 독특한 성격이라고 말할지도 모른다. 하지만 우리는 이러한 습관들이 배경에 있기 때문에 거의 의식하지 못하고 있다. 습관을 잘 배우는 것은 우리의 본성이다. 눈에 보이지 않고 자동적인 것이 습관의 본질이다.

●○

연습 2.1.

습관 파악하기

당신 성격 중 하나의 습관을 확인하라. 이것은 다른 사람이 당신을 관찰하고 당신의 특이한 습관으로 생각하는 것일 수도 있고, 다른 사람이 약간 짜증나게 느끼는 것으로 상대적으로 일관되게 하는 습관일 수도 있다. 이 습관을 간략하게 설명하라.

- 당신은 언제 어디서 이것을 하기 시작했나? 어떻게 그것을 배웠는가?

●○

습관의 본성

습관은 그것과 관련된 일련의 현상들로 구성되며 우리가 우리의 세계를 경험하고 반응하는 주된 방법이다. 일반적으로 습관은 감정, 감각 및 스토리와 얽혀 있는 행동이나 행동을 정당화하고 생산하는 현실의 해석으로 구성된다.

우리의 습관은 우리 몸의 형태와 체계에 굳어져 있다. 습관들은 사건들과 우리 주변 사람들에 의해 촉발되며, 우리 내부 스토리에서 우리의 결과적인 행동에 대한 완전한 정당화를 제공한다.

우리 각자에게 우리의 세계는 이러한 감각적인 경험들과 우리가 이러한 경험들에 대한 해석으로 구성되어 있다. 우리의 세계는 우리에게 고유하며, 그 누구도 그것을 완전히 이해할 수 없다.

- 현존을 위한 멈춤 -

예를 들어, 십대들은 그들의 뇌가 새로운 경로와 능력을 개발하는 자연스러운 발달 단계를 거친다. 이것은 매우 창조적이고 종종 위험한 시간이다. 십대들은 불멸을 느끼고, 자신이 세상에서 무엇이 될 수 있는지를 발견하고, 또래들과 어울리며, 부모와 차별화하고 있다. 불행하게도 이러한 자연스럽고 건강한 과정은 종종 독립을 추구하는 십대들과 그들의 안전을 걱정하는 부모들 사이에 긴장을 초래한다.

이 십대의 스토리에서 그들의 부모들은 그들을 이해하지 못하고, 오래되고, 부적절하고, 그들을 신뢰하지 않고, 불필요하게 통제한다는 현실적인 요소가 포함되어 있다. 이 해석은 강한 감정을 동반하며 듣지 않는 것, 한계를 밀어붙이는 것, 때로는 노골적인 기만을 정당화한다.

부모들의 (똑같이 옳은) 스토리에서 십대들은 자신감이 넘치고, 나쁜 영향을 끼치는 친구들과 어울리고, 건전한 결정을 내리기에 아직 미성숙하고, 자신의 이익을 위해 확고한 경계가 필요하다. 이러한 해석은 강한 감정과 압박, 한계 및 행동으로 이어진다. 십대들은 이것들을 지나친 통제로 해석한다.

십대와 부모 모두 그들만의 스토리 속에 살고 있다. 그들은 서로의 권위를 무시하고 자신의 권위를 주장하기 위해 취하는 습관적인 행동이 전적으로 정당하다고 느낀다. 그들의 조건화된 정서적 반응과 행동은 자연스럽고, 발달적으로 적절하며 그들의 세계에서 완벽하게 이치에 맞는다. 그 어려움은 십대와 부모가 문자 그대로 해석의 힘에 의해 양립할 수 없는 다른 세계에 살고 있다는 사실에서 비롯된다(다행히도 발달 프로세스는 부모와 십대가 보통 그 해 동안 그렇게 쉽게 충돌하는 정체성들을 초월하고 서로의 동행을 즐기는 조화로운 방법을 찾는 것을 보장한다).

●○

연습 2.2.
당신의 스토리를 파악하라

연습 2.1.에서 파악한 당신의 습관을 생각해보라. 이제 당신이 이 습관을 정당화하는 스토리를 확인해보라.

- 다른 사람이 당신에게 이 습관을 지적할 때, 당신은 어떤 대답을 할 것 같은가? 당신은 그 습관을 어떻게 정당화하거나 설명하는가?
- 합리적인 사람이 어떻게 다르게 볼 수 있을까?
- 다른 스토리가 사실일까?
- 당신의 스토리는 당신에게 어떻게 도움이 되는가?

●○

우리의 세계는 우리의 해석에 의해 결정되기 때문에 제한적이며, 해석은 우리가 보지 못하거나 이해할 수 없는 모든 것을 불가피하게 배제한다. 아프리카의 특정 부족의 한 구성원에게 매우 친숙한 동물의 사진을 보여주라. 그녀는 그것을 인식하지 못할 것이다. 그것은 그녀가 그 동물을 알아볼 수 없기 때문이 아니다. 그녀는 수천 마리의 그 동물들을 보았다. 그것은 그녀가 사진이 무엇을 나타내는지 해석할 방법이 없다는 것이다. 사진은 그녀의 해석적 구조의 일부가 아니며 따라서 그녀의 세계의 일부가 아니다.

요약하자면 우리의 습관은 우리의 성격과 세상에 존재하는 방식을 구성한다. 습관들은 우리가 원하는 것을 얻기 위해 (그리고 원하지 않는 것을 피하기 위해) 우리가 배운 구체적인 행동들과 우리의 세계에서 의미를 구성하고 우리의 습관을 정당화하는 감각, 감정, 스토리 및 해석들을 포함한다. 우리는 우리의 스토리가 습관을 만들어내고, 습관은 스토리를 만들어낸다고 말할 수 있다. 습관의 본질이 디폴트이기에 그것들은 우리가 보고, 해석하고, 행동하는 방법의 범위에서 제약을 나타낸다.

정체성

우리는 발달, 분화 및 개별화의 프로세스를 통해 세계에서 고유한 정체성을 형성하도록 만들어졌다. 우리의 정체성은 우리가 우리 자신에 대해 진짜라고 생각하는 것, 즉 우리의 자아 개념이다. 우리는 다른 사람들에게 동기를 부여하고 영감을 줄 수 있는 강력한 리더로서의 자신에 대한 이미지를 가질 수 있다. 이 정체성은 집단 앞에서 말하는 행동과 연결되어 있다. 청중들의 긍정적인 피드백은 그 정체성을 확인하고 강화하여 자아 개념을 더 강하게 만든다.

게다가 우리는 종종 의식적이든 무의식적이든 그 정체성이 강화될 상황을 설정한다. 우리는 우리가 만들고자 하는 정체성을 지지하는 환경을 우리의 삶에서 구성한다. 이것은 건강한 자아와 세상에서 유능하고, 받아들여지고, 가치 있는 자아의 발달을 가능하게 한다. 우리가 잘하는 것에 의존함으로써 우리는 그러한 것들을 점점 더 잘하게 된다.

우리의 정체성은 또한 우리를 제약하는 경향이 있다. 진정한 의미에서 우리의 정체성은 자기 영속적이고, 무의식적으로 그들 자신의 생존을 보장하기 위해 24시간 일하고, 위협에 대해 끊임없이 경고하는 자신의 챔피언이다. 다른 행동들은 덜 하게 되면서 위축되는 경향이 있다. 이 경향을 방치하면 행동의 범위가 점점 좁아진다. 극단적으로 우리의 성격은 우리의 가장 큰 강점의 캐리커처(역자 주: 어떤 인물의 특징을 살린 풍자한 그림)가 되며, 세상에서 우리에게 던져지는 것에 유연하게 대응하는 능력을 상실하게 된다.

우리의 정체성, 특히 그 정체성을 형성하는 행동 습관과 해석 습관은 필연적으로 우리에게 필요한 것과 더 이상 부합하지 않는 상황에 부딪히게 된다. 우리는 정직하게 우리의 습관을 형성하였지만, 수년간의 노력과 적응 그리고 자기 보존을 통해 우리 정체성의 효과성은 한계에 도달했다. 우리의 바로 그 강점이 우리의 책임이 되었고 우리의 길을 막고 있다. 우리는 무엇인가 새로운 존재가 되도록 요구를 받지만 우리 존재의 모든 신경 섬유들은 우리의 검증된 익숙한 정체성의 고향에서 쉬고 싶어한다.

이것은 개인적인 영역과 전문적인 영역 모두에서 중대한 난제이다. 외부 환경 및 직무 요구사항이 변화된다. 그러나 리더가 몇 년 동안 구축한 자신의 정체성을 재창조하지 못한다면, 이 정체성은 계속해서 다른 사람들에 의해 강화되어 왔고 아마도 그 동안의 성공에 필수적이라고 주장할 것이며, 그 사람의 경력은 막다른 길로 향할 수 있다. 이것은 리더와 조직 양쪽에 치명적인 손실이다.

발달은 필연적으로 우리가 우리 자신을 초월할 것을 요구한다. 이를 위해서는 중요하고 때로는 어렵고 오래된 습관을 버리는 것이 필요하다. 코칭과 현존은 우리에게 엄청난 도움을 줄 수 있다.

사례: 자넷Janet의 정체성

나의 이전 고객(나는 그녀를 자넷이라고 부를 것이다)은 최고 수준의 거대한 전국적인 금융 서비스 회사에서 빠르게 승진했다. 세 아이 중 맏이로 성장한 그녀는 형제자매를 돌봐야 하는 중대한 책임이 있었다. 그녀는 성취가였고 그녀의 가족 중에서 대학을 졸업한 첫 번째 사람이었다.

나는 자넷을 훌륭하고 관대하며 매우 똑똑한 사람으로 경험했다. 그녀는 뛰어난 분석 기술을 가진 빠른 문제 해결사로서 강한 정체성을 구축했다. 그리고 그녀는 그녀의 동료들을 돕기 위해 항상 부가적인 노력을 기꺼이 했다. 이 두 가지 특성이 모두 주목받았고 전국 사무소로 빠르게 승진하는 것으로 보상을 받았다.

현장에서 온 자넷은 사람들이 직면한 기술적 문제에 대해 광범위한 지식을 가지고 있었다. 그녀는 도움을 주는 것에 타고났다. 그녀는 새로운 상사에게 자신을 승진시켜야 한다는 그의 확신이 정당하다는 것을 증명해야 한다는 상당한 부담감을 느꼈다.

자넷은 현장에 있는 사람들로부터 자주 전화를 받았고, 그녀의 습관적인 해석 구조는 이러한 전화 하나하나에 도움을 줄 수 있는 기회이자 문제를 해결할 수 있는 기회로 보게 했다. 자넷은 문제를 해결하기 위해 신속하게 근본 원인을 파악하고 다양한 사람들을 조직화할 수 있을 것으로 알고, 지역 사무실로 날아가 문제를 해결하기 위해 그곳 사람들과 함께 일하곤 했다.

이를 통해 조력가와 문제 해결사로서의 자넷의 이중 정체성이 강화되었다. 일찍이 형성된 그녀의 습관은 50세가 되어서도 여전히 시니어 전문가로 강화되고 있었다. 현장 사람들은 그녀의 높은 수준의 지원을 환영했고 그녀가 왔을 때 그들의 문제는 빠르게 해결되었다. 그들은 칭찬을 아끼지 않았고 회사의 360도 평가에서 그녀를 매우 높게 평가하여 그녀의 정체성을 강화했다. 자넷의 상사는 부사장급의 다른 사람들로부터 그녀의 효율성에 대해 자주 칭찬을 들었다. 그것은 자넷의 정체성과 현장에 있는 사람들의 요구사항이 이상적으로 결합된 것 같았다.

당신은 이것이 어디로 향하는지 알 수 있을 것이다, 그렇지 않은가? 자넷의 습관은 인생에서 자신의 특정한 정체성이 갈망하는 보상을 얻으면서 점점 더 강해지고 있었다. 그녀는 더 높은 책임감을 가질 수 있는 기회에 감사했지만, 자넷의 삶은 균형을 잃었다. 그녀의 결혼 생활은 고통스러웠고, 그녀는 종종 스트레스를 받아 아팠고, 그녀의 일은 점점 더 커지고 있었다.

우리 모두처럼 자넷은 습관의 창조물이었다. 다른 사람들을 돕고 문제를 해결하려는 그녀의 집착에 이끌려 자신의 엄청난 장점들은 그녀의 한계가 되었다. 그녀의 사람들은 그들 자신의 문제를 해결하는 법을 배우지 않았을 뿐만 아니라 자넷은 다른 곳에서 그녀를 필요로 할 때 종종 다른 현장에 있었다. 그녀가 행동을 강화하는 많은 긍정적인 피드백과 감사를 받았지만 분명히 떠오르는 그림은 자넷과 회사에게 건강하지 않았다. 자넷은 이런 상황이 마음에 들지 않았기 때문에 코칭을 받으러 왔다.

코칭은 자넷의 습관의 자동적인 본능의 통제력을 느슨하게 하고 그녀가 자신의 기여에 대한 새로운 관점을 발견하면서 정체성이 바뀌기 시작할 기회를 제공했다. 이것은 그녀와 회사에 더 나은 도움이 되는 새롭고 더 적절한 습관의 개발로 이어졌다.

우리는 습관을 유지하는 것이 무엇인지, 어떻게 하면 습관을 느슨하게 하여 자기생성적이 될 수 있는지에 대해 자세히 살펴보고 잠시 후에 자넷으로 돌아올 것이다.

집착과 혐오

눈에 보이는 각각의 습관 저변에는 우리의 행동 및 스토리와 밀접한 관계로 묶여 있으며 우리가 배울 수 있는 특정한 감각과 내적 경험이 있다. 이것은 습관이 몸에 배는 것이 우리의 조건화에 내재되어 있기 때문이다.

●○

연습 2.3.
정체성: 당신은 자신을 누구라고 생각하는가?

다음 질문에 대해 성찰하고 기록하는 데 약간의 시간을 할애하라.

- 당신은 누구인가? 당신이 누구인지 묘사한다고 믿는 4–5개의 긍정적인 형용사들을 나열하라. 이것을 당신의 정체성에 대한 짧은 설명이라고 생각하라.
- 이제 의식적이든 아니든 최근에 수행한 일 중에 그것과 동일한 자질에 대해 다른 사람들로부터 인정을 받기 위해 설계한 일을 설명하라. 그 정체성을 보호하고 구축하는 데 도움이 되는 습관을 파악할 수 있는가?
- 마지막으로 당신의 긍정적인 특성 중 하나를 선택하고 그것이 당신을 어떻게 제한하는지 생각하라. 이 특성을 강화하려는 당신의 추진력이 다른 대응 방식을 어떻게 제거하는가?

만약 당신의 정체성의 특정한 측면을 계속 구축할 필요가 없다면 어떤 가능성이 열릴 수 있는가?

•◦

우리의 정체성과 그것들을 구성하는 습관은 우리 몸의 물리적 형태, 즉 우리의 뇌와 몸 전체의 기본 신경계, 뇌의 독특한 화학 작용, 특정 방식에 반응하는 근육과 힘줄의 소인^predisposition에 깊이 내장되어 있다. 행동적으로 학습된 습관이 생물학적으로 변화되었다. 따라서 이러한 디폴트(기본값)를 재형성하고 창의적으로 대응하기 위해서는 생물학적 수준의 변화가 필요하다.

우리는 프랙티스를 통해 우리의 습관적인 행동의 촉발자와 관련된 감각과 경험에 대한 자각을 시작할 수 있다. 이것은 우리를 행동 성향의 생물학적 뿌리로 연결하고, 습관의 근본적인 동인과 정체성의 형성 프로세스 자체에 대한 강력한 창을 제공하게 된다.

예를 들어 우리는 만족을 주는 것들을 향해 움직이려는 근본적인 충동 또는 끌어당김을 *집착*^attachment으로 생각할 수 있다. 만약 우리가 더 많은 돈, 승진, 새로운 약속, 특정 휴가 또는 경험이 우리가 원하는 것을 제공할 것이라는 믿음에 집착한다면 우리는 그 목적을 위해 우리 자신과 행동을 조직화한다. 우리는 세상에서 우리가 구축한 정체성을 확인하거나 즐거움을 주는 것에 집착을 가지고 있다.[2]

비슷하게 우리에게 고통이나 어려움을 주는 것들로부터 벗어나고자 하는 근본적인 충동이 있다. 우리는 이것을 *혐오*^aversion라고 부른다. 예를 들어 우리 자신의 정체성에 대한 편안한 시각과 충돌하는 피드백을 받으면 종종 방어적인 반응을 보인다. 기본적인 수준에서 이 자동적인 방어는 근본적인 생물학적 생존 에너지에 의해 주도되며, 이제 우리의 육체적 자아보다는 우리가 구축한 정체성의 보존을 지향한다. 혐오는 특정한 행동을 유도하여 우리를 구성한다. 우리 자신의 혐오와 그에 따른 반응적인 습관의 강도는 때때로 놀라울 정도로 강할 수 있다.

팀원과의 어려운 피드백 대화를 생각해보라. 그 직원은 대화를 예상하며 정신을 차리고 자신에게 단지 듣기만 하라고 말한다. 하지만 일단 그가 상사의 사무실에 들어가면 그 좋은 의도들은 무너진다. 상사의 피드백은 그의 신경계에서 강한 방어 반응을 분출하는 원시적인 부분의 촉발자를 작동시키고, 그는 화가 나서 그가 취한 행동에 대한 정당성을 내뱉는다.[3] 누가 옳은지와 상관없이 대화는 양극화되고, 아무도 배우려 하지 않으며, 성과는 향상되지 않는다.

연습 2.4.

집착과 혐오 경험

집착과 혐오는 직접적으로 감지될 수 있다. 이것을 경험하는 쉬운 방법이 있다. 이것은 우리의 행동을 촉진시키는 충동을 경험하는 것과는 다소 다르지만, 그럼에도 불구하고 충동을 경험하는 현실적인 방법이다.

먼저 당신이 가끔 갈망하는 소량의 물질을 섭취하라: 커피, 다크 초콜릿, 감자 칩. 당신은 이것이 뭘 의미하는지 안다.

이제, 그 물질을 입에 넣지 말고 완전히 느껴보라. 그것을 보라. 냄새를 맡아보라. 소화불량의 가능성을 느껴보라. 갈망의 감각, 입의 변화와 같이 몸에서 어떤 충동이 일어나는지 주목하라. 즉시 섭취를 정당화하기 위해 자신에게 하는 이야기를 알아차리라. 실제로 섭취하기 전에 1−2분 동안 그 경험을 유지하라. 그것이 집착의 경험이다.

혐오에 대한 당신의 내성에 따라 당신은 생각을 통한 경험 혹은 실제로 경험하는 것으로 다음을 실행할 수 있다. 깨끗한 숟가락을 들고, 소량의 타액을 숟가락에 뱉으라. 숟가락에 있는 침을 보라. 발생하는 감각, 생각 및 감정에 주목하라. 그리고 나서 그것을 다시 입에 넣어보라. 다시 한번, 무슨 일이 일어나는지 알아보라.

대부분의 사람들은 이것에 대한 생각조차 역겹다고 생각한다. 하지만 그것이 깨끗한 침이라는 것은 분명하다. 깨끗한 숟가락으로 당신의 입에서 가져와서 그것이 왔던 곳으로 되돌려 놓는 것이다. 별거 아니지 않은가? 틀렸다. 조건화된 혐오의 힘은 꽤 강력할 수 있다.

이것을 가지고 작업하는 것은 매우 중요하며, 프랙티스와 주의를 통해 혐오가 힘을 잃는다는 것을 발견하는 것은 중요하다.[4]

●○

이러한 방어적인 반응은 직원들이 부당한 비판으로 해석하는 불쾌한 경험에 대한 혐오감과 충동에 의해 만들어진다. 그것은 자동적이고, 심지어 가장 강한 의도조차도 때때로 우리가 실행했던 본능적인 반응을 무시하지 못할 수 있다.

집착과 혐오는 우리 몸에 깊이 뿌리를 내린 방향성을 가진 충동으로 우리의 삶 내내 우리를 안내하는 역할을 한다. 이들은 우리의 정체성을 유지하는 방향 설정 메커니즘을 제공하며, 우리 행동의 거의 모든 측면을 주도하지만 일반적으로 우리의 인식 수준보다 낮게 작동한다. 우리는 우리의 집착과 혐오를 직접적으로 느끼는 법을 배울 수 있다. 그것들이 우리 안에서 어떻게 작동하는지 인식하는 것은 우리 행동의 근본적인 동인들을 인식하는 것이다.

중요한 것은, 우리가 왜 특정한 방식이 되었는지 일반적으로 해체할 필요가 없다는 것이다. 그것은 전통적인 심리학과 치료의 영역이다.

코칭에서 팀원들과 고객들이 어떻게 그들 자신의 모습을 갖추게 되었는지에 대한 스토리는 흥미롭지만 대부분은 부수적이다.

코치로서 우리의 관심사는 고객이 자신의 스토리를 쓰는 법을 배우는 것이다. 이것은 그들의 집착과 혐오에 의해 그들이 어떻게 형성되는지를 순간별로 관찰하는 능력에서 시작된다. 그들의 습관 및 근본적인 집착과 혐오에 익숙해지는 것은 그들에게 도움이 되지 않는 습관의 손아귀에서 스스로를 해방시키는 티켓이다. 우리 고객들은 충동이 생길 때 그것을 알아차림으로써, 그것을 따를 것인지 아닌지를 선택할 수 있다. 이것은 근본적인 변화이다. 우리의 정체성을 형성하는 자동적인 습관의 수준에서 변화하려면 우리 자신에 대해 깊이 현존해야 한다.

우리가 인간으로서 기능하는 우리의 핵심적인 본성에 대해 마음을 열고 직접 경험할 때, 우리는 우리가 해왔던 것에 더 이상 얽매이지 않는다. 우리는 새로운 가능성의 우주를 보고 대응할 수 있다. 이것은 우리 자신을 초월하여 새롭고 대담한 무엇인가가 되기 위한 중요한 단계이다.

개발의 중심 과제는 더 이상 우리에게 도움이 되지 않는 정체성을 넘어서는 것이다. 개발은 본질적으로 우리 자신을 문자 그대로 다른 새로운 의미로 인식하기 위해 우리 정체성에 대한 기존의 정의를 초월하는 일에 의도적으로 참여하는 것이다. 우리는 새롭고 보다 생성적인 프랙티스로 일관되게 행동하기 위해 우리의 조건화된 존재 방식—습관, 스토리, 세상을 해석하는 방식, 관습적인 반응—에 대한 통제를 느슨하게 하는 법을 배운다.

이것은 우리의 조건화된 본성의 깊은 생물학적 뿌리를 고려할 때 큰 요청이다. 이를 위해 우리는 우선 우리의 행동을 주도하는 집착, 혐오 및 해석의 구조 수준에서 작업을 한다. 우리는 더 이상 우리에게 도움이 되지 않는 낡은 습관과 정체성의 측면을 인식하고 중단하게 된다.

우리는 결정을 내리고, 우리의 잠재적인 기여를 평가하고, 삶과 일에서 자신의 방향을 정하는 데 기반이 되는 가정과 스토리를 바꾸는 깊은 변화deep change에 중점을 둔다.

•◦

연습 2.5.
정체성에 대한 도전

당신의 내면에 존재하는 강한 자동적인 대인 관계 습관과 당신이 이 세상에서 구축한 정체성의 일부를 선택하라. 그것은 사람들이 회의를 하는 것을 방해하거나, 눈을 마주치지 않거나 대답을 듣지 않고 동료들에게 "안녕하세요?"라고 말하는 것일 수 있다. 당신이 선택하라.

이제 그것을 바꿔보라. 일주일 동안 그 습관을 버리고, 그것을 바꾸는 데 무엇이 필요한지 알아보라. 주의를 기울이는 것이 어렵다면 알아차리라. 이 습관을 바꾸려는 당신의 실행이 얼마나 빨리 뒷전으로 사라지는지 알아차리라. 당신은 심지어 당신의 실행을 완전히 잊어버리거나 실험이 끝났다고 결정할 수도 있다. 이 작업에 대해 지금 가지고 있는 모든 스토리를 알아차리라.

실험을 할 때는 평소에 하는 일을 하고 싶은 충동이나 끌림을 기록해 두어라. 당신의 습관의 강도와 그것들이 어떻게 당신을 변화하지 못하게 하는지 관찰하라.

•◦

이것은 완전히 새롭고 이전과 무관한 무엇인가가 되기 위해 우리가 해왔던 것을 무너뜨리는 것을 의미하지 않는다. 오히려 우리는 우리 자신의 개발을 전개하는 진행중인 스토리의 저자이다. 우리는 우리가 누구인지에 대한 핵심인 역사, 기술 및 가치를 포함하여 우리가 해왔던 것들을 초월하는 프로세스에 참여하고 있는 우리 자신을 보게 된다. 우리는 새로운 정체성을 발견하고 재구성하는 법을 배우고, 지금의 실행을 위한 적절하고 효과적인 새로운 행동을 습득하고 숙달한다.

자기생성적 되기

이제 생존, 적응, 검증 및 성공 달성에 초점을 맞춘 자동적이고 조건화된 행동에서 목적, 기여, 효능 및 성취와 관련된 새롭고 창의적인 행동으로 전환하는 데 필요한 것이 무엇인지 살펴보자.

우리는 최근 상황을 위한 역량을 획득하는 데 절박하게 초점을 맞추는 대신에 성장, 변화 및 진화를 위한 더 분명한 실행으로 사는 것을 선택할 수 있다. 이 실행 안에서 우리는 즉각적인 필요 때문이 아닌 우리 자신의 개발에 대한 장기적인 안목을 가지고 있기 때문에 학습에 대해 의식적이다. 우리는 인생의 도전을 우리의 개인적인 커리큘럼으로 이해한다. 이러한 도전을 탐색하는 방법을 학습하는 것은 우리 삶의 의미와 맥락을 제공한다. 학습은 우리가 세상에서 살고자 하는 방식에 대한 핵심 역량이 된다.

우리가 자기생성적일 때, 우리는 가능한 가장 큰 인식과 충만한 내면 상태에서 선택을 하기 위해 삶 전체에 현존하는 학습자가 될 수 있는 능력을 갖게 된다. 자기생성은 제1장에서 언급한 코칭의 세 가지 산출물 중 하나이다.[5] 그것은 매 순간에 초심자로서 접근하고 학습자로서 반응할 수 있는 열린 자세가 필요하다. 자기생성은 탄력성, 창의성, 자기인식, 진정성 및 학습에 대한 열정을 낳는다.

자기생성
자기생성은 가능한 최대한의 인식과 충만한 내면 상태에서 선택을 하기 위해 모든 삶에 현존하는 학습자가 되는 능력이다.

우리는 두 가지 관련된 의미에서 자기생성을 생각해볼 수 있다. 첫째, 우리는 새로운 선택과 행동을 만들어내는 것이 바로 자기self라는 것을 의미한다. 여기서 자기생성적이 되는 것은 자율성과 주체성을 갖는다는 의미이다.

둘째, 우리는 자기 자신을 생성하고 있다. 다시 말해 우리가 삶에서 새롭고 창의적인 행동을 취할 때, 사실 우리는 새롭고 더 위대한 자아를 생성하고 있는 것이다. 창의적이고 효과적인 행동을 취하는 것은 필연적으로 우리 자신의 발달을 촉진한다.

자기생성은 기본적인 능력이다. 우리가 두 가지 의미를 결합할 때, 우리는 끊임없이 새로운 행동과 가능성을 만들어내고, 이는 다시 새롭고 확장된 자아로 이어진다. 우리는 자신의 학습, 개발 및 생동감에 대해 가장 위대한 방법으로 책임을 지고 있다.

자기생성은 구체적으로 촉진되고 개발될 수 있다. 실제로 팀 구성원이나 고객이 자기생성을 할 수 있도록 지원하는 것이 코칭의 핵심 약속이다. 코치로서 우리는 고객이 자신의 개발을 이해하고 궁극적으로 스스로를 이끌어 나갈 수 있도록 우리의 작업을 설계한다.

자기생성은 계속적인 과정이다. 우리는 네 가지 구성 요소를 구별할 수 있으며, 각 구성 요소는 특정 개발 활동, 프랙티스 및 연습에 의해 지원될 수 있다. 구성 요소가 순차적으로 나타나는 경우도 있지만 이를 단계라고 부르는 것은 항상 선형적인 관계를 가정하는 것이 아니다. 이 네 가지 구성 요소는 자기관찰self-observation, 깨달음realization, 재구성reorganization 및 안정화stabilization이다.

자기관찰

자기관찰을 통해 우리는 행동 중의 자신을 관찰하는 법을 배운다. 이것은 우리 자신을 두 부분으로 분리하여 생각하는 것이 도움이 된다(역자 주: observed self는 관찰 당하는 자아, observing self는 관찰하는 자아). 한 부분은 세상에서 활동한다; 먹고, 회의를 진행하고, 스프레드시트를 만들고, 공원을 달리는 것이다. 우리가 관찰자라고 부를 수 있는 다른 부분은 마치 영화 화면에서 우리 자신을 보는 것처럼 뒤로 물러서서 지켜보고 있는 것이다.

이 관찰하는 부분은 그것이 알아차린 것을 설명할 수 있다. "나는 지금 먹고 있다. 나는 회의를 진행하고 있다. 나는 스프레드시트를 만들고 있다." 이러한 관찰자의 형성은 자기인식[self-awareness]의 기초이다. 자기인식 자체가 행동 변화로 이어지지는 않지만 기초적인 요소이다.

우리가 관찰자로서 더 숙련될수록 우리가 볼 수 있는 현상은 더 미묘하고 복잡해진다. "나는 조와 이야기하고 있다"에서 "조금 긴장감이 있다"를 거쳐 "내 아랫배에 미묘한 긴장감이 있다. 호흡이 가빠지고 어깨가 굽어지는 것을 알아차렸다"로 나아간다. 더 완전하게 알아차릴수록 결정의 근거가 되는 정보를 더 많이 사용할 수 있고 삶의 사건에 대한 우리의 반응에 더 익숙해진다. 이것이 우리가 집착과 혐오의 미묘함을 관찰하는 방법이다.

자기관찰은 탈동일시[disidentification]를 요구하기 때문에 강력하다. 우리가 개가 노는 것을 관찰할 수 있다는 사실을 생각해 보라. 논리적으로 이것은 개와 우리는 관찰자로서 분리되고 구별된다는 것을 의미한다. 마찬가지로 우리 자신의 행동을 관찰할 수 있다는 사실은 그 행동 자체가 우리와는 독립적인 별개의 현상이라는 것을 의미한다.

– 현존을 위한 멈춤 –

이 탈동일시는 선택을 의미하기 때문에 행동 변화의 핵심이다. 우리는 우리의 행동이 아니다. 관찰자로서 우리는 우리가 사용하는 행동과 대안적인 행동을 둘 다 볼 수 있다. 그런 다음 우리는 우리의 에너지를 투입할 대상을 선택할 수 있다.

자기관찰은 우리가 바꾸고 싶은 특정 행동(원하는 결과를 내지 못하는 습관)이나 우리가 하고 싶은 행동(우리에게 더 유용한 습관)에 초점을 맞출 때 특히 유용한다. 시간이 지남에 따라 이러한 습관에 주의를 기울임으로써 우리는 습관에 더 익숙해지고 그 습관을 들일 때 더 잘 자각할 수 있다.

자기관찰은 사물에 대한 우리의 반응에서 우리를 분리시키고 우리가 한 가지 선택을 하고 있고 다른 많은 것들이 우리에게 이용 가능하다는 것을 볼 수 있는 가능성을 열어준다.

●○

연습 2.6.

자기관찰

마치 당신이 영화에 나온 것처럼 지금 자신을 관찰하라. 당신이 앉아 있는 곳에 앉아 이 책을 읽고 있음을 알아차리라. 당신이 어떻게 앉아 있는지, 당신의 기분이 어떤지, 당신이 읽고 있는 것이 무엇을 자극하고 있는지 알아차리라. 당신의 에너지 수준이 어떤지 확인하라. 당신이 독서에 대해 자신에게 어떤 이야기를 하고 있는지 알아차리라. 지금 당신에게 있는 책에 대한 자기평가나 판단을 알아차리라.

이 알아차림은 관찰자의 기능이다. 알아차리는 행위는 관찰자를 불러낸다.

•◦

깨달음

자기관찰은 프랙티스를 통해 우리 습관과 친숙해진다. 그러나 자기관찰은 종종 회고적[retrospective] 활동이다. 예를 들면 어떤 책임을 떠넘기기 위해 고군분투하는 고객에게 위임하기를 꺼리는 사례를 매일 적어달라고 요청할 수 있다. 시간이 지남에 따라 그녀는 인식의 근육을 형성한다. 그녀는 일을 위임하기보다는 자신이 그 일을 하기로 결정할 때 점점 더 많은 상황의 예를 알아차리기 시작한다. 점점 더 익숙해지면서, 그녀는 이 특정한 현상에서 점점 더 정교하게 적응하게 되고 그 순간 그녀가 위임할 수 있는 작업을 계속하고 있다는 것을 점점 더 알아차리게 된다. 이 깨달음은 현존의 순간이다.

깨달음은 우리가 무엇을 하고 있고, 우리가 무엇을 선택할 수 있는지 그리고 여기서 나아가야 할 여러 방향이 있다는 것에 대한 현재 순간의 동시적인 인식을 제공한다. 깨달음은 지성의 순간을 제공한다. 명백한 확장과 가능성이 있다는 느낌이 든다. 이것은 우리 삶의 모든 것들이 진전되는 선택의 순간이다.

큰 의미에서 깨달음은 불교의 스승들과 다른 영적 리더들이 수천 년 동안 이야기해 온 강력한 영적 경험이다. 일상 생활의 맥락에서 우리가 주의를 기울일 때 더 자주 일어나는 것은 작은 "깨어있는 순간"이다. 당신은 비서에게 여행 준비를 요청할 수 있다는 것을 즉시 알 수 있다. 동료나 배우자와의 격양된 순간에 당신은 보통 이 사람과의 갈등을 피하는 대신 함께 문제에 대해 계속 이야기할 수 있다는 것을 인식하는 것이다.

자기관찰이 관찰자와 발생하고 있는 행동 사이의 거리를 필요로 하지만 그 거리가 무너지고 우리가 적나라한 순간에 우리 자신과 함께 현존할 때 깨달음이 일어난다. 깨달음은 선택의 순간이며 오직 현존할 때에만 일어날 수 있다.

깨달음과 현존의 상태는 우리가 그것을 관찰하고 명명하는 순간 사라진다. 우리가 현존한다는 것을 알아차렸을 때, 우리는 이렇게 말할 수 있다. "오, 바로 이거야! 그것이 깨달음이다. 그것은 현존이다. 그것이 더그가 말한 것이다." 그러나 현상을 명명하는 행위에서 우리는 다시 한번 관찰자를 분리하여 즉시 현존 상태에서 벗어나게 한다. 자기축하self-congratulation를 하는 것은 역설적으로 즉시 현존 상태를 깨트린다.

그래서 이 책 전반에 걸쳐 우리는 현존에 더 가까이 다가가기 위해 노력하지만 우리는 또한 그것을 실현할 수 없다. 심지어 그것을 목표라고 부르는 것은 역효과를 낼 수도 있다. 왜냐하면 우리는 그것에 대해 우리 자신을 평가하기 시작하고 평가는 정의상 다시 자기관찰이지 깨달음이 아니기 때문이다. 깨달음은 덧없는 경향이 있다.

이것을 설명하는 또 다른 방법은 깨달음이 집착과 정체성에 의해 주도되는 우리의 자동적인 습관으로부터의 자유의 순간임을 의미한다는 것이다. 지금 이 순간, 무엇인가 새로운 것에 진입할 가능성이 있다.

●○

연습 2.7.

깨달음

이 문단의 끝에서 나는 당신에게 읽기를 그만두고 긴 멈춤, 아마도

20~30초 정도 기다릴 것을 요청할 것이다. 사실 나는 당신을 그저 기다리면서 무슨 일이 일어나는지 지켜보도록 권하고 있다. 그 멈춤에서 당신은 언제 다시 읽기를 시작할 것인지 전적으로 선택할 수 있다. 잠시 멈춰 있는 자신을 느껴보라. 언제 다시 시작할지에 대해 생각하지 마라. 그저 선택할 수 있는 자신을 경험하라. 어떤 시점에서 멈춤 상태에 머물 수 있거나 읽기를 다시 시작할 수 있고, 어떤 일이 일어날지 알지 못하는 것이다.

이제 읽기를 그만두고, 멈추라…

기다리라…

기다리라…

당신은 무엇을 경험했는가?

•◦

재구성

선택의 순간은 실존적이며 매 순간이 선택의 순간이다. 깨달음은 단순히 그 사실을 깨닫는 것이다.

미래는 항상 미지의 것이다. 어떤 선택을 하든지 우리가 결코 완전히 예상할 수 없는 일련의 현상을 일으킬 것이다. 우리가 알 수 있는 것은 선택에는 결과가 따른다는 것이다. 깨달음의 순간에 습관적인 것을 선택하는 것은 쉽다. 종종 거기에는 안도감이 있고 익숙한 무엇인가로 무너지는 느낌이 든다. 뒤따르는 현상의 연속은 상당히 예측 가능하다. 이것은 우리 자신을 재구성할 필요가 거의 또는 전혀 없기 때문에 사실이다. 우리는 이미 우리의 습관을 따르도록 내부적으로 구성되어 있다고 할 수 있다. 우리의 습관은 구성의 한 형태이며, 그것들에 대해 아무것도 하지 않는 것은 어떤 의미에서 잠드는 것과 같다. 우리가 새로운 행동이나 다른 길을 선택할 때 그 결과는 덜 익숙하다. 새로운 행동은 어색하고 낯설고 때로는 무섭기도 하다. 그것은 우리 자신의 행동적, 인지적 및 신체적 재구성을 필요로 한다.

무엇인가가 새롭고 다를수록, 우리는 그것을 위해 더 많은 준비가 필요하다. 우리는 심호흡을 하고, 에너지를 느끼고, 우리가 말하려는 것을 마음 속으로 연습하고, 몸의 모양을 바꾸고, 준비 상태에서 성장하는 우리 자신을 발견할 수 있다. 이것이 재구성이다. 새로운 행동이나 행동을 향해 우리 자신을 구성하는 것이다. 새로운 행동을 취할 수 있는 몸이 되는 방법을 찾아야 한다.

비슷하게 우리가 알려진 행동을 디폴트로 할 때, 다른 사람과의 관계에 미치는 영향은 거의 없다. 우리가 습관적으로 행동할 때 매일 우리를 보는 사람들은 놀라지 않는다. 그들은 다른 것을 기대하지 않을 것이다. 사실 그들의 정체성과 우리와의 관계에서 그들의 성향은 우리가 습관적으로 행동하도록 요구할 수 있다. 그렇지 않으면 상황을 혼란스럽게 할 수 있다.

우리가 습관을 바꾸고 다른 사람이 됨에 따라 우리는 다른 사람들과 재협상을 해야 할 수도 있다. 이것은 다른 종류의 재구성이다. 내부적으로 우리 자신을 재구성하는 것은 다른 사람들을 포함하는 외부적인 재구성이 뒤따른다.

●○

연습 2.8.
재구성

지금 바로 재구성을 경험하라. 책을 내려놓고, 일어서서 기지개를 펴고, 창가로 걸어가라. 스트레칭을 하고 몸을 느끼기 위해 몇 분 정도 시간을 내라. 심호흡을 하라. 혈액순환을 하라. 활력을 되찾으라. 그렇게 하면서 일어서서 움직이기 전보다 더 주의를 기울이고 더 의식적인 상태에서 읽기를 다시 시작하기 위해 당신의 주의를 재구성하는 것을 의식하라.

그런 다음 다시 앉아서 독서에 최대한 주의를 집중하라. 당신은 이것을 크게 표현된 현존을 위한 멈춤으로 생각할 수 있다. 실제로 당신은 재구성에 주의를 환기시키기 위해 짧은 중간 휴식 시간을 초대하는 것이다.

●○

안정화

자기생성 주기의 마지막 구성 요소는 안정화이다. 여기서 우리는 새로운 선택을 했고, 새로운 선택을 중심으로 우리 자신을 재구성했고, 그것을 우리의 삶과 우리의 존재 방식에 통합하기 위해 나아가고 있다. 안정화는 근본적으로 프랙티스에 관한 것이다.

우리의 오래된 습관들은 우리가 습관에 대해 더 이상 생각할 필요가 없을 때까지 반복해서 프랙티스 했기 때문에 습관이 되었다. 습관들은 우리 안에 자리잡게 되었다. 그렇다면 우리는 왜 단순히 오래된 습관을 버리고 새로운 습관으로 대체할 결심을 하는 것으로 새로운 습관이 형성된다고 생각해야 되는가? 고귀한 새해 결심을 하고 1월 중순에 이르러 낙오된 당신들은 내가 무슨 말을 하는지 알고 있다.

프랙티스, 새로운 행동이나 새로운 존재의 방식으로 우리 자신을 안정화시키는 데 필수적인 프랙티스는 반복을 통해 역량을 키우는 것이다. 우리는 이전에 오래 전부터 새로운 행동을 불러내기 어렵게 했던 상황에서도 신뢰성 있게 새로운 행동을 안정적으로 호출할 수 있는 몸을 만들고 있다. 충분한 주의를 기울여 시간이 지남에 따라 새로운 선택에 대한 프랙티스를 하면 무엇이 가능한지에 대한 우리의 스토리와 행동의 생리학적 토대에 지속적인 변화를 가져온다.[6]

우리는 프랙티스로 이 새로운 상태나 습관에 영구적이고 안정적으로 머무르게 되는 것은 아니다. 우리의 오래된 습관은 상황에 따라 사건에 의해 촉발되어 버릴 것이다. 안정화는 흔들림이 프로세스의 일부라는 확실한 믿음을 필요로 한다. 이 흔들림에는 자기조절이 필요하다. 즉, 끊임없이 관심과 경계를 통해 자신과 내면 상태를 관리하는 것이다.[7]

●○

연습 2.9.

안정화

주의 전환을 안정화하는 프랙티스를 하려면 실험을 수행하는 데 3시간 정도를 할애하여 다른 사람이 찾지 않도록 하라. 카운트다운 타이머가 있는 디지털 시계나 10분 동안 설정할 수 있는 주방용 시계를 찾으라. 자동으로 반복되는 타이머가 가장 좋지만 꼭 필요하지는 않다.

타이머가 10분마다 알람이 울리도록 설정한다(또는 수동인 경우 10분마다 재설정하도록 계획). 알람이 울릴 때마다 연습 2.8.에서 했던 것처럼 주의를 재구성하여 30초에서 1분 동안 일어서고, 스트레칭하고, 숨을 쉬고, 그 당시에 하고 있는 모든 일에 주의를 집중하라.

많은 사람들이 두 가지 상반된 경향을 알아차린다. 첫 번째는 프랙티스와 반복을 통해 주의 전환에 더욱 유능해지는 것이다. 두 번째는 연습에 싫증이 나거나, 그만 두거나, "좋아, 요점은 이미 알아냈어!" 그런 다음 프랙티스를 끝낸다.

이 긴장은 안정화와 지속 가능한 변화의 기본이다. 이 프랙티스를 통해 자신의 내면에서 그 긴장을 경험하라. 판단하지 말라. 그 연습에 당신이 어떻게 반응하는지 주목하라.

나에게 코칭에서 가장 보람 있는 순간은 고객이 몇 주 또는 몇 달 동안 함께 작업한 후 이전에는 습관적이고 도움이 되지 않는 반응이 촉발된 어려운 상황에 대해 새로운 방식으로 반응했다고 보고할 때이다. 안정화가 이루어졌음을 나타내는 지표는 고객이 새로운 방식으로 대응했다는 것이 아니라 그 대응이 매우 정상적으로 보였기 때문이다. 고객은 상황에 어려움을 겪기보다는 새로운 습관으로 편안하고 효과적으로 대응할 뿐이었다. 종종 그는 그것이 얼마나 쉬운지 놀라곤 한다. 우리는 프랙티스를 통해 그가 새로운 행동에 안정화되었다고 말할 수 있다.

코칭이 자기생성과 지속적인 변화를 지원하는 방법

우리 자신(및 팀원과 고객)의 내부에서 자기생성을 개발하면 특정 기술과 역량을 선택하고 실행할 수 있는 기반이 마련된다. 코치로서 우리는 우리의 삶에서 더 자기생성적이 되기 위해 끊임없이 노력하고 있다. 마찬가지로, 자기생성의 내적 작업에 대한 소명을 무시하면서 측정 가능한 결과에만 코칭 노력을 집중하는 것은 자기생성이 제공하는 학습에 대한 탁월한 지렛대를 놓치는 것이다.

그렇다면 코치로서 우리가 자기생성의 네 가지 구성 요소, 즉 자기관찰, 깨달음, 재구성 및 안정화를 각각 어떻게 지원할 수 있는지가 핵심 질문이다. 자넷과의 코칭이 어떻게 다른 리더십 방식을 향한 진전을 하도록 도왔는지 살펴보자.

자넷의 지난 사례에서 그녀는 자신이 초래한 어려운 상황에 처해 있었다. 최근에 승진한 그녀는 현장 문제를 해결하는 데 개인적인 책임을 지고 있었는데, 그녀는 매우 능숙했다. 그녀의 직무 요구 사항은 바뀌었지만 그녀는 동일한 사람이었다. 도움이 되는 문제 해결사로서의 그녀의 강력한 정체성은 다른 사람들로부터 받은 감사로 지지를 받았다. 그녀의 최선의 의도에도 불구하고 자넷은 엄청난 대가를 치르고 있었고 적어도 그녀 자신에게 과중한 상태에 놓여있다는 것이 분명해지기 시작했다.

자기관찰 코칭하기

자기관찰에서 고객은 자신의 행동을 관찰하는 프랙티스를 한다. 대부분 이것은 특정 사건 이후에 일어난다. 그러나 프랙티스를 통해 익숙해진다. 그리고 익숙함과 함께 그 순간에 특정 행동이나 반응이 일어나고 있다는 인식이 온다.

코치는 팀원이나 고객을 이 프로세스에 초대하는 데 중요한 역할을 한다. 사람들은 일반적으로 자신의 습관을 볼 수 없다. 그러나 코치로서 우리는 종종 고객이 그녀의 말에서 자신의 세계에서 감지하고 해석하며 행동하는지에 대한 제한적이고 습관적인 특성을 볼 수 있다(우리의 지각력과 지혜에 대해 오만해지지 않도록, 또한 우리도 정의상 자신의 한계를 볼 수 없는 습관의 생물이라는 것을 기억하는 것이 중요하다).

코치는 고객이 자신의 습관을 관찰하도록 초대하고 자기관찰 프랙티스의 구조를 제공하여 시간이 지남에 따라 고객이 그들의 본성에 점점 더 익숙해지도록 한다. 코치는 순간적으로 일어나는 일을 관련된 맥락과 연결한다.

우리의 대화에서 자넷의 돕고자 하는 충동이 매우 자동적이라는 것이 금방 분명해졌다. 누군가가 그녀에게 무언가를 필요로 할 때, 그녀의 몸은 에너지의 증가로 반응했고, 그녀는 다른 사람들을 돕기 위해 재빨리 자신을 재구성했다. 그녀의 몸에서 충동이 시작되는 동안, 다른 사람들보다 빠르고 쉽게 문제를 해결할 수 있다는 이야기(아마도 수년 전에 배운)도 있었다.

코칭을 통해 자넷은 정기적인 바디 프랙티스를 시작하여 그녀의 몸 안에 미묘한 경험, 특히 도움을 주고자 하는 습관적인 충동의 첫 징후인 에너지의 증가를 더 능숙하게 알아차릴 수 있도록 도왔다. 또한 그녀는 이 습관이 어떻게 형성되었는지 더 잘 알기 위해 엄격한 자기관찰 실행을 시작했다.

몇 주 안에, 이전에 자동적이었던 것이 더 의식적이 되었다. 그녀는 누군가가 문제를 가지고 그녀에게 왔을 때 그녀 안에서 정확히 무슨 일이 일어났는지 상세히 볼 수 있었다. 여기에는 다른 사람들의 문제를 친절하게 돕고 해결하는 것에 대한 집착의 직접적이고 감각적인 경험을 설명할 수 있는 것이 포함되었다. 그녀는 아직도 새로운 역할에서 다른 사람들로부터 자신을 검증 받아야 할 필요성을 느낄 수 있었다.

그녀는 자신의 습관을 상세하게 관찰하는 데 능숙해짐으로써 자신의 습관에 익숙해졌다. 그녀는 이제 이전에 자동으로 발생했던 것을 의식적으로 목격했다.

깨달음 코칭하기

인식은 친숙함과 함께 온다. 이것은 현존의 순간에 깨달음으로 깨어나는 것이다. 그 변화는 자기관찰(우리가 현상을 관찰하는 것, 일반적으로 뒤늦은 깨달음)에서 깨달음(순간적으로 이것이 현상이라는 인식)으로의 전환이다. 깨달음과 함께 증가된 에너지, 확장된 인식 그리고 우리의 습관이 단순히 현상이며 우리가 그것을 탐닉할 것인지 다른 것을 할지 선택할 수 있다는 인식이 동시에 온다.

깨달음은 엄격한 자기관찰의 프랙티스에서 자연스럽게 나오는 경향이 있다. 다른 곳에서 언급한 것처럼 프랙티스는 깨달음의 가능성을 훨씬 높인다.

곧 자넷은 깨달음의 순간들, 아하! 순간들을 가졌다. 전화가 오면 자넷은 현장에 있는 누군가와 통화를 하고 구조하고 싶은 익숙한 충동을 알아차릴 것이다. 이 인식의 순간에 자넷은 자신에게 선택의 여지가 있다는 것을 깨달았다. 반응의 자동적 특성이 중단되고 쓰여지지 않은 미래의 새로운 가능성의 풍경이 드러났다.

또한 코치는 코칭 대화 중에 습관이 발생했을 때 고객에게 실시간으로 반영함으로써 깨달음의 각성을 지원할 수 있다(제1장에서 준이릭과의 대화에서 실시간 평가를 제공하여 바로 그때 방어적인 자세가 발생하고 있다는 것을 깨닫는 순간으로 초대했다는 것을 기억하라). 코치의 현존 가운데 이러한 실시간의 경험은 중요한 새로운 통찰력을 제공할 수 있다.

재구성 코칭하기

의식적인 깨달음의 순간은 재구성을 가능하게 한다. 이 지성적인 현존의 순간에 우리는 많은 선택을 할 수 있다. 자동적 대응이란 프랙티스된 디폴트 경향을 따르는 것을 의미한다. 자기관찰과 깨달음은 습관을 멈추고 새로운 반응으로 대체할 수 있는 가능성을 제공한다. 재구성은 이 디폴트 습관에서 새로운 것으로 실제로 전환하는 것이다. 우리는 새로운 행동을 위해 몸과 에너지 신경계를 동원한다.

코치는 여러 방법을 통해 이 구성 요소를 제공한다. 첫 번째는 트리거를 촉발시키는 상황에 대한 대안적 반응이 무엇인지 인식하고 설명하도록 고객을 지원하는 것이다. 본질적으로 이것은 고객에게 보다 확실하고 효과적인 반응을 구성하는 새로운 차이를 제공한다. 두 번째는 고객이 실시간으로 재구성을 경험할 수 있도록 돕는 것으로, 이것은 준거가 될 수 있는 재구성 조치를 직접 경험할 수 있도록 하는 것이다. 세 번째는 고객과 함께 새로운 행동에 대한 역량을 구축하기 위한 코칭 대화 사이에 협력할 수 있는 프랙티스를 설계하는 것이다.

우리는 자넷이 현장 직원에게 더 많은 책임을 맡길 때 얻을 수 있는 잠재적인 이점뿐만 아니라 다양한 대안적 대응 방안을 모색했다. 대안적인 행동 반응과 더불어 그녀는 현장 문제를 자신이 구조해야 하는 기회가 아니라 직원을 위한 발전의 기회로 해석하는 방법을 배울 수 있음을 발견했다. 이 새로운 해석적 선택은 그녀 자신이 문제 해결의 여왕이 아니라 문제 해결사의 개발자로서 새로운 정체성으로 이어졌다.

그녀의 새로운 정체성에 대한 새로운 관점으로 자넷은 그녀의 깨달음의 순간들을 이용하는 법을 배웠다. 그녀는 그 순간에, 어떻게 하면 그녀 없이 문제를 가장 잘 해결할 수 있는 방법을 사람들과 함께 탐구하기 위해 자신을 재구성하는 방법을 배웠다. 이것은 새로운 역량이었고 처음에는 프랙티스와 훈련이 필요했다.

이러한 대화에서 대개 다른 좋은 대안이 있다는 것이 금방 분명해졌다. 그녀의 직속 부하 중 일부는 처음에 그녀에게 출장을 기대했지만 대부분은 실제로 그녀가 비행기에 오를 것이라고 기대하지 않았다는 것을 발견했다. 이것은 약간의 놀라움과 안도감으로 다가왔다.

자넷의 새로운 정체성은 그녀에게 지적인 의미가 있었지만, 돌봄과 문제 해결에 대한 그녀의 오래된 충동을 이겨내기 위해서는 여전히 의식적인 관심과 노력이 필요했다. 그녀는 이전에 정의했던 방식으로 도움이 되어야 할 필요성을 내려놓는 것을 적극적으로 연습했다. 이것은 그녀가 조직에서 새로운 정체성과 역할을 구축하고 유지하기 위해 필수적이었다.

안정화 코칭하기

자기생성의 마지막 단계는 안정화이다. 이 단계에서는 새로운 행동이 디폴트가 될 때까지 재구성 및 새로운 행동을 프랙티스해야 한다.

반복이 핵심이다. 리더로서 우리는 훈련과 프랙티스의 수준으로 조치하는 경향이 있다. 긴급한 상황에서 우리의 행동을 주도하는 것은 우리가 무엇을 해야 하는지에 대한 두뇌의 지식이 아니다. 실행과 반복을 통해 몸에 내재화된 것이다.[8] 우리가 습관을 프랙티스할 때, 그것이 우리에게 점점 더 몸에 내재화되는 것이다. 우리가 새로운 행동을 프랙티스할 때, 먼저 그것은 우리에게 점점 더 유용하게 되고 결국 그것은 우리의 새로운 디폴트가 된다. 새로운 반응을 학습하고 통합하는 신체의 능력은 이전에 생각했던 것보다 훨씬 더 깊다.

코치로서 우리는 고객이 새로운 행동을 몸에 내재화하는 것을 학습할 때 지속적으로 함께 작업할 수 있는 반복적인 프랙티스를 설계함으로써 이 과정을 지원한다. 고객은 이러한 프랙티스를 세상으로 가지고 나간다. 일부 프랙티스들은 업무 시간 외에 아침이나 저녁에 단독 활동으로 수행될 수 있다. 다른 프랙티스들은 다른 사람들의 참여를 필요로 하거나 그 환경에 수반되는 모든 기회와 도전이 있는 직장 환경의 맥락에서 가장 잘 수행된다.

고객은 프랙티스를 통해 새롭고 창의적인 방식으로 불가피한 어려움에 대응할 수 있는 다른 사람이 된다. 변화를 원한다면 새로운 것을 프랙티스해야 한다.

자넷은 프랙티스를 통해 새로운 행동을 안정화시킬 수 있게 되었다. 그녀는 자신의 새로운 역할을 그녀의 사람들에게 분명히 말했고, 그들이 거의 예외 없이 그들과 관련한 그녀의 정체성에 대한 재정의를 환영한다는 것을 발견했다. 그녀는 현장 문제에 대응하는 대안적인 방법을 찾는 프랙티스를 했다. 그녀가 여전히 현장에 출장을 다녔지만, 그것은 자동적 디폴트가 아닌 여러 요인들을 고려한 의식적인 선택이었다.

자넷이 실수했을 때 자신에 대해 마음을 다하고 연민을 갖는 것이 꼭 필요했다. 여러 번의 실패가 있었고, 자넷은 자신을 의지하는 사람들을 내버려두고 있다는 것에 대해 여러 차례 진정한 불안을 느꼈다. 이러한 일이 발생했을 때 용서와 연민을 프랙티스하고 그녀가 되어가고 있는 새로운 리더에 대해 상기시키는 것이 중요해졌다.

그녀는 다른 사람들을 개발하는 사람이라는 자신의 새로운 정체성에 큰 기쁨을 느끼며 전체 조직의 자원과 우선 순위라는 더 큰 렌즈를 통해 현장 문제를 바라보는 자신을 발견했다. 또한 그녀는 직업과 다른 우선 순위 사이에 합리적인 균형을 유지하는 것이 훨씬 더 쉽다는 것을 발견했다. 그녀는 새로운 역할을 즐기게 되었고 큰 성공을 거두었다.

자넷, 해결: 자기생성 및 정체성

우리는 자넷의 이야기에서 어린 시절에 뿌리를 둔 강한 정체성의 발달을 볼 수 있다. 그녀는 일을 완수하기 위해 필요한 모든 일을 해낸다는 평판을 가진 유능하고 호감이 가는 전문가가 되었다. 분명히, 이 정체성의 행동적 표현은 성공과 빠른 승진으로 이어졌다. 하지만 그녀의 전문적인 행동은 큰 장점이었지만, 동시에 그것들은 한계가 되기도 했다. 그녀가 이 새로운 역할에서 성공하려면 그녀의 역할에 대한 다른 이해가 중요했다. 자넷은 새로운 사람이 되어야 했다.

자넷은 코치의 지원으로 다른 종류의 리더가 되기 위해 자신이 누구였는지를 포용하고 초월하는 과정에 착수했다.[9] 우리는 그녀가 이 새로운 정체성과 관련된 역량을 개발하는 데 있어 자기생성의 네 가지 구성 요소를 볼 수 있다.

그녀의 강한 디폴트 성향에 대한 자각은 계속된 자기관찰의 결과이다. 그녀의 습관에 대한 익숙함과 그것들이 외부 환경의 트리거에 대해 반응하여 어떻게 생겨났는지는 깨달음의 순간을 제공했다. 그녀는 자신이 누구인지에 대한 그녀의 오래된 이야기와 일관되게 행동할 것인지, 아니면 새로운 정체성을 만들어내는 일을 할 것인지 선택해야 한다는 사실을 알게 되었다.

이 새로운 정체성은 내적 재구성(새로운 행동, 활동, 그녀의 기여에 대한 이야기, 인정의 원천)과 외적 재구성(다른 사람들의 기대 관리, 문제 해결을 위한 새로운 프로세스의 생성)을 모두 필요로 했다. 재구성은 그녀가 깨달음과 선택의 특정한 순간과 그녀가 기대 사항을 재합의를 하고 새로운 행동을 프랙티스하는 몇 달이라는 더 긴 시간 안에서 이루어졌다. 자넷은 이전의 정체성과 관련된 집착과 그녀를 둘러싼 시스템의 압력을 인식하고 내려놓는 법을 배웠다.

시간이 지남에 따라 이 새로운 정체성은 자넷의 내면에서 안정화되었다. 프랙티스는 더 이상 현장 출장에 대한 대안을 찾는 규율이 필요하지 않은 데까지 이어졌다. 그녀는 자신을 문제 해결자라기보다는 주로 사람들의 개발자로 생각했다. 그녀는 그 정체성에 대해 질문을 했고, 직원들이 스스로 학습하고 문제를 해결하는 것을 보았을 때 타당하고 성공적이라고 느꼈다. 자넷은 안정된 다른 존재 방식으로 전환했다. 그것이 그녀에게 새로운 "정상"이었다.

이후의 대화에서 자넷은 이전에 힘들었던 상황에 대해 힘들지 않게 되고 평범해진 새로운 방식으로 대응했다고 자주 나에게 보고했다. 사실 그녀는 가끔 그 상황을 나중이 되어서야 알아차리기도 했다. 그 오래된 습관은 간단히 발생하지 않았다. 그녀의 구조에 대한 욕구가 촉발되었던 순간이 너무나 쉽게 지나갔기 때문에 그것은 주목할 만한 일이 아니었다. 자넷의 존재 기반이 바뀌었고, 그녀는 말 그대로 다른 사람이 되었다.

자기생성의 삶

우리는 현존의 장에 살고 있다. 우리는 언제나 현존을 이용할 수 있다. 그러나 우리가 습관적으로 살다 보면 이를 자각하지 못하고 집착과 혐오를 중심으로 자연스럽게 자신을 구성하게 된다. 우리는 정체성을 유지하고 보호하기 위해 산다.

[그림 2.1]은 우리 삶에서 일어나는 사건들에 대해 두 가지 근본적인 방법 중에 하나로 반응할 수 있는 방법을 보여준다.

우리의 삶은 다양하게 변화하는 상황들로 구성되어 있다. 각각의 상황에서 우리에게 도전을 야기하는 사건이 종종 발생한다. 우리의 습관적인 본성에 존재해 있는 어떤 것이 그 사건에 의해 촉발된다. 대부분의 경우에 우리는 수십 년에 걸쳐 프랙티스된 반응으로 자동적으로 이동하여 우리를 있는 그대로의 우리로 만든다.

우리가 위에서 논의한 바와 같이 이러한 습관적인 반응은 스토리 또는 해석, 감정 및 신체 감각과 같이 거의 동시에 발생하는 관련 현상이 특징이다. 자극을 받으면 무의식적으로 행동할 가능성이 가장 크다. 우리의 습관과 프랙티스된 성향이 주로 우리의 행동을 결정한다. 우리는 알지 못하는 사이에 습관의 고리로 초기화된다.

좋든 싫든 우리 모두는 우리가 인식하는 것보다 훨씬 더 많은 시간을 이 습관의 고리에서 보낸다. 우리가 그 안에 살기 때문에 습관의 고리는 편안하고 정상적으로 느껴진다. 심지어 우리는 우리가 그 안에 있다는 것을 보지도 못한다(사실 편안한 장소에서 우리가 그 안에 존재한다는 것을 지켜보는 것은 이미 그 안에 있지 않은 것이다!).

그림 2.1 *습관과 자기생성의 고리*

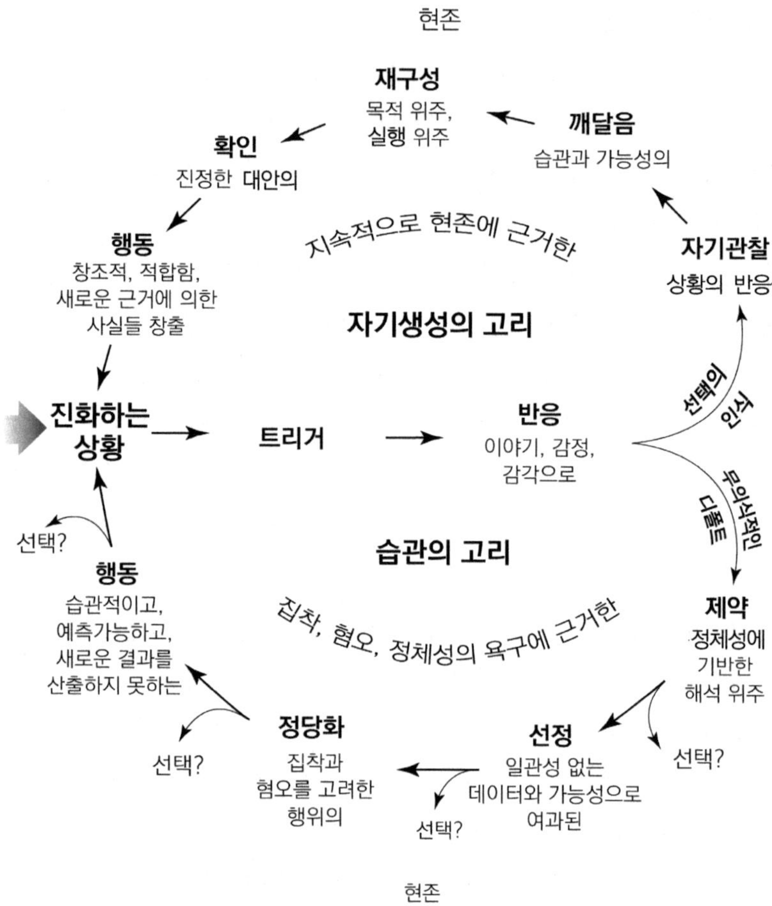

습관의 고리는 이렇게 작동한다. 우리가 전개되는 사건에 반응할 때, 우리의 해석과 반응은 예측 가능한 방식으로 무의식적으로 초기화된다. 특히 우리의 관점은 그 사건에 대한 우리의 해석을 중심으로 제한된다. 우리의 해석은 정체성에 기반하기 때문에 그 정체성을 형성하는 집착과 혐오에서 분리할 수 없다. 우리가 그렇게 하고 있다는 것을 알지 못한 채, 우리는 우리의 정체성 기반으로 하는 해석과 일치하지 않는 모든 데이터와 가능성을 선택적으로 여과한다. 우리는 단순히 다른 진실을 보지 못한다. 우리의 인식은 자체 봉인이 된다.

우리의 해석은 우리의 집착과 혐오를 처리하는 습관적이고 예측 가능한 행동을 정당화함으로써 우리의 정체성을 만족시키고 강화한다. 어떤 의미에서 이러한 행동은 우리에게 도움이 된다. 그러나 정체성 주도의 행동은 새로운 결과를 낳는 것보다 우리의 정체성을 보존하고 강화하는 데 훨씬 더 효과적이다. 우리는 계속해서 우리의 패턴을 유지하고, 다른 사람들도 똑같이 하며, 우리는 상황이 변하지 않을 때 좌절한다. 우리는 우리의 어려움을 다른 사람의 잘못 또는 단순히 "모든 것이 그렇게 되는 것"으로 본다.

우리의 집착, 혐오 및 정체성의 욕구는 모든 단계에서 이 습관을 알리고 자신을 표현하는 것이다. 이것이 본질적으로 나쁜 것은 아니지만, 이 사실은 우리가 어떤 주어진 상황에서 인식하고 대응할 수 있는 범위를 제한한다. 좋든 나쁘든 우리 인간은 주로 우리의 정체성을 보존하고 영속화 하는 것을 중요시하여 삶을 조직한다.

이것을 자기생성의 고리와 대조해 보라. 현존은 프랙티스를 통해 우리에게 점점 더 유용하게 된다. 우리는 도전의 순간들을 깨어날 기회로 보는 것을 배운다. 이 선택의 가능성에 대한 인식은 우리를 즉시 현존하게 한다. 단순한 생각 "아하! 이것은 기회이다!"는 지속적으로 현존에 근거한 자기생성으로 초대한다. (언제든지 습관의 고리에 깊이 빠져 있을 때에도 우리가 고리 안에 있다는 것을 인식하고 깨어나서 현존하기로 선택할 가능성이 있다.)

자기생성의 고리에서 자기관찰은 습관의 첫 번째 발생을 식별할 수 있게 한다. 우리의 습관을 깨닫는 것은 우리를 즉시 더 넓은 가능성의 풍경으로 깨어나게 한다. 우리는 자기를 인식하고 충만해진다. 우리가 얼마나 여유롭게 인식하느냐에 따라 더 많거나 더 적은 가능성이 드러날 수 있다.

깨달음을 통해 우리는 우리의 목적과 실행을 중심으로 자신을 재구성할 수 있다. 이완되고 현존함으로써 우리는 습관에 얽매이지 않으며, 우리가 내내 이용할 수 있었을지도 모르는 새로운 가능성을 훨씬 더 많이 볼 가능성이 있다. 무엇이 가능한지에 대한 이러한 확장된 감각으로부터 우리는 실제 대안을 확인하고 창의적이고 적절한 새로운 행동을 선택할 수 있다. 현존에 센터링centering한 상태에서 이러한 행동들을 취하고 나면 새로운 "근거에 기반한 사실들"이 만들어진다. 상황과 우리의 관계는 바뀌었고 이제 우리는 그 안에서 새롭고 다른 것을 생산할 수 있다.

오랜 시간 동안의 프랙티스를 통해 이러한 새로운 행동이나 활동을 안정시켜 편안하고 능숙하게 사용할 수 있도록 만들 수 있다(이것은 주기를 반복적으로 통과하는 결과이기 때문에 도표에 나와있지 않다). 반복은 특정 상황에서 우리의 새롭고 더 건설적인 행동을 안정시킬 뿐만 아니라(결국에는 스스로를 제한하게 될 더 진화하고 유용하다고 생각할 수 있는 습관들) 자기생성의 고리 자체(내 생각에, 우리는 메타 습관meta-habit으로 생각할 수 있다)에서 사는 우리의 역량도 안정시킨다.

현존은 자기생성 고리의 모든 단계를 알려준다. 그것은 항상 이용 가능하며 원하다면 자기생성을 가능하게 하는 산소의 역할을 한다. 현존은 우리에게 다가오는 모든 것에 창의적이고 긍정적인 방식으로 대응할 수 있는 가능성을 부여한다.

우리는 자넷이 자기생성의 고리에 더 일관되게 머물기 시작했음을 알 수 있다. 또한 이러한 학습 주기가 우리 자신에게 가능성을 제공하는 것을 볼 수 있으며, 이 주기에서는 계속해서 새로운 정보와 새로운 관찰 및 대응 방식에 대해 우리 자신을 개방하는 것이 세상에 존재하는 방식이 될 수 있음을 알 수 있다. 이를 위한 기본적인 요건은 자기생성의 구성요소이다. 이것들은 학습되고 프랙티스 될 수 있으므로 우리가 누구인지 그리고 우리가 이끄는 방식에 점점 더 구체화되는 것이다.

발달에 대한 이러한 이해, 특히 자기생성이 새로운 정체성의 개발을 지원하는 방법은 우리 작업의 기초가 된다. 그것은 자연스럽게 질문을 요구한다. 이런 종류의 발달을 지원하는 코치로서 우리의 역할은 무엇인가? 우리 자신의 현존을 어떻게 개발할 것인가? 그리고 리더들이 더 강력한 정체성을 펼칠 수 있도록 지원하기 위한 코칭 조치는 어떻게 해야 할까?

이러한 질문들에 대한 답은 우리 조직, 지역 사회 그리고 실제로 지구 전체의 긴급한 요구에 효과적으로 대응하는 데 필요하다.

본 장의 요약

- 인간의 발달 여정은 대체로 우세한 성공 모델에 따라 적응하고 순응하고 성공하기 위해 우리 자신을 습관화하는 조건화 과정이다. 우리는 습관의 창조물이며, 이러한 습관들은 우리에게 거의 보이지 않는다.
- 습관은 우리의 신경계에 단단하게 연결되어 있고 우리 몸의 형태를 유지한다. 우리는 행동, 해석, 감각, 감정 등 우리의 습관이다. 변화에는 생물학적 차원의 변화를 필요로 한다.
- 습관은 우리의 집착과 혐오감에 의해 자리를 잡는다. 이것들은 직접 경험할 수 있고 우리가 긍정적인 경험이라고 생각하는 것을 향해 나아가고 부정적이라고 생각하는 경험에서 멀어지게 하는 미묘한 충동들이다.

- 우리가 생각할 수 있는 습관의 총체는 우리의 성격이나 정체성이다. 그것은 우리가 세상에서 우리 자신을 유지하는 방법이다. 우리는 정체성을 강화하기 위해 노력한다. 동시에 우리의 정체성은 결국 제한적이 되며 도움이 되지 않는 오래된 습관을 버리고 도움이 되는 새로운 습관으로 대체해야 한다.
- 우리는 개발을 우리의 정체성을 초월하고 세상에 존재하는 새롭고 더 확장적인 방식을 포용하는 지속적인 프로세스라고 생각할 수 있다.
- 자기생성은 가능한 최대의 인식과 충만한 내적 상태에서 선택을 하기 위해 삶 전체에 현존하고 학습하는 능력이다.
- 자기생성은 자기관찰, 깨달음, 재구성 및 안정화의 네 가지 요소의 순환으로 설명할 수 있다. 이러한 각 구성 요소는 구체적인 프랙티스, 코칭 조치[move] 및 학습 활동을 통해 지원될 수 있다.
- 자기생성은 개발할 수 있는 역량이며 새로운 정체성을 구축하기 위한 중심 역량이다. 자기생성적인 방식으로 살면서, 우리는 지속적인 자기인식과 우리의 약속을 이행하는 데 가장 적합한 새로운 활동과 행동을 의식적으로 선택할 수 있는 능력을 향해 나아간다.

제 3 장

개발 파트너로서의 코치

사다리의 발판은 결코 휴식을 위한 것이 아니라, 오직 사람의 발을 더 높은 발판에 올릴 수 있을 정도로 충분히 오랫동안 지지하기 위한 것이다.

토마스 헨리 헉슬리(Thomas Henry Huxley)

모든 사람의 삶에서 어느 순간, 우리 안의 불꽃이 꺼진다. 그 때 다른 사람과의 만남으로 그 불꽃은 다시 불타오른다. 우리 모두는 내면의 영혼에 불을 다시 붙여주는 사람들에게 감사해야 한다.

알버트 슈바이쳐(Albert Schweitzer)

효율적으로 운영되는 비즈니스는 복제, 효능 및 잘 설계된 프로세스의 확장을 귀중하게 여긴다. 이는 학습에도 적용된다. 기업은 모든 수준에서 인간의 생산성과 기술을 향상시키기 위해 수십억 달러를 성과 코칭performance coaching에 쏟아부었다. 성과 코칭의 가장 중요한 약속은 조직의 목표에 대한 직원들의 기여도를 높이는 것이다. 그와 동시에 인간 개발을 체계화하고 확장하기 위해 사용되는 복잡한 프로세스는 궁극적으로 리더의 개발도 관리하고 통제할 수 있다는 사고 방식을 반영한다.

복잡한 개발 지도들은 반드시 일반화된다. 그것들은 코칭의 좋은 시작점이 될 수도 있지만, 우리가 도달해야 하는 곳으로 우리를 데려가지는 못한다. 진정성과 회복 탄력성이 있는 효과적인 리더를 양성하기 위해서는 기업 코칭의 이니셔티브initiative 규모에서 쉽게 복제할 수 있는 것보다 더 깊은 발달적 접근 방식이 항상 필요하다. 코칭은 리더의 지속 가능하고 강력한 개발을 촉진하기 위해 성과 중심 코칭에는 거의 포함되지 않는 요소들을 포함할 수 있고, 포함해야 한다.

발달적 접근법은 코칭을 다음 수준으로 끌어 올린다. 어떤 의미에서 우리는 여전히 구체적이고 관찰 가능한 역량의 개발에 전념하고 있다. 그 역량들은 제1장에서 설명한 코칭의 세 가지 산물 중 첫 번째이다. 그러나 발달 코칭developmental coaching은 기술적이든 혹은 "소프트"이든 이러한 역량을 주로 목적을 위한 수단으로 간주한다.

현존 기반 코칭은 발달 코칭에 대한 나의 접근 방식이다. 이 접근 방식을 통해 코치는 완전히 깨어 있고 자원이 풍부하며 자신, 직원 및 환경과 연결된 리더를 육성하겠다는 깊은 의지를 표명할 수 있다. 이러한 리더들은 자신의 전문 분야에서 탁월함을 보여주지만 우리는 다른, 어쩌면 더 중요한 방식으로 그들을 개발할 것을 제안한다. 자기생성 및 그에 따른 생동감은 코칭의 예측 가능한 산물이며, 우리는 이러한 특별한 자질을 구체적 아웃컴으로서 고객과의 작업에 전념하고 있다.

이 장에서 코칭에 대한 이러한 발달적 접근 방식을 독특하게 만드는 요소를 탐색하고, 발달 코칭이 성공하도록 하는 세 가지 필수 구조를 파악하고, 이를 가능하게 하는 현존 기반 코치의 구체적인 작업을 설명한다.

성과 코칭 대 발달 코칭

먼저 성과 코칭과 발달 코칭을 구분해 보자. 전자는 일반적으로 조직의 표준 및 측정 기준에 따른 코칭을 말한다. 역량 모델, 360도 평가 및 기타 도구를 사용하여 개발 요구 사항을 진단하고 성과 격차를 메우거나 더 큰 책임에 대비하기 위해 필요한 기술을 개발할 학습 접근 방식을 권장한다. 그 과정에서 고객은 아마도 새로운 스킬을 배우고 더 많은 동기부여를 받고 있을 것이다. 윈-윈win-win이다.

설명을 위해 이전 고객이자 대학 의료 시설의 최고 재무 책임자인 로저Roger의 예를 사용하겠다. 그는 호감이 가고 똑똑하고 에너지가 넘치는 사람이었다. 그는 그의 가족 중에서 대학에 간 첫 번째 사람이었고, MBA를 취득했으며, 야망을 가지고 열심히 일하며 현재의 위치에 빠르게 올랐다.

로저는 매우 열심히 일했고, 추진력이 있고 경쟁심이 강했다. 그는 모든 프로젝트에 직접 손을 대지 않으면 프로젝트가 잘 진행되지 못할 것이라고 믿는 것 같았다. 그는 세세한 부분까지 관리하는 경향이 있었고 다른 사람의 판단과 의견에 민감했다. 로저는 종종 이 자리에 있는 자신의 행운을 믿지 않는 것 같았다. 다른 사람들은 그가 잠시라도 경계를 늦추면 마치 사상누각이 무너질 것처럼 생각을 하는 것 같다고 자주 언급했다. 그는 다른 사람들이 자신의 일을 제대로 수행할 것을 믿지 않았고 종종 다른 사람들의 필요와 우선 순위에 의해 궤도에서 이탈되었다.

CEO는 어려운 360도 평가를 리뷰한 후 코칭을 제안했고 로저는 매우 방어적인 반응을 보였다. 로저는 매우 반응적이고 시간과 프로젝트를 잘 관리하지 않았기 때문에 경력 탈선의 위험에 처했다.

전통적인 성과 코칭 방법은 로저가 자신의 프로젝트를 조직하고, 시간 관리 및 위임 방법을 배우고, 코치에게 책임감을 가지고 이를 실행하고, 그 결과를 측정하는 것이다. 이것이 효과가 있다면 로저는 더 효율적이고, 시간을 더 잘 관리하고, CEO에게 제 시간에 성과물을 전달하는 결과를 가져올 것이다. 그 문제는 해결되고 로저는 직장을 계속 유지하게 될 것이다. 모든 것이 잘 될 것이다!

그것도 괜찮고, 성과 코칭을 위한 여지도 있다. 성과 코칭은 명확하게 정의된 범위의 학습 요구에 특히 적합하다. 로저는 이 접근 방식을 통해 큰 혜택을 받을 수 있다. 그러나 성과 코칭에는 한계가 있다. 첫째, 그것은 조직의 명령에 의해 추진되기 때문에 때때로 조직의 목표와 고객의 목표 사이에 긴장이 있다. 나는 조직이 추구하는 목표와 어떻게 부합하는지 그리고 그 환경에서 성공과 성취를 찾을 수 있는지에 대해 중요한 질문을 가진 많은 리더들을 코칭해왔다. 성과 코칭은 고객의 더 깊은 고민을 해결하지 못할 수 있다.

둘째, 코칭이 성과 지표에 의해 주도되는 경우, 성과에 대한 기준은 직접적으로 언급되지 않더라도 최소한 암시적으로 제시된다. 학습자가 성과 격차로 인한 스트레스와 긴장을 경험할 때 깊이 뿌리내린 비효율적인 습관이 실제로 강화될 수 있기 때문에 특정 지표와의 비교는 학습을 더 어렵게 만들 수 있다.[1]

발달 어젠다development agenda는 고객이 호기심을 갖고 새로운 가능성을 열어주며, 무슨 일이 일어나는지를 확인하기 위해 그 가능성에 따라 행동하도록 지원함으로써 작동한다. 새로운 정체성을 형성하기 위해 고객은 보고, 해석하고, 행동하는 중요한 새로운 방식에 대해 개방적이어야 한다. 이는 종종 성과 격차 중심 접근의 성과 코칭 과정과는 근본적으로 다르게 느껴진다. 발달적 접근은 전체 프로세스에 발견의 정신을 독특하게 불어넣는다.

셋째, 성과 코칭은 새로운 스킬을 구축할 수 있다. 그러나 이러한 스킬이 더 높은 수준의 자기인식 및 자기생성에 기반을 두지 않으면 한동안 상황을 개선할 수 있지만 지속 가능하거나 내재화되지는 않는다. 그것들은 빠른 해결책이고, 증상을 해결하기 위한 해결책이다.

로저로 돌아가서 발달적 접근 방식이 어떻게 로저가 필요한 역량을 구축하고 그 과정에서 더 자기생성적이 될 수 있도록 동시에 지원했는지 알아보겠다.

로저가 성공을 하기 위해서는 시간과 우선 순위를 관리하고 정상 궤도를 유지하며 조직을 일관성 있게 이끄는 역량을 쌓아야 했다. 이 점을 염두에 두고 우리의 발달 코칭은 처음에 로저의 행동을 유발한 집착과 혐오를 탐색하는 것으로 시작되었다. 나는 반응성, 무질서 및 비효율성의 증상을 해결하는 것을 중심으로 우리의 작업을 하기보다는 애초에 로저가 어떻게 궤도에서 벗어났는지 궁금해 하도록 초대했다.

자기관찰을 통해 로저가 종종 다른 사람들이 그에게 도움을 요청하고, 자신이 유능하게 보이는 것에 집착할 때 그의 계획에서 벗어나는 것을 발견했다. 로저는 다른 사람의 판단에 대한 강한 혐오감을 가졌는데, 그가 판단을 받았다고 느낄 때, 그는 혼란스럽고, 불안해졌고, 존중을 받기 위해 중요하지 않은 일에 뛰어드는 경향이 있었다.

로저는 프랙티스를 통해 자신의 몸에서 이러한 습관적인 반응을 깨달을 수 있게 되었다. 그는 긴장을 풀고 그 반응을 실패의 증거로 해석하지 않고 그냥 일어난 일로 받아들이는 법을 배웠다. 그는 자신이 집중해야 한다고 알고 있는 우선순위를 위해 내적으로 자신을 재구성하는 방법을 배웠다. 로저의 이러한 자기생성 능력은 결혼 생활, 골프, 교회, 직장 등 삶의 모든 영역에서 나타나기 시작했다. 그는 자신을 더 차분하고 명료하고 직접적으로 경험하기 시작했다. 다른 사람들은 이 변화에 대해 자주 언급하며 로저가 더 편안하고, 주변에 있기가 더 쉽고, 스트레스를 덜 받는 것으로 보았다.

이후 우리의 이 작업에서 이러한 자기인식과 재구성 능력은 시간 관리 및 위임에 대한 새로운 실질적인 스킬이 뿌리내릴 수 있는 견고한 기반을 제공했다. 그러나 그의 내면 상태를 관찰하고, 받아들이고, 자기조절하는 능력이 그의 성과 문제와 가장 직접적으로 관련된 특정 스킬의 개발보다 선행한다는 점에 유의하는 것이 중요하다.

로저는 계속해서 매우 성공적이었으며 훨씬 더 만족스럽고 스트레스를 덜 받았다. 매우 현실적인 방식으로 자신과 일과의 변화된 관계와 불안을 받아들이고 자기를 조절하는 그의 새롭게 발견된 능력은 어떤 특정한 시간과 업무 관리 기술만큼 또는 그 이상의 차이를 만드는 데 더 많이 기여했다.

우리는 이 예에서 발달 코칭이 성과 코칭을 초월해서 포함하고 있다는 것을 알 수 있다. 발달 코칭 프로세스에 필요한 격차 분석 및 성과 표준의 요소가 있을 수 있다. 그러나 발달 코칭에는 조직의 명령과 역량을 넘어서는 많은 요소가 포함된다.

발달 코칭의 원칙

다음은 발달 코칭 영역을 조명하는 간단한 원칙이다. 다음은 코치의 역할을 설명하기 위한 근거이다.

- *발달은 성과가 아닌 학습에 초점을 맞출 때 가장 깊고 지속 가능하다.* 진정한 배움은 우리가 개방적이고, 이완되고, 호기심을 가질 때 가장 잘 이루어진다. 코칭은 고객이 평생 지니고 다닐 새로운 역량을 만들어낸다. 그것은 단순히 단기적인 결과가 아니라 우리가 추구하는 역량이다. 새로운 기술이 더 나은 결과를 낼

것으로 합리적으로 기대할 수 있지만, 성과 측정을 통해 학습을 유도하는 것은 실제로 학습자가 학습하는 것을 더 어렵게 만들 수 있다.

- *코칭은 자유롭게 선택할 수 있다.* 행동 변화의 근원에는 선택이 있다. 압박은 학습을 위한 주파수를 좁힌다. 물론 때로는 고객이 어떤 성과 문제를 해결하지 않으면 일자리를 잃게 될 것이라는 현실적 사실에 따라 코칭을 받기로 결정하는 경우가 있다. 그래도 배우고자 하는 진정한 욕구라는 형태로 열린 마음이 없다면 코칭이 성공할 가능성이 낮다.[2]
- *코칭은 코치와 고객이 다른 세계에 존재하기 때문에 가능하다.* 우리의 세계는 우리가 감지하는 것과 그것에 대한 해석으로 구성된다. 그 해석은 우리의 독특한 조건화의 결과이기 때문에, 나의 세계는 당신의 세계와 분명히 다르다. 코치는 질문을 하고, 차이를 제공하고, 자신의 세계에 기반한 새로운 시각과 해석 방법으로 초대한다. 동시에 코치는 고객의 세계에서 이러한 차이에 대한 관련성을 확립한다.
- *새로운 차이는 고객이 자신의 세계를 확장하도록 초대한다.* 코치는 고객이 직접 관찰할 수 있는 일단 설명된 현상을 명명하여 자신만의 세계에서 새로운 차이를 제공한다. 코치가 부드럽게 그리고 끈질기게 고객으로 하여금 고객의 세계에 한계의 벽에 구멍이 뚫릴 수 있도록 하고, 새로운 관찰을 하고, 지금까지 볼 수 없었지만 고객이 항상 사용할 수 있었던 가능한 새로운 행동을 발견하도록 초대할 때 차이가 나타난다.
- *자기생성은 지속 가능한 변화를 위한 핵심 능력이다.* 코칭을 잘 받은 고객은 자신을 코칭하는 방법을 배운다. 따라서 고객들은 특정 적용 분야에 필요한 역량뿐만 아니라 자기조절 및 발달 자

체의 기본적인 "스킬", 즉 자기관찰, 깨달음, 재구성, 안정화를 획득할 필요가 있다. 코칭 과정이 투명할 때, 이 작업은 평생 동안의 발견과 깊이의 심화로 이어진다.

- *자기생성은 특정 리더십 및 관리 스킬에 대한 기반을 제공한다.* 자신을 관찰하고 이러한 새로운 스킬을 실제로 사용하기 위해 의식적으로 선택하는 능력을 함양하지 않고 고객에게 특정 관리 스킬을 코칭하는 것은 근시안적이다. 자기생성 역량을 갖춘 고객은 자신이 알아야 할 것을 발견할 것이다. 그러나 자기인식, 자기조절 그리고 의도적으로 새로운 행동을 선택하는 능력에 대한 기반이 없고 스킬 역량만 뛰어난 리더는 한계가 있다.
- *발달 코칭은 생물학적이다.* 제2장에서 우리는 조건화의 본질을 탐구했고 우리의 정체성을 만든 습관이 우리 몸에 깊히 내재되어 있음을 보았다. 새로운 행동을 하려면 인식, 새로운 신경계의 활성화 및 신체의 형태와 기능의 재구성이 필요하다. 이를 안정화하려면 신경 및 근육 시스템에서 새로운 기본 패턴을 설정하는 생물학적 과정이 필요하다. 내 경험에 의하면 비록 사람들이 때때로 변혁적인 도약을 할 수 있지만, 중요한 새로운 행동과 정체성을 안정화하는 것은 보통 몇 달에 걸쳐 신체를 활용해야 할 것을 필요로 한다.
- *코칭은 반복적이다.* 교육 및 기타 이벤트 중심의 학습 경험과 달리 코칭은 지속적인 개발에 주의를 기울인다. 코치와 고객은 일반적으로 대화를 위해 주기적으로 함께 모임을 가진다. 고객은 각 대화에서 취해야 할 행동들, 역량을 구축하기 위한 새로운 실행 및 자기관찰 등이 나온다. 이 반복 과정은 실제 상황에서 실행하고 발달적 접근 방식을 지속적으로 연마할 수 있는 기회를 제공한다.

발달 코칭의 원칙
발달은 성과가 아닌 학습에 초점을 맞출 때 가장 깊고 지속 가능하다. 코칭은 자유롭게 선택할 수 있다. 코치와 고객이 다른 세계에 존재하기 때문에 코칭은 가능하다. 새로운 차이는 고객이 자신의 세계를 확장하도록 초대한다. 자기생성은 지속 가능한 변화를 위한 핵심 능력이다. 자기생성은 특정 리더십 및 관리 스킬을 위한 기반을 제공한다. 발달 코칭은 생물학적이다. 코칭은 반복적이다.

발달을 위한 세 가지 통합 구조

현존 기반 코칭은 통합 발달 방법론을 위한 세 가지 중요한 구조를 제공하여 진정한 리더의 개발을 가속화한다.[3] 그 구조 자체는 인성과 리더십 함양을 중요시하는 전통에서 수천 년 동안 존재해 왔다. 우리는 다음의 구조를 제공하기 위해 코칭을 우리 시대에 적합한 현대적인 형태로 생각할 수 있다.

●○

연습 3.1.

성과와 발달 학습 구별하기

특정 목적을 위해 또는 다른 사람의 요구 사항을 충족하기 위해 특정한 새로운 스킬이나 역량을 배우던 때를 생각해 보라.

- 어떤 상황이었는가?
- 이것을 배우는 데 누가 도움을 주었는가?
- 배워야 할 것을 어떻게 배웠는가?
- 이 스킬을 배우면 어떻게 특정한 정체성이 형성되는가?

- 어떤 정체성이 형성되었는가?

이제 당신이 근본적으로 변화된 상황에 맞서 다른 사람이 되어야 했던 중대한 변화의 때를 파악하라.

- 어떤 상황이었는가?
- 배워야 할 것을 어떻게 배웠는가?
- 다른 사람이 되기 위해 자신의 어떤 측면을 버려야 했는가?
- 그 과정에서 자신에 대해 무엇을 이해하게 되었는가?
- 어떤 정체성이 형성되었는가?

이제, 당신 자신의 경험을 바탕으로 성과와 발달 학습의 차이를 어떻게 보는가?

●○

첫 번째 구조는 우리가 관찰하고 행동할 수 있는 것을 확장할 수 있는 *유능한 파트너(코치, 멘토, 교사, 연장자)와 계약*이다. 파트너는 우리와 다른 세계에 살고 있으며 우리의 발전에 깊이 헌신하고 있다. 이 파트너는 다른 관점을 제공하고 발달적 맥락에서 우리의 과제와 기회를 배치하는 관계 프로세스를 구성한다. 파트너는 평가를 제공하고 새로운 인식과 보다 생성적인 응답이 필요한 새로운 방식으로 참여하도록 우리를 초대한다.

생성적 프랙티스는 우리의 자기인식과 자기조절 능력을 향상시키는 일관되고 지속적인 프랙티스이다. 그것은 현존과 자기생성을 위한 강력한 토대를 제공하며, 우리가 내면 상태를 숙달하게 되고 “세상에

존재하는 방식에 대한 실천"을 터득하기 위한 수단이다.[4] 생성적 프랙티스는 우리가 어디에 있든 우리에게 도움이 된다. 예를 들어, 우리 자신이 센터링하는 것은 우리의 결혼 생활, 직장에서 어려운 대화를 나눌 때 그리고 주요 연설을 위해 무대에 오를 준비를 할 때 우리가 더 현존할 수 있도록 도와줄 것이다.

*특정 아웃컴을 위한 현장작업*outcome-specific fieldwork은 목표를 정하고 구체적인 학습 활동으로 생성적 프랙티스를 보완한다. 생성적 프랙티스와 같은 현장작업은 코칭 대화 사이에 이루어진다. 그것은 우리가 역량에 필요한 활동과 행동을 개발하고 안정화하는 연습, 프랙티스 및 실험을 포함한다. 현장작업은 우리가 전념하고 있는 영역에서 특정 스킬을 훈련하기 위한 수단이다. 성과 코칭은 일반적으로 현장작업에 초점을 맞추고 기본 생성적 프랙티스를 생략한다.

이 세 가지 통합된 구조는 종종 부진한 발달 충동에 초점을 맞추고 가속화하는데, 이는 우리 자신의 집착과 우리 주변 시스템의 최면 효과에 의해 쉽게 우회된다. 현존 기반 코칭은 이러한 세 가지 코칭의 산출물을 통합적이고 일관된 접근 방식으로 제공한다.

통합된 발달 구조

발달을 위한 세 가지 중요한 구조…
- 유능한 파트너와의 계약
- 생성적 프랙티스
- 특정 아웃컴을 위한 현장작업

다음의 산출물을 낸다.
- 실행을 위한 관찰 가능한 역량
- 자기생성 능력
- 더 큰 생동감의 경험

현존 기반 코칭: 방법론의 기초

지금까지 발달 코칭의 본질, 핵심 구조 및 산출물에 대해 다루었다. 이제 방법론을 구축할 수 있는 견고한 기반을 확보했다.

기본적으로 현존 기반 코칭은 세 가지 발달 구조를 제공하는 수단이다. 우리는 고객에게 이러한 요소들을 제공한다. 동시에 불가분하게 우리는 우리 자신도 진행 중인 작업임을 항상 기억하며 우리 자신의 개발에 일관된 주의를 기울인다.

- 코칭에서 우리는 고객을 위한 유능한 발달 파트너이다. 우리는 우리의 현존과 코칭 조치들[moves]이 새로운 세계를 드러내고 새로운 행동과 자기생성에 활력을 불어넣는다. *이를 위해서 우리는 끊임없이 우리 자신의 학습에 참여해야 한다. 우리는 자신의 학습의 한계를 드러냄으로서 우리를 도울 수 있는 교사 및 코치와 협력한다. 우리는 발달의 영역에서 경험을 통해 능숙하게 된다.*
- 우리는 고객들이 생성적인 프랙티스에 참여하도록 도전한다. 우리는 고객과 함께 그들의 삶에서 적절하고 지속 가능한 프랙티스를 설계한다. *우리는 자신의 생성적 프랙티스에서도 일관성 있게 참여하며, 그것들이 우리가 세상에서 원하는 사람을 구현하는 데 필수적이라는 것을 인식하고 있다.*
- 우리의 현존 및 코칭 조치들은 고객을 현장작업에 참여시켜 아웃컴과 관련된 특정 역량을 개발하도록 한다. 그들의 현장작업은 그들의 맥락을 변화시킨다. 그 결과 그들은 다른 방식으로 듣고 반응해야 한다. *코칭은 유용한 자원이 되기 위해 필요한 스킬과 현*

존을 프랙티스 하는 현장작업이다. 우리는 항상 코칭을 통해 배우고, 이것이 우리가 누구인지를 형성한다.

이제 우리는 현존 기반 코칭을 구성하는 내적 조치Inner moves, 지원 프랙티스, 관계적 조치relational moves에 대한 철저한 탐구로 전환한다. 이 모든 것은 현존에 근거하고 현존을 불러일으킨다.

당신이 코칭에서 일어나는 일들을 통제하고 있다는 생각에서 깨어나게 하기 위해 나는 주로 도구tool보다는 조치move라는 용어를 사용한다. 그 구별은 중요하다. 도구는 우리가 무엇인가 또는 "저기에 있는" 누군가에게 작업을 수행하기 위해 사용하는 것이다. 이 작업의 수혜자는 우리와는 별개의 대상이다. 조치는 간단히 말해서 전환, 변화 및 우리가 하는 것이다. 어떤 의도를 가진 행동이다. 하지만 우리는 결코 고객을 통제하지 않는다. 우리는 그들과 관계를 맺고 있다. 우리는 역동을 변화시키고 특정한 반응을 초대하거나 환기시키는 조치를 한다. 조치는 초대이다.

우리가 고객과 함께 있고 고객에게 맞춰져 있을 때 조치는 유용한 것을 생성한다. 우리의 코칭 조치는 고객을 변화시키지 않는다. 오히려 고객이 인식하고, 해석하고, 선택하는 장field을 변화시킨다. 능숙한 코칭 조치는 현존과 새로운 통찰력을 더 많이 제공한다.

우리는 내적 조치(주로 코치의 인식 전환을 목적으로 함)와 관계적 조치(주로 고객의 인식 전환을 유도하기 위한 목적으로 함)를 구분한다. 물론 그 경계는 모호하며 우리가 고객과 연결되어 있기 때문에 우리의 내적 조치는 종종 고객에게도 변화를 가져온다. 어떤 의미에서 모든 것은 관계적이다.

필요한 전제 조건으로서 그리고 다른 사람들을 길로 안내하는 특권을 얻기 위해 우리는 세 가지 구조를 우리 자신의 개발에 통합하는 데 깊이 전념하고 있다. 우리는 우리 자신의 가정에 도전하고 우리를 학습자로 잡아둘 수 있는 유능한 파트너, 코치 및 교사를 찾는다. 우리는 마음, 몸 및 가슴에서의 생성적 프랙티스에 참여하여 우리의 일에 결정적인 현존을 하고 우리 자신의 삶에서 자기생성을 할 수 있게 한다. 우리는 코칭을 자기개발을 위한 우리만의 실험실로 사용하면서 우리 스스로 현장작업을 한다. 우리의 자기개발은 다른 모든 것들이 작동하도록 하는 기반이다. 이것의 중심적인 역할은 아무리 강조해도 지나치지 않다.

이 장의 나머지 부분에서는 로저를 예를 들어 현존 기반 코칭의 내적 및 관계적 조치를 정의하기 시작한다. 이 개요에 이어 이 책의 나머지 부분은 이러한 차이를 깊이 있게 탐구한다.

내적 조치

코칭에서 내적 조치는 우리가 고객을 위해 할 수 있는 최상의 자원이 되기 위해 우리 자신의 내면 상태와 협력하는 방법이다. 이러한 조치에는 프랙티스를 통해서만 생성되는 숙달의 수준이 필요하다. 이를 지원하는 데 필요한 프랙티스의 본질을 밝힐 내적 조치의 두 영역을 살펴보자.

지향하기ORIENTING 첫 번째 내적 조치 세트는 코칭 대화 이전과 대화 도중에 지향을 하는 것이다. 지향을 하는 것은 현존을 유지하는 강력한 방법이다. 지향하기를 통해 우리는 우리의 의식에 초대하고자 하는 것에 대해 의도적으로 생각한다. 우리는 다음과 같은 것을 할 수 있다.

- *우리 스스로를 코칭 모델에 지향한다.* 좋은 코칭 모델은 자기관찰을 위한 특징을 제공하고, 인간이 어떻게 변하는지에 대한 이론

적 근거를 두고, 대화를 구조화하도록 안내한다.

- 스토리, 과거와 미래가 있는 사람, 엄청난 잠재력을 가진 사람, *온전하고 자원이 풍부한 사람으로서 고객을 지향한다.* 우리는 고객을 보는 방식에 대해 의도적일 수 있다.
- *코치로서 우리 자신의 목적을 지향한다.* 왜 우리가 이 코칭 관계에 있는가? 코치로서 우리의 목적은 무엇인가? 이 대화들은 무엇을 제공하고 있는가? 이 질문에 대한 답을 아는 것이 대화의 기반이 된다.
- *고객의 목적을 지향한다.* 고객의 목적에 대한 우리의 지식은 대화의 근거가 된다. 이를 강력하게 지향하는 것은 우리를 고객을 위한 강력한 자원으로 만든다.
- *구체적이고 역량에 기반한 결과를 지향한다.* 코칭을 시작할 때 결과에 대해 합의하면 코치와 고객 모두에게 더 많은 책임을 부여하고, 대화 중에 자주 방향을 잡을 수 있는 신호가 된다.
- *고객과의 대화를 더 큰 맥락에 배치한다.* 이 더 큰 그림(시간 프레임, 조직적 관점 또는 전략적 관점)은 상황 자체에 대한 이해관계를 줄이고 특정 상황에 대해 우리가 스스로를 제한할 때 보다 더 넓은 여유와 자원을 허용한다.

지향한다는 것에는 특정한 내적 민첩성이 필요하다. 우리에게 던져진 것에 대해 맹목적으로 우리 자신을 구성하는 것보다는 지향을 위해서는 우리가 의식에 끌어들이는 것과 배제하는 것에 대해 신중하고 의식적인 선택을 하는 것을 요구한다. 코칭 대화를 시작하기 전과 진행 중에 우리는 고객에게 가장 도움이 되는 자원이 되기 위해 우리 자신의 인식 내용을 관리하고 있다. 중요하고 실제적인 것을 지향하는 현존 상태에서 우리는 고객을 향해 나아간다. 제4장은 이것에 대해 탐구한다.

나는 통화하기 10분 전에 로저와의 전화 미팅을 준비하기 시작한다. 나는 내가 해왔던 다른 일들은 정신적으로 제쳐 놓고 대화를 위해 몸에 센터링한다. 나는 손가락으로 내 가슴을 가볍게 만지며 나와의 특권적인 관계에 자발적으로 참여한 이 사람에 대한 배려를 느끼며 미소를 짓는다.

나는 사무실에서 내 자신을 지향하고 안개에 쌓인 작은 언덕을 창밖으로 내다본다. 나는 수백 마일 떨어진 시카고 외곽의 사무실 집중 지역의 내 사무실과 그의 사무실 사이의 거리를 감지한다. 나는 그와 상호작용하는 사람들을 기억하며 그의 사무실의 분주함을 시각화한다. 나는 그가 까다로운 아버지 밑에서 경쟁이 치열한 운동 선수로 성장한 것에 대한 이야기를 떠올리고 우리를 형성하는 경험이 우리 모두를 어떻게 형성하는지를 고려한다.

로저가 아내와 10대 아들과 함께 있는 사진이 마음 속에 떠올랐다가 지나가고, 나는 내 안에서 그가 그들을 위해 품고 있는 사랑을 느낀다. 나는 내가 잘 아는 그의 상사를 생각한다. 그녀는 로저를 진심으로 믿으면서 최근의 사건들에 대해 당혹해하고 있다. 그리고 나는 로저와 내가 처음 대화를 나눴을 때 로저의 가슴 아픈 말을 기억한다. "더그, 나는 정말 이것이 효과가 있기를 바란다. 그리고 나는 내 일을 다르게 하는 방법을 모른다." 나는 성공에 대한 그의 헌신의 강렬함을 느낀다.

이 모든 것을 맥락으로 삼고 이전 대화의 메모를 검토하고 언급해야 할 중요하다고 생각되는 몇 가지를 되새긴다. 나는 고객과 깊이 현존하겠다는 내 자신의 약속을 기억한다.

나는 지향되고, 모든 것을 내려놓고 의자에 자리를 잡는다. 나는 전화벨이 울리기를 기다리며 현존하고 집중하고 기대한다.

●○

연습 3.2.

고객을 지향하기

잠시 시간을 내어 코치로서 또는 개발 능력을 가지고 함께 일하는 사람을 생각해본다. 그 사람의 관심과 포부를 생각해 보라.

이제, 이 책을 읽으면 당신이 그 사람과 어떻게 다를 수 있는지 생각해보라. 당신이 읽고 있는 내용이 당신의 작업에 어떤 영향을 미칠 수 있는가?

그 사람을 지향하고 책 읽기로 돌아오라. 이 사람과 그 또는 그녀가 요구하지 않지만 가지고 있는 관심과 포부가 배경이 되도록 하라. 당신이 책을 읽을 때 그 사람을 당신의 인식 속으로 초대함으로써 당신은 독서와 당신의 작업을 함께 연결할 가능성이 더 커진다.

●○

관계의 장 유지하기HOLDING A RELATIONAL FIELD 둘 이상의 사람들 사이의 어떤 상호작용에서도 우리가 감지할 수 있는 관계의 장이 존재하며, 우리가 그것을 의식하든 아니든 우리에게 특정한 반응을 이끌어내는 경향이 있다. "관계의 장은 … 두 살아있는 존재 사이에 존재하는 에너지가 넘치는 공간으로 설명될 수 있다… 관계의 장은 관계에 있는 두 사람(또는 그 이상) 사이에 존재한다. 관계의 장을 통해 양쪽은 서로 기여하고 연결한다. 그러므로 관계의 장은 적어도 어느 정도는 공유되는 의식의 장이다."[5]

다음의 각 상호작용에서 그 순간의 내적 경험의 차이를 고려해보라. 사업 약속을 잡고 악수를 통해 서로를 평가하기, 잠시 떨어져 있던 자녀나 배우자를 만나기 및 그 자녀 혹은 배우자와 긴장이 넘치는 대화, 직장에서 어떤 조치를 취하도록 요청하는 누군가와의 대화 등 각각의 이러한 상호작용은 다르게 느껴진다. 우리는 그것들을 관계의 장의 다른 경험으로 생각할 수 있다.

우리는 우리 자신이 놓여진 장에서 조건화된 방식으로 대응한다. 당신이 즉시 편안함을 느끼고 긴장을 풀고 신뢰할 수 있는 사람을 생각해보라. 이제 당신이 본능적으로 불신하는 사람의 앞에서 몸이 굳어지고 보호하고 있는 자신을 생각해보라. 이러한 각각의 장은 당신에게 다른 반응을 유발한다.

물론 당신이 대응하는 방식도 그 장에 영향을 미친다. 한 사람이 당황스러운 회의에 참석했는데 다른 사람의 침착함과 수용이 어려울 수 있는 대화를 해결하고 유용한 아이디어의 교환을 가능하게 했던 상황을 생각해보라. 우리의 현존이 더 확고하고 의도적일수록, 우리의 현존은 그 장을 더 강화할 수 있다.

코칭은 우리가 관계의 장에 어떻게 형성하고, 기여하고, 유지하는지에 대해 의도적으로 생각할 것을 요구한다. 프랙티스를 통해 우리는 고객을 위한 가장 적절한 경험이 발생할 수 있는 장을 생성하고 유지하도록 훈련을 받는다. 코칭에서 우리는:

- *관계의 장에 대한 인식을 유지하고* 우리의 현존이 그 장을 형성하고 유지하는 방법에 대해 의도적이다. 우리는 주의력을 통해 풍부한 학습에 도움이 되는 특정 자질을 감지하고 확장한다.
- 어떤 일이 일어나더라도 상황에 *존재하는 가능성에 대해 흔들리지 않는 확신*을 유지하고 고객의 생성적 학습에 대한 잠재력을 확신한다.
- *침묵을 허용한다.* 침묵 속에서 새로운 가능성이 종종 발생한다. 우리의 일상적인 직장 생활에서 끊임없고 단편적인 요구는 현존

과 배움에 대한 저주이다. 코칭 대화 중 침묵의 시간은 생산적일 뿐만 아니라 회복적일 수도 있다.

제5장에서는 조치를 유지하는 것을 자세히 살펴본다.

로저는 자신이 직접 개입해서 처리해야 할 위기 상황을 만든 직속 부하와 함께 일하면서 발생한 상황을 설명하고 있다. 그것은 완전히 예방할 수 있었고, 로저는 이로 인해 자신이 정말로 집중해야 할 일을 하지 못했기 때문에 당혹스러웠다. 로저는 자신이 이 문제에 어떻게 달리 대처할 수 있었는지 모르며 애초에 상황이 커지도록 내버려둔 것에 대해 자책감을 느끼고 있다.

나는 그가 하는 말에 주목하면서 동시에 나는 로저에게 주의를 기울이고 있다. 나는 그것을 처리하는 방법을 그에게 말해주고 싶은 자신의 욕망을 경험하고 있다. 그리고 나는 해결책을 제시하고 싶은 충동을 알아차렸지만 그 충동에 빠지진 않았다.

나는 로저의 불안과 긴장, 학습에 대한 헌신, 업무에서 관리자를 지원하려는 진정한 열망을 감지하면서 로저를 온전하고 재능있는 사람으로 받아들이고 있다. 나는 지금 이 순간 로저를 헌신 가운데서 갈등하고 있는 훌륭하고 좋은 사람으로 경험하고 있다. 나는 로저가 실제 상황이 발생하기 전이나 그 상황에서 그의 관리자와 매우 다르게 관계를 맺을 수도 있었을 가능성을 보고 있다. 또한 이 일에서 로저가 배워야 할 중요한 무언가가 있다는 것을 안다.

나는 활력을 느낀다. 나는 전화기 너머로 미소를 지으며 로저와 함께 배울 것이 무엇인지에 대해 발견할 준비가 되어 있다.

●○

연습 3.3.

관계의 장 다루기

당신이 동료, 친구 또는 사랑하는 사람과 하게 될 대화를 생각해보라.

대화를 시작하기 전에 당신이 이 사람에 대해 정말 좋아하고 감사하는 것이 무엇인지 생각해보라. 즉 이 사람을 특별하게 만드는 독특한 자질과 성격적 특성들이다. 대화를 시작하기 전에 그 사람에 대한 감사함을 느껴보라.

상호작용하면서 감사의 마음을 유지하라. 그저 말을 하면서 그대로 놔두라. 말하면서 미소를 지으라. 미소를 통해 상대방에게 감사의 마음을 전하라.

이렇게 하면 당신의 내면 상태가 바뀐다. 그 후에 그 대화가 당신에게 다르게 느껴졌는지 그리고 만약 그렇다면 어떻게 느꼈는지 생각해보라.

●○

현존을 위한 생성 프랙티스

지속적인 자기인식과 자기조절은 코칭에 필요한 내면 작업의 일부라는 것이 사례를 통해 분명해졌다. 관계의 질은 코칭 개입intervention이 원하는 결과를 가져올 가능성이 있는지 여부의 중요한 요소임을 입증한다. 코칭은 관계적인 활동이며 우리의 현존은 우리 관계의 질에 필수적이다.

현존은 항상 접근이 가능한 인식이지만, 우리의 조건화된 존재 방식은 현존에 대한 접근을 제한한다. 세상에서 우리의 정체성을 유지하기 위한 우리의 끊임없는 노력은 대부분의 경우 반응적이고 제한된 방식으로 삶의 부작용을 초래했다. 이것은 현존 상태와 함께 오는 풍부한 감각과 창조적인 경험의 많은 부분을 우리에게서 빼앗는다.

그러나 더 중요한 것이 있다.

- 현존을 위한 멈춤 -

우리의 현존 능력을 재발견하는 것은 필수적이다. 그것은 코치로서의 우리의 효능성과 우리의 타고난 권리인 생동감을 경험하기 위해 모두 필요하다. 우리는 세 개의 주요 관문들을 통해 현존을 키울 수 있다. 각각은 정기적으로 수행될 경우 현존 상태에 대한 접근을 크게 증가시키는 일련의 생성적 프랙티스를 제공한다.

현존이 거기에 있으며 기다리고 있기 때문에 우리는 그저 그것을 여는 프랙티스를 해야 한다. 그렇다면 이 문들은 이미 존재하는 것으로 들어가는 문들이다.

- 현존을 위한 멈춤 -

다음은 당신의 현존 경험을 개발시킬 수 있는 몇 가지 문들이다.

- *마음*Mind. 마음은 인식의 기관이다. 우리는 그 작용에 익숙해지면서 주의를 기울이고 집중하는 데 훨씬 더 능숙해질 수 있게 된다. 우리는 마음을 통해 자기관찰을 한다. 그리고 우리는 자기관찰을 통해 우리 행동의 원인이 되는 집착과 혐오를 인식하게 된다. 마음은 선택과 자유 의지의 원천이다 이 문은 제6장의 주제이다.
- *몸*Body. 우리가 자신의 생동감을 체험하는 것은 우리의 몸을 통해서이다. 우리가 끊임없이 감각적으로 사는 동안 정신 활동의 분주

함은 보통 감각의 영역을 압도하고 감각과의 연결을 잃게 된다. 우리들 중 일부는 감각적 쾌락의 추구를 통해 몸이 있다는 사실을 기억한다. 우리 몸의 모든 부분에 있는 감각들과 연결됨으로써 우리는 언제 어디서나 더 완전하게 살아있고, 더 현존할 수 있다. 몸은 지금 이 순간의 인식에 이르는 강력한 수단이자 우리 자신과 우리의 관계에서 일어나는 일에 대한 풍부한 정보의 원천이다. 제7장에서는 이 작업을 수행하는 방법을 보여준다.

- *가슴*Heart. 우리는 가슴을 특정 기능을 수행하는 신체 기관으로 생각하는 데 익숙하다. 그러나 우리는 가슴을 통해 사용할 수 있는 독특한 지능도 있다. 가슴이 우리 신경계의 나머지 부분과 연결되어 있는 동안, 가슴은 그것을 이해하고 가르치는 고유한 방식을 가지고 있다. 현존으로 가는 이 길에는 낭만적인 사랑의 불꽃과 코칭 세계, 감사, 연민 및 영적인 연결이 모두 포함된다. 제8장의 프랙티스들은 이 지능을 체험할 수 있는 능력을 키우는 데 도움이 될 것이다. 가슴을 통해 당신은 당신의 고객들이 더 자기 수용적이고, 덜 방어적이며, 가능성에 보다 더 개방적인 사람으로 만드는 연민을 구현하게 될 것이다.

현존을 향한 문
마음
몸
가슴

세 영역 모두에서 프랙티스하는 것이 현존 기반 코칭에 대한 전제의 핵심이다. 제시된 생성적 프랙티스는 우리 삶에서 현존을 위한 기본적인 능력을 구축하는 베이스 음표이다. 현존하기 위해 프랙티스하는 것은 삶을 충만하게 하고 우리 자신의 생동감을 회복하는 것이다. 분명

히 이것은 심층적인 코칭을 위해 적절하고 정말로 필수적이다. 현존의 능력이 우리 삶의 모든 측면에서 나타날 것이라는 의미에서 그것은 존재론적이기도 하다.

우리의 전문 영역에서 우리는 다른 사람들의 개발에 전념한다. 전제조건은 우리가 자신의 개발에 전념하는 것이다. 그것의 전제조건은 가능한 한 깨어 있고 생동감 있고 인간적으로 살아가기 위해 전념하는 것이다. 그것이 우리가 하고 있는 게임이다. 우리는:

- 코칭 대화 외에도 *규칙적으로 마음 프랙티스에 참여하여* 자기 관찰, 집착의 인식과 해방 및 더 많은 현존을 한다.
- 우리 주변에서 무슨 일이 일어나고 있는지에 상관없이 센터링을 하고 준비할 수 있는 능력을 구축하는 *규칙적인 바디 프랙티스에 참여한다.* 바디 프랙티스는 현존을 하기 위한 지름길이다.
- 가슴의 지능에 접근할 수 있도록 통로를 구축하고 감사, 연민 및 영적 연결을 함양하는 *가슴 프랙티스에 참여한다.*
- *우리의 마음, 몸 및 가슴 프랙티스로 고객을 초대한다.* 우리 자신의 경험을 바탕으로 우리는 고객에게 우리의 현존을 확장한다. 우리는 어떤 상황에서도 자기관찰, 자기조절, 재구성 및 센터링을 위한 프랙티스에 대한 초대장 역할을 한다. 이러한 것들은 고객이 참여하게 될 모든 맥락과 관련된 생성 능력이다.

나는 나의 일상적인 프랙티스를 실행하고 있다. 항상 그랬던 것은 아니다. 나는 일상적인 일에 힘들어하는 사람이었다.

이전 교사가 나에게 "태극권 수련을 시작하고, 평생 동안 할 것처럼 입문하라"고 초대했다. 대체로 나는 저항했다. 나는 수업에 참여했지만 몇 달 동안 마음이 갈팡질팡했다. 6개월 정도 지나자 무언가 변화가 생겼고, 그것은 내가 하루를 시작하는 방식이 될 정도로 내 자신에 통합되었다.

이제 나는 개들과 함께 강으로 걸어가는 것으로 매일 하루를 시작한다. 강에서 나는 태극권과 합기도의 일련의 동작 연습을 하는데, 이것은 현존을 함양하고 체화하는 두 가지 무술이다. 그런 다음 좌선을 위해 강가를 향해 벤치에 앉는다. 나는 내 마음이 표류하는 것을 알아차릴 때마다 주의를 되살려 호흡을 따라간다. 나는 내 마음을 통해 감지하고 연결하는 연민의 연습과 감사의 기도로 끝을 맺는다.

나는 하운드 도그 언덕Hound Dog Hill을 넘어 걸어 돌아 오고, 산 너머 동쪽으로 펼쳐진 웅장한 일출 광경을 깊이 경험하기 위해 멈춰 서고, 오두막을 지나 다시 내려가는 길에 라이라를 위해 테니스 공을 던진다.

이러한 각각의 프랙티스는 그 나름대로 나 자신에게 현존하고 내 안의 인식과 생동감의 근육을 형성하는 방법이다.

내가 로저를 코칭하는 동안 나는 드러나지 않게 이러한 프랙티스를 했다. 내가 사람들을 코칭하고 있기 때문에 그것들을 하지는 않지만, 그 프랙티스들은 진정으로 자신이 되고자 하는 사람의 기초이다. 생성 프랙티스는 내 작업의 기초를 제공하고 내가 내 관계에 가져오는 풍부한 자원의 연결에 직접적인 영향을 미친다.

또한 그 프랙티스들은 유사한 프랙티스가 로저에게 어떻게 도움이 될 것인지에 대해 근거와 진실성을 가지고 내가 말할 수 있게 해준다. 나는 로저를 몇 가지 정기적인 프랙티스에 초대하였고, 그 프랙티스들이 그가 다르게 대응하는 데 중요한 역할을 한 것으로 판명되었다. 앉기sitting 프랙티스를 통해 로저는 자신을 조용히 관찰하고 자신의 내부에서 무슨 일이 일어나고 있는지 알아차릴 수 있었다. 센터링은 다른 사람들이 그에게 요구할 때 현재에 머무르고 선택할 수 있는 수단을 제공했다. 가슴 중심heart-centered의 연민 프랙티스는 그가 오래된 행동에 빠졌을 때 긴장을 풀고 더 수용적이 되도록 도왔다(이러한 각각의 프랙티스에 대한 자세한 내용을 다음 장에서 제공한다).

●○

연습 3.4.

자신을 진정시키기

잠시 시간을 내어 이것을 시도해 보라. 먼저 얼굴의 모든 근육을 찌푸리고, 눈을 꼭 감고, 이를 몇 초간 유지한다. 그런 다음 완전히 풀어준다.

양 어깨를 귀에 대고 조여보라. 이 동작을 몇 초 동안 유지한 다음 어깨를 내리면서 동시에 숨을 내쉰다. 어깨를 자유롭게 움직이게 하라.

등을 곧게 펴서 가슴이 약간 열리도록 긴장을 하지 말고 곧게 펴라. 세 번 깊고 천천히 숨을 들이마신 다음 공기를 완전히 내쉬라. 숨을 내쉴 때마다 어깨가 더 떨어지도록 하라.

이제 내면 상태를 확인하라. 기분은 어떠한가? 2분 전의 당신과 어떻게 다른가?

이것은 간단한 연습의 예이다.

•◦

관계적 조치

이러한 내적 조치와 코칭 대화의 구조에 의해 생성된 장에서 우리는 또한 고객에게 보이는 관계적 조치를 수행한다. 이러한 구체적인 코칭 조치는 현존에 의존하고 현존을 유발한다. 그 조치들은 새로운 시각을 만들어내고, 새로운 차이를 포용하도록 고객의 세계를 확장하며, 고객의 실천과 관련된 순간적인 경험을 제공하는 경향이 있다.

관계적 코칭 조치들은 일반적으로 자기생성의 구성 요소와 관련이 있다. 우리는 코칭의 특정 내용과 초점에 관계없이 자기생성은 코칭의 기본적인 산물 중 하나라는 것을 기억한다. 우리는 직무 기술서와 상관없이 자기인식, 탄력성, 충만성 및 비전을 가지고 어떤 상황의 요구에도 최대한 대응할 수 있는 자기생성적 리더를 육성하고 있다.

자기생성의 구성 요소들을 염두에 두고 우리는 우리가 이용할 수 있는 다양한 조치들을 가지고 있다.

자기관찰과 깨달음

- *대화 중에 현존 순간의 관찰과 경험을 공유한다.* 우리는 자원이다. 고객의 세계 밖에 서 있으면 우리는 고객에게 독특하고 유용한 관점을 제공할 수 있다. 우리의 경험을 공유할 때, 우리는 고객이 이전에는 볼 수 없었던 차이점을 관찰할 수 있다.
- *고객의 관심을 현존의 경험으로 유도한다.* 항상 무언가가 드러나고 있다. 우리는 고객들에게 탐색하고, 호기심을 갖고, 내면을 들여다보라고 초대한다. 우리는 그들이 자신의 신체가 무엇을 드러내는지에 주의를 기울이도록 초대한다.
- *현장에 초점을 맞춘다.* 우리는 관련된 정보를 소개한다. 우리는 상황을 대화에 끌어들이고 고객의 경험과 관련성을 설정함으로서 즉시성을 창출한다. 우리는 습관이 발생하는 대로 이를 조명한다.
- *고객의 정체성에 대한 제한된 가정들에 도전한다.* 우리는 고객의 가정들과 해석 구조를 노출시켜 고객이 보고 응답할 수 있는 범위를 확장시킨다.

재구성

- *지금 이 순간에 새로운 관점과 미래의 가능성으로 초대한다.* 우리는 다른 관점으로 어떤 것들이 드러날지에 대한 호기심을 가진다.
- *구체적인 실행을 중심으로 재구성하고 센터링 프랙티스를 한*

다. 코칭 대화는 실시간으로 재구성을 경험할 수 있는 많은 기회를 제공한다. 대화 중에 이 작업을 수행하면 나중에 참고할 수 있는 프랙티스와 성공적인 경험을 제공한다.

- *재구성의 역량을 키운다.* 우리는 안정적으로 현존할 수 있고 고객의 재구성에 도움이 되는 특정 경험과 자원을 확인함으로써 이것을 할 수 있다.
- *새로운 행동을 위해 현존의 실행을 다짐하라.* 미래의 행동을 위한 에너지를 현재에 준비하고, 코칭 대화는 이러한 노력을 실천할 수 있는 기회를 제공한다.

안정화

- *고객과 함께 현장작업을 설계하여 코칭 대화에서 나오는 새로운 특징과 스킬을 운용한다.* 현장작업은 활동이다. 공동 설계는 고객의 주인의식과 자신을 코칭할 준비 및 자기생성 능력을 증가시킨다. 현장작업에는 역량과 자기생성을 구축하는 프랙티스, 연습, 자기 관찰 및 다른 학습 활동이 포함된다.
- *고객의 현장작업 및 취해진 조치로 인해 발생하는 "현장의 사실"의 변화에 고객을 참여시킨다.* 고객의 개발 및 취해진 새로운 활동과 행동은 다른 사람들에게 영향을 미칠 것이다. 활동은 다음 대화를 위해 변경된 맥락과 새 데이터를 생성한다.

이것이 처음에는 메뉴처럼 보일 수 있다. 그러나 이러한 구분은 당신의 직관을 지원하기 위한 것이며, 주의 깊게 규정된 프로세스로 교체하기 위한 것이 아니다. 이 설명들은 당신의 고객과 창의적으로 탐색하게 될 영역을 보여준다.

위험한 것은 우리가 이러한 조치들을 집합적으로 "현존 도구 키트"

로 생각하게 된다는 것이다. 우리는 특정한 조치를 통해 고객에게 특정 경험, 새로운 관점 또는 목표를 달성할 수 있는 에너지를 제공할 것이라는 믿음에 빠져들 수 있다. 그러나 기반이 되는 현존 없이 전달되는 코칭 기법은 그냥 기술처럼 보일 것이다. 그것들은 솔직하지 못한 것처럼 보일 것이고 완전히 실패하거나 역효과를 낼 것이다.

조치에 의미와 우아함과 고상함을 불어넣는 것은 우리 자신의 현존이다. 현존과 함께 제공되는 코칭 조치는 초대로서 받아들여진다. 그 대화는 자연스럽고 편안하게 펼쳐진다.

우리는 대화의 목적이 되는 다른 사람과 헌신적인 파트너로서 관계를 맺고 있다. 프랙티스 기간과 숙련도가 높아지면 코칭 조치는 결국 우리와 고객을 아우르는 관계의 장에 대한 창의적인 반응이 직관적으로 발생한다. 코칭 조치들은 거의 모든 기존 코칭 모델에 통합할 수 있으며 모든 대화를 보다 현실적이고 관련성 있게 만드는 데 도움이 될 수 있다.

이것이 내가 당신에게 원하는 것이며, 이 책이나 다른 어떤 책도 즉시 사용할 수 있는 도구로 제공할 수 있는 것보다 훨씬 더 가치가 있다.

다음은 전화 미팅을 기반으로 한 로저와의 코칭 요약본이다. 이것은 위에서 설명한 모든 조치들을 보여주는 것은 아니지만 현존 기반 코칭 대화에 대한 느낌을 제공한다.

로저는 좌절감에 대한 이야기를 잠시 멈춘다. 그의 목소리는 체념한 것처럼 들리고 나는 묻는다.

"당신은 지금 당신의 몸에서 무엇을 경험하고 있는가?"

그는 대답한다. "나는 낙담하고, 어떤 부분에서 다소 무겁고, 빡빡함을 느낀다. 어깨가 조이고 가슴이 답답하다. 머리가 앞으로 처졌다. 이 관리자와 몇 번의 대화 끝에 우리가 다시 같은 길을 가고 있다는 것을 깨달았을 때와 비슷하다."

나는 그가 묘사한 것에 대한 내 몸의 반응을 감지한다. 나는 대답한다. "당신의 설명을 들으면서 나 자신은 매우 비관적이고 충만하지 않다고 느끼고 있다는 것을 알아차리고 있다. 당신은 무엇을 경험하고 있는가?"

로저는 대답한다. "맞아요, 낙관적이라고 느끼기 어렵다. 이런 종류의 일들은 매일 일어난다. 이것은 단지 반복적이고 큰 일이다."

"그래, 그건 어려운 일이다. 이런 느낌일 때, 이런 종류의 문제들을 어떻게 해결할 수 있을까?"

"나는 다른 사람들과 잘 어울리지 못하고 창의적이지 않다. 내가 위기를 관리하지만 근본적인 원인에 도달하지 못해서 나중에 다시 같은 길을 갈 뿐이다."

"좋아. 이제 당신 자신을 재구성하는 것을 프랙티스에 옮기자. 당신 자신에 센터링하고 당신이 무엇을 하고 있는지 나에게 설명해보라."

로저는 우리가 함께 작업한 몇 주 동안 프랙티스를 해왔기 때문에 책상에서 자신을 재구성한다. 그는 전화를 통해 자신이 정확히 어떻게 하고 있는지 설명한다. 말을 멈추는 것은 그가 말할 때 이것을 경험하고 있다는 것을 보여준다. "나는 내 주의를 밑으로 내린다… 나는 내 배에 집중하고 있다… 등을 곧게 펴고… 올려다 보고… 어깨가 떨어지고… 턱이 풀리고… 심호흡을 몇 번하고… 가슴이 벅차 오른다… 미소 짓고 있다."

나는 그의 이야기를 따라가며 내 몸 안에서 같은 것들을 경험할 수 있게 한다.

"좋아, 로저. 이제, 이 달라진 몸에서 이 문제의 진정한 해결을 위해 무엇이 가장 중요한지 말해달라. 예를 들어 지금으로부터 3개월 후에 이 상황이 실제로 어떻게 달라질 수 있는지 말해달라. 그것이 이미 사실인 것처럼 나에게 설명해 달라. 어떻게 거기에 도달할지는 걱정하지 말라."

로저는 처음에는 천천히 그리고 나서 더 힘차게 다음과 같이 말한다. "음, 그 관리자는 새로운 프로세스를 정말 명확하게 이해하고 있다. 그녀는 자신의 사람들에게 새로운 프로세스를 훈련시켰다. 그리고 그녀는 마감 일주일 동안 백아웃 스케줄(역자 주: 문제시 시스템 원상복귀)이 있다. 그녀의 모든 사람들은 그들의 역할이 무엇이고, 그들이 어디에서 일정에 맞춰야 하는지를 이해하기 때문에, 후속 과정에서 그들이 필요한 것을 갖지 못한다고 해서 누구도 놀라지 않는다."

"로저, 이것을 설명하는 사람은 누구인가?"

로저가 깨달음의 순간을 가졌기 때문에 긴 멈춤이 있다. "그것은 나다! 음, 5분 전과는 다른 나다!" 그는 다시 멈추고, 질문을 알아차린다. "그것은 충만하고, 나의 창의적인 부분이다. 이 부분은 내가 낙담하고, 트리거가 당겨진 몸에 있을 때 잃어버린다. 그러나 내가 센터링할 때 즉시 접근할 수 있고, 더 강력하다. 나는 이 문제를 해결하는 방법을 확실히 알고 있다."

"좋다. 훌륭하다. 이제 그 느낌에 앵커링을 하라. 센터링 되어 있고 충만한 몸이 되라." 로저가 이 다른 몸에서 안정화될 때 나는 20초 정도 멈춘다. "이제 거기에 도달하기 위한 몇 가지 실용적인 다음 단계에 대해 이야기해 보자."

실제 대화는 상당히 길었지만 이 대화에서 다음과 같은 코치의 모습을 볼 수 있다.

- 로저를 초대해서 자기관찰과 그의 내면 경험을 설명하게 한다.
- 로저의 즉각적인 경험을 상황의 맥락과 연결하여 관련성을 확립한다.
- 자신이 현존하고 그 현존 경험을 로저와 공유한다.
- 로저를 초대하여 재구성하고 그것이 가시적이고 명확하게 만들기 위해 무엇을 하고 있는지 설명하도록 초대한다.
- 로저를 깨달음의 순간으로 초대하는 것. 이 달라진 신체는 그 상황에서 다른 수준의 충만함을 갖게 된다.

- 로저가 새로운 인식 속에서 자신을 안정화하도록 격려한다.
- 로저에게 현장작업을 할 것을 요청한다. 문제를 해결하기 위한 구체적이고 실질적인 단계이다.

성과 코칭은 이 문제의 대부분을 건너뛰고 로저의 매니저를 개발하고 문제를 해결하기 위한 실질적인 단계를 만드는 데 집중했을 것이다. 그러나 이것은 로저의 자신감을 약화시키고 그를 계속 반응하게 하는 반복적인 트리거에 대해 작업하는 중요한 자기생성적 측면을 건너 뛰었을 것이다.

발달 코칭 대화에서 '저 밖에' 문제의 근원과 로저 내부 문제의 근원을 모두 다룬다. 우리는 이 짧은 대화를 통해 이 과정의 일부 반복이 관리 스킬의 향상과 충만성, 진정성 및 회복 탄력성을 함양하는 방식으로 그의 내면 상태와 함께 작업할 수 있는 더 큰 역량으로 이어질 수 있다고 상상할 수 있다. 이것이 현존 기반 코칭의 전제이다.

제4장에서는 자기생성의 각 구성 요소에 대한 관계적 코칭 조치에 대한 설명과 비즈니스 예를 제공한다.

본 장의 요약

- 성과 코칭은 주로 조직의 표준 및 지표에 따라 이루어진다. 발달 코칭은 전인적 발달을 다룬다.
- 발달 코칭의 원칙은 자기생성과 지속 가능한 평생의 역량에 초점을 맞춘 개발에 대한 더 깊은 접근 방식을 뒷받침한다.
- 발달의 가속화는 세 가지 핵심 구조, 즉 유능한 파트너 또는 코치, 자기생성으로 이어지는 생성 프랙티스, 고객의 실행 영역에서 특정 역량을 목표로 하는 특정 아웃컴을 위한 현장작업에 달려 있다.

- 현존 기반 코칭은 발달 코칭에 대한 특별한 접근법으로서 코치가 자신의 내면 상태에 현존하고 유용하도록 스스로 조절하는 내적 조치와 코치가 고객을 더 큰 현존과 풍부한 자원으로 초대하는 관계적 조치를 기반으로 한다. 관계적 조치는 자기생성의 네 가지 요소를 중심으로 구성된다.
- 코칭 조치는 숙달되어야 하는 선형적 단계의 과정 또는 특정 결과를 산출하도록 보장된 일련의 기술로 간주해서는 안 된다. 오히려 그것들은 예술가의 팔레트이다. 현존화 함께 조치가 제공될 때, 그것은 초대로 받아들여지고 대화에서 새로운 것이 나타날 수 있다.
- 현존의 함양은 자기인식을 구축하는 지속적인 생성적 프랙티스에 참여해야 한다. 마음, 몸 가슴의 문은 리더십, 코칭 그리고 생동감에 필수적인 현존의 독특한 특질을 배양하는 확실한 프랙티스를 제공한다.
- 코칭 조치는 실행과 숙달을 통해 직관적으로 발생한다.

제2부 현존 기반 코칭을 위한 내적 조치

Inner Moves for Presence-Based Coaching

세상이 변하기를 바란다면 우리가 변화되어야 한다.

간디(Gandhi)

제2부에서는 지향하기와 장을 유지하는 내적 조치를 살펴본다. 여기서 우리는 고객에게 최상의 자원이 되기 위해 내면 상태를 관리하고 있다.

여기에 설명된 조치에 대해 내적 인식 및 주의집중에 대한 어느 정도의 촉진이 필요하기 때문에 제3부의 주요 주제인 생성 프랙티스가 이 자료에 선행되어야 한다고 할 수 있다. 그러나 당신은 적용으로 바로 들어가고 싶어할 수 있다. 이 두 장의 연습은 앞으로 일어날 일들을 맛보게 해줄 것이고, 본문은 그 뒤에 오는 현존의 기본적인 프랙티스에 대한 사례를 제공할 것이다.

언제나 그렇듯이 이 자료를 바탕으로 작업할 수 있으려면 프랙티스를 통해 얻을 수 있는 자기인식과 자기생성이 필수적이다. 만약 당신이 프랙티스하고 있다면, 어떤 조치를 해야 하는지 알게 될 것이다. 당신은 초대장이 될 것이다. 그렇지 않은 경우에 초대를 하는 대신 스킬을 실행하게 될 것이다.

제4장은 우리가 고객에게 서비스를 제공하는데 도움이 되는 특정한 요소를 포함하여 우리가 지향하거나 우리의 인식의 장을 선택적으로 구성할 수 있는 여러가지 방법을 제시한다. 제5장에서는 어쩌면 놀라운, 새로운 무언가가 나타날 것이라는 의도를 가지고 관계의 장의 본질과 그 장을 유지하는 내적 조치를 탐구한다.

제 4 장

지향하기

이제 우리는 지나가는 배의 불빛이 아니라 별을 따라 항해할 때이다.

오마르 브래들리(Omar Bradley)

장미는 씨앗일 때부터 죽을 때까지 장미다. 그 안에는 항상 모든 잠재력이 담겨 있다. 그것은 끊임없이 변화하는 과정에 있는 것처럼 보이지만, 각 상태에서 매 순간에 있는 그것은 현재 그 자체로서 완벽하게 괜찮다.

티모시 골웨이(Timothy Gallway)

우리 자신을 지향한다는 것은 우리가 더 넓은 가능성의 집합에서 선택한 것과 관련하여 우리가 어디에 있는지 아는 것을 의미한다. 우리는 방에 누가 있고 무엇이 있는지를 검토하기 위해 훑어보고 방에서의 우리 자신을 지향한다. 그래야 우리는 어떻게 나아갈지 결정할 수 있다. 우리는 다음 약속까지 15분의 시간이 있는지 보기 위해 우리의 시계를 봄으로서 시간에 지향한다. 상황에 따라 그것은 안심이 될 수도 있고 긴급함을 더할 수도 있다. 어느 쪽이든, 우리는 우리에게 필요한 것이 무엇인지 더 많이 알고 있다. 우리는 지향적이다.

이 장에서는 지향하기를 고객 코칭을 위한 다른 종류의 자원이 되기 위한 수단으로 제시한다. 지향하기를 통해 우리는 의식적으로 우리의 인식의 장에 무엇을 초대하는지에 대한 선택을 한다. 지향하기의 기반이 되는 두 가지 핵심 가정이 있다. 첫째, 우리가 인식의 장에 포함시키는 것은 코치로서의 우리의 자원, 우리가 볼 수 있고 명확하게 표현할 수 있는 가능성 그리고 우리가 고객에게 제공할 수 있는 차이점과 맥락에 영향을 미칠 것이다. 둘째, 우리가 나타내는 관점과 해석에 따라 달라지는 자원은 고객에게 직접적으로 영향을 미친다. 우리의 현존과 우리가 유지하는 고객과의 관계의 장으로 확장하는 것은 고객이 즉각적이고 부인할 수 없으며 명백하게 인식할 수 있는 방법들에 영향을 미친다.

어떤 관점은 우리의 시야를 좁히고, 어떤 관점은 넓힌다. 당신이 선택할 수 있다. 초기 실험으로 이 페이지에서 눈을 떼고 당신 지문의 세부 사항에 시선을 집중하고 편안하게 발을 모으거나 힘을 빼라. 아무것도 없는 것처럼 그것에 시선을 고정하라. 방의 나머지를 사라지게 하라. 이제 시선을 풀어라. 당신의 초점을 배경으로 옮기지만, 당신 주변의 방을 느낄 때 당신의 주변의 시야가 힘을 얻도록 하라. 어떤 특정한 것에 집중하지 않고 모든 것을 받아들이면서 당신 자신을 방안의 존재로서 느끼고 감지하라. 당신의 몸을 시선과 함께 부드럽게 하라. 이제 두 시선 사이를 여러 번 왔다갔다 하며 차이점을 살펴본다.

이 두 가지 경험에서 당신은 어떻게 달랐는가? 무엇이 바뀌었는가? 당신은 후자의 상태에서, 전자에서 사용할 수 없었던 정보를 알아차렸는가?

- 현존을 위한 멈춤 -

지향하기는 의도적으로 더 큰 창의성과 새로운 아이디어의 발현을 촉진하는 우리의 인식의 장에 자원을 가져오는 것이다. 지향하기를 통해 우리는 우리 자신과 고객에게 더 많은 자원을 제공한다.

이 장에서는 활동을 연습이 아닌 프랙티스로 설명한다. 당신이 한 번 경험으로써 프랙티스하면 재미있는 것이 드러날 것 같다. 그러나 진정한 프랙티스의 힘은 반복에서 나온다. 당신이 계속해서 프랙티스를 할수록, 이용할 수 있는 더 많은 것들이 주의와 내면 상태의 변화로 이어지게 될 것이다. 이것이 숙달로 가는 길이다.

지향하기 조치들
코칭 모델을 향해 지향하기
당신의 고객을 향해 생성적 지향하기
당신의 목적을 향해 지향하기
당신의 고객의 목적을 향해 지향하기
코칭 아웃컴을 향해 지향하기
코칭의 맥락 확장하기

코칭 모델

코칭 모델의 맥락에서 우리 자신을 지향하는 것은 우리가 어디로 가고 어떻게 거기에 도달하는지에 대한 로드맵을 제공한다.

다양한 학파의 사상과 코칭 접근법들이 있다. 어떤 것들은 심오하고 유용하며, 어떤 것들은 기초와 깊이가 부족하다. 코칭 모델은 이 작업에서 일정한 엄격함을 규정해야 한다. 그것이 유용하려면 적어도 다음 네 가지 핵심 기능을 제공해야 한다.

- 인간이 어떻게 학습하고 변화하는지에 대한 견고한 이론을 기반으로 우리의 작업의 근거로 삼는다.
- 코칭 출발, 특정 아웃컴을 위한 코칭, 종결을 포함하는 로드맵에 따라 코칭 작업을 구성한다.
- 자기관찰과 현존의 기초를 제공하는 특징을 제공한다.
- 코치 자신에 대한 엄격한 자기발전을 코칭 자체에 통합한다.

우리가 코칭 모델을 지향할 때, 우리는 모델의 구조, 도구 및 그 모델이 바라보는 방식을 인식하게 된다. 그것들은 자원이 되고 우리는 고객들을 위한 더 큰 자원이 된다. 프랙티스를 통해 우리 자신을 발전시킴에 따라 우리는 이러한 자원들을 각본처럼 따르는 대신 유연하게 사용한다.

현존 기반 코칭의 접근 방식을 사용하면 이용하는 모든 모델에서 코칭에 더 많은 현존과 깊이를 가져오는 데 도움이 된다.

알아차림 코칭을 위한 7중주Septet 모델

7중주 모델은 나의 첫 번째 책인 『*The Mindful Coach*』의 주제이다. 대부분의 다른 코칭 모델과 달리 위에 열거된 네 가지 기능을 위해 특별히 설계되었다. 여기서는 강력한 코칭 모델이 어떻게 프랙티셔너로서 우리의 개발을 지원하는지 간략하게 설명한다.

이 모델은 코칭 대화를 위한 로드맵에 통합된 7개의 명료하게 묘사된 목소리를 제공한다. 각 목소리는 대화의 특정 지점에서 관련성과 유용성을 가지고 있다. 우리는 특정 순간에 사용할 목소리를 선택할 때 깨어 있으려고 노력한다.

7중주 모델은 내가 이 책에서 주장하는 일종의 엄격한 자기관찰을 지원하기 위해 설계되었다. 명료한 코칭 행동은 자기관찰의 기초를 제공한다. 우리의 집착과 혐오가 어떻게 행동을 주도하는지에 대한 세심한 주의와 이해를 통해, 우리는 언제 우리의 충동이 고객이 우리에게 필요로 하는 것에 대한 우리의 분별력을 무시할 수 있는지를 알기 시작한다. 더 나아가, 자기관찰은 우리가 코칭 관계에서 더 현존하게 하고 코치로서의 자기생성으로 이끈다(코칭 습관에 대한 추가적인 관점을 제공하는 독특한 무료 자기 평가는 'http://dougsilsbee.com/books/tmc/assess'에서 확인할 수 있다).

조사원investigator의 목소리는 이 모델에서 중심적이며 창의적인 긴장을 만들기 위해 상호작용하는 서로 구별되는 세 가지 질문 라인을 포함한다. 이 질문들은 대화를 날카롭게 하고 새로운 시각과 가능한 행동을 열어주는 추가적인 목소리로 이어진다: 성찰자reflector(피드백 제공, 자기평가와 성찰 촉진), 교사teacher(새로운 정보와 구별을 제공하고 고객의 사고 프로세스에 도전하는), 가이드guide(고객이 행동하도록 촉진하고 때때로 특정한 행동을 제시하거나 추천하는). 계약자contractor는 고객이 새로운 통찰력과 약속을 구체적인 행동 단계로 변환할 수 있도록 지원하고 코칭을 강력하게 만드는 반복 학습을 지원하는 책무성의 구조를 구축한다.

일곱 가지 코칭 목소리

- 마스터Master
- 동반자Partner
- 조사원Investigator
- 성찰자Reflector
- 교사Teacher
- 가이드Guide
- 계약자Contractor

이 목소리들은:
- 고객의 상황에 새롭고 확장된 관점을 초대한다.
- 명료하게 표현된 아웃컴을 초대한다.
- 아웃컴을 향해 나아가도록 기초를 둔 행동을 초대한다.

지금까지 설명된 다섯 개의 목소리의 기반이 되는 두 가지의 다른 매우 중요한 목소리가 있다. 마스터의 목소리는 코치의 존재 방식을 설명하며, 우리 스스로 진행중인 작업을 수행할 것, 현존하며 대화에서 경청을 하며 그리고 우리의 자신의 입장에서 학습자가 될 것을 요구한다. 동반자의 목소리는 코칭 프로세스가 공동으로 설계되고 고객의 요구에 대응할 수 있도록 코칭이 이루어질 수 있는 구조, 안전 및 컨테이너[container]를 확립한다.

이 일곱 가지의 독특한 목소리는 고객을 지속적인 질문과 행동으로 초대하는 동시에 도전과 지원을 하는 우아한 구조에 통합되어 있다. 코치 훈련 수련회에서 상당히 숙달된 참가자들은 자기관찰 프레임워크[framework]를 코칭에 통합할 수 있는 것이 얼마나 강력한지 설명한다. 경험이 적은 참가자들은 로드맵에 포함된 명확한 특징이 강력한 코칭 기반을 형성한다는 것을 발견한다.[1]

코칭 모델을 이용한 자기관찰

대부분의 코칭 모델은 특정 행동과 활동을 암시하거나 명시적으로 기술한다. 현존 기반 코칭에서 이러한 행동들은 대부분 취해야 할 조치로 설명되어 왔다. 이것 또는 다른 코칭 모델의 경우, 이러한 행동들은 코치로서 자기관찰을 위한 기초로 제공될 수 있다.

끊임없이 물어야 할 중요한 질문들은 "지금 이 순간, 무엇이 나의 선택을 이끌고 있는가? 내가 내 고객과 현존하고 있는가? 나는 지금 누구인가? 내가 무엇을 하고 있는가?"이다. 이러한 질문들은 우리를 자기인식, 고객에 대한 책무성 그리고 예리하고 정제된 현존으로 이끈다.

당신은 코칭 모델에 따라 구분되는 한두 가지 행동을 중심으로 자기관찰을 할 수 있다. 당신에 대한 증가된 자기인식을 위한 행동의 선택이 당신의 고객에게 직접적인 이익을 주게 될 것이다. 당신을 안내하기 위해 제6장에 있는 템플릿을 사용해보라.

몇 주 동안 또는 충분한 반복을 통해 자기관찰을 엄격하게 실행하여 습관이 발생하는 방식을 볼 수 있도록 하라. 이 조건화된 행동에 지속적으로 중립적이며 엄격하게 주의를 기울이라. 어떤 일이 일어나는가? 당신의 코칭이 어떻게 달라지는가? 이 작업을 할 때 당신은 어떻게 달라지는가?

당신의 고객

코칭에서는 우리의 고객에게 지향하는 것이 가장 중요하다. 우리가 가지고 있는 고객에 대한 관점은 코칭에서 드러나는 가능성을 제한하거나 크게 확장할 수 있다.

어떤 설명이나 인식도 제한적이며, 정의상 환원적이다. 인간은 경이롭게 복잡하다. 의사결정을 내릴 수 있도록 정보를 처리하고 패턴을 파악하고, 그것들은 우리의 정신적 틀에 넣는 것은 인간의 본성이다.

고객을 이해하기 위해 노력하는 것은 유용하지만, 우리가 그들을 알고 이해한다고 생각하는 순간, 아무리 그렇게 믿는 것이 우리에게 안심이 되더라도 우리는 큰 곤경에 빠진다. 우리가 누군가를 이해한다고 믿는 것은 그들을 아는 것을 멈추는 것이다. 제임스 플래허티James Flaherty는 고객에 대한 우리 해석의 한계에 대해 설득력 있게 묘사하고 결론을 내린다. "모든 경우에 인간은 그들을 묘사하기 위해 사용되는 모델의 경계 너머에 존재할 것이다… 모델은 초점이 잘 맞춰진 스냅샷이다… 인간을 살아가고, 변화하고, 수용하고, 자기해석적이다."[2]

어떤 사람이든 우리의 설명보다 더 복잡할 것이라는 것을 항상 인식하면서, 우리의 고객에 대한 어떠한 평가나 견해도 가볍게 유지하는 것이 중요하다. 만약 우리가 우리에게 안심이 되지만 제한적인 설명에 강하게 집중한다면, 이것 또한 고객에게 영향을 미치고 고객의 가능성을 제한할 것이다.

제약적 지향하기

우리가 모르는 사이에 작용하는 제한적인 시각의 본질을 이해하기 위한 방법으로, 도움이 되지 않는 고객을 향한 지향하기 방식들은 다음과 같다:

- *프로필*Profile: 우리는 주로 "객관적" 평가의 관점, 즉 고객이 받은 성격 검사, 360도 평가 및 성과 피드백을 통해 고객을 볼 수 있다. 이 설명은 유용할 수 있지만, 고객을 보는 제한적인 방법으로 굳어질 수도 있다. 그 후 고객이 평가에서 예측했던 것과 다르게 행동할 때, 우리는 고객이 우리가 고객에게 만들어준 틀을 깨뜨렸기 때문에 놀라게 된다!
- *단순화*Simplification: 우리는 고객을 역할 수행자, 고객의 역량과 포부는 오직 기업의 역량 모델 혹은 고객의 기여 가능성의 틀에서만 파악할 수 있다. 그러나 그 고객은 아마도 어머니, 가수 지망생, 불행한 아내, 나이가 들고 건강이 악화되는 사람, 열정적인 테니스 선수, 호스피스의 애도 상담사일 수 있다. 이 각각의 서술어들Descriptors은 이 사람의 실제적인 관심사와 헌신의 총체를 나타낸다. 만약 우리가 고객의 더 큰 삶의 풍경을 인정하지 못한다면 우리의 고객에 대한 시야를 엄청나게 축소시킨 것이다.
- 라벨Label: 우리는 사람들을 증상의 집합체 또는 문화적 고정관념으로 볼 수 있다. 우리는 그들이 보여주는 행동, 특히 우리 자신이나 다른 사람들에게 문제를 일으키는 행동과 관련하여 그것들에 대한 우리의 반응을 형성한다. 그렇게 함으로써 우리는 고객의 주

관적인 경험, 해석의 구조, 가치와 헌신과의 연결이 끊어진다.

- 대상Object: 우리는 우리의 고객을 신중하게 정의된 코칭 프로세스를 통해 변화할 수 있는 대상으로 지향할 수 있다. 우리의 프로세스는 결과를 얻기 위해 훌륭하게 설계될 수 있고, 우리는 그것을 사용하는 데 숙련되도록 노력했을 것이다. 하지만 만약 그것이 우리의 고객을 감동시키지 못하고, 창조적인 공동 설계를 허용하지 않고, 자기생성과 새로운 능력을 육성하지 않는다면 그것은 도움이 되지 않는다.
- 수입원Source of income: 우리는 고객을 유지하는 것에 지향할 수 있다. 예를 들어, 많은 코치들이 매달 비용을 청구하지만, 계약이 언제 끝날지는 고객에게 달려 있다. 그것은 본질적으로 고객에게 잠재적으로 매우 친밀한 친구라고 확신하는 누군가를 해고하라고 요구하는 것이다. 코치가 계약완료를 선언할 유인이 없을 때, 자기생성보다 의존성을 구축하기가 쉽다.
- 정체성의 원천Source of identity: 아마도 이 중에서 가장 미묘한 것은 우리 자신의 만족의 원천으로서 고객을 지향할 수 있다. 이 과정에서 우리는 우리 자신에 대해 기분 좋게 느끼도록 고객을 끌어들인다. 우리는 코치이자 개인으로서 자신의 정체성을 확인하기 위해 대화를 하며, 아마도 고객에게 유용한 것보다 더 많이 가르치거나 우리의 전문성을 확립하는 권고를 하는 경우도 있을 것이다. 이때 코칭은 고객을 위한 것이 아니라 우리 자신을 위한 것이 된다.

이 외에도 다른 방식이 있다. 아마 당신은 이해할 것이다. 이러한 각각의 지향은 복잡하고 다층적인 것을 단순하게 줄이는 편리한 방법을 제공한다. 우리의 관점은 우리와 고객에게 더 편안하게 만들지만 덜 유용하게 만든다.

생성적 지향하기

여기에 반대되는 목록이 있다. 우리는 또한 관점을 확장하고 우리를 더 유용한 자원으로 만드는 다양한 방법으로 고객을 향할 수 있다:

- *복잡성* Complex: 우리는 고객을 어떤 평가도 완전히 풀어낼 수 없는 보다 복잡하고 신비로운 존재로 지향한다. 우리는 관찰을 통해 이를 실행하며, 그 관찰을 가볍게 유지하고, 그것들이 부분적인 진리이며 언제나 고객은 우리의 관찰을 넘어 존재한다는 것을 기억한다. 우리는 호기심을 가지고 고객에게서 무엇이 드러날지 매 순간 궁금해할 수 있다.
- *전체성* Whole: 우리는 고객을 특정한 스킬을 가진 특정한 역할에 기여하는 사람 이상으로 본다. 우리는 다차원적인 인간으로서 고객을 지향한다. 우리는 이 사람이 누구인지를 생각해 보면, 고객이 다른 삶을 어떻게 살고 있는지와 직장에서 어떻게 지내는지 사이에 큰 유사점이 있을 것이라고 이해한다. 우리는 항상 고객이 여러 가지 일을 하는 사람이고 우리가 고객을 코칭하는 일은 고객의 삶의 일부에 불과하다는 것을 기억한다. 우리는 고객을 전체적으로 본다.
- *창발* Emergent: 우리는 고객의 행동을 습관, 디폴트 및 해석 패턴의 기초를 이루는 신체의 표현으로 본다. 이러한 습관은 우리 고객이 수년간 프랙티스해 온 것을 보여주는 증거이다. 우리는 고객으로 하여금 조건화의 기본 패턴과 새로운 가능성을 드러내기 위해 어떻게 그것들을 완화시킬 수 있는지에 대한 호기심을 유발한다. 우리는 고객이 창발의 과정에 있다고 본다.

- *동반자*[Partner]: 우리는 고객 중심으로 코칭 프로세스를 구성한다. 코칭은 고객과 코치가 끊임없이 진화하는 원칙 중심의 파트너십으로, 가장 도움이 되는 조치는 우리가 진행하는 대로 형성되는 것이지 미리 결정되는 것이 아니다. 프로세스는 지정된 경로라기보다는 컨테이너이다.
- *자기생성*[Self-generating]: 우리는 고객의 독립성과 자기생성 능력을 지향한다. 코칭이 잘 되면 고객은 코칭이 필요하지 않게 된다. 고객을 영구적인 수익원으로 지향하는 것은 왜곡된 동기를 만들어 내며, 도움이 되지 않는 방식으로 대화를 할 가능성이 높다. 고객을 자기생성적이고 독립적인 고객으로 지향하는 것은 더 나은 코칭으로 이어진다. 강하고, 유능하고, 성공적인 이전 고객들은 더 많은 고객들로 이끈다.
- *봉사를 위한 기회*[Opportunity for service]: 고객의 발전이 코칭의 추진력이다. 우리의 조건화가 우리에게 만족스럽고, 만족스러운 방식으로 행동하도록 이끄는 것은 쉽고 자연스러운 일이다. 동시에 자기인식과 선택에 대한 인간 고유의 능력은 우리가 자신의 집착, 즉 집착을 알아차리고 중단할 수 있게 해준다. 고객의 발전을 지향하는 것은 우리 자신의 정체성의 욕구를 제쳐 두고 봉사자가 되기 위한 요구 사항이다.

생성적 지향하기
복잡성 전체성 창발 동반자 자기생성 봉사를 위한 기회

이러한 근본적인 지향하기의 선택은 인식을 특정 방향으로 정렬한다. 이 정렬은 우리가 무엇을 감지할 수 있는지 그리고 우리가 감지하는 것을 어떻게 해석하는지를 크게 결정한다. 이것은 라디오 다이얼을 튜닝하는 것과 같다. 수신기에서 조정되는 주파수는 우리가 컨트리 음악을 들을 것인지 아니면 NPR(역자 주: National Public Radio, 미공영방송)을 들을 것인지 결정한다.

마찬가지로 우리의 고객에 대한 지향하기에 따라 고객이 우리에게 제시하는 모든 것을 우리가 어떻게 받아들이고 해석하는지, 우리에게 이용가능한 자원들 그리고 궁극적으로 우리가 고객에게 제공할 수 있는 것을 형성한다. 고객에게 가장 유용한 주파수로 내부 라디오 다이얼을 설정하는 것이 중요하다.

또한 우리의 인식은 관계의 장에 영향을 미치고 고객이 우리를 어떻게 경험하는지 그리고 고객이 자신을 어떻게 경험할지를 형성할 것이다.

●○

프랙티스 4.1.

제약적 지향하기와 생성적 지향하기의 구분

당신은 이 프랙티스를 어느 누구와도 할 수 있다. 예를 들어, 회의를 프랙티스 기회로 사용한다. 회의의 리더 또는 다른 참가자와 관련하여 지향하는 방식을 어떤 한 가지에서 다른 방식으로 전환한다.

회의에서 중요한 영향력을 행사하고 때때로 당신을 짜증나게 하는 사람을 선택하라. 첫째, 회의에 영향을 미치는 구체적인 행동을 통해 그 역할에 있는 사람을 지향하라. 그가 어떻게 영향력을 행사하는지 보라. 그가 하는 행동을 어떻게 설명하고 어떻게 다르게 행동하도록 그를 코칭할 수 있는지 생각해 보라. 당신을 짜증나게 하는 행동들과 효과적이고 효과적이지 않은 행동들에 주목하라.

이제 그가 하고 있는 일을 우연히 하고 있지만 그 일 이외의 삶도 있는 사람으로 지향하자: 아내, 아이, 주택 융자, 병든 부모, 가족을 부양하기 위한 헌신, 열대지방으로 휴가를 가고 싶은 열망, 그가 감당하기 어려운 이 회의에서 상충되는 책임들. 그의 의도와 그가 무엇에 관심이 있는지 분별하라. 연민과 이해심을 가지고 그를 보라. 어떤 의미에서는 그는 자신의 역사, 습관 및 그리고 상황에 대한 해석이 허용하는 유일한 것들만 하고 있다.

이 두 가지 매우 다른 방식의 지향하기를 전환한다. 연습을 통해 쉽게 전환할 수 있다는 것을 알게 될 것이다. 관점을 바꾸는 이 프랙티스는 엄청난 가치가 있다.

•○

•○

프랙티스 4.2.

고객에 대한 생성적 지향하기

코칭 대화를 시작하기 전에 이전 대화의 메모, 고객이 약속한 행동 및 고객의 욕구와 의도를 검토함으로써 고객에게 지향하라. 위에 제공된 생성적 방해요소가 고객에게 어떻게 적용되는지 고려하라. 또한 고객이 지난 번과는 다른 사람이 될 것이라는 것을 인식하면서, 고객에 대한 당신의 신념을 가볍게 하라. 고객의 삶의 풍경을 당신의 의식 속으로 가져오라.

대화에 들어갈 때 지금 당신의 고객이 누구인지 궁금해하라. "이 사람은 누구인가?", "고객이 오늘 나를 어떻게 놀라게 할까?", "고객의 무엇이 달라졌는가?" 그것이 우리가 놀랍고, 주목할 만한, 기적적인 사람을 지향하고 코칭할 때 우리가 원하는 개방성과 호기심이다.

지향하기의 결과, 이 대화는 어떻게 달라졌는가?

•◦

목적

"무엇을 위해서?"라는 질문은 우리가 그 질문에 주의를 기울이든 아니든 끊임없이 우리 안에 존재한다. 대부분의 경우에 우리는 그런 질문을 하지 않는다. 우리는 질문하는 것을 잊어버리고 우리가 왜, 무엇을 하고 있는지 애초에 기억하지 못할 정도로 활동에 몰두한다. 우리의 목적은 우리의 활동이 아니라 우리가 그 활동을 하는 이유에 있다. 활동에 의미를 부여하는 것이 우리의 목적 의식이다. 목적에 맞게 지향하는 것은 활동 자체의 여유로움을 선보이고 활동을 맥락에 맞게 배치한다.

목적은 만드는 것이 아니라 드러나는 것이다. 우리는 우리의 목적을 만들어내지 않는다. 우리는 삶을 살면서 우리에게 성취감과 의미가 있는 것을 발견함으로서 목적을 발견한다.

목적은 "저기에" 있는 무엇인가를 추구해야 하는 것이 아닌 우리 안에 존재하는 것이다. 마치 우리가 지향하고 인생의 진로를 정할 수 있게 해주는 내면의 나침반 바늘을 가지고 있는 것과 같다. 우리 내면의 나침반 바늘이 정렬될 때, 우리는 목적을 가지고, 방향을 정하고, 에너지가 넘치는 방식으로 행동한다.

목적 진술문은 세 가지 기본 질문에 대한 명확하고 간결한 답변을 제공한다.

- 나는 무엇에 헌신하는가?

- 내가 누구를 위해 이 일을 행하는가?
- 이 활동을 통해 창출되는 가치는 무엇인가? 결과적으로 무엇이 더 나아질 것인가?

석공 세 명에 대한 잘 알려진 옛 이야기가 있다. 길을 걷고 있던 한 남자와 세 석공들 사이에 일어난 일인데, 세 석공들은 각각 큰 화강암 덩어리를 조금씩 깎아내고 있었다. 그 남자는 호기심이 생겨 첫 번째 석공에게 그가 무엇을 하고 있는지 물었다. 무뚝뚝한 남자는 "나는 돌을 자르고 있다. 그게 내 일이야! 방해하지 마!"라고 했다.

그는 두 번째 석공에게 같은 질문을 했다. "나는 벽을 쌓고 있다." 석공이 뒤에 있는 긴 벽을 가리키며 말했다. 이것이 조금 도움이 되었기 때문에 그 남자는 세 번째 석공에게 몸을 돌려 다시 물었다.

세 번째 석공은 미소를 지으며 대답했다. "나는 대성당을 짓고 있어!" 벽 너머로 팔을 휘두르며 그는 설명했다. "지금부터 수십 년 후에는 성당이 완성될 것이고, 내 손자들은 이 땅에서 가장 웅장한 성당에서 예배를 드릴 것이다. 나는 그것을 짓는 데 작은 역할을 한 것이다."

모두가 같은 활동에 참여하고 있었다. 그러나 세 번째 석공이 셋 중에서 가장 행복했다. 그는 목적 지향적으로 자신의 활동에 대해 의미를 부여하는 해석을 했다. 일주일에 6일씩 화강암을 깎아내는 힘든 일은 자신이 왜 그렇게 하는지를 지향했기 때문에 훨씬 덜 부담스러워 보였다.

목적은 우리가 하는 일의 이유를 상기시켜준다. 그것은 우리가 대화를 할 때 지향하기 위한 신호인 북극성이다.

당신의 목적

우리는 코치, 교육자 혹은 리더로서 우리만의 목적에 지향할 수 있다. 예를 들어, 우리는 특정한 시기에 특정 고객과 함께 일하는 것이 창의적인 리더를 개발하는 우리 목적의 표현이라는 것을 기억할 수 있다.

우리의 목적을 인식하고 명확하게 유지하기 위한 일을 하는 것은 중요한 개인적인 일이다. 이를 행하는 것에는 많은 방법들이 있다. 최근에 (또는 이전에) 이 작업을 수행해 본 적이 없는 경우에는 자신을 위한 삶의 목적 진술문을 개발하는 데 시간을 할애하라. 부록 B의 프로세스를 사용하거나 다른 자료에서 지침을 찾을 수 있다.[3]

보다 전문적인 수준에서 우리는 코치로서의 우리의 목적을 명확히 할 수 있다. 이러한 보다 특화된 목적은 현존 기반 코칭이라는 주제에 중요하며, 우리가 코치로서 자신의 방향을 잡기 위한 중요한 신호이다.

●○

프랙티스 4.3.

당신의 목적에 지향하기

코칭을 할 때 자신의 목적을 명확히 이해해야 한다(코칭을 위한 목적 진술문을 작성하는 프로세스는 부록 B에 설명되어 있다). 코칭 대화를 시작하기 전에 자신의 진술문을 검토한다.

이것을 단순히 글을 읽는 것과는 다른 종류의 경험으로 만들어라. 당신이 그것을 기술할 때 가졌던 의도를 기억하라. 당신이 앞으로 하게 될 대화가 당신의 목적 진술문과 어떻게 일치하는지 그리고 실제로 당신이 그 목적을 달성할 수 있는 기회를 제공하는지 생각해 보라(이렇게 하는데 코칭 대화가 목적에 맞지 않는 경우는 전혀 다른 일련의 질문이 제기된다).

이제 전념을 다해 대화를 시작하라. 그 대화가 이론적으로 미래의 좋을 것 같은 것이 아닌 진실의 순간 속에서 살아가는 당신의 목적을 표현할 수 있는 기회라는 것을 계속 의식하라.

●○

고객의 목적

우리는 또한 고객의 목적 의식에 지향할 수 있다. 고객의 명확한 목적 진술문은 우리가 방향을 잡을 수 있는 참조점을 제공한다(고객 또한 자신이 참여하고 있는 헌신의 범위를 자신의 관심 분야로 가져옴으로써 방향을 잡을 수 있다. 우리는 나중에 헌신에 센터링하는 것에 대해 이야기할 때 더 알아보겠다).

당신의 고객은 당신과 함께 작업을 하는 목적이 있다. 그 목적은 항상 거기에 있다. 목적과 연결되지 않은 사람들은 그것을 발견하기 위한 약간의 탐색이 필요할 수 있다. 고객의 업무와 삶의 목적이 무엇인지, 코칭이 필요한 고객의 목적이 무엇인지를 명확히 하는 것이 큰 도움이 된다. 이러한 사항이 명확하지 않다면, 이것이 코칭 대화의 필수적인 출발점이 될 수도 있다. 전자의 경우, 부록 B의 연습은 약간 수정되어 고객이 삶과 일에서 목적 의식을 발견하는 데 도움이 될 수 있다.

후자는 우리가 함께 작업하는 것이 어떤 목적에 도움이 되는지를 이해하는 기초적인 코칭 단계이다. 고객이 무엇에 헌신하고 있는지 왜 헌신하는지 이해하는 것이 필수적이다.

나는 초기 코칭 관계에서 어떤 목표를 달성하려는지에 대한 대화를 빨리 진행할 것을 강력히 권고한다. 이 대화는 코칭 관계의 초기 계약의 일부이다. 이것은 코칭의 목적에 대한 명확한 이해로 이어지며, 코칭 대화의 방향을 설정하고 행동을 취하는 시금석이 된다.

•◦

프랙티스 4.4.

고객의 목적에 지향하기

고객의 목적을 명확하게 기록하고 접근이 용이한 곳에 보관하라(나는 고객별로 설정한 개인 웹사이트의 페이지에 보관하고 있으며, 매 대화 전에 검토할 수 있다). 코칭 대화를 하기 전에 이 목적 진술문에 가볍게 주의를 기울이고, 진술문의 상황에서 고객을 생각하라. 고객이 그 목적을 달성하기 위해 헌신하고 있다는 것에 지향하라. 그리고 고객을 지원하는 헌신적인 파트너로서의 역할을 인식하라.

이것은 대화를 계획하는 것과는 다르다. 그것은 당신의 관심 분야에서 자신과 고객 그리고 고객의 목적과 연결하고 이 목적을 대화에 초대하는 것이다.

대화 중에 고객에게 자신의 목적을 상기시킬 수도 있다. 목적에 다시 연결하는 것은 결정 또는 행동의 맥락을 크게 바꾸는 강력한 방향 전환이 될 수 있다. 목적의 맥락에서 볼 때, 어떤 결정은 매우 명확해질 수 있다. 우리는 제10장에서 이것에 대해 관계적 조치로 더 이야기할 것이다.

•◦

예를 들어 최근에 한 고객은 몇 차례 대화를 주고받은 후 그의 코칭 목적이 “변화의 대변자이자 사람들을 움직이는 사람으로서 조직에 기여하는 것”이라는 것을 알게 되었다. 이 목적은 그에게 새로운 가능성을 불러일으켰다. 비록 그는 엄청난 능력을 지녔지만, 그것을 주장하는 것이 주제 넘는다는 조건화된 신념 때문에 자신의 확신을 억제하는 경향이 있었다. 그의 새로운 경영진 역할에서 변화에 대한 의무는 다른 종류의 리더십에 대한 요구였다. 우리의 공동 작업을 통해 그 목적에 대한 지향이 그가 의사결정과 변화 과정에서 대담한 선택을 할 수 있는 중요한 안내자가 되었다.

코칭 아웃컴

마지막으로 고객의 구체적인 아웃컴은 대화의 어느 시점에서든 지향성의 기반이 될 수 있다. 나의 리더십 코칭 작업은 항상 목적과 아웃컴의 개발에서 시작된다. 아웃컴은 코칭의 목적에 따라 특정되고, 코칭 목적에 기여한다. 일단 아웃컴이 개발되고 합의되면, 아웃컴은 모든 코칭 미팅 전에 나 자신을 지향하는 한 방법이 된다.

아웃컴은 고객에게 중요해야 한다. 아웃컴은 고객이 시간이 지남에 따라 확장되고 우여곡절이 있는 프로세스로 들어가게 하는 계기가 된다. 앞으로 일어날 일은 무엇이든 강력한 아웃컴으로부터 시작된다. 그것은 코칭 대화가 전개될 수 있는 헌신의 장을 확립한다. 다음 사항을 고려하라. 고객이 해결하려고 하는 문제가 무엇인가? 왜 그것이 고객에게 중요한가? 그 고객의 진정한 욕구와 잠재력은 무엇인가? 만약 우리가 성공하면 고객은 관찰 가능하고, 행동적이며, 지속적인 무엇을 할 수 있을까?

아웃컴을 지향하는 것은 각각의 대화에 대한 기반을 제공한다. 그것이 현장에 제시되면 종종 새로운 대화와 고객의 더 큰 헌신 사이의 의미있는 연결을 드러낸다.

아웃컴은 다음과 같은 경우에 가장 유용하다:

- *관찰가능한:* 그것은 다른 사람들이나 자신에 의해 목격될 수 있다. 심지어 무형의 것들도 측정할 수 있는 많은 방법들이 있다. 성공이 어떻게 관찰될 것인지에 대해 명확하고 구체적이어야 한다.

- *행동적:* 신념이나 좋은 의도보다는 고객이 내적으로나 외적으로 하는 행동이다.
- *지속적:* 이 행동은 고객이 영원히 이용할 수 있는 것이며, 코칭 계획을 훨씬 넘어 고객의 일부가 될 것이다.

우리는 이전의 "변화의 대변인이자 사람들을 위한 촉매제 역할을 하는 것"이라고 코칭 목적을 정의한 고객에게 돌아간다. 그 목적을 분명히 하고, 우리는 이 목적에 부합하는 아웃컴을 개발하기 위해 함께 작업했다: "묵인하려는 본능을 관찰하고, 그것을 강하고 센터링된 현존으로 대체하는 것", "부하직원들과 효율적이고 활기찬 회의를 이끄는 것", 기타 여러 가지가 있다. 각각은 우리가 진행 상황을 벤치마킹할 수 있도록 특정한 만족 조건을 가지고 있었다.

이러한 합의된 행동적 아웃컴은 우리의 코칭 작업을 위한 로드맵을 제공했다. 그가 곤란한 일에 부딪치거나, 힘든 업무 환경에서 과하게 느껴질 만큼 강한 자세를 취하는 것이 너무 힘들게 느껴질 때, 목적 진술문은 그가 지향할 수 있는 북극성 역할을 한다. 그의 목적과의 연결은 우리의 코칭 작업에 활기를 불어넣고 그가 함께 작업하고 있는 프랙티스와 새로운 행동을 맥락화했다. 그 아웃컴 모두 변화를 이끄는 가장 중요한 목적을 달성했고, 몇몇은 그의 결혼생활에도 좋은 것으로 밝혀졌다.

확장된 맥락

삶을 살아가면서, 우리는 세상에서 우리의 정체성을 강화하기 위해 자동적인 습관을 개발한다. 우리는 습관적으로 우리의 생존에 중요하다고 생각하는 즉각적인 관심사에 집중한다: 다음 회의, 기한을 넘긴

보고서, 핸드폰 메시지와 쇄도하는 이메일의 홍수. 우리는 이들에 대한 효과적인 대응을 성공의 척도로 본다. 우리는 현대의 근시안적인 상태에서 살아가고 코 앞에 있는 것을 중심으로 우리 자신을 구성한다. 이런 점에서 우리는 우리의 시야를 제한하고, 종종 진정한 성공에 더 중요한 것이 무엇인지 보지 못한다.

대부분의 문제에서 가장 어려운 측면은 문제 자체가 아니라 문제와 관련하여 우리 내면에서 발생하는 스트레스, 내적 제약 및 반응성이다. 이러한 반응은 문제 자체보다는 문제에 대한 우리 사고의 기능이다. 그것들은 우리의 해석과 발생할 수도 있고 발생하지 않을 수도 있는 미래의 결과에 대한 집착에서 비롯된다.

코치로서 우리는 고객들과 다른 세상에 살고 있기 때문에 가치를 제공할 수 있다. 우리의 세계는 고객의 상황을 맥락 안에서 볼 수 있고, 많은 가능성이 존재하며, 고객의 상황이 그가 그렇게 해석하는 것만큼 위협적이지 않을 수 있다. 우리가 이 관점을 지향할 때, 우리는 고객과 그의 상황을 맥락화함으로써 우리 자신 속에 여유로움을 발견한다. 우리의 현존은 고객이 문제에 대해 갖는 조건화된 대응을 완화할 수 있다. 그러면 그는 더 역량있고 창의적으로 대응할 수 있을 것이다. 또한 고객은 자신을 긴장과 두려움에서 지략과 여유로움으로 재구성하는 중요한 자기생성 능력을 프랙티스할 것이다. 우리는 제3장에서 로저와의 대화에서 이것이 일어나는 것을 보았고, 그의 위축되고 패배적인 영향이 가벼워졌고, 그는 훨씬 능숙해졌다.

상황을 맥락화하고 대화에 여유로움을 가져오는 많은 지향하기 조치들이 있다. 각각은 맥락을 우리의 인식의 장으로 가져오는 내적 조치를 포함하고 제한적인 반응의 통제를 완화한다. 다음은 우리가 지향할 수 있고 우리 자신에게 더 여유로움을 제공할 수 있는 네 가지 맥락의 예이다.

- *조직적*[Organizational]: 우리는 즉각적인 필요에 집중하여 우리 자신, 우리의 부서, 팀, 부분, 회사에 대한 우리의 이익을 좁게 보는 경향이 있다. 언제나 더 넓은 시야가 있다. 상황을 맥락화하면 상황을 보는 방법과 이용할 수 있는 가능성이 달라진다. 예를 들어, 회사의 전체 이익에 지향하는 것은 우리 부서의 좁은 이익만을 보는 것과는 매우 다른 관점에 있는 것이다.
- *시간적*[Temporal]: 현재 상황에 대한 협소한 초점은 우리가 볼 수 있는 모든 것을 의미한다. 어떤 상황이든 우리가 결코 완전히 알 수 없는 역사와 미래가 있다. 진실은 우리가 이전에 비슷한 상황에 처해본 적이 있고 앞으로도 비슷한 상황에 놓여있을 가능성이 높다는 것이다. 시간의 흐름 속에서 우리 자신을 지향하는 것은 우리가 현재 위기에 부여한 과대 평가된 중요성을 줄이고 우리가 더 쉽게 호흡할 수 있게 해준다.
- *공간적*[Spatial]: 우리는 우리의 위치에 대한 보다 확장된 시야로 지향할 수 있다. 우리는 우리와 고객들이 어디로 확장해야 하는지에 대한 우리의 인식을 더 유연하고 포괄적으로 만들 수 있다. 우리는 고객이 그의 책상에 앉아 있는 것을 시각화하고, 그가 일하는 건물과 그가 사는 도시를 본다. 우리는 고객을 훨씬 더 큰 그림의 일부로 보게 된다. 이를 통해 우리는 더 많은 자원을 활용할 수 있다.
- *영적*[Spiritual]: 어떤 사람들에게는 영적 지향이 매우 중요하다. 나는 그들의 사업적 역할을 그들의 영적인 목적의 연장이자 다른 사람들에 대한 깊은 가치와 관심을 표현하는 장으로 본 많은 고객들과 함께 작업해왔다. 이것을 지향하는 것은 영혼과의 연관성을 중요하게 인식하는 사람들에게 중요한 관점을 촉진시킬 수 있다. 범퍼 스티커 "예수라면 어떻게 했을까?"는 이에 대한 잘 알려진 대중적인 예시이다: 어떤 사람에게는 그것이 강력한 지향하기 조치를 제공한다.

확장된 맥락
조직적 시간적 공간적 영적

이 네 가지 맥락을 중심으로 다양한 프랙티스를 다룬 책을 쓰는 것은 가능하고 즐거울 것이다. 우리의 맥락을 확장하는 것은 우리의 조건화된 생존 경향이 삶의 대부분의 상황에 부여하는 인위적으로 중대한 위험 요소로부터 우리 자신을 해방시키는 강력한 수단이다.

샤론 살즈버그Sharon Salzberg는 70명의 사람들과 함께 하와이에서 명상 수련회에 참석하던 중, 하와이 역사상 가장 큰 쓰나미가 그들에게 향하고 있다는 것을 듣게 된 기막힌 이야기를 들려준다. 긴 해안 진입로가 쓰나미의 직격탄을 맞을 것이기 때문에 그들은 저지대에 있는 수련 센터에서 대피할 방법이 없었다. 당국은 그들에게 가능한 한 높은 곳으로 가라고 통보했다.

명상실은 2층에 있었고, 할 수 있는 것이 거의 없었다. "우리는 해일을 기다리며 명상을 했다… 모든 사람들이 맹렬한 물에 휩싸인 채 죽을 가능성에 직면했기 때문에, 그것은 엄청나게 심오한 자리였다. 어떤 사람들은 기도했고, 어떤 사람들은 울었고, 어떤 사람들은 침묵했다." 후에 쓰나미가 섬을 비켜간 후, "우리는 조용히 우리의 물건들을 모아서 아래층으로 돌아갔다… 우리 모두는 무릎 통증과 우리 삶의 일상적인 어려움에 대해 근본적으로 다른 느낌을 가지고 있었다. 잠시 동안, 모든 사람들은 그들에게 가장 중요한 것들에 눈을 떴다."[4]

우리는 삶이 덧없고 낭비되지 않는다는 것을 상기시키기 위해 쓰나미가 필요하거나 암에 걸릴 필요가 없다. 우리에게 가장 중요한 것을 밝히는 관점의 변화는 매 순간 우리 모두에게 가능하다. 우리는 우리가 지향하는 방식을 통해 그것에 접근한다.

- 현존을 위한 멈춤 -

나와 함께 작업했던 CEO는 이것을 잘 이해했다. 중요하고 필요한 변화 이니셔티브가 시작되고 있었다. 1,300명의 조직은 이미 스트레스를 받고 과부하 상태였다. 그녀는 변화에 대한 많은 저항이 있을 것이며, 실행에 참여한 주요 인사들이 변화에 동참하고, 더 넓은 조직에 적용하는 것이 중요하다는 것을 알고 있었다.

변화 시작 프레젠테이션에서 그녀는 변화의 이유를 설명하고 변화가 가져올 도전들을 인정했다. 그녀는 그녀의 사람들에게 이전의 몇 가지 주요한 변화에서 그들의 업적을 상기시켰다. 그리고 아마도 가장 중요한 것은, 그녀가 사람들을 그들이 뿌듯함으로 돌아보게 될 막 시작한 변화의 시간, 더 장기적인 시간 프레임에 지향하도록 했다는 것이다. 그들은 이 시기를 전례 없는 도전에 함께 힘을 합쳐 서로 지원하고 조직을 완전히 새로운 수준의 성과로 나아가게 한 시기로 보게 될 것이다. 그들은 이것을 "좋았던 때"로 기억할 것이다.

●○

프랙티스 4.5.
맥락 확장하기

여기 두 가지 짧은 실험이 있으며 계속할 수 있는 프랙티스가 될 수 있다. 시도해보라. 어떤 일이 벌어지는지 확인해보라.

1. 지금 당신이 있는 곳을 주목하라. 당신이 책을 읽는 동안 환경을 고려하여 시야가 유연해지고 넓어지도록 하라. 당신이 참여하고 있는 독서 활동의 배경이 바로 거기에 있다는 것을 알아차리라. 사람들, 대화와 활동들이 있더라도 배경으로 볼 수 있다. 계속해서 책을 읽고, 동시에 그 맥락에서 자신에 대한 감각을 유지하라. 환경을 포함한 시야가 유연해짐에 따라 독서 활동과의 관계가 어떻게 변화하는지 알아차리라.

2. 당신의 삶의 흐름을 생각해보라. 당신이 인생의 특정한 순간에 이 책을 읽고 있다는 것을 알아차리라. 이 시기에 당신이 이 책을 읽고 싶어하게 된 경험을 생각해 보라. 그리고 당신이 읽고 있는 것이 미래에 당신이 하는 일에 어떤 영향을 미칠지 고려해 보라. 당신의 마음의 눈으로 당신이 이러한 접근법을 사용하고 있는 상황과 어떤 긍정적인 결과를 보라. 이제 당신의 주의를 다시 독서로 돌리고 동시에 더 긴 시간 범위의 감각을 포함하라. 당신은 어떻게 다른가?

●○

지향하기는 우리가 코치로서 처음 하는 내적 조치이다. 그것은 우리가 하고 있는 작업의 목적과 맥락을 상기시킨다. 지향하기는 우리를 가볍게 하고 우리의 삶을 통해 더 유연하고 창의적으로 움직일 수 있게 해준다. 그것은 우리 자신을 재구성하기 위한 기초이다. 이러한 방식으로 우리는 내면에서 더 여유로움을 발견한다. 우리는 우리의 인식의 장에 가장 도움이 되는 자원을 초대했기 때문에 고객들을 위한 다른 종류의 자원이 된다.

프랙티스를 통해 우리는 자신 안에 숙달의 수준을 높인다. 그것은 고객들이 지향할 수 있도록 하는 코칭의 내적 지향하기의 명백한 확장이다. 이 장에서 논의된 내적 조치는 고객과의 유사한 관계적 조치의 기초가 된다.

본 장의 요약

- 지향하기는 우리 인식에 특정 요소를 포함하여 더 능숙하고, 여유롭고, 효과적일 수 있도록 해주는 내적 조치이다.
- 우리는 제약적이거나 생성적인 방식으로 고객을 지향할 수 있다. 후자는 고객을 복잡하고, 전인적이며, 창의적이고, 기적적으로 보는 것을 의미한다.
- 우리는 또한 우리가 행하는 것을 왜 하는지 기억하는 것으로 코치로서의 우리의 목적에 지향할 수 있다.
- 고객의 코칭 목적은 코칭 대화의 초기 단계에서 논의되어야 한다. 코치와 고객 모두에게 목적이 명확할 경우, 이를 지원하기 위해 구체적인 코칭 아웃컴을 설계할 수 있다. 코칭 목적과 아웃컴 모두 우리가 함께 작업하는 동안 지향할 수 있는 기초가 된다.
- 우리는 고객의 상황을 더 큰 그림으로 보면서 더 큰 맥락을 지향할 수 있다. 이것은 우리의 관점을 바꾸고 우리가 우리의 고객들을 위한 다른 종류의 자원이 될 수 있게 해준다.
- 앞으로 우리는 고객들이 이러한 요소뿐만 아니라 다른 많은 요소들에 지향할 수 있도록 초대할 수 있다.

제 5 장

유지하기

사람들이 자신을 증명하기 전에 자신을 믿는 것은 사람들이 자신의 잠재력을 발휘하도록 동기를 부여하는 열쇠이다.

존 C. 맥스웰(John C. Maxwell)

지향하기는 다른 그리고 보다 풍부한 관점을 초대하고 현존에 도움이 된다. 유지하기holding는 현존을 지속하고, 고객을 향해 확장한다. 우리는 고객을 포함하는 관계적 인식의 장을 확립하고 유지할 수 있다.

이 장은 지향하기에서 파생되어 한 걸음 더 나아간다. 우리가 대화에서 현존을 유지하고 고객이 현존을 경험하도록 초대하는 것은 유지하기를 통해서이다.

유지하기 조치

관계의 장
- 장을 감지하기
- 장의 특성을 감지하기
- 특성을 장으로 확장하기

침묵과 가능성
- 가능성의 확실성 유지하기
- 고객의 잠재력 유지하기
- 침묵 유지하기

관계의 장

우리의 존재 방식은 우리가 실제로 행하는 것과 구별되는, 행동으로부터 환기되는 것이다. 대부분의 코칭의 효과는 우리의 현존에 있고, 나머지는 기법이다. 그러나 많은 코치 훈련 프로그램들은 기법, 도구 및 프로세스에 초점을 맞추고 우리가 테이블에 가져온 가장 중요한 부분인 우리의 현존에 대해서는 립 서비스만 한다.

우리의 현존의 힘은 우리가 여기서 관계의 장이라고 부르는 것에 직접적인 영향을 미친다. 관계의 장은 우리가 보통 "분위기atmosphere"라고 묘사하는 것에 대한 더 정확한 표현이다. 당신이 원하는 대로, 이 관계의 장을 유용한 은유나 문자 그대로 실재로 생각해도 좋다. 어느 쪽이든, 당신이 그 장에 참여한다면 당신은 달라질 것이다.

관계의 장이란 무엇인가?

제3장에서 어떠한 관계도 관계의 장 내에 존재한다고 설명될 수 있다는 것을 상기하라. 이 장은 관계에 있는 각 개인이 보유하고 있는 관심사와 몰입에 의해 형성된다. 그 장은 관계의 모든 상호작용을 경험하고 해석하는 방법을 결정한다. 그리고 모든 상호작용이 이 장을 형성한다.

장은 명백하며 실제적인 실체와 힘을 가지고 있다. 어려운 성과를 평가 중인 상사와 부하직원 사이의 긴장을 생각해보라. 사랑하는 사람과 달콤하고 로맨틱한 촛불 만찬이나 홈팀이 극적인 역전승을 거둘 때 관중석에서 흥분을 불러일으키는 느낌을 생각해보자. 이것들이 장에서 느끼는 경험들이다. 우리가 울타리 기둥의 깊이와 같은 얕은 감정적 깊이를 가지고 있지 않는 한, 우리는 무언가를 경험하지 않을 수 없다!

그러한 강력한 장의 존재에 영향을 받지 않기 위해서는 공동의 노력이 필요하다. 생물학적 존재로서의 우리의 본성은 관계적 장의 끌어당김에 반응하는 것이다.

– 현존을 위한 멈춤 –

코칭에서 관계의 장

나는 노스캐롤라이나 산 속에 있는 나의 연수원에 있는 책상에 앉아 분명한 목적을 가지고 이 책을 쓰고 있다. 내게 속한 모든 것, 내 역사, 모두가 어떤 식으로든 내가 쓰는 내용을 형성한다. 당신은 나의 미래와 당신의 현재에서 이 책을 읽고 있다. 그리고 당신에게 속한 모든 것, 즉 당신의 역사, 의도 및 당신의 세계를 해석하는 방법은 당신이 읽고 있는 것을 어떻게 받아들일지 결정한다.

●○

프랙티스 5.1.
장을 감지하기

장을 감지하는 프랙티스를 하라. 다음 번에 여러 사람이 공유된 목적으로 모여 있는 환경에서 장을 감지하는 실험을 해보라. 모임, 운동회, 친목회 및 콘서트는 좋은 장소이다.

그 상황에서 실험을 해보라. 이완하라. 눈이 부드러워지도록 하라. 그래야 주변의 시야가 더 잘 보일 수 있다. 당신의 피부가 다공성이고 민감하다고 상상해보라. 당신의 몸 전체가 당신 주변의 것을 감지하는 미세하게 조정된 안테나처럼 말이다; 기분, 방 안의 느낌, 흥분, 체념, 기대, 기쁨, 분노. 현장의 변화와 전환을 알아차리라. 거기에 무엇이 있건 간에, 그냥 당신 스스로 감지하도록 하라.

무엇을 알아차렸는가? 그리고 어떻게 알아차렸는가?

●○

당신과 나는 절대 만날 수 없을지도 모른다. 하지만 당신과 나를 연결하는 명백한 관계의 장이 있다. 내 인식 안에서 나는 당신의 현존을 인식한다: 이 글은 당신을 위한 것이다. 지금 이 순간, 나는 당신과 내가 공유하는 관계의 장으로 내 자신을 확장하고 있다. 당신에게 가능한 것이 무엇인지에 대한 더 큰 인식으로 당신을 초대할 의도이다. 당신은 이제 그 장에서 이러한 의도와 가능성을 감지할 수 있다. 지금 이 책이 당신을 위해 쓰였다는 것을 깨닫기를 바란다.

- 현존을 위한 멈춤 -

다른 사람들을 코칭할 때, 우리는 현존함으로써 우리의 제안을 크게 향상시킨다. 우리의 현존은 우리가 주변 사람들과 지속적으로 만들고 있는 관계의 장에 강한 영향을 미친다(우리의 내적 소란, 산만함, 분노 또는 체념도 마찬가지이다). 코칭에서 우리는 고객을 향해 우리의 현존을 확장한다. 우리는 의도적으로 함께 만들고자 하는 경험과 결과를 만들어낼 가능성이 있는 장을 유지한다. 우리는 (1) 현존하기 위해 우리 자신의 주의와 인식을 관리하고, (2) 고객을 포함하도록 현존을 확장하고, (3) 우리를 연결하는 관계의 장을 안정화함으로써 그 장을 유지한다. 이것은 직접 만나거나 전화로도 할 수 있다.

다른 사람들은 결과적으로 나타나는 그 장의 차이를 경험할 수도 있고 경험하지 못할 수도 있다. 우리의 현존이 강하고 안정적이면 우리의 고객은 상당한 끌림이나 전환을 경험할 수 있다. 어느 쪽이든 그것은 고객이 정체성을 보존하려는 것 중심으로 구성된 디폴트 경향에서 벗어나게 하는 효과가 있다. 우리의 현존은 우리가 저항하거나 방어할 어떤 것도 제공하지 않는다는 것을 의미한다.

우리가 완전히 현존하는 동안에도 고객들은 그들만의 해석적 구조를 가지고 있으며, 때때로 예측할 수 없는 방식으로 반응하고 행동한다. 하지만 우리가 현존하고 그런 일이 일어날 때, 그것은 고객 자신에 관한 것이다. 우리는 침착하고, 지지적이고, 공명하는 현존을 확장한다. 이것은 모든 가능성에서 펼쳐지는 순간에 대한 예리하고 여과되지 않은 인식을 불러일으킨다. 그 장을 유지하는 것은 고객이 보고 행동할 수 있는 선택을 제한하는 조건화된 경향을 더 쉽게 포기할 수 있는 환경을 제공한다.

그 장에서 의도적으로 경험하고 작업하는 것은 당신의 코칭의 깊이를 크게 심화시킬 것이다.

관계의 장의 특성들

우리는 그 장을 계속하고 유지하는데 특정한 특성들을 불어넣는다. 그 자질은 항상 존재하고 이용할 수 있다. 그것들을 지향하는 것은 그것들을 우리의 인식으로 가져오는 것이다. 우리의 현존과 주의를 통해 이러한 특성들을 확장하는 것은 그 장에 영향을 미친다.

당신은 이것을 직접 실험하도록 초대받았다. 호기심을 가져라. 그 장에서 무슨 일이 일어나는지 발견하려는 진정한 의도를 가지고 작업하라.

나는 그 장의 다음과 같은 특성들이 코칭에 매우 유용하다고 생각한다. 각각은 우리 안에서 명확하게 감지되고, 의도와 프랙티스를 통해

개발되며, 고객에게 확장될 수 있는 자질이다:

- *여유로움*Spaciousness: 이 특성은 현존에 내재되어 있다. 여유로움은 조건화된 습관의 부재, 현재 이 순간의 무수한 선택의 인식 그리고 우리가 존재하는 더 확장된 맥락에 대한 더 명확한 시각에 있다. 더 큰 맥락을 지향하는 것은 우리의 탐구에 더 여유로움을 초대한다.
- *연민*Compassion: 여기에는 우리와 다른 사람들이 어떻게 자신의 어려움을 만들어내는지에 대한 인식, 이러한 어려움의 보편적 깨달음 및 이를 해소하고자 하는 열망이 포함된다. 연민은 우리가 공유하는 인간성을 인정하는 것이고 무조건적인 존중의 기초이다.
- *무조건적인 긍정적 존중*Unconditional positive regard:[1] 이 특성은 고객에 대한 변치 않는 지지와 수용을 나타낸다. 무조건적인 존중에서 우리에게 방어할 필요가 있는 것은 아무것도 없다. 그렇다고 해서 고객이 표현하는 모든 행동을 자동적으로 수용하는 것이 아니다. 분별력 있는 지지는 고객과 그의 행동을 구별한다.
- *공명*Resonance: 우리는 고객과의 연결을 경험하고, 고객은 우리가 그들을 보고 고객의 우려를 이해한다고 느낀다. 부분적으로 이것은 우리가 적극적으로 경청하고 들은 것을 반영하는 것으로 이루어진다. 더 깊은 차원에서 공명은 두 사람 모두가 상호이해가 있다는 것을 알고 있는 무언의 느낌 연결이다.
- *중립성*Neutrality: 우리는 고객과 그들의 성공에 대해 열정적이지만, 우리 또한 우리가 어디서 멈추고 고객이 어디서 시작하는지에 대해서도 절대적으로 소중하게 여긴다. 우리는 진심으로 고객을 아끼며 우리의 정체성을 고객의 성공에 의존하지 않고, 고객이 무엇을 해야 하는지에 대한 어젠다도 없다. 우리는 특정 결과에 대한

집착이나 투자로부터 자유롭다.

장의 특성
• 여유로움 • 연민 • 무조건적인 긍정적 존중 • 공명 • 중립성

장을 감지하기

우리는 다른 사람들과 소통하면서 우리 대화의 톤과 연결 및 흥분의 퇴조와 흐름을 알아차리는 데 능숙할 수 있다. 그러나 우리 대화에서 관계의 장에 깊은 현존과 의도성을 가져오는 것은 다른 문제이다. 그 차이는 명백하다. 그 장을 감지하고 그 안에서 우리 자신을 경험함으로써 우리는 자신, 고객 및 대화가 이루어지는 맥락에 훨씬 더 연결되어 있다.

●○

프랙티스 5.2.

장의 특성을 감지하기

이 프랙티스를 통해 장을 감지할 수 있는 능력이 구축된다. 이것은 다른 사람을 시각화함으로써 이루어질 수 있지만, 당신이 신뢰하고 당신과 함께 실험에 기꺼이 참여할 수 있는 파트너와 함께 하는 것이 실험을 훨씬 더 풍부하게 할 것이다. 당신이 이러한 특성들과 익숙해지는 것은 그 특성들을 인식하고 강화할 수 있게 해줄 것이고, 당신은 코칭에서 그것들과 함께 작업할 수 있는 능력을 더 향상시킬 것이다.

이 연습은 꽤 친밀할 수 있다. 서로 마주보고 앉아 그냥 조용히 있으라. 다음의 다섯 가지 특성을 한 번에 하나씩 말하고 아래의 지시문을 읽어라. 각각의 특성에 주의를 기울이는 동안, 여러분 사이의 장에서 그것을 감지하라. 각각의 특성에 대해 1분 정도의 시간을 두고 초점을 더 잘 맞추기 위해 눈을 감으라.

- *여유로움*: 긴급함이 없다는 것을 느껴라. 당신은 침묵 속에 앉아 있을 수 있고, 아무것도 할 필요 없이, 그 침묵 속에서 긴장을 풀고 서로를 느낄 수 있다. 고요함을 느껴라.
- *연민*: 상대방을 보고 그 사람에 대해 당신이 무엇을 좋아하고 존중하는지 주목하라. 상대방이 기꺼이 여기에 동참해 준 것에 감사하라. 이 사람을 단순히 같은 걱정들과 결점이 있는 동일한 인간으로 보라. 이 사람의 노력과 욕망이 큰 어려움의 원천이 될 수 있음을 당신의 것을 보는 것처럼 보라.
- *무조건적인 긍정적 존중*: 이 사람이 삶에서 열심히 일하고 그 또는 그녀가 할 수 있는 최선을 다하는 것을 보라. 이 사람의 활동과 행동이 이 사람이 자신의 세계를 어떻게 해석하는지에 대한 필연적인 결과임을 보라.
- *공명*: 이 사람이 침묵 (혹은 다른 것) 속에 어떻게 앉아있는지 느껴보라. 가만히 있고 고요함 속의 편안함을 느껴보도록 하라. 이 사람과의 연결을 감지하고, 상대방이 자신을 감지하는 것을 감지하라.
- *중립성*: 여러분의 경험은 어떤 면에서는 상대방의 경험과 비슷하고 어떤 면에서는 다르다는 것을 알아차리라. 상대방이 당신으로부터 어떠한 집착도 없이 어떤 경험이든 할 수 있도록 허용하라. 당신은 당신이고, 상대방은 상대방이라는 것을 인식하라. 여러분

은 서로 연결되어 있고 동시에 구별된다.

파트너에게 감사하라. 이제 서로 다른 특성과 관련하여 각자가 알아차린 것을 서로 나누라.

•○

특성을 장으로 확장하기

우리 안에서 이러한 특성들을 인식할 수 있고 그러한 특성들 안에서 우리 자신을 안정화시킬 수 있는 것은 중요한 조치다. 우리는 또한 장에서 이러한 특성을 감지하고, 우리 주의를 통해 고객과 고객의 관심사로 확장함으로써 이러한 특성을 강화할 수 있다.

우리는 지향하기에서 다양한 요소들을 우리의 의식에 초대하는 프랙티스를 했다. 여기서 우리는 관계의 장에 대한 특성을 확장하는 것을 프랙티스할 수 있다. 우리가 고객들과 갖는 친밀한 관계와 우리가 구현할 수 있는 안정적인 현존 때문에, 그 장의 특성은 고객이 자기조절하는 데 자원으로 사용할 수 있는 것이 된다.

우리는 다음과 같은 말을 들었을 수도 있다. "그 고객에게 침착하게 대해줘서 고맙다. 그것이 내가 그에게 친절하게 대하기 쉽게 만들어줬다." 여기서 우리는 특정한 특성을 대화에서 고객과 연결하고 지지할 수 있는 장으로 확장하여 보다 의도적인 방식으로 이를 수행할 수 있는 방법을 설명하는 언어를 만들고 있다.[2]

이것은 마법 같은 것이 아니다. 우리의 경험이 주의를 집중시키는 방식에서 비롯된다는 것은 단순히 과소평가된 사실이다. 프랙티스를 통해 우리는 주의를 지향하는 것의 달인이 될 수 있다. 우리는 도움이 되는 것을 우리의 인식에 포함시키고, 우리의 주의를 산만하게 하고 약화시키는 것을 배제하는 것을 배운다.

•◦

프랙티스 5.3.

고객과 함께 특성을 장으로 확장하기

다음 번에 코칭 대화를 할 때는 장에서 이러한 특성들을 감지하는 프랙티스도 하라. 리마인더로서 특성들의 목록을 게시하는 것이 도움이 될 것이다.

그 특성들이 이미 존재하고 당신의 주의를 그 특성으로 이끄는 프로세스는 당신의 인식을 변화시키고 장을 변화시킨다는 것을 깨달으라. 당신이 주의를 어디로 향하는지에 따라 당신이 경험하는 것도 달라진다. 다른 말로 하면, 그 장에서 특성의 경험은 당신이 그것들을 찾을 때마다 변한다.

각 특성을 감지할 때, 이를 고객에게 확장하라. 예를 들어, 연민과 중립성을 느낄 수 있다. 그런 다음 이 특성이 당신에게서 뻗어 나와 두 사람을 감싸고 있다고 상상하라. 당신 두 사람이 그것을 들이 마시고 있다고 상상하라. 그것은 당신 주위의 공기 속에 있고, 두 사람을 감싸고 있다.

당신이 무엇을 하고 있는지 당신의 고객에게 알릴 필요가 없다. 실험하라. 이 프랙티스의 결과로 상호작용이 어떻게 변화하는지 알아차리라. 당신은 어떻게 다른가? 그 대화는 어떻게 달랐는가?

침묵과 가능성

위에서 설명한 것처럼 장을 감지하고 특별한 특성을 장으로 확장하는 것 외에도, 우리는 근본적으로 낙관적이고 전향적인 입장을 유지한다. 우리는 우리 자신을 위해 그리고 우리와 코칭 대화를 시작할 때 때때로 혼란스럽고 압도되는 고객을 위해 이것을 제공한다.

고객에게 아직 발견되지 않은 솔루션이 있거나 고객이 알고 있는 것보다 고객이 더 많은 능력이 있다고 생각할 때 우리는 상당히 새로운 방식으로 고객을 지지한다. 그리고 우리가 침묵할 때, 우리는 그 침묵 속에서 무엇인가 유용한 것이 창발될 수 있다는 확신과 믿음을 전달할 수 있다.

가능성의 확실성

답이 있다는 것을 아는 것과 답이 무엇인지 아는 것은 큰 차이가 있다. 가능성의 세계에서 우리는 고객을 위한 대안적인 길이 있다는 것을 매우 확신할 수 있지만 그 길이 무엇일지에 대해서는 확신할 수 없다.

가능성의 확실성을 이해하는 것은 낙관적인 입장을 유지할 수 있는 방법을 제공한다. 대화가 무미건조해 보일 때에도 그 확실성에 연결된 상태를 유지하면 여유로움을 다시 선사할 수 있다. 우리는 지금 가장 좋은 해결책이 무엇인지 모를 수 있지만, 그 해결책은 드러날 것이다. 때때로 시간과 공간 또는 다른 질문의 방향이 우리가 이전에 이용할 수 없었던 것을 드러낸다.

우리가 질문을 할 때, 우리는 고객이 유용하고, 새롭고, 생성적인 응답을 만들어낼 것이라는 믿음과 의도로 질문할 수 있다.

고객의 잠재력

다음의 논리적 단계를 밟아 우리는 고객을 온전하고, 자원이 풍부하며, 잠재력이 충만한 존재로 간주한다. 우리 세계의 관점에서 볼 때, 우리는 종종 그들이 자신의 세계에서 볼 수 없는 가능성을 볼 수 있다. 마찬가지로 우리가 볼 수 없을 때에도 다른 사람들은 우리의 잠재력을 볼 수 있다. 이러한 가능성을 옹호하는 것은 우리가 제공하는 엄청난 선물이다.

도입부에서 소개한 나의 초기 경력의 사례에서 나의 멘토는 내가 높은 성과를 내는 라틴 아메리카 박사 그룹에 복잡한 훈련을 제공할 준비가 되어 있고 능력이 있다고 보았다. 당시 나는 코스타리카에 가서 내가 약속한 것을 전달하지 못할까 불안하고 확신이 없었다. 나에 대한 멘토의 확신 덕분에 나는 우리가 "빌려온 자신감"이라고 말할 수 있는 것을 가지고 도전적인 상황에 나아갈 수 있었다. 나는 자신을 완전히 신뢰하지는 않았지만, 내가 무엇을 할 수 있는지를 알아내려는 의지를 가지고 그 상황에 들어갈 수 있을 정도로 멘토를 신뢰했다. 물론 나의 멘토가 옳았다. 그의 경험을 통해 그는 내가 아직 보지 못했거나 스스로 확인하지 못했던 잠재력을 볼 수 있게 해주었다.

코치로서 우리는 고객이 아직 인식하거나 주장할 준비가 되지 않았을 수 있는 가능성에 대한 입장을 구체화한다.

●○

프랙티스 5.4.

고객의 잠재력 유지하기

코칭 대화를 시작하기 전에 고객의 장점을 생각하는 데 몇 분을 할애하라. 당신은 고객의 스킬, 성격 특성 및 경험의 목록을 작성할 수도 있다.

이제 창의력을 발휘해 보라. 고객이 작업하고 있는 책임과 관련하여 고객이 이러한 자산을 새롭고 긍정적인 방식으로 사용할 수 있는 몇 가지 실용적인 가능성을 상상해 보라. 고객이 지금 취할 수 있는 조치를 위한 실제 가능성을 보고 경험해 보라. 이러한 가능성을 지향하라. 그렇게 함으로 그것들은 관계의 장의 일부가 된다.

코칭 대화에서 구체적인 사항에 대해 개인적으로 집착하거나 고객에게 언급하지 않고 고객의 잠재력에 대한 감각을 유지하도록 유의하라. 당신은 단순히 고객의 잠재력에 대한 상징으로 그리고 고객에게 존재하는 보이지 않는 풍부한 가능성을 상기시켜 주기 위해 그것들을 유지하고 있을 뿐이다.

●○

침묵

현대 생활에는 침묵이 거의 없다. 우리의 하루는 회의, 전화 및 다른 방해물들로 가득 차 있다. 외부의 소음과 산만함이 없는 곳에서는 우리의 끊임없는 내적 수다와 생각이 남아 있는 공간을 채운다.

그러나 우리가 자세히 들여다보면 우리는 사상, 새로운 아이디어 및 이미지가 침묵에서 나오는 것을 볼 수 있다. 우리의 삶에서 생각과 활동의 격동 속에서 우리는 연속적인 생각들 사이에 짧고 때로는 아주 미세한 멈춤을 발견하게 된다. 우리는 침묵을 단순히 이 멈춤을 확장시키는 것으로 생각할 수 있다. 충분한 확장을 통해, 우리는 생각의 배경을 위한 잠시의 고요함 대신에 고요함 속에서 휴식을 취하고, 생각은 그 고요함에 대한 방해물들이 된다.

우리가 내적으로나 외적으로나 모두 침묵하는 이 깊은 종류의 침묵은 명상에서 의도적으로 경험할 수 있다. 우리는 또한 코칭 대화에서 침묵을 자원으로 볼 수 있다. 침묵을 말로 채우려고 서두르기 보다는 우리는 자신을 진정시킨다. 우리는 순간순간 무언가를 이루거나 다음에 무슨 말을 해야 할지 생각해야 할 필요를 내려놓는다. 우리는 그저 존재할 수 있다. 그 고요한 존재 안에는 새로운 생각과 아이디어를 위한 잠재력이 있다.

우리는 질문을 던지고 그 질문이 고객에게 적용될 때까지 기다리기만 하면 된다.

우리는 선언을 하고 그것이 고객에게 안착될 수 있게 할 수 있다.

우리는 고객이 자신의 말을 경청하고 가장 중요한 것을 발견하는 데 필요한 모든 시간을 고객에게 줄 수 있다.

●○

프랙티스 5.5.

파트너와 침묵 유지하기

당신과 함께 실험할 파트너를 찾으라. 5분에서 10분 정도를 약속 시간으로 합의를 구하라. 타이머가 합의한 시간에 울리도록 설정하라.

함께 앉는 실습을 하듯 가만히 앉는다. 이것은 눈을 바라보는 연습이 아니다. 눈을 감거나 뜰 수 있으며, 나란히 앉거나 마주보며 앉을 수 있다.

무슨 말이든 하고 싶은 생각이나 충동을 알아차리고 침묵 속에 함께 앉아 있도록 하라. 긴장을 풀어라. 처음에는 아무 말도 하지 않는 것이 어려울 수 있다. 이 프랙티스는 아무 일도 일어나게 할 필요가 없고 단순히 함께 존재하는 것이다.

●○

•◦

프랙티스 5.6.

코칭에서 침묵 유지하기

이제 코칭에서 침묵을 실험하라. 고객이 질문을 하면 응답을 마련할 때 잠시 멈춘다. 응답하기 전에 "잠시 생각해 보자"라고 말할 수도 있다.

문장 사이에 짧은 멈춤을 삽입하라. 어려운 질문을 할 때는 고객이 조금 불편해 하더라도 그대로 두어라. 대화에 침묵의 순간, 작은 공간을 도입할 수 있는 많은 장소들을 찾아라.

이 프랙티스가 대화의 속도와 느낌을 어떻게 바꾸는가? 고객은 어떻게 반응했는가?

•◦

장, 고객의 잠재력 및 침묵을 유지하는 코칭의 내적 조치는 분위기를 조성한다. 결과적으로 여유로움과 가능성에 대한 감각은 두 사람의 직관이 보다 제한적이고 선형적인 프로세스로는 드러내지 못할 것들을 드러낼 수 있는 여지를 제공한다.

다음은 이러한 요소가 중요했던 코칭 대화의 요약된 예이다. 나의 고객은 최근 두 번째 경력을 위해 고용된 군 출신의 고위 임원이다. 그의 임무는 많은 영역과 구식 업무 수행 기준을 가진 대규모 비영리 단체를 이끌고 활성화하는 것이다. 닐[Neal]은 정력적이고, 개성이 강하고, 참을성이 없고, 매우 야심이 많다. 또한 그는 다소 의욕이 꺾여 있다.

그의 임기 6개월 차다. 몇몇 핵심 리더들이 합류했지만 다른 많은 리더들은 변화에 저항해왔다. 끊임없는 회의, 위기 그리고 첫 해에 달성하기로 약속한 변화 목표를 견인하기 위해 해야 할 엄청난 양의 일에 지쳐 있었다.

닐: 가끔 나는 이것이 그럴 만한 가치가 있는지 궁금하다. 나는 이것이 그렇게 피곤할 것이라고는 정말 예상하지 못했다.

코치: 그렇다. 당신에게 많은 일이 있었다.

닐: 내 목표가 현실적인지 의문이다. 나는 그들에게 너무 멀리 그리고 너무 빨리 움직이라고 요구하고 있는 것이 걱정된다. 그들이 이러한 변화의 속도를 지속할 수 있을지 모르겠다.

코치: 생각해보니 *"그는 이 일에 시간을 가질 필요가 있다. 실제로는 꽤 잘되고 있지만, 그는 그것을 보지 못한다."라고 생각한다. 그는 자신의 연민과 무조건적인 존중심을 찾고, 그것들을 고객을 향해 확장한다.* 닐, 지금 당장 무엇이 도움이 될까? 어떤 다른 관점을 사용할 수 있을까?

닐: 내가 압도당하고 관점을 잃기 쉽다는 것을 잘 알고 있다. 시간이 좀 걸릴 줄 알고 있었다. 우리는 지금 그 중간에 있다. 모든 사람이 나와 같은 에너지나 이것이 올바른 길이라는 나의 확신을 공유하는 것은 아니다.

코치: (멈춤, 공명과 연민을 감지하며) 때때로 외로울 것 같다.

닐: 그래, 그렇다. 지금 내 어깨에 짐이 많다.

코치: 그래, 닐, 짐이 많다. *긴 침묵, 이 침묵 속에서 닐은 그것을 이해받는 느낌이라고 표현했지만, 둘 다 공명을 느꼈다. 그것이 얼마나 어려운지에 대해 더 설명하고 싶은 닐의 욕구는 사라지는 것처럼 보인다.* 그리고 이제, 그 무게를 더 쉽게 지탱할 수 있는 것이 무엇인지 말해달라.

닐: (멈춤) 나는 이 계획을 지지하는 사람들을 보면 편해진다. 사람들이 자발적으로 올바른 방향으로 나아가는 것을 볼 때다.

코치: 자주 그런 일이 있나?

닐: 점점 더 많이 일어난다.

코치: (중립성과 무조건적인 존중을 감지하며) 그래서 닐, 당신이 지지하는 것을 더 이상 보지 못하게 되면 당신에게 어떤 일이 일어나는가? 어떻게 이번 기회에 도움을 줄 필요성을 놓치게 되는가?

닐: (짜증나고 방어적인 목소리로) 이봐, 내 명성은 이 일의 성공에 달려있다. 나는 뭔가 일어나게 하기 위해 들어왔다. 나는 완전히 헌신적이다. 우리가 성공하면 나도 성공한다. 그렇지 않으면 실패한다. 그렇게 간단하다. 그리고 난 실패하지 않는다. *어느 정도는 사실이다. 다른 한편으로, 이 정체성에 기반한 스토리는 그의 습관의 일부인, 압도당하는 상태를 느끼는 그의 감각을 부채질한다.*

코치: *중립성과 무조건적인 존중을 확장한다. 닐은 코치의 지원을 시험하고 있다. 코치는 이것에 대한 다른 견해의 가능성을 그저 가지고 있을 뿐이다. 코치는 분명하고 부드럽게 말한다.* 닐, 정말 당신의 헌신이 보인다. 의심의 여지가 없다. (멈춤) 나는 단지 당신이 압도당하고 낙담하는 느낌을 줄이기 위해 어떻게 이를 협상해 나갈 수 있는지 궁금하다. 나는 당신이 그 압도적인 것에 어떻게 다르게 작업할 수 있는지 궁금하다.

닐: (긴 침묵; 코치는 기다리며 닐이 이것을 처리하고 있다는 것을 감지) 아마도 나는 그것이 내 추진력의 일부인 것 같다. 우리가 좌절을 겪을 때 패배감을 느끼는 부분이 있다는 것을 알고 있다. 하지만 실제로는 우리가 성공할 것을 안다. 부정적인 요소들은 그냥 필요 이상으로 훨씬 더 어렵게 만든다.

코치: *코치는 닐이 자신을 위해 더 유용한 대안적 관점을 표현할 수 있는 가능성을 유지한다.* 그래서 여기서 가능성은 무엇인가? 당신은 어떤 관점을 선택할 수 있는가?

닐: (멈춤) 나는 이게 시간이 걸릴 것이라는 관점을 선택할 수 있다. 사람들이 함께 하고 있다. 우리 팀이 하나로 모이고 있다는 것. 함께 하지도 않고 머물러서도 안되는 사람들이 몇 명 있다. 괜찮다. 나는 어제와 같은 날이 더 장기적인 시야를 가질 수 있고 그 축에 너무 얽매이지 않을 수 있다. *대화는 닐이 압도당했다고 느낄 때 어떻게 하면 더 여유롭고 생산적인 관점으로 전환할 수 있는지 탐구하기 위해 진행된다.*

이 대화에서 닐의 내면 상태가 매우 광범위하게 변한다는 점에 주목하라. 그는 다소 낙담하기 시작하고 몇 분 동안 부담감, 방어감 및 안도감을 느낀다.

또한 코치가 각각의 감정 상태를 인정하면서 이를 고치거나 설득하지 않는 점에 주목하라. 코치는 관계의 장에서 특정한 특성에 접근하고, 현존을 유지하면서 닐에게 안정적인 영향을 미친다. 닐은 결국 다른 가능성을 중심으로 자신을 재구성할 수 있게 된다. 몇 가지 추가 작업을 통해 닐은 자기조절에 대한 새로운 역량을 개발하기 시작할 것이다.

본 장의 요약

- 모든 대화는 관심, 책임 및 가능성의 관계의 장이라고 부를 수 있는 곳에서 이루어진다. 대화에 참여하는 사람은 이 장의 영향을 받는다. 각자가 기여하거나 망설이는 것 또한 그 장에 영향을 미친다.
- 우리는 우리의 현존과 주의를 파트너에게 확장함으로써 관계의 장에 영향을 미치고 안정화시킬 수 있다. 그렇게 함으로써 생성적인 대화에 가장 도움이 될 수 있는 분위기가 조성된다.
- 관계의 장에 도움이 되는 특성은 여유로움, 연민, 무조전적인 긍정적 존중, 공명 및 중립성이다. 이러한 특질은 항상 그 장에서 사용할 수 있다. 우리가 더 현존하고 그러한 특성들과 더 많이 접촉할수록 그 장은 더욱 안정되고 그 장은 고객을 위한 초대의 장이 된다.
- 우리는 또한 보이지 않는 가능성과 해결책이 존재한다는 확신을 유지하고 고객의 잠재력에 대해 흔들리지 않는 확신을 갖고 침묵을 허용함으로써 새로운 것이 창발할 여지를 남겨둔다.

제3부 마음, 몸, 가슴에 현존하기 위한 생성적 프랙티스

Generative Practice for Presence in Mind, Body, and Heart

당신이 지금까지 한 것이 당신이 되고, 당신이 미래에 될 것은 지금 당신이 하는 것이다.

부처(The Buddha)

프랙티스는 모든 강사 중 최고이다.

푸블리우스 시루스(Publilius Syrus)

오랜 친구이자 동료가 이 책의 초안을 검토하면서 40대 후반에 골프를 시작한 아버지의 이야기를 들려주었다. 예순 살이 되자 그는 상당한 성취를 이루었다. 매주 36홀의 골프를 치고, 매주 골프 연습장에서 여러 바구니의 공을 치고, 프로에게 정기적인 레슨을 받고, 많은 독서를 통해 그는 상당히 뛰어난 골퍼가 되었으며 게임을 엄청나게 즐기게 되었다. 매주 10시간에서 15시간을 꾸준히 프랙티스와 배움에 투자한 것이 그의 성취로 이어졌다. 올림픽 선수, 프로 농구 선수, 콘서트 피아니스트, 무용수, 시인에게 그들의 스킬을 어떻게 배웠는지 물어보면 대답은 "프랙티스"일 것이다.

어떤 비즈니스 리더에게 자신이 하는 일을 어떻게 잘하게 되었는지 물어보라. 그러면 당신은 다양한 답변을 얻을 것이다. 그러나 이 "프랙티스"라는 대답은 거의 듣지 못할 것이다.

이것이 핵심이다. 만약 여러분이 현존에 더 많이 접근하고 싶다면, 당신의 전문 영역과 남은 인생에서 자기생성적이 되고 싶다면, 내면 상태를 통달하고 싶다면, 당신이 해야 할 단 한 가지 일이 있다. 프랙티스!

- 현존을 위한 멈춤 -

프랙티스는 책의 앞부분에서 설명한 내적 조치를 하기 위해 우리가 하는 일이다. 프랙티스는 우리가 현존에 기반을 둔 관계적 조치를 하고 고객을 새로운, 보다 확장된, 자원이 충만한 내면 상태로 초대할 준비가 되는 방법이다. 프랙티스는 우리가 기적과 같은 고객들을 가능한 한 가장 소중하고 왜곡되지 않은 방법으로 보기 위해 우리 자신의 필터, 선입견, 습관 및 해석 구조를 중단할 수 있는 충분한 수준의 자기 숙달에 도달하는 방법이다. 프랙티스는 우리가 고객들에게 우리 자신을 가능한 가장 큰 자원으로 제공하는 방법이다.

우리가 프랙티스를 할 때, 다른 사람들에게 무슨 일이 일어나고 있든 간에 우리는 더 유용하고, 회복탄력성이 있고, 평온하고, 안정되어 있다고 경험한다. 우리는 이러한 특성을 우리 주변의 장으로 확장할 수 있게 되고 우리 자신과 다른 사람들을 위한 더 강력한 자원이 될 수 있다.

그것이 당신의 일주일의 시간 중 한 시간에서 세 시간을 투자할 가치가 있는가?

- 현존을 위한 멈춤 -

제3부는 더욱 심화시키는 방법을 보여준다. 그것은 시간이 지남에 따라 반복되는 일련의 구체적인 프랙티스를 중심으로 구성되어 자기인식, 현존, 숙달의 견고한 기반을 구축한다. 연습과 달리 프랙티스는 평생 동안 함께 하도록 고안되었다.

이러한 생성적 프랙티스generative practice는 성공의 열쇠이다. 여기에는 마음, 몸, 가슴의 세 가지 문을 통한 현존에 대한 접근을 개발해 온 수년간의 충분한 자료가 있다. 마음의 문을 통해 당신은 스스로 관찰하고, 당신의 습관을 정확하게 인식하고, 집착이 생길 때 그것들을 놓아줄 것이다. 몸을 통해 당신은 센터링하고 더 온전히 살아있게 되며, 당신 주변에 무슨 일이 일어나고 있든 현존하고 충만할 수 있게 된다. 당신은 가슴을 통해 연민, 기쁨, 감사를 느낄 것이다.

나는 매일 지속적으로 생성적 프랙티스를 하는 것을 강력히 지지한다. 그리고 세 개의 문 모두에 대해 정기적인 프랙티스를 통합하는 것이 현명하다. 출발점은 매일 다음 세 장(앉기, 센터링, 가슴 터치하기)의 세 가지 핵심 프랙티스를 실천하는 것이다. 이것들은 다른 모든 것들이 구축되는 기본 프랙티스이다. 마음, 몸, 가슴의 세 가지 문으로 수련하는 것은 예를 들어 세 가지 마음 수련을 하는 것보다 더 빠르고 통합된 방식으로 당신을 개발시킬 것이다. 켄 윌버Ken Wilber는 이것을 "교차 훈련cross-training"이라고 하고 다른 영역의 정기적인 프랙티스들이 서로를 강화한다고 말한다.[1]

일주일에 최소 5회, 15분에서 1시간 사이의 시간을 정기적으로 확보하라. 아침은 대부분의 사람들에게 가장 적합하며, 하루의 분위기를 결정하지만 타이밍보다 일관성이 더 중요하다. 주어진 시간에 직면하고 있는 도전과 호기심에 따라 결정되는 추가 프랙티스를 포함하여 일관된 일련의 핵심 프로세스에 전념하라. 자기생성의 영역을 알고 있고 당신의 독특한 개발 프로세스를 안내하고 그리고 당신과 함께 프랙티스를 할 수 있는 헌신적인 파트너 혹은 코치를 찾으라. 다운로드가 가능한 프랙티스, 프랙티스 추적 로그 및 추가 리소스에 대한 링크를 보면 다음의 주소를 방문해보라. http://dougsilsbee.com/books/pbc

설명된 프랙티스를 실험하는 것은 바쁜 스케줄에 포함할 수 있는 실제적이면서 풍부하고 일관된 평생의 실천으로 이어질 수 있다. 결국 당신은 이를 평생 이어나가기로 결심했음을 깨닫게 될 것이다.

나의 약속: 프랙티스는 당신을 다른 사람으로 만들 것이다.

제 6 장

마음

생각을 조심하라. 생각은 말이 된다.
말을 조심하라. 행동이 된다.
행동을 조심하라. 습관이 된다.
습관을 조심하라. 습관은 성격이 된다.
성격을 조심하라. 그것은 당신의 운명이 된다.

중국 속담(Chinese proverbs)

습관은 습관이며 누구에 의해서도 창 밖으로 내던져 버려질 수 있는 것이 아니라 한 번에 한 단계씩 아래층으로 내려가도록 달래는 것이다.

마크 트웨인(Mark Twain)

나는 몇 가지 이유로 마음mind부터 시작한다. 이는 내게 가장 익숙한 곳이며, 서구 세계의 문화적 편견을 고려할 때 가장 쉽게 접근할 수 있는 곳이다. 물리학자들의 아들, 손자, 조카 및 사촌으로서 나는 마음이 유일하게 중요한 것이라고 생각했다. 수년간의 자기 탐구를 통해 인간이 실제로 어떻게 변화하는지 더 잘 이해하게 되었고, 몸과 가슴이 우리의 발전에 중요한 역할을 한다는 것을 깨달았다. 많은 독자들에게 마음이 이 새로운 영역을 발견하는 가장 쉬운 장소가 될 것이다. 몸과 가슴은 의식적인 탐구를 위한 비교적 새로운 영역을 나타낸다.

우리의 고객을 위해 명료해지고, 유용해지고, 현존하기 위해, 가능한 한 우리의 조건화된 습관에 가로막히지 않는 것이 중요하다. 우리의 정체성에 제약을 받고 알아차리지 못한 집착과 혐오에 의해 주도 당하는 것은 깨어 있고, 열려 있고, 충만할 때와는 정반대이다. 우리의 주의를 집중하고 습관적인 행동의 원인을 인식하고 놓아주는 능력은 마음의 영역에 있다. 코치로서 이것은 고객과 함께 현존하는 데 매우 중요하다. 와익Weick과 수트클리프Sutcliffe는 항공모함 비행 갑판과 같이 완전히 현존하는 것이 필수적인 고신뢰 조직에서의 마음챙김의 중요성을 설명한다.[1]

수천 년 동안, 불교도들은 마음 수행의 지도를 복잡하고 자세하게 그렸다. 그들의 관찰에 기초하여, 잘 개발된 의식의 분류 체계는 비범한 스승들의 유산을 통해 명료하게 표현되고, 정제되고, 전승되어 왔다. 우리는 현존, 명료하게 집중된 마음, 큰 행복으로 이어지는 풍부하고 입증된 프랙티스의 수혜자이다. 아마도 놀랍게도 그렇지 않을 수도 있지만, 과학은 이제 불교도들이 오랫동안 엄격한 수행을 통해 확인하고 함양한 명확한 경험의 신경학적 상관 관계의 지도를 그리고 있다. 행복, 수용, 현존의 경험이 뇌 기능에 직접적이고 측정 가능한 상관 관계가 있으며 이러한 경험은 누구나 할 수 있는 간단한 마음챙김 프랙티스를 통해 확실하게 할 수 있다는 것에 더 이상 의문의 여지가 없다.

여기에서 우리는 주로 자기 관찰 능력을 개발하여, 주의를 집중하고, 인식하고, 새로운 무언가가 열릴 수 있도록 조건화된 집착과 혐오를 내려 놓는 것에 관심이 있다. 이것은 자기생성 게임의 기초이며 다른 모든 것의 기초이다.

당신은 실험에 초대되어 어떤 일이 일어나는지 볼 수 있다. 이 책의 다른 모든 것과 마찬가지로 여기에서도 나는 당신에게 아무것도 믿음으로 받아들이지 말 것을 요청한다. 가치의 증명은 다른 사람들이 수행한 연구나 내가 이 책에서 주장한 것들에서 나오는 것이 아니라 당신의 개인적인 경험의 세밀한 특성을 통해 축적된 증거에서 나올 것이다.

위스콘신에 있는 생명공학 기업의 생물학자인 마이클 슬레이터Michael Slater는 마음챙김 수련의 생리적 효과를 측정하는 통제된 연구에 참여했다. "나는 정말로 내 삶의 모든 면에서 경험주의자이다. 나는 도그마dogma를 의심하고 그것을 테스트한다. 나는 그것을 실험실 의자에서도 하지만 내 개인의 삶에서도 그렇게 한다. 그래서 이것은 나에게 매력적이었다. 왜냐하면 나는 스트레스가 감소하는 것을 느낄 수 있었기 때문이다. 나는 내가 덜 짜증을 낸다는 것을 알 수 있었다. 스트레스 요인을 더 많이 감당할 수 있는 능력이 향상되었다. 아내는 내가 곁에 있는 것을 더 편하게 느꼈다고 한다. 가시적인 결과가 있었다. 경험주의자에게는 그것으로 충분했다."[2]

이것이 우리가 여기서 추구하는 것이다. 우리는 당신에게 더 효과적이고 코치로서 당신의 역할에 현존할 수 있는 무언가를 추구한다. 내가 제안하는 것의 효능에 대한 평가는 당신의 경험을 통해 나올 것이고 당신을 다르게 경험하기 시작한 다른 사람들에 의해 검증될 것이다.

이 장에서는 먼저 관찰자를 구축하는 데 중점을 둔다. 나는 핵심적인 앉기 프랙티스를 제공하고 그것으로부터 알아차릴 것이 무엇인지 설명한다. 그런 다음 자기관찰과 습관과 집착을 다루는 다른 프랙티스로 나아간다.

마음을 위한 프랙티스
핵심 마음 프랙티스: 앉기 명명하기 습관의 자기관찰 집착 놓아 보내기

관찰자 구축하기

핵심은 우리가 무엇을, 언제, 어떻게 하고 있는지를 스스로 관찰하고 알아차리는 능력이다. 이런 생성적 프랙티스는 어떤 상황에서도 우리의 자기인식과 현존을 향상시킨다. 우리는 반복을 통해 그것을 구축한다.

자기관찰은 우리의 의식을 행동하는 마음acting mind과 관찰하는 마음observing mind의 두 부분으로 인위적으로 나누는 것에서 비롯된다. 행동하는 마음은 우리를 움직이는 마음이다. 그것은 우리의 생각, 언어, 움직임 및 행동을 관리한다. 우리가 하는 모든 것은 행동하는 마음이 취하는 행동이다. 다른 하나는 관찰하는 마음, 즉 관찰자이다. 우리가 자기인식을 할 때, 관찰자는 실제로 행동하는 마음을 관찰하고 있다. 우리는 프랙티스를 통해 관찰자를 양성한다. 자기인식은 이러한 자기관찰의 산물이다.

자기관찰을 위해서는 중립적이고 수용적인 자세가 필요하다. 우리 자신의 온화한 호기심을 따라 가능한 한 마음의 작용에 대해 가장 섬세한 이해를 구축하기 위해 노력한다. 우리의 삶에서 매 순간 끊임없이 일어나는 인간적 경험은 이를 관찰하기 위한 독특한 요소를 끝없이 제공한다.

●○

프랙티스 6.1.

핵심 마음 프랙티스: 앉기

등을 받쳐 주는 의자에 똑바로 앉아라. 등을 곧게 펴고 발을 편안하게 바닥에 놓으라. 머리를 곧게 세우고 어깨 위로 두되 긴장을 하지 말라. 눈을 감거나 몇 피트 앞의 빈 벽을 부드럽게 응시할 수 있다.

당신의 호흡으로 주의를 기울이라. 당신에게 더 알아차려지는 것에 따라, 당신은 숨을 쉴 때 복부가 오르내리는 것에 주의를 기울일 수도 있다. 혹은 당신의 콧구멍에 주의를 집중할 수 있는데, 그곳은 공기가 흐르면서 특정한 서늘함이 느껴진다. 어느 위치든 괜찮다. 선택한 곳에 주의를 기울이기만 하면 된다.

당신의 호흡으로 특별히 어떤 일을 하려고 하지 말라. 공기가 들어오고 나갈 때의 감각을 관찰하기 시작하라. 숨을 들이쉴 때 "들숨", 숨을 내쉴 때 "날숨"이라고 스스로에게 말하라. 만약 당신의 주의력이 산만해지면(그렇게 될 것이고-그것이 게임의 일부이다!) 주의가 다른 곳에 있다는 것을 관찰하고 주의를 다시 호흡으로 가져오라. 이것을 잘하지 못하는 것에 대한 자기비판을 발견한다면 그것을 알아차리고 다시 호흡에 주의를 기울이라.

이것을 하루에 10분씩 하라. 20분이 10분보다 낫고 5분이 안하는 것보다 낫다. 가능하면 하루에 두 번 앉아서 프랙티스하라. 아침과 저녁에 다시 앉으라. 일관성이 중요하다. 매일 일정 시간 앉아있는 것만으로도 몸을 편안하게 하고, 맥박을 늦추고, 스트레스를 풀고 주의력을 훈련시키는 등 상당한 이점이 있다.

앉아 있는 동안, 당신은 주의를 현재로 되돌리는 프랙티스를 하고 있다. 시간이 지남에 따라 다른 사람, 작업 및 자신과 함께 현존할 수 있는 능력에 상당한 차이를 발견하게 될 것이다. 이것이 바로 마음챙김이다.

●○

이제 이것을 시도했으니, 이에 대해 조금 이야기해보자. 첫째, 당신은 당신의 마음이 꽤 바쁘다는 것을 알아차렸을지도 모른다. 우리는 활기찬 세상에 살고 있고, 우리의 마음은 보통 한 생각에서 다른 생각으로 멈추지 않고 질주함으로써 이를 따라간다.

당신이 앉기 프랙티스를 시작하면 당신의 마음은 평소보다 더 빠르게 움직이고 있는 것처럼 보일 수도 있다. 나는 당신이 활동에 주의를 빼앗기지 않기 때문에 당신은 아마도 계속되어온 것을 보다 더 명확하게 보고 있을 것이라고 추측한다.

– 현존을 위한 멈춤 –

어쨌든, "목표"는 반드시 마음을 고요하게 하는 것은 아니다. 앉기를 한다는 것은 당신 안에서 무슨 일이 일어나고 있는지 관찰하고, 당신의 선택에 따라 주의를 집중하고 유지하는 능력을 향상시키는 것이다. 이 경우에는 호흡이다. 지속적인 주의력의 근육을 만든 후에 다른 사람의 말을 듣고, 프로젝트를 생각하고, 자신의 경험에 현존하는 등의 작업에 집중할 수 있다. 우리는 이 능력을 일반화하여 다른 활동에도 계속해서 주의를 기울일 수 있다.

대부분의 서양인들은 성취지향적이다. 우리는 앉아있는 것을 탁월하게 해야 하는 또 다른 도전으로 볼 수 있다. 성공 지향적인 과잉 성취자는 순간적인 평화와 고요함의 성과 기준을 설정하는 경우, 인간 마음의 끊임없는 산만함을 발견하면서 엄청난 고통을 겪을 것이다. 심지어 (아마도 특히) 똑똑한 사람들도 앉기 프랙티스는 생각으로 능가할 수 없다. 앉아 있기는 우리 자신을 우리에게 드러낸다.

삶의 대부분의 다른 활동처럼, 우리의 고통은 단순히 프랙티스라는 것을 기억할 때 줄어든다. 우리는 스스로에 대한 기대치를 낮추고, 긴장을 풀고, 성공은 단순히 바쁜 마음을 계속해서 호흡하게 하는 데서 온다는 것을 기억한다.

무엇을 관찰해야 하는가?

우리가 무작위적인 생각의 흐름에서 주의를 되돌리는 데 더 능숙해지면 볼 것이 많다. 시시각각 우리 내면의 미묘한 차이에 현존하는 것은 다층적이고 복잡한 경험을 드러낸다.

그래서 우리가 앉아있는 동안 알아차려야 할 것은 무엇인가? 우리는 그저 우리의 호흡을 지켜보며 고요하고 평화롭게 지내려고 애쓰고 있지 않는가? 음, 상당히 그렇다. 실제로 관찰할 것이 많다. 핵심 프랙티스인 앉기를 계속하면 우리의 존재를 구성하는 미묘한 경험의 풍부한 태피스트리tapestry를 점점 더 많이 볼 수 있다.

- 정신 활동Mental activity: 우리가 더 깨어 있기 시작하면, 가장 눈에 띄는 것은 마음이 끊임없이, 때로는 다급하게 수다를 떠는 것이다. 우리의 서두르는 대부분의 사고는 미래(행동 계획, 문제 예상) 또는 과거(후회, 성공에 대한 자부심, 추억의 즐거움)에 초점을 맞춘다. 미래와 과거에 집착하면 현재에 대한 주의를 거의 주지 않는다.
- 감정Emotions: 인간은 슬픔, 기쁨, 불안, 사랑, 분노 등 다양한 감정을 가질 수 있다. 이것들은 대부분 미묘하지만 때때로 다소 강렬할 수 있다. 감정은 매일 수없이 발생하고 지나가는 상대적으로 단기적인 현상이며, 일반적으로 알아차리기 힘들다. 우리의 감정을 관찰할 수 있다는 것은 우리에게 풍부한 정보의 원천을 제공

하고 우리가 감정에 압도되지 않고 모든 범위의 감정을 경험할 수 있게 해준다.

- 기분Mood: 기분은 감정과 다르다. 기분은 우리가 특정한 반응에 치우치거나 배제하는 경향이 있는 삶의 더 지속적인 방향을 나타낸다. 예를 들어, 체념의 기분은 우리가 도전에 대해 조치를 취하거나 적극적으로 대응할 가능성이 적다는 것을 의미한다.
- 감각Sensation: 감각은 누군가의 목소리, 빛, 심장 박동의 맥동, 발에 가해지는 바닥의 압력 등 감각기로 들어오는 입력이다. 우리 몸 전체에 퍼져 있는 무수한 감각적인 경험들이 항상 존재한다. 그것들은 복잡하고 다층적이다. 대부분의 경우, 우리는 머리 속에 존재하고 이러한 감각들을 놓치곤 한다.
- 집착Attachments: 집착은 우리가 어떤 것에 대해 끌리는 경험이다. 그것들은 직접적으로 경험할 수 있으며 일반적으로 감각, 감정 및 사고 패턴의 구성 요소를 가지고 있다. 제2장에서 보았던 자넷의 도움에 대한 집착은 빨라진 심장 박동, 가슴의 에너지 감각, 간절한 감정, 현장 그리고 그녀가 어떻게 현장으로 출장을 준비할 수 있는지에 대한 생각으로 나타날 것이다. 관찰자는 우리가 이 모든 것을 자세히 볼 수 있게 해준다.
- 혐오Aversions: 집착과 반대로 혐오는 우리가 저항하거나 피하는 어떤 것으로부터 멀어지는 것인데, 일반적으로 우리가 살면서 그것이 불쾌하거나 해롭다는 것을 배웠기 때문이다. 혐오 역시 우리 경험의 감각적, 감정적, 인지적 영역에서 일련의 경험에 의해 드러난다.
- 고요Stillness: 마지막으로 (하지만 실제로는 가장 먼저) 이 각각의 현상들의 기저에 있는 고요함이다. 위의 각 현상은 발생하고 사라진다. 그 현상들은 고요함, 조용함, 저류 및 광대한 가능성의 기반

에서 발생한다. 우리가 이 고요함을 알아차리기 시작할 때 우리는 우리 자신 속에서도 고요함을 발견한다. 그것은 다른 모든 것들이 발생하는 근원이다. 고요함은 항상 거기에 있고, 항상 준비되어 있고, 우리의 인식이 고요함에 개방되기를 기다린다. 이것은 미래가 기록되지 않은, 모든 가능성이 있는 현존의 장이다. 당신은 그것을 점점 더 많이 알게 될 것이다.

앉기는 프랙티스이다. 결과적으로 마음챙김은 우리 경험의 모든 요소들과 함께 현존하는 것을 의미한다. 우리가 이 모든 것을 알아차리기 위해 우리의 인식을 조율할 때 우리가 우리 자신을 구성하는 정상적이고 제한적이며 업무 중심적인 방식에서 놓치는 많은 것을 사용할 수 있다.

무엇을 관찰해야 하는가?
정신활동 감정 기분 감각 집착 혐오 고요

●○

프랙티스 6.2.

명명하기

이것은 기본적인 앉기 프랙티스의 강화이다. 여기에서 당신이 앉기 프랙티스를 할 때 알아차린 것을 명명한다.

호흡에 주의를 기울이고 앉아라. 아마도 당신의 주의력은 5초 동안 당신의 숨결에 머무를 것이다. 그리고 나서 당신은 나중에 어려울 수도 있는 회의에 대해 생각하게 될 것이고, 다가오는 크루즈를 계획하고, 어제 상사에게 말했으면 좋았을 것을 다시 이야기하고, 감정을 느끼거나, 왼쪽 종아리에 가려움을 느낄 것이다. 프랙티스는 여러분이 알아차리고 있는 것에 간단히 이름을 붙이는 것이다. “생각”, “느낌” 또는 “감각” 그리고 나서 주의를 다시 호흡으로 돌려라.

자, 그것이다. 앉기. 숨쉬기. 당신의 호흡에 주의를 기울이라. 당신이 이러한 다른 경험들 중 하나가 발생하는 것을 알아차리면 명명하고 다시 호흡에 주의를 기울이라. 당신은 이것을 계속 반복하면서 “인식의 근육”을 기르고 있다.

•◦

우리는 왜 이것을 하는가? 우리는 우리 자신을 더 친밀하게 알기 위한 수단으로 앉아 있다. 우리는 더 온전히 현존하고 봉사하기 위해 우리의 습관을 인식하고 중단하는 프랙티스를 한다. 우리는 새로운 행동이 일어나는 조용한 가능성의 공간에 접촉하기 위해 앉아 있다. 그리고 우리는 자신의 생동감을 경험하기 위해 프랙티스한다.

이들 중 첫 번째로, 우리는 특정한 순간에 우리에게 무슨 일이 일어나고 있는지 알아차리고 명명할 수 있는 능력을 구축해야 한다.

습관에 관해 작업하기

우리의 성격은 우리를 독특하게 만드는 모든 조건화된 습관의 집합이라는 것을 기억하라. 습관은 정의상 우리를 제한한다. 과거에 효과가 있었었던 것을 디폴트로 설정함으로써 우리는 훨씬 더 효과적이고 만족스러운 가능성을 볼 수 없게 된다.

우리는 사람을 개발하는 사람으로, 우리의 코칭을 방해가 되는 성격의 습관을 인식하고 중단하는 데 능숙해야 한다. 예를 들어, 나는 오래된 교사 가문 출신이다. 가르치는 것이 내 뼈에 새겨진 것이다. 가르치는 것은 내가 다른 사람들을 보고 관계를 맺는 방식의 자연스럽고 때로는 무의식적인 부분이다. 그것은 내 정체성의 일부이고, 나는 교사 역할을 하는 것에 대한 중요하지만 때로는 문제가 되는 집착을 인식하게 되었다.

자기생성은 코칭의 기반이기 때문에 고객이 스스로 솔루션을 만들고 문제를 해결하는 것이 중요하다. 단순히 강력한 질문을 하고 현존하기보다는 뛰어들어 가르치려는 나의 습관이 방해가 될 수 있다. 교육에 대한 나의 집착이 지배하려고 할 때를 알아차리려면 자기인식이 필요하다. 그러면 나는 그 충동을 멈추고 내가 그의 문제에 대해 무엇을 해야 하는지 말하기보다는 내 고객과 함께 현존할 수 있다.

우리는 각자 독특한 습관을 가지고 있고, 이것들을 코칭 관계로 가져오지 않을 수 없다. 그것들은 우리 존재의 신경 섬유의 일부이다. 여전히 효능성에 대한 우리의 헌신은 고객에게 도움이 되지 않는 습관을 인식하고 버리는 지속적인 내적 작업을 수행하도록 요구한다(나의 첫 번째 책인 『*The Mindful Coach*』에서 나는 코칭과 관련된 습관의 본질과 고객에게 서비스를 제공할 때 습관을 인식하고 중단해야 하는 윤리적 의무에 대해 자세히 설명한다. 그 논의는 우리가 여기에서 할 수 있는 여지보다 훨씬 더 광범위하다).[3]

다음은 코치 훈련 과정에서 반복적으로 볼 수 있는 몇 가지 일반적인 습관이다.

- 가르치거나 처방하려는 경향
- 어려운 진실을 말하는 것을 피하는 경향

- 고객의 상황에서 우리 자신을 보고 이상적으로 원하는 것을 투사하는 습관
- 우리가 편안함을 느낄 수 있도록 코칭에 대한 예측 가능한 질문 또는 접근 방식을 따르는 경향
- 유능하다고 느끼거나 유능하다는 인식을 확립해야 할 필요성
- 비용 또는 지위를 획득하기 위해 코칭 관계를 계속 유지하려는 욕망
- 우리를 성급함, 판단, 슬픔 또는 기타 도움이 되지 않는 감정 상태로 이끄는 특정한 감정적 요인
- 고객의 성공(또는 실패)을 자신의 성공(또는 실패)과 혼동하는 습관

이것들은 그 자체로 부정적인 현상이 아니다. 그것들은 단지 현재에 나타나는 역사적으로 뿌리내린 습관들이다.

습관이 우리를 몰아가서 우리의 상호작용이 고객이 우리에게 필요로 하는 것에 맞추기보다는 우리 자신의 필요에 의해 왜곡될 때 문제가 된다. 우리의 정체성이 확인되거나 위협받는 것에 따라 구성되는 미묘하게 조건화되고 결여된 통찰력이 끼어든다. 그 결과, 관계의 장의 가능성을 보고 대응하는 능력이 제한된다. 예를 들어, 멘토링 및 코치 훈련 워크숍에서 자주 보는 공통적인 장애물은 학습자의 자의식이다. 코치들은 옳은 일을 하는 데 너무 열중하기 때문에 스스로를 구속하고 고객에게 덜 현존하게 된다.

어느 워크숍에서 나는 두 사람이 코칭 연습을 하고 있는 방으로 들어갔다. 코칭하는 사람은 내가 방에 들어갔을 때 긴장하여 그가 작업하고 있던 고객의 중요한 단서를 놓쳤다. 더 높은 역량을 갖춘 사람에게 관찰 당할 때의 성급한 자의식은 이해할 수 있는 일이었다. 이것은 또한 그의 자의식을 습관적으로 드러내고 그 자신과 그의 고객과 더 현존

하기 위해 그것으로 작업할 수 있는 가능성을 보여주었다. 이것은 그에게 중요한 학습 주제가 되었으며 자기생성의 첫 번째 요소인 자기관찰의 본질을 보여준다.

우리 자신의 습관을 인식하고 다루는 데에 능숙해지는 것이 중요하다. 아무도 우리를 위해 이를 대신해줄 수 없지만, 숙련되고 정직한 동료들, 사랑하는 사람들 그리고 우리의 코치 및 멘토는 종종 우리 자신의 맹점을 볼 수 있도록 도와줄 수 있다.

자기관찰 설계하기

자기관찰은 중요한 프랙티스이다. 그것은 자기생성의 첫 번째 구성요소이며 현존의 순간에 깨달음으로 초대한다. 자기관찰은 정의상 자동적이고 의심의 여지가 없는 것으로 정의되는 습관에 의식적인 주의를 기울이는 책임을 구축하도록 설계된 구조이다. 우리는 고객을 위해 그리고 고객과 함께 자기관찰을 설계하는 게임에 참여하여 고객이 수십 년 동안 살아온 효율성을 저해할 수도 있는 습관을 관찰할 수 있다. 그러나 숙달은 우리 자신으로부터 시작된다.[4]

자기관찰은 성과를 내기 위한 수행 활동이 아니라 개발 활동이다. 우리는 습관에 대한 인식과 습관에 개입할 것인지에 대한 여부를 선택한다. 자기관찰은 습관 자체를 바꾸기 위해 고안된 것이 아니다. 이것은 문제를 보고 즉시 해결책을 찾는 데 익숙한 대부분의 사람들에게는 반직관적counterintuitive이다.

자기생성적인 사람들은 필요한 것에 창의적으로 반응하고 긍정적이고 삶을 긍정하는 선택을 하는 경향이 있다. 그래서 행동 변화는 일반적으로 자기관찰에서 비롯된다. 하지만 그 행동 변화는 그 습관 자체를 공격하는 것보다 더 많이 인식하고 자기생성적이 되는 것을 통해 발생한다.

다양한 방법으로 자기관찰을 실행하기 위한 구조를 설계하는 방법을 알아보자. 기본적인 접근 방식에는 세 가지 요소가 있다. 여기에서 그것들을 탐구하고 특정 개발 상황에 대한 자기관찰 구조를 어떻게 개발할 수 있는지 살펴보자.

1. 관찰해야 할 행동에 대한 간략한 설명. *나는 내 성향을 이용하여 고객이 어떻게 진행할 수 있는지에 대한 처방적인 권장 사항을 제공할 것이다.*
2. 이벤트, 기간, 빈도 및 알림으로 구성된 실제 구조:
   - 이벤트는 자기관찰을 해야 하는 상황들로 구성된다. *나의 예에서는 모든 코칭 대화이다.*
   - 기간은 프랙티스를 위한 시간 프레임이다. 보통 2주에서 4주는 자기관찰을 위한 좋은 기간이다. 자기관찰을 위해 10회에서 50회까지 반복할 수 있는 기간을 선택한다. 우리는 기간, 종료 및 명확한 학습이 설정된 실험을 추구한다. *나는 3주 동안 이 자기관찰을 실천할 것이다.*
   - 빈도는 관찰되는 것에 따라 매시간, 매일, 하루에 두 번, 매주 또는 이벤트가 발생할 때마다 자기관찰을 수행하는 빈도를 나타낸다. *나는 3주 동안 모든 코칭 세션이 끝난 후에 이를 행할 것이다.*
   - 알림은 당신의 기억과 좋은 의도에 의존할 필요가 없도록 자기관찰을 당신의 시스템에 포함시키는 방법이다. 타이머가 매시간 울리거나, 침대 옆 탁자에 있는 일지 또는 컴퓨터의 미리 알림이 효과가 있다. 단순성과 책임성을 위해 구조화한다. *내가 나에게 상기시키는 간단한 방법은 코칭 대화에서 세션*

메모를 작성하는 데 사용하는 템플릿에 질문을 넣는 것이다. 이것은 코칭 대화가 끝날 때마다 이 특정 습관을 성찰하도록 자동으로 상기시켜준다.

3. 경험의 특정 측면에 주의를 기울이고 습관에 익숙해지는 질문. 그 질문은 탐색 중인 특정 습관에 맞게 설계된다.
   - *이 고객과 함께 할 때 내가 언제 처방적이었는가?*
   - *무엇이 이러한 경향을 주도했는가? 그것은 습관이었나, 아니면 이것이 그 당시에 최선의 선택이었나?*
   - *내가 무엇을 했는가?*
   - *어떤 영향을 미쳤는가?*
   - *어떤 대안들이 있었는가?*

그리고 자기관찰은 설명된 사건 중에 정해진 기간과 빈도에 대해 명명된 행동을 관찰하고 질문에 간략하게 응답하는 것으로 구성된다. 질문에 대한 긴 응답은 필요하지도 않고 바람직하지도 않다. 메모 형식의 매우 짧은 응답도 괜찮다. 핵심은 관찰을 일정 기간 동안 엄격하고 일관되게 실행하고 그것에 완전히 주의를 기울이는 것이다.

다음은 자신의 자기관찰 또는 궁극적으로 고객을 위해 사용할 수 있는 간단한 템플릿이다([자료 6.1.] 참조).

•◦

자료 6.1.

자기관찰 템플릿

행동 묘사

나는 고객들이 구체적으로 제안을 요청하지 않을 때 처방적인 제안을 하는 나의 습관을 관찰할 것이다.

구조

이벤트: 코칭 세션 중

기간: 3주간

빈도: 모든 코칭 대화 후

촉발요인: 세션 노트 템플릿 아래 질문을 미리 알림으로 포함

질문

1. 내가 언제 이 고객에게 처방적이었는가?

2. 무엇이 이러한 경향을 부추겼을까? 습관이었을까, 아니면 이것이 그 당시 최고의 선택이었을까?

3. 내가 무엇을 했는가?

4. 어떤 영향을 미쳤는가?

5. 어떤 대안이 있었는가?

•◦

위의 예를 사례로 들어 이 형식으로 정리했다. 사용하기 쉬운 구조를 만들고 당신이 이를 행할 것을 기억하도록 당신의 시스템에 포함하라. 이 구조를 사용하거나 당신에게 적합한 다른 것을 설계하라(http://dougsilsbee.com/books/pbc/practices/soe에서 공란의 자기관찰 템플릿을 다운로드할 수 있다).

●○

프랙티스 6.3.

습관에 대한 자기관찰

때때로 당신의 효율성을 제한하거나 고객에게 서비스를 제공하는데 방해가 될 수 있다고 의심되는 당신의 습관을 식별하라. 이것은 (1) 코칭에서 비교적 자주 재발하는 행동이어야 하며, (2) 특정 수준의 충동이 있다는 점에서 당신을 "붙잡는" 경향이 있으며, (3) 당신은 그것에 패턴이 있다는 것을 알 수 있다. 이것은 무언가에 의해 유발되고 습관적으로 반응한다.

그 행동을 간략하게 설명하라. 그런 다음 위에 표시된 템플릿을 사용하여 다시 만들거나 웹사이트에서 다운로드하여 자기관찰을 설계하라(http://dougsilsbee.com/books/pbc/practices/soe). 성공하기 위해 좋은 의도에 의존하기보다는 당신의 일상 시스템에 자동 알람을 만들어라. 그런 다음 당신이 기술한 기간 동안 이 자기관찰을 실행하라. 행동을 바꾸려고 하지 말라. 단순히 그것을 관찰하고 그것에 익숙해지도록 하라.

- 자기관찰 기간이 끝나면 다음 질문에 답하라.
- 자기관찰 기간 동안 어떤 패턴을 발견했는가?

- 그 순간에 자기인식이 증가했다는 증거는 무엇인가?
- 당신 습관의 실제 적용에 대해 달라진 점이 있는가? 만약 그렇다면 무엇인가?
- 그 결과 당신은 어떤 새로운 조치를 취할 수 있는가?

●○

자기관찰에 참여하기

시간이 지남에 따라 자기관찰은 습관과 우리의 관계를 변화시킨다. 자기관찰은 본질적으로 행동을 변화시키는 방법과 구별되는 자기생성 능력을 구축하는 데 초점을 맞춘 학습활동이다. 그럼에도 불구하고 그것은 필연적으로 더 큰 자기인식과 선택으로 이어진다.

다음은 자기관찰이 어떻게 행동의 변화로 이어지는지에 대한 예이다. 우리는 하루의 마지막에 성찰하기 위해 20/20 뒤늦은 지혜(역자주: 20/20은 완벽한 시력을 뜻하고, 사건을 되돌아보면서 결과를 개선할 수 있는 방법을 찾을 수 있다는 의미)를 사용한다. 우리는 이전에 실제로 문제가 되는 행동(예를 들어, 다른 사람들을 방해하는 행위)을 한 것을 기억한다. 우리는 우리의 경험에 대해 메모하고 호기심을 갖게 된다("음, 그것이 왜 그렇게 급하게 느껴졌는지 궁금하다"). 며칠 후, 데이터를 수집하고 있기 때문에 우리는 그 행동에 더 익숙해지고 실제 발생 시점과 더 가깝게 알아차린다("앗! 방금 조를 방해했어!"). 이것은 아직도 뒤늦은 생각이지만 시간이 지나면 더욱 가까워진다.

곧 우리가 함양해 온 내부관찰자는 우리가 하는 일을 알아차리기 시작한다('지금 조를 방해하고 있다!'). 이것은 깨달음의 순간이다. 우리는 여전히 방해할 수 있지만, 현재의 순간에 대한 인식은 밝아오고 있다. 그리고 나서 우리는 그 행동 이전에 동인이 되는 충동을 알아차리기 시작한다("나는 에너지가 증가하고 허리가 곧게 펴지는 것을 느낀다. 마음이 조급해진다. 나는 우리가 무엇을 해야 하는지 안다. 내가 조를 방해하려고 한다. 아니다, 이번에는 내가 대신 그의 말을 들을 것이다. 천천히, 긴장 풀고, 숨 쉬고, 듣고"). 이것이 재구성이다. 우리는 그 습관을 중단하고 새로운 행동으로 재구성했다.

•○

프랙티스 6.4.

집착 놓아 보내기

당신이 집착을 하고 있는 것이 무엇인지 식별하라.—일상적이고, 즐거움을 주는 것, 분명한 충동이 있는 것, 약간 내키는 대로 한다고 느끼는 것을 확인하라. 아마도 아침에 스타벅스 방문, 저녁 식사와 함께 와인 한 잔, 또는 단 것들. 당신은 이해할 수 있을 것이다. 당신이 선택하라.

이제 일주일 동안 포기해보라.

그래서 당신은 그것을 포기하라는 나의 제안에 어떤 반응을 보였나? 당신은 자신에게 어떤 이야기를 했는가? 당신은 아마 이렇게 생각했을지도 모른다. "아니, 그게 아니야!" 또는 "나는 이 연습을 할 필요가 없어. 나는 그가 말하는 요점을 이해한다!" 정말 자신에게 솔직하다면 포기하라는 제안만으로도 약간의 집착의 경험이 일어났을 것이다.

이것은 우리의 습관이 시키는 대로 집착을 탐닉하기보다는 내려놓는 의식적인 선택을 프랙티스하는 방법이다. 모닝 커피 습관을 버리는 이 내적 작업은 우리를 몰아가는 모든 집착을 버리는 데 도움이 된다. 한 수준에서는 그것은 커피에 관한 것이다. 그러나 더 깊은 수준에서 그것은 모든 집착을 목격하고 해방할 수 있는 생성적 프랙티스에 관한 것이다. 이것은 우리의 자유를 위한 티켓이다.

일주일 동안 당신이 프랙티스하는 습관을 사용하여 이 실험을 시도하라.

일반적으로 이러한 습관에 빠져 있을 때, 충동 그 자체에 대해 자기 관찰을 하라. 욕망이나 집착이 생기게 하라. 그대로 놔두라. 당신의 욕망을 충분히 나타내라. 욕망은 욕망의 관찰자인 당신과는 별개의 현상임을 깨닫는다. 당신이 선택할 수 있다는 것을 깨달으라. 그리고 당신에게 집착이 필요하지 않다는 것을 인식하고 놓아주라.

이것은 간단하게 들리지만 확실히 쉽지는 않다. 모든 종류의 이야기들이 당신의 습관에 탐닉하는 것을 정당화하기 위해 일어날 것이다. 당신의 집착에 대한 강도와 의지에 따라 일주일 동안 여러분의 습관을 포기하는 것이 쉬울 수도 있고 그렇지 않을 수도 있다.

이것을 성격의 합격/불합격 테스트로 설정하지 말라. 이것은 실제로 당신의 욕구와 현존하고 그것들을 놓아주는 것에 관한 것이다. 집착을 내려놓는 것 자체가 하나의 역량이라고 생각하라. 발견해야 할 것이 많으며 프랙티스를 계속하면 확실히 흥미로운 것이 드러날 것이다.

•◦

프랙티스를 통해 결국 새로운 행동은 안정화된다. 우리는 더 잘 경청하고 조에게 주의를 기울인다. 그리고 그것은 단순하고, 쉽게, 거의 저절로 일어났다.

이 간접적인 접근 방식은 강력하며 아무것도 손상되지 않는다는 가정에서 시작된다. 우리는 항상 더 많은 선택이 있고 이용 가능한 선택 중 일부는 더 바람직한 결과로 이어질 것이라고 생각한다. 이미 말했듯이, “당신은 당신 그대로 완벽하다. 그리고 약간의 개선이 필요할 수도 있다!"[5] 뿐이다.

자기관찰에 대한 유용한 관점은 우리의 습관에 대해 호기심을 갖고 습관과 "친구가 되는 것"이다. 습관은 우리가 세상에서 잘 지내는 법을 잘 배웠기 때문에 그들의 목적에 부합한다.

집착의 본질을 우리의 행동을 주도하는 근본적인 욕구로 생각해보라. 자기관찰에서 우리는 욕구와 집착이 일어나는 것을 실시간으로 목격하고 그들과 함께하는 법을 배우게 된다. 우리는 욕구 자체를 일어났다가 사라지는 어떤 일시적인 현상으로 인식하게 된다. 우리가 관찰자로서의 우리 자신과 구별되는 덧없는 현상으로서 보면, 우리는 더 이상 욕구에 의해 통제되지 않는다. 우리의 집착에 따라 행동할지 말지 선택할 수 있다.

우리는 또한 자기관찰을 사용하여 우리가 개발하고 더 사용하기 원하는 행동에 주의를 집중할 수 있다. 우리는 우리가 육성하고자 하는 대안적 행동의 그림을 그리고 시간이 지남에 따라 그것을 사용하는 것을 관찰할 수 있다. 우리가 이 새로운 행동에 주의를 기울이면, 우리는 그것을 사용할 기회를 알아차리기 시작하고 그것을 정기적으로 사용하고 있음을 발견하게 될 것이다.

코칭 함의

효과적인 코치가 되려면 마음에 현존하는 것이 필수이다. 우리는 우리의 마음을 통해 자신의 작업에 방해가 될 수 있는 습관들이 생길 때 스스로 관찰하고 알아차릴 수 있다. 우리는 고객에게 더 나은 자원이 되기 위해 다양한 선택과 재구성의 가능성을 볼 수 있게 된다. 이것을 스스로 숙달함으로써 우리는 더욱 자기생성적이고 성취감을 느끼게 된다. 우리는 또한 동일한 영역을 통해 고객을 안내할 자격을 얻는다.

나는 내 고객인 빌 맞은편에 앉아 있다. 빌은 전반적으로 꽤 긴장하고 있으며 특히 오늘 아침에 그렇다. 그는 다음 날 새로운 제안서를 발표하기 위해 회의가 있으며 회의 전에 몇 가지 논의 사항을 확인하고 싶어 한다. 그는 발표를 잘 하기 위해 많은 노력을 하고 있다.

나는 그 제안의 좋은 점과 빌이 그 앞에서 갖는 기회와 흥분에 대한 나의 성급한 생각을 알아차렸다. 나는 그의 제안을 어떻게 위치시킬 것인지에 대해 처방적인 제안을 하며 뛰어들고 싶은 나의 강한 욕구를 인식한다. 나는 그의 성공에 대한 나의 노력과 내 아이디어가 그의 시도에 통합되는 것에 대한 나의 대리적인 집착을 알아차린다.

나는 숨을 쉬고 의식적으로 집착을 내려놓는다. 나는 지금 빌에게 가장 유용한 것이 무엇인지 스스로에게 묻는다. 긴장을 풀고 보니, 빌은 세부사항에 너무 몰두해 있어서 자신의 관점을 잃어버린 것을 본다. 그의 불안감은 그가 청중들과 동화되기 어렵게 만들고 있다.

나는 빌이라는 회오리 바람에 균형을 맞추기 위해서 내 목소리를 평가한다. 나는 제안을 하기보다는, "빌, 뒤로 물러서자. 청중에게 가장 중요한 의미는 무엇인가? 가능한 한 정보에 입각한 방식으로 지원하기 위해서는 청중이 무엇을 이해해야 하는가?"라고 말한다.

빌은 가장 중요한 것에 다시 집중하기 위해 그의 논점에서 물러나 잠시 생각한다. 그는 "음, 정말로, 그들이 이해해야 할 중요한 것은 이것이 완전히 새로운 시장을 열어주고 새로운 사고방식을 요구할 것이라는 것이다."라고 시작한다.

분명히 빌은 내가 제안했던 포인트보다 더 중요한 전략적 시각으로 접근하고 있다. 나의 오래된 습관에 대한 나의 인식과 자기조절 덕분에 나는 빌과 함께 현존하고 필요한 것을 제공할 수 있었다.

본 장의 요약

- 마음은 현존으로 들어가는 첫 번째 관문이다. 마음을 통해 우리는 습관의 본질을 포함하여 우리의 내적 세계를 관찰하는 영리한 관

찰자가 된다.

- 일관된 매일의 핵심 프랙티스는 우리 경험의 전체 범위를 구성하는 생각, 감각, 감정, 기분, 집착, 혐오 그리고 고요함의 풍부한 태피스트리를 목격할 수 있는 능력을 길러준다.
- 우리 각자는 수십 년의 반복을 통해 내재화된 디폴트 습관을 가지고 있다. 자기생성적이 되는 것은 우리가 효율적인 리더나 코치가 되는데 방해가 되는 습관을 인식하고 중단해야 할 것을 요구한다. 자기관찰은 우리가 바꾸거나 기르고 싶은 습관이나 행동을 관찰하기 위한 구조화된 수단이다.
- 우리는 인식을 통해 우리의 행동을 주도하는 근본적인 욕구를 인식하고 놓아 보내는 법을 배워서 더 큰 선택의 자유를 발견한다.
- 우리 자신의 습관을 가지고 작업하는 것에 대한 숙달은 우리가 코칭하는 리더들과도 같은 일을 할 수 있는 권리를 얻게 한다.

제 7 장

몸

몸은 프랙티스하지 않을 수 없다. 그리고 우리가 프랙티스하는 것은 우리가 된다. … 여기 앉아서 책을 읽는 동안에도… 자세, 호흡 방식, 생각하고 느끼고 감지하는 것에 의해 당신 자신은 형성되고 있다.
이것이 미묘하게 보일 수도 있고 우리의 인식 수준에 미치지 못할 수도 있지만, 시간이 지남에 따라 우리가 세상을 어떻게 인식하고 세상이 우리를 어떻게 인식하는지에 강력한 영향을 미친다.

리처드 스트로치-헤클러(Richard Strozzi-Heckler)

우리는 여전히 활동의 한가운데 가만히 있는 법과 휴식 중에 활기차게 살아가는 법을 배워야 한다.

인디라 간디(Indira Gandhi)

변화는 근본적으로 생물학적인 과정이다. 우리가 인지적 결정을 통해 오래된 행동을 무시하려고 할 때에도 (전통적인 새해 결심처럼) 새로운 행동을 일으키기 위해서는 여전히 우리 몸이 협력해야 한다.

모든 행동은 몸에 기인한다. 생각은 뇌의 시냅스 발화 패턴에 의해 생성된다. 말하는 행위는 생각으로 시작하여 혀와 입의 섬세한 움직임에 의해 수정된 성대의 움직임을 통해 표현된다. 우리는 몸을 개입시키지 않고는 행동을 상상하거나 만들어낼 수 없다.

"몸은 프랙티스하지 않을 수 없다. 그리고 우리가 프랙티스하는 것은 우리가 된다."[1] 우리는 습관의 동물이다. 어느 시점에서 어떤 행동은 우리가 원하는 것을 가져다주었고 그 시점부터 우리는 그 행동을 계속 프랙티스했다. 우리가 수십 년 동안 해왔던 것을 더 나은 것으로 바꾸려면 오래된 습관의 낡은 흔적이 여전히 우리를 요구할 때에도 이용할 수 있도록 우리 안에서 충분히 안정될 때까지 새로운 방법을 프랙티스해야 한다. 이것은 특히 우리의 습관이 상당한 수준의 성공을 만들어낼 만큼 충분히 잘 작동했을 때 사실이며 특히 어려운 일이다.

변화하려면 우리는 몸을 참여시켜야 한다.

- 현존을 위한 멈춤 -

이것은 많은 사람들에게 새로운 영역이다. 우리의 머릿속에 단단히 갇혀 살고 있는 대부분의 우리는 우리가 창조하거나 피하고 싶은 미래에 대한 소용돌이 치는 생각에 사로잡혀 지금 우리에게 가능한 것을 놓치고 있다. 최악의 경우, 우리는 자신의 몸과 어렵고 모순된 관계를 맺고, 마케터에 의해 다른 몸을 갈망하도록 조건화되었거나, 불쾌한 경험들에 의해 우리의 몸을 싫어하도록 훈련되었다. 많은 사람들에게 우리 자신과 몸과의 관계는 몸을 기계처럼 취급하여 가능한 한 오랫동안 우리의 야심찬 삶을 이어갈 수 있도록 머리를 돌보는 데 그치는 것으로 축소된다!

여기에 더 있다. 시인의 말을 따르면,

교회는 말한다. 몸은 죄라고.

과학은 말한다. 몸은 기계라고.

광고는 말한다. 몸은 비즈니스라고.

몸이 말한다. 나는 축제다![2]

- 현존을 위한 멈춤 -

우리 몸은 우리가 쉽게 이용할 수 있는 깊고 풍부한 정보와 경험의 보물창고를 제공한다. 우리의 몸은 생동감의 집이고, 우주의 에너지의 보고이며, 감각의 뷔페이며, 즐거움, 기쁨 및 만족의 원천이다. 우리가 이것을 놓치면, 정말 많은 것을 놓치는 것이다!

코칭의 세 가지 산물인 역량, 자기생성 및 생동감을 떠올려 보라. 이들 각각은 몸을 필요로 한다. 훈련된 몸은 능숙하고 유능한 행동을 가능하게 하며 현존을 경험하고 자기생성의 가능성을 발견할 수 있게 해준다. 우리의 몸을 통해서만 삶이 실제로 우리에게 제공하는 것을 경험할 수 있다.

이 장에서는 몸에 대한 지식을 탐구하고 몸을 통해 작업하기 위한 언어의 기초를 확립한다. 나는 어떤 상황에서든 당신 자신에 센터링하고 매 순간 우리에게 제공되는 풍부한 감각의 태피스트리에 대한 인식을 높이는 프랙티스를 제공할 것이다. 그리고 우리는 이전 장의 자기관찰 프랙티스에 신체에 대한 인식을 통합하여, 조건화된 습관이 어떻게 발생하는지에 대한 "조기 경고 시스템"에 보다 민감해질 것이다.

바디 프랙티스
몸의 핵심 프랙티스: 센터링 관찰하기 vs. 감지하기 바디 스캔: 몸 안에서 주의 유도

다른 사람에 대한 신체적 반응 경험
신체적somatic 인식을 통한 자기관찰
반응을 통해 센터링하기
바디 프랙티스하기

신체적 지식의 주장

신체 somatics(소마틱스)라는 단어는 원래 "내부에서 체험되는 몸, 마음과 몸의 통합을 경험하는 내부에서 경험하는 것"을 의미했다.[3] 온전한 유기체로서 우리 자신의 경험은 필연적으로 몸, 마음, 감정 및 영적인 부분을 포함한다. 아무것도 빠뜨리지 않는다. 그럼에도 불구하고 우리의 의식에서 몸은 종종 우리의 서류가방과 뇌를 운반하는 차량 또는 스포츠, 섹스 및 훌륭한 식사에서 즐거움의 도구로 격하되었다. 우리가 이 모든 영역에서 온전하게 사는 것이 진정성, 효과성 및 생동감에 필수적이라는 것을 인식하기 시작하면서 우리 자신을 전체 유기체로 재통합하는 것은 중요한 요소가 된다.

몸이 모든 행동의 근원이라는 것을 인식하면 인간의 개발과 변화에 관심이 있는 모든 사람들이 우리 자신의 몸과 다른 사람들의 몸을 통해 관찰하고 그것을 통해 작업하기 위한 구별을 하는 것이 중요하다. 나는 당신이 다르게 관찰하고 당신 자신의 신체적 소양somatic literacy을 쌓도록 유도하는 일련의 주장을 제시한다.[4] 다음과 같은 진술이 당신에게 무엇을 열어줄 수 있는지 호기심을 가지도록 하라:

- *우리의 형상은 우리의 역사를 완벽하게 반영한다.* 우리 몸의 형상은 일생 동안의 유전적, 환경적, 경험적 역사의 필연적이고 유일하게 가능한 산물이다. 우리는 자신의 정체성을 형성하는 디폴트 습관을 조직과 신경계에 저장한다.

- *우리 몸이 우리의 경험을 결정한다.* 우리의 몸은 우리가 보고 반응할 수 있는 것을 결정하고 제한한다. 고도로 훈련된 군인의 감각, 반응 및 본능은 위협을 인식하면 수동적인 사람과 다르게 반응할 것이다. 따라서 훈련과 프랙티스는 우리 몸을 변화시킬 수 있고, 따라서 우리가 사용할 수 있는 반응을 변화시킬 수 있다.
- *우리의 몸을 통해 풍부한 감각을 이용할 수 있다.* 우리의 신경계는 우리 대부분이 알아차리도록 훈련을 받은 것보다 훨씬 더 풍부하고 섬세한 경험을 제공한다. 프랙티스와 주의력 훈련은 우리 몸이 제공하는 감각의 범위까지 우리를 적응시킬 수 있다. 감각은 보다 생동감 있고 창의적인 반응의 기초가 되는 풍부한 정보를 제공한다.
- *감각은 우리 습관에 대한 조기 경보 시스템을 제공한다.* 우리의 집착과 혐오에는 항상 신체적somatic인 요소를 가지고 있다. 우리 몸에 자각이 되는 것은 습관이 발생하고 있다는 가장 초기의 지표를 드러낸다. 이러한 습관과 관련된 감각들에 현존하는 것은 깨달음과 선택을 가능하게 한다.
- *몸을 통한 프랙티스는 우리가 새로운 역량을 구축하고 안정화할 수 있게 해준다.* 우리가 진정성을 통해 다른 사람들에게 영감을 주고, 갈등 속에서 침착하게 지내거나, 연민으로 어려운 피드백을 전달하고 싶다면, 우리는 원하는 행동을 만들어 낼 수 있는 몸을 만드는 프랙티스를 해야 한다.
- *기쁨과 성취감은 몸의 경험이다.* 행복은 우리의 신경계에 의해 가능해진 경험이고 프랙티스될 수 있다. 비록 이러한 외적 요인들은 도움이 될 수 있지만 우리가 무엇을 소유하고 있는지, 얼마를 벌고 있는지, 또는 누구와 함께 있는지는 외적 조건의 작용이 아니다. 그러나 우리 몸이 제공하는 감각을 경험할 수 없다면 아무

리 탐구해도 우리가 찾는 행복을 얻을 수 없다.

신체적 지식

우리의 형상은 우리의 역사를 완벽하게 반영한다.
우리의 몸이 우리의 경험을 결정한다.
우리의 몸을 통해 풍부한 감각을 이용할 수 있다.
감각은 우리 습관에 대한 조기 경보 시스템을 제공한다.
몸을 통한 프랙티스는 우리가 새로운 역량을 구축하고 안정화할 수 있게 해 준다.
기쁨과 성취감은 몸의 경험이다.

이러한 주장을 맥락으로 삼아 우리 몸의 문을 통해 현존으로 이끌 수 있는 프랙티스를 탐구해 보자.

센터링

센터링은 우리의 몸에 주의를 기울이고, 우리 자신과 연결하여, 인식하고 현존하게 되는 내적 프로세스이다. 그것은 우리가 자동적으로 촉발되거나 반응하는 상태에서 자기생성적이며, 충만하고, 창의적인 존재로 변화시키는 살아있는 재구성의 프로세스이다. 우리가 센터링할 때, 우리는 깨어 있고, 연결되어 있고, 현존하고, 다음에 무슨 일이 일어나든지 준비가 되어 있다. 우리의 행동은 우리가 관심을 갖는 것과 일치한다.

제3장의 예에서 로저는 낙담했다. 그런 상태에서 그는 그 상황에 효과적으로 대처할 수 없었다. 그가 센터링했을 때, 그는 훨씬 충만해진 다른 사람이 되었다. 센터링된 몸에서 그는 더 충만해지고, 다음에 무엇을 해야 할지 알고 있었다.

센터링은 우리가 반복해서 할 수 있는 프랙티스이다. 반복을 통해, 우리는 자신에게 도움이 되지 않는 내면 상태에서 적절한 방식으로 대응할 수 있는 센터링되고 적절한 방식으로 반응할 수 있도록 준비된 위치로 재구성하는 방법을 배운다. 프랙티스를 통해 센터링의 내면 상태가 익숙해지면 어떤 상황에서도 빠르고 쉽게 센터링할 수 있게 된다. 당신이 보게 될 것처럼 센터링을 하면 불안하거나 스트레스를 받거나 충동적이 되는 것이 거의 불가능하다.

온라인 검색을 통해 센터링에 대한 여러 가지 접근 방식을 찾을 수 있다. 이 모두가 몸에 주의를 기울이는 것과 관련이 있다.

•○

프랙티스 7.1.
몸의 핵심 프랙티스: 센터링

우리는 우리의 몸을 포함한 모든 물리적인 대상이 가지고 있는 세 가지 차원과 관련하여 스스로를 조직함으로써 센터링을 배울 수 있다.[5]

- *길이* Length: 일어서라. 자세를 점검하고 중력과 관련하여 자신을 정리하여 쉽게 지지받을 수 있도록 하라. 발을 약간 벌리고 무릎을 풀고 골반을 앞으로 살짝 흔들어 척추를 곧게 한다. 발바닥을 통해 바닥의 압력을 느껴보라. 어깨에 힘을 빼고, 어깨를 이완하여 떨어뜨려라. 눈을 뜨고 시선을 부드럽게 하고 주변 시야를 사용할 수 있도록 하라. 턱에 힘을 빼라. 당신의 정수리가 마치 끈으로 연결되어 있다고 상상해보라. 배꼽보다 2인치 아래에 있는 중력의 중심으로 주의를 기울여라.
- *너비* Width: 체중을 오른쪽에서 왼쪽으로 부드럽게 조절한다. 이 차원의 중심에서 중립적인 균형 위치를 찾으라. 각 발에 동일한 무게를 느껴보라. 그리고 당신이 차지하는 공간의 너비를 인식하라. 한 공간에 들어서면 완전히 속해 있다는 것을 아는 것이

어떤 것인지, 가슴이 확장되어 더 많은 공간을 차지하는 느낌이 어떤 것인지 감지하는 것이 도움이 될 수 있다.

- *깊이* Depth: 앞뒤로 정렬하라. 다시, 발뒤꿈치에서 발끝까지 부드럽게 앞뒤로 흔드는 것은 우리가 균형점을 찾는 데 도움을 줄 수 있다. 우리는 앞에 집중하는 것에 익숙하지만 뒤에 공간도 있다. 뒤에 있는 공간을 감지하여 이를 인식하라. 당신 뒤에 있는 무게와 질량을 상상해 보라. 마치 땅을 따라 뻗어 있는 거대하고 거대한 꼬리가 있는 것처럼 말이다. 이 덩어리에 의해 지지되는 느낌을 받고 배가 부드러워지고 열리도록 하라.

이것은 확장이 가능하다. 즉, 세 가지 구성 요소에 대해 각각 5분 이상의 시간을 할애할 수도 있고, 센터링의 위치로 빠르고 쉽게 이동할 수 있다. 센터링은 특정 신체 위치가 아닌 내적인 상태이며, 이를 닦는 것에 대해 센터링 할 수 있다는 것을 발견할 것이다. 프랙티스를 통해 당신 자신을 센터링하는 것은 빠르고 쉽게 "집에 돌아오는" 것처럼 느낄 것이고 거의 즉각적으로 인식의 전환이 될 것이다.

지금은 세 가지 차원 각각의 경험을 탐구하고 감지하는 데 시간을 사용하고 하루에 적어도 열 번은 센터링을 하라. 처음에는 선 채로 하라. 그리고 나서 다른 상황에서 연습하라. 앉기, 회의에서, 대화하기 전에 그리고 스트레스가 많은 이벤트에 대비하라. 당신이 어떻게 당신 자신을 다르게 경험하는지 그리고 당신의 관계에서 어떤 일이 일어나는지 보라.

•◦

센터링은 몸을 위한 핵심적인 프랙티스이다. 나는 당신이 센터링을 하고 당신에게 가장 큰 변화를 주는 구체적인 조치들이 무엇인지 알아낼 것을 적극 권장한다. 그런 다음 자주 프랙티스하여 센터링하는 것이 쉽게 사용할 수 있는 조치가 되고 그 다음에 당신 자신의 일부로 자리 잡도록 하라.

신체적somatic 인식 구축하기

감각은 우리의 몸 안에서 우리의 조건화된 습관이 어떻게 발생하는지에 대한 풍부하고 직접적인 정보를 제공한다. 우리 환경에서 사람과 정보에 의해 촉발된 우리의 습관적인 반응은 일반적으로 감각 수준에 대한 신체적 반응으로 먼저 나타난다. 우리의 반응이 탄력을 받으면 감정, 습관적인 해석 패턴 그리고 궁극적으로 예측 가능한 행동이 뒤따른다.

감각은 이 놀랍도록 복잡하게 학습된 반응의 "조기 경보"의 구성 요소이다. 우리가 우리 세계에 최대한 참여하고 창의적으로 대응하기를 원한다면, 우리는 자신의 신경계의 신호에 주의를 기울이는 것부터 시작해야 한다.

다음의 일화를 생각해 보라. 내가 크리스Chris라고 부르는 한 고객이 내게 이야기를 해준 것이다. 그녀는 몇몇 주요 이해관계자들과 함께 상사가 구체적인 행동을 요구하는 복잡하고 스트레스가 많은 프로젝트를 진행하고 있었다. 우리가 대화를 나눌 때, 크리스는 그녀의 상사가 책임을 다하지 않았다고 들었고, 그것이 그녀에게 매우 굴욕적인 상황이 되도록 만들었다고 말했다. 그녀는 기분이 언짢아졌고 화가 났다. 그녀는 자신의 반응을 이렇게 묘사했다.

그가 내게 말하는 순간, 나는 이 열기의 물결이 내 안에서 솟아오르는 것을 느꼈다. 가슴에 엄청난 에너지가 있었고 목구멍이 조여왔다. 나는 손이 떨리는 것을 느꼈다. 마치 누군가의 목을 조르고 싶은 것 같았다. 내가 흔들리는 것처럼 보였음에도 불구하고, 나는 이것의 대부분이 그에게 보이지 않았다고 생각한다.

사실, 난 죽일 준비가 되어 있었다! 나는 내 몸에서 모든 것을 느꼈고, 그것이 완전히 정당하고 느꼈다! 그러나 내가 파괴적인 말을 하려 한다는 것을 순간적으로 알아차렸다. 나는 잠시 멈춰 서서 센터링을 하고 말을 하기 위해 마음을 가다듬었다. 노력이 필요했다!

내가 말할 때, 나는 매우 분명하고 매우 직접적이었다. 그 에너지는 여전히 거기에 있었다. 하지만 파괴적인 날카로움은 사라졌고, 나는 그것을 정말 잘 전달했다. 그는 내가 어디에 서 있는지 확실히 알고 있었지만, 나는 그를 죽이지 않았다. 나는 이것이 대성공이었다고 생각한다.

이 사건 이전에 크리스는 자기관찰과 센터링을 통해 작업을 했다. 그녀는 자신의 성향에 익숙했다. 그리고 그녀는 빠르고 쉽게 센터링을 할 수 있었다. 크리스는 상사에 대한 자신의 촉발된 반응을 볼 수 있었다. 그녀의 내적 프로세스에 대한 자세한 이야기는 그녀의 자기관찰 능력이 성장하고 있다는 분명한 증거를 제공한다. 그녀는 또한 깨달음의 순간(자신의 반응에 대한 현재의 인식과 선택의 가능성)과 재구성의 프로세스(반응을 관찰하고, 그것을 놓아주고, 보다 효과적인 행동을 위해 자신을 센터링하는 것)를 설명한다.

이 경우 감각들은 크고 극적이었고 종종 그것들은 훨씬 더 미묘하다. 물론 극적일 때 관찰하기가 더 쉽다. 그럼에도 불구하고 감각 뒤에 있는 그 정도로 많은 에너지를 가진 반응은 우리가 많은 프랙티스를 하지 않았다면 멈추기 어려울 수 있고 우리 자신을 센터링 하려는 의지를 압도할 수 있다. 미묘한 반응은 애초에 발견하기 어렵지만, 스스로 조절하기는 더 쉽다.

신체적 인식은 우리가 행동적 선택의 기회를 보고 대응할 수 있도록 센터링하고, 현존하고, 능력을 갖추는 방법이다.

•◦

프랙티스 7.2.

관찰 대 감지

관찰하는 것과 감지하는 것의 구별은 중요하다. 이것을 확인하려면 목욕을 하거나 샤워기를 틀어라. 당신이 들어갈 준비가 되었으니, 욕조나 물줄기를 보고, 들어갈 준비가 된 자신의 관찰자가 되어 보라. 당신이 물에 들어갈 때, 당신의 몸에 있는 물의 감각이 당신의 의식을 지배하도록 하라. 당신의 주의력을 그것에 감각에 집중하라.

1~2분 후, 당신이 물 속에 있을 때, 당신의 주의를 전환하는 실험을 해보라. 관찰자의 마음으로 당신의 주의를 당신 외부에 두고 주시하라. 감각을 단절시키고 물 속의 당신 자신을 관찰하라. 감각에서 벗어나 물 속에서 당신 자신을 관찰하라. 그런 다음 물의 따뜻함, 물방울의 따끔거림 또는 피부에 대한 목욕물의 부드러운 압력의 감각을 느끼면서 당신의 의식을 다시 몸으로 가져오라. 감각이 당신의 의식을 채우도록 허용하는 동안 관찰자가 사라지도록 하라.

여러 번 전환하여 명확하게 구별하라.

•◦

•◦

프랙티스 7.3.

바디 스캔: 몸 안의 주의 집중하기

바디 스캔Body Scan은 신체 내부에 주위를 집중시키면서 작업할 수 있는 편안한 방법이다. 당신은 앉아서 할 수도 있고, 가급적이면 편안한 표면에 등을 대고 누워서 할 수도 있다.

이전 프랙티스와 같이 관찰자로부터 당신의 감각으로 주의를 옮겨라. 앉기 프랙티스처럼 호흡부터 시작하라. 콧구멍으로 들어오는 공기의 시원함부터 숨이 들락날락하면서 가슴과 복부가 오르내리는 다양한 감각을 관찰한다. 그런 다음 발가락부터 시작하여 몸 전체를 통해 천천히 체계적으로 주의를 이동시키라. 발가락의 감각을 스캔한다. 알아차려야 할 것이 무엇인지 알아차려라. 주의가 흐트러지면 부드럽게 발가락의 감각으로 되돌린다. 판단하지 않고 경험을 바꾸거나 대체하려 하지 말고 단순히 관찰하라.

그런 다음 발, 발목, 종아리, 무릎, 허벅지, 골반 부위를 통해 천천히 위로 이동하면서 몸의 각 부분의 감각을 찾아 완전히 경험하라. 신체의 각 부위에서 잠시 멈추고 감각, 긴장 또는 에너지의 느낌을 그저 알아차리라. 쉽게 느낄 수 있는 부분과 무감각하거나 사용할 수 없는 부분을 주목한다. 그런 다음 배, 가슴, 등, 어깨, 팔로 이동한다. 목, 얼굴 및 머리로 마무리하라.

존재하는 모든 감정이나 기분을 알아차리라. 때때로 이것들은 특정한 장소에 상주한다. 다른 때에는 그것들이 널리 퍼져 있을 것이다. 당신의 경험의 이러한 요소들에 주목하라.

이 프랙티스 역시 확장이 가능하다. 당신은 몇 초 안에 빠르게 스캔을 하여 긴장이 있는 곳을 식별하고 당신의 주의를 몸으로 가져올 수 있다. 또는 30분 이상 시간을 들여 세부적인 바디 스캔－실제로 신체 명상－을 할 수 있다. 이 명상은 몸을 편안하게 하고 내면에 집중하고 신체에 집중할 수 있는 능력을 길러준다.[6]

●○

신체적 자기관찰

이전 프랙티스들은 신체적 인식과 당신의 몸에 현존하는 능력을 구축한다. 우리의 습관에는 신체적, 감정적, 행동적 및 인지적 요소가 포함되기 때문에 완전한 의미에서의 자기관찰에는 감각도 포함되어야 한다.

이전 장에서 우리는 코치로서 경향이 있는 습관 중심으로 자기관찰 방법을 개발했다. 이제 신체적 요소를 포함하도록 이것을 확장하자. 이를 행하기 전에 센터링 및 바디 스캔에 대한 경험이 중요하다.

●○

프랙티스 7.4.

다른 사람에 대한 신체적 반응 경험하기

당신의 신경계는 다음에 발생할 일을 예측하면서 끊임없이 작동한다. 새로 발견한 신체적 인식을 통해 이를 조정하고 주변 사람들에 대한 신체적 반응을 관찰할 수 있다. 관찰의 원칙을 구축하는 데 도움이 되는 메모를 적어 두라.

예를 들어, 풀리지 않는 긴장감을 가진 누군가를 볼 때 당신의 몸속의 감각을 알아차리라. 어디가 조여오는가? 에너지가 증가하는 곳은 어디인가? 어디에 움직임이 있는가? 또는 움직임에 대한 충동이 있는가? 무엇이 촉발하는가?

이제 당신이 사랑하는 누군가가 방에 들어올 때 당신의 몸에서 어떤 일이 일어나는지 주목하라. 회의가 시작되기를 기다리면서 테이블 주위에 앉아 있을 때 몸에서 무슨 일이 일어나고 있는지 알아차리라. 당신은 지각한 사람이고 다른 사람들은 당신이 도착하는 것을 지켜보고 있다면 당신의 몸에서 어떤 일이 일어나는지 알아차리라!

당신은 영화를 보면서 실험할 수도 있다. 악당이 화면에 나타나고 어두운 음악이 재생되면 몸에서 어떤 일이 발생하는가? 긴장이 풀리면 어느 부분이 구체적으로 풀리는가? 바이올린이 친숙한 순간으로 연주

되어갈 때, 당신의 몸 어디에서 그것을 느끼는가?

일상의 삶은 사람과 사건에 대한 신체적 반응을 알아차릴 수 있는 특별한 기회를 제공한다. 프랙티스하라!

•◦

프랙티스 7.5.
신체적 인식을 통한 자기관찰

[프랙티스 6.3.] "습관에 대한 자기관찰"에서 나는 당신이 고객들에게 서비스를 제공하는 데 방해가 된다고 의심되는 습관에 대해 자기관찰을 하도록 여러분에게 권했다. 이 프랙티스를 위해 당신은 동일한 자기관찰을 한 번 더 하거나 자기관찰을 할 다른 습관을 선택할 수 있다. 꽤 자주 발생하는 습관을 선택해야 그 습관을 여러 번 반복될 수 있다.

자기관찰 프랙티스를 수행하라, 당신이 선택한 습관으로 [프랙티스 6.3.]과 유사한 자기관찰을 프랙티스하라. 이번에는 자기관찰에 다음 질문을 추가하라.

- 이 습관이 생겼을 때 가장 먼저 알아차린 감각은 무엇이었는가?
- 그러한 감각은 그 경험의 과정 동안 어떻게 변화하거나 진화했는가?

다시 한번, 습관의 구성 요소로서 감각의 미묘한 경험에 특히 주의를 기울이도록 하면서, 1~2주 동안 자기관찰을 수행하라. 감각은 습관의 해부학을 구성하는 현상의 별자리의 일부이자 꾸러미라는 점에 주목하라. 당신이 습관의 미묘함에 익숙해지면 그것들이 발생할 때 그것들을 신속하게 인식할 수 있다.

당신은 당신만의 행동 조기 경보 시스템을 구축하고 있다.

•◦

충동에 대해 작업하기

우리는 집착과 혐오가 어떻게 우리 행동의 근본적인 동인인가에 대해 광범위하게 논의했다. 우리는 이러한 충동들이 몸에서 감각으로 나타나고 직접적으로 관찰할 수 있는 신체적 요소를 가지고 있다는 것을 알고 있다.

우리가 자극에 촉발되었을 때, 우리의 경향은 습관에 빠져드는 것이다. 이 반응을 알아차리는 것이 이것을 다루는 첫 번째 단계이다. 또한 우리는 충동을 다른 것으로 대체하기 위해 충동에 반응하는 모멘텀을 차단할 수 있어야 한다. 이러한 재구성 행위는 자동화된 조건 반응을 의식적으로 선택된 대응으로 대체한다.

우리의 충동을 알아차리고 충동과 현존하려는 의지가 흡연과 같은 중독성 있는 행동을 통제하는 능력과 관련이 있다는 증거가 있다.[7] 만약 우리가 충동에 의해 움직이는 어떤 행동이 어떤 의미에서 중독성이 있다고 생각한다면, 우리의 충동과 함께 현존을 유지하고 능숙하게 대처할 수 있는 능력은 우리 삶에서 보다 자기생성적이 되는 데 핵심적이다.

●○

프랙티스 7.6.

반응을 통한 센터링

당신이 해야 할 어려운 대화나 당신이 종종 부정적인 반응을 보이는 사람과의 대화를 생각해 보라. 다가오는 상호작용에 대해 생각할 때 당신의 혐오감을 생각해보라. 이 상호작용의 어떤 측면이 어려울 것 같은가? 당신의 정체성의 어떤 측면(당신이 세상에서 자신을 보는 것을 선호하는 방식)이 이 상황에 직면하는가?

대화를 계획하라. 대화를 시작하기 전에 그리고 그 사람과 상호작용하는 동안 자주 자신을 센터링하고, 자신을 현존으로 이끌어라. 이것에 대해 엄격하게 지키고, 계속해서 센터링을 하고, 반복해서 반응을 처리하라.

센터링을 한 결과, 대화가 달라진 점은 무엇인가?

●○

바디 프랙티스

모든 행동은 몸에서 비롯된다. 상황이 나빠졌을 때 우리가 끌어내야 할 것은 우리가 프랙티스한 것이다.

나의 이전 고객은 제조 회사의 품질 엔지니어였다. 켄Ken의 역할은 정밀 기술 사양을 준수하기 위해 생산 부서와 협력하는 것이었고, 필요할 때 공정 변경을 요구할 권한이 있었다. 그는 총명하고 열정적이며 헌신적이다. 그러나 그는 거칠었고, 그의 퉁명스러운 스타일은 공장 근로자와 생산 엔지니어들 모두와 멀어지게 했다. 그는 권한이 있었지만 신뢰와 협력을 얻지 못했다. 그의 스타일에 대한 저항은 많은 긴장을 조성하고 필요한 변화를 늦추고 있었다. 켄은 경력에 지장이 되는 심각한 위험에 처해 있었다.

파트너십을 맺고 일할 수 있는 몸을 만들기 위해 그는 볼룸댄스 프랙티스를 했다. 이것은 불가능하게 들릴지 모르지만, 켄은 그의 상황을 바꾸기 위해 강하게 동기 부여가 되었고, 관련성을 확신하게 되었다. 수업시간에 그는 파트너를 감지하고 우아하게 이끄는 법을 배웠고, 파트너십의 신체적 경험을 얻는 법을 배웠다. 그는 긴장을 풀고 다른 사람과 함께 움직이는 법을 배웠다.

자신의 역할이 무엇인지를 인지적으로 상기시키기 위해 명백한 은유를 사용할 수 있었다. 더 깊은 수준에서 그가 운영진과의 관계에 대한 근본적으로 다른 접근법을 구현할 수 있게 해주는 새로운 신체적 감수성을 이용할 수 있었다. 그가 잃어버린 신뢰를 되찾기까지는 시간이 좀 걸렸지만 그는 상황을 반전시키고 성공과 승진으로 나아갈 수 있었다.

물론 단순히 볼룸댄스를 하는 것만으로는 그의 상황에 대한 충분한 대응이 되지 못했다. 그가 경력을 전환하면서 중요했던 다른 병행 코칭 전략들도 있었다. 그러나 바디 프랙티스가 그의 성공에 중요한 역할을 한 것으로 밝혀졌다.

사실 내가 현업을 통해 함께 작업하는 거의 모든 고객은 통합된 발달적 접근 방식의 중요한 구성 요소로서 어떤 형태로든 바디 프랙티스에 참여하고 있다. 바디 프랙티스는 거의 모든 개발 목표를 지원하도록 설계될 수 있다.

바디 프랙티스는 사람들이 감각의 세계에 익숙해지기 시작하도록 하는 간단한 바디 스캔, 센터링 및 다른 간단한 프랙티스와 함께 작게 시작할 수 있다. 다른 프랙티스는 더 높은 수준의 실행을 요구한다. 예를 들어, 필라테스는 코어의 힘을 길러주고, 더 나아가 당신에게 중요한 것을 옹호할 수 있는 능력을 키운다. 다른 유용한 프랙티스로는 요가(유연성을 위한), 암벽등반(스트레스 하에서 창의성), 호흡 수련(신경계 안정), 아이키도(협업과 갈등을 해결하기 위한) 등이 있다.

•◦

프랙티스 7.7.
바디 프랙티스를 시작하라

일정 기간 동안 꾸준히 할 수 있는 바디 프랙티스를 확인하라. 신체에 정통한 코치와 함께 작업하는 경우에 가장 관련성이 높은 것이 무엇인지 논의하라. 그렇지 않다면 개발 목표에 필요한 역량을 구축하는 바디 프랙티스를 선택하라. 일정한 기간 동안 수행하겠다고 약속하라. 그리고 실행하라.

당신이 프랙티스를 할 때 독서, 음악, 텔레비전으로 자신을 즐겁게 하기 보다는 몸에 집중하라. 당신의 감각에 현존하는 것은 당신의 신경계가 새로운 경로로 스스로를 다시 연결할 때 생리학적 변화를 촉진한다.[8] 주의를 기울이지 않는 운동은 근육량을 증가시킨다. 주의를 기울여 프랙티스하면 우리가 누구인지가 바뀐다.

당신에게 중요한 목적을 위해 프랙티스에 헌신하라. 예를 들어, 당신은 아침 달리기 전에 자신에게 이렇게 말할 수 있다. "나는 다른 사람들을 이끌 수 있는 회복력과 에너지를 만들기 위해 달리고 있다."라고 말할 수 있다. 그리고 나서 프랙티스를 통해 신체적 인식과 세상에 존재하는 새로운 방식을 구축하는 것으로 현존하라.

성공을 프랙티스하고 그 안에 현존하는 것으로 정의하라. 이것은 학습 활동이지 수행활동이 아니다. 장기적으로 그것에 전념해라.

•◦

바디 프랙티스는 운동과는 다르다. 우리는 살을 빼거나 근육을 단련할 목적으로 "몸"에 작업하는 것이 아니다. 오히려 우리는 우리 삶의 모든 측면에서 "몸을 통해" 표현될 수 있는 신체적 능력을 구축하고 있다.

우리의 핵심 바디 프랙티스인 센터링을 생각해보자. 일본 무술 아이키도의 창시자 우에시바 모리헤이Ueshiba Morihei는 항상 센터링하고, 균형을 잡고, 준비하는 것으로 유명했으며 일부 사람들은 그를 역사상 가장 위대한 무술가로 간주한다. 모리헤이가 42세에 비무장 상태에서 그는 모든 타격과 찌르기를 능숙하게 피함으로써 유명한 검객을 물리쳤다.[9]

어떤 제자가 모리헤이에게 "당신은 항상 센터링된 것 같다"라고 말했다. 모리헤이는 "아니다, 그냥 빨리 돌아올 뿐이다"[10]라고 답했다. 이것은 우리 모두에게 유용한 교훈이다. 우리가 자전거를 탈 때 안정적으로 보일 수 있지만, 실제로는 몸의 미묘한 이동에 대처하기 위한 항상 자동적으로 이루어지는 작은 보정의 연속이다.

모리헤이같은 대가조차도 항상 센터링을 할 수 없다면, 우리가 이것을 우리의 기준으로 설정하는 것은 비합리적이다. 오히려 빠르고 쉽게 자신을 되돌리는 법을 배우자. 우리의 트리거가 촉발되면 순간적으로 균형이 깨질 수 있지만, 우리는 신속하게 반응할 방법을 선택할 수 있도록 센터링된 현존의 상태로 빠르게 이동할 수 있다. 이것이 우리가 프랙티스하는 센터링의 조치다.

우리 자신을 되찾고 우리가 소중히 여기는 것에 끊임없이 센터링하는 것이 우리가 궤도를 유지하는 방법이다. 바디 프랙티스는 이를 가능하게 한다.

코칭 함의

우리의 몸을 통해 현존하는 것은 우리 자신과 더 나아가서는 우리의 고객들에게 훨씬 더 많은 것을 제공한다. 결과적으로 우리의 고객들이 어떤 일이 벌어지든 회복 탄력성과 풍부한 가용 자원을 유지하기 위해 센터링 하는 법을 배우도록 돕는 것 그리고 구체적인 행동을 취하기 위해 그들의 몸을 구성하는 것은 우리가 제공할 수 있는 가장 중요한 것이다.

나는 시골 반대편에 있는 내 고객과 전화 통화를 하고 있다. 그는 최근에 은퇴했고 파트타임 비즈니스를 시작하며 풍족한 은퇴를 어떻게 즐길 것인가에 대해 결정하는 중이다.

우리는 그의 사업과 자원봉사활동의 퇴직 활동에 대한 계획의 밑그림을 그리고 있다. 우리가 이야기를 하는 동안, 나는 내가 피곤함을 느끼는 것을 알아챘다. 어깨가 앞으로 숙여지고 가슴이 좁아지는 느낌이다. 머리가 앞으로 나온다. 나는 센터링을 하고 그가 말하고 있을 때 계속 내 몸을 감지한다. "나의 네트워크에 내 컨설팅 서비스에 대해 알리기 위해 정말 열심히 일하고 있다.", "나는 몇 개의 위원회에서 자원봉사를 하기로 약속하고 있다.", "나는 정말로 하루에 여러 번 전화를 걸도록 스스로를 훈련시키고 있다.", "나는 새로운 방식으로 나 자신을 책임져야 한다."

그렇게 말을 할 때마다 나는 내 자신에게 부담감이 돌아오는 것을 알아차린다. 이것은 중요한 정보일 수 있다. 그의 몸이 아닌 내 몸인데, 무엇을 드러내고 있는지 궁금하다. 나는 다시 센터링을 하고 말한다.

"래리Larry, 당신이 사용하는 언어를 듣고 있나? 그것의 많은 부분은 모든 것을 열심히 노력하는 것에 관한 것이다. 당신은 인생에서 이 시간에 도달하기 위해 열심히 일한 것 같다. 당신은 모든 것이 더 쉬워질 것으로 기대하고 있었다. 하지만 당신이 당신의 실제 활동을 설명할 때, 당신이 다른 모든 것을 해왔던 방식으로 이것에 접근하고 있는 것처럼 들린다. 극복해야 할 도전과 같은 것이다. 이것에 대해 어떻게 생각하는가?"

래리가 멈춘다. "그래. 그걸 알겠다. 나는 내 자신을 듣는 것조차 지칠 것 같아!"

우리는 이것을 탐색하고, 그는 자신의 악착 같은 접근 방식이 너무 내재화되어 있어서 어떻게 다르게 접근할 수 있는지 모른다는 사실에 약간의 슬픔을 가지고 있다. 이 발견을 통해 새로운 가능성이 열리고, 여유롭게 일을 하는 것이 그에게 강력한 주제가 된다.

본 장의 요약

- 몸은 현존으로 들어가는 두 번째 문이다. 모든 행동은 몸에서 비롯된다. 몸은 우리 습관의 중심이다. 이러한 습관을 바꾸려면 우리는 근본적으로 생물학적 프로세스에 몸을 참여시켜야 한다.
- 자기생성적이 되기 위해서는 신체적 지식과 인식을 길러야 한다. 신체적 인식은 현존의 기본이며, 우리의 몸을 통해 얻을 수 있는 풍부한 정보에 접근할 수 있게 해준다. 우리는 우리의 주의를 우리의 몸으로 가져옴으로써 이러한 인식을 형성한다.
- 센터링은 우리가 어떤 상황에서도 현존하고, 연결되고, 반응하고, 준비될 수 있도록 빠르고 쉽게 우리 자신을 재구성할 수 있는 핵심적인 프랙티스이다. 우리는 우리의 몸을 통해 완전히 현존하게 되고 생성적인 행동을 취할 수 있게 된다.
- 우리의 습관은 항상 신체적 요소를 포함하기 때문에 자기관찰은 감각의 영역을 포함해야 한다. 우리의 감각은 특정한 습관이 발생하고 있다는 조기 경고 시스템을 제공하여, 스스로를 조절하고 다른 것을 선택할 수 있는 기회를 만든다.
- 우리의 가장 강력한 충동과 함께 현존할 수 있는 것은 우리에게 그들의 평소 지시를 따르지 않는 것을 선택을 할 수 있는 자유를 준다.
- 바디 프랙티스는 몸을 통해 새로운 능력을 구축하는 근본적인 방법이다. 시간이 지남에 따라 일관되게 프랙티스함으로써 우리는 우리가 관심을 갖는 것과 일치하는 조치를 취할 수 있는 몸이 된다.

제 8 장

가슴

사랑은 다른 사람을 이해하는 유일한 방법이다… 그 본질적인 특성과 특징을 볼 수 있다… 아직 실현되지는 않았지만 실현되어야 할 인간의 잠재력을 볼 수 있다… 사랑하는 사람은 그의 사랑으로 사랑하는 사람이 이러한 잠재력을 실현할 수 있게 해준다.

빅터 프랭클(Viktor Frankl)

인간의 가슴에 존재하는 감정은 그 가슴에만 존재하는 것이 아니다. 어떤 형태로든, 어느 정도로든, 모든 가슴에 존재한다.

조지 맥도날드(George MacDonald)

현존으로 들어가는 세 번째 문은 가슴이다. 이 장에서는 연민과 연결의 원천이자 현존에 접근하는 수단으로 가슴을 탐구한다.

사랑, 감정 및 느낌과 같은 단어들이 종종 비즈니스 환경에서 부적절하다고 여겨지는 것은 인간에게 가장 현실적이고 중요한 것과의 단절을 나타내는 명백한 증상이다. 그러나 쿠제Kouze와 포즈너Posner는 "최고의 리더들은 성과가 낮은 리더들보다 다른 사람들과 더 가까워지기를 원하고 다른 사람들과 더 친밀해지기를 원한다. 최근의 연구에 따르면 이러한 리더는 성공할 가능성이 더 높을 뿐만 아니라 또한 건강할 가능성도 더 높다는 것을 말해주고 있다."[1]고 주장한다.

우리는 가슴을 낭만적인 사랑의 은유적 자리나 건강한 삶을 위해 유지하기 위해 관리되어야 하는 신체의 기관으로 축소하는 경향이 있다. 가슴은 둘 다 해당되는 이야기이고, 더불어 가슴은 뇌와 연결되어 있지만 뇌와는 구별되는 놀랍도록 복잡한 신경계의 중심이기도 하다.[2] 이 시스템은 풍부한 감각과 경험을 부여하며 놀라운 관계 지능의 원천이다. 록산느 하우-머피Roxanne Howe-Murphy는 이렇게 말한다. "열린 가슴은 만족스럽고 건강한 삶을 영위할 수 있는 우리 능력 이면의 인도하는 힘이다. 가슴 지능이 부족할 때 사람이 그것이 무엇인지 말할 수 없어도 인생에서 중요한 것이 결여되어 있다는 본능적인 느낌이 있다."[3]

우리는 가슴을 통해서 다른 사람들과 가장 깊은 연결을 갖게 된다. 가슴은 우리의 관계적 존재, 연민, 인간과 영적인 연결의 중심이다(일반적인 믿음과 달리 가슴은 실제로 뇌의 변연계에 있는 우리의 감정센터가 아니다).[4]

코칭의 관계적 활동에서 가슴은 현존과 고객과의 더 깊고 공명하는 연결로 가는 세 번째 문을 제공한다. 이 장에서는 가슴에 접근하고 가슴을 개발하는 방법을 탐구한다. 우리는 가슴을 연민과 무조건적인 긍정적 존중의 자리로 경험하고, 감사하는 것이 애초에 우리의 개발을 위한 근본적인 충동인 갈망으로 우리를 어떻게 이끌 수 있는지 볼 것이다.

가슴의 프랙티스
타인에 대한 연민 찾기 핵심 가슴 프랙티스: 당신의 가슴 터치하기 키스 프랙티스: 관찰 대 감지 2.0 신속한 자기조절 조치에 세 가지 핵심 프랙티스 통합하기 두 가지 간단한 감사하기 프랙티스 가슴으로 연결하기

다시 말하지만, 어느 것도 믿음으로 받아들이지 말라. 당신의 가슴이 제공하는 것의 관련성과 유용성을 발견하는 것은 당신 자신의 경험을 통해서이다. 가슴을 열고 당신을 위해 이 안에서 무엇이 가능한지 보라.

- 현존을 위한 멈춤 -

자신과 타인을 위한 연민을 개발시키기

가슴은 연민compassion의 자리이다. 연민이라는 단어는 라틴어com(함께)와 pati(고통)에서 유래했다. 연민은 인간의 상태와 고통의 보편성을 말해준다. 다른 사람에게 어려움을 주는 것은 우리에게 어려움을 주는 것과 같다.

연민은 동정심pity과는 다르다. 그것은 누군가에게 안타까움을 느끼는 것이 아니다. 오히려 우리가 이것을 함께 겪고 있다는 것을 깨닫는 것, 즉 인식이다. 우리는 타인의 고통이 우리 자신의 경험과 다르지 않다는 것을 인식하게 된다. 이로부터 우리는 인간의 상태를 공유하고 우리는 모두 연결되어 있다는 인식이 따라온다.

이 깨달음은 순식간에 올 수 있다. 나는 내 컨설팅 초기에 실행했던 제조 회사를 위해 진행한 시뮬레이션이 떠오른다. 공장장이 눈을 가리고 문제를 해결하려는 것이 어떤 것인지를 경험한 후에 마침내 왜 직원들이 노조를 가지고 있는지를 이해하게 되었다. 갑자기 그는 직원들의 눈을 통해 세상을 보았다. 그는 이제 그들이 공유하는 공통의 인간 경험을 더 잘 이해하기 때문에 거칠고 적대적인 노조 리더들에게 더욱 연민을 가질 수 있게 되었다.

우리의 특별한 고통은 그것이 훨씬 더 깊고 보편적인 것의 우리의 버전에 불과하다는 것을 이해함으로써 줄어든다. 우리 자신을 고립시키거나 다른 사람에게 상처를 줄 수 없게 된다. 우리는 인류 전체와 연결되고, 우리의 행동은 그 연결에 비추어 취해진다.

우리의 유대감과 고통의 보편성을 인식함으로써 그 고통을 덜어주고, 돕고, 지원하고, 돌보고자 하는 욕구가 생겨난다. 우리는 코칭에서 고객의 고통을 덜어주고 기쁨과 편안함을 가져다줄 수 있는 모든 것을 지원하고자 하는 열망을 가지고 무조건적인 긍정적 존중을 제공한다.

주의를 기울이면 사람이나 상황에 대한 우리의 본능적인 혐오감을 인식하고 그 반응이 연민으로 녹아 들도록 허용하는 것이 가능해진다. 이 연민은 다른 사람들에게도 확장될 수 있다. 연민을 키우는 강력한 수단인 통렌tonglen의 불교 수행(역자 주: 티벳의 불교 수행법)은 모든 존재에게 연민을 확장하는 것에 관한 것이다. 비교적 단순하지만 공간 문제로 인해 여기에 포함되지는 않는다.[5]

자기에 대한 연민 또한 개발해야 할 핵심적인 특질이다. 자기판단, 외로움, 완벽주의는 지나치게 성취한 사람들이 겪는 고통의 흔한 원인이다. 우리의 좌절된 욕망, 관계에 대한 도전, 압도당하는 느낌과 같은 어떤 것에 대해 고통을 받고 있을 때, 우리는 우리의 어려움이 실제로 어떻게 근본적인 집착과 혐오의 표면적 징후인지를 생각할 수 있다. 우리가 이것을 보고 그 갈망이 보편적이라는 것을 이해할 때 우리는 다른 사람들과의 공통점을 발견할 수 있다. 우리 자신의 고통은 덜 독특하고 덜 부담스러워 보이기 시작한다.

•○

프랙티스 8.1.

타인에 대한 연민 찾기

여기에 우리가 거부하는 사람들과 어떻게 연결되어 있는지를 볼 수 있는 많은 강력한 방법들이 있다. 사실 우리가 거부하거나 우리를 괴롭히는 어떤 다른 것을 보기 위해서는 동일한 특성이 우리 자신 속에 존재해야 한다는 주장이 있어 왔다. 이 공통점을 보면 연민이 생긴다.

당신이 판단하거나, 낙인을 찍거나, 다른 사람에 의해 짜증이 난 상태 중 하나를 선택하라. 먼저, 그 사람이 당신에게 어떻게 까다로운지 적으라. 상대방의 행동과 당신의 반응에 대해 가능한 한 구체적으로 설명하라.

이제 판단과 짜증을 일시적으로 보류하라. 당신이 상대방인 것처럼 가정하라. 그 사람을 염두에 두고 당신을 짜증나게 하는 행동을 설명하고 그 행동에 내재된 긍정적인 측면이나 가능한 동기에 대해 이야기하라. 1인칭 시점으로 "나" 진술을 사용하여 "나"라는 입장에서 이야기하라. 그렇게 하면서 그 사람이 된다는 것이 어떤 것인지 스스로 느껴보라.

마지막으로 상대방이 당신과 어떻게 같은지 생각해보라. 그 사람이 당신과 크게 다르지 않은 어떤 열망이나 걱정은 무엇인가? 그 사람의 행동을 주도하는 집착과 혐오감은 무엇인가? 공통점이 무엇인가?

당신이 이것을 연민으로 느껴보라. 다른 사람에 대한 연민의 경험을 찾아 당신의 판단이나 짜증이 누그러지도록 하라. 핵심은 연민을 느끼는 경험이다.

•○

연민은 우리가 고객들과 공유하는 인간성을 직접 경험하는 것이다. 연민을 통해 우리는 공감과 무조건적인 수용 모두를 발견한다. 하지만 우리의 연민은 그 고객과 고객의 상황에 대한 우리의 끝나지 않은 비즈니스unfinished business(역자 주: 어린시절에 해결되었어야 할 발달적 과제 혹은 정서 혹은 정신적 문제)를 투사나 친밀감과 정서적 연결에 대한 질펀한 욕망이 아니라, 우리의 고객을 독특한 개인으로 보는 명확한 시각에 뿌리를 두고 있어야 한다.

연민은 절대적으로 직접적이고, 솔직하며, 예리하게 요구되는 경우를 포함한다. 우리가 연민을 갖고 수용적으로 도전적인 진실을 전달할 때, 우리는 방어하거나 대응할 어떤 것도 제공하지 않는다. 다른 사람들은 우리의 연민과 무조건적인 존중을 안전한 분위기로 경험한다.

가슴 경험하기

전체적인 자기생성 프로세스는 관계의 장을 통해 확장된 연민과 수용에 의해 지원된다. 그러나 이것은 아이디어나 윤리적 의무와 같은 동정심과는 구별되는, 가슴을 느끼는 경험을 필요로 한다. [프랙티스 8.2.] 가슴 터치하기는 이 경험에 대한 직접적인 접근을 강화한다.

어떤 사람들은 가슴을 터치할 때 무언가를 감지한다. 다른 사람들, 특히 똑똑한 사람들은 그렇지 않다. 아무것도 느끼지 못했다면 걱정하지 마라. 여기에서 관찰은 방해가 될 뿐이다. 관찰하거나 어떤 일이 일어나게 하려는 모든 노력을 내려놓음으로써 대부분의 사람들은 자신의 가슴을 경험하기 시작할 것이다.

●○

프랙티스 8.2.

핵심 가슴 프랙티스: 당신의 가슴 터치하기

이 간단한 프랙티스를 일상적으로 몇 번씩 꾸준히 그리고 계속해서 실행하라. 이것은 생각하는 프랙티스가 아니기 때문에, 이에 대해 생각하려는 노력이나 시도는 오히려 방해가 될 것이다. 자기관찰은 뇌의 활동이며 여기서 당신에게 도움이 되지 않을 것이다. 또한 나는 당신에게 기쁨이나 사랑과 같은 감정을 찾거나 만들어내라고 요구하는 것도 아니다. 오히려 나는 여러분의 가슴을 감지하고 느끼는 것만으로 다른 지능이 나타날 수 있도록 당신을 초대한다.

편안하게 앉아 눈을 감고 뇌로 들어가는 입력을 줄이라. 긴장을 풀고, 더 풀어라. 어깨를 위로 올린 다음 떨어뜨려라. 긴장을 풀고 몸에 집중하라. 좀 더 긴장을 풀라.

가슴 위쪽 중앙에 있는 심장을 터치하여 심장에 주의를 기울이라… 인위적으로 보일지라도 웃으라. 이것이 무엇을 의미하는지 생각하지 말고, 그저 당신의 미소를 심장과 연결하라. 당신의 미소가 당신의 심장을 더욱 강하게 만들 수 있도록 하라. 눈을 감고, 긴장을 풀고, 심장에 미소를 지으라. 무엇인가를 느끼면, 그것을 확장하라. 당신이 느끼는 것을 관찰하거나 명명하기 보다는 그 느낌을 따르라.

관찰하지 말라. 그리고 아무것도 느끼지 못한다면, 느끼려고 하지 말라. 좀 더 긴장을 풀고, 계속해서 마음에 미소를 지으라.

그 느낌이 이미 거기에 있고, 기다리고 있다고 생각해보라. 당신이 긴장을 풀면 당신은 그것을 이용할 수 있게 된다. 역설적으로 어떤 노력도 느낌을 제한하고 그것을 이용할 수 없게 만든다. 그러니 긴장을 계속 풀고 웃으라. 그냥 느껴보라.[6]

[프랙티스 7.2.] 관찰 대 감지는 감각에 대한 접근성을 구축하도록

설계되었다. 또는 적절한 파트너와 함께 다음 프랙티스를 할 수 있다. 둘 중 하나는 당신의 가슴을 터치하기 핵심 프랙티스를 지원하고 감각과 생동감에 직접 접근할 수 있는 능력을 구축할 것이다.

관찰과 경험의 차이점에 주목하라. [프랙티스 8.2.]와 [프랙티스 8.3.]은 감각과 생동감의 경험과 관찰자로서의 경험의 차이를 보여준다. 자기관찰은 중요한 (마음) 역량이다. 그러나 관찰은 또한 실제 (몸과 가슴) 경험으로부터 우리를 제거한다. 둘 다 코칭에 대한 우리의 대화와 관련이 있지만 그들은 매우 다르다. 관찰자가 매우 유용하지만, 관찰자에게만 의존하는 것은 우리를 삶에서 멀어지게 하고 우리의 경험을 제약하며 우리 자신의 삶에서 우리를 구경꾼의 역할로 격하시킬 수 있다.

●○

●○

프랙티스 8.3.

키스하기 프랙티스: 관찰 대 감지 2.0

이것은 비즈니스 서적에 속하는 것처럼 보이지 않을 수 있다. 그래도 이 책에서 가장 재미있는 프랙티스일 것이다! 이 프랙티스에는 당신이 키스하고 싶은 누군가와 당신에게 키스하고 싶은 누군가가 필요하다. (만약 당신이 이럴 의향이 있는 파트너가 없다면 [프랙티스 7.2.]로 돌아갈 것을 추천한다.)

잠시 동안 서로의 눈을 응시하고, 포옹하고, 충만하고 사랑스러운 키스로 긴장을 풀라. 서로를 느끼고 입술과 몸의 감각을 느끼라. 편안하게 즐기라! 더 즐기라! 이제 떨어져라.

다시 키스하라. 당신이 키스할 때와 달리 관찰하라. 당신의 의식의 활동 부분이 키스를 하고 의식의 관찰 부분이 지켜보는 가운데 약간의 거리가 있을 것이다… 이것은 어떻게 다른가? 관찰자로서 호기심을 갖고, 무슨 일이 일어나고 있는지 지켜보고 주목하라… 각자 떨어져라.

이제 세 번째 키스를 해보라. 이번에는 관찰자 없이 감각만 가지고 하라. 키스 속에 완전히 현존하며 모든 올라오는 것과 함께 빠져들라… 단지 이 순간, 이 현존, 이 연결, 생동감과 감각, 그 외에는 아무것도 존재하지 않는다.

이것은 쉽게 성적으로 변할 수 있다. 그러나 우리가 이 충동을 따르지 않는다면, 우리는 단지 더 큰 감각과 더 많은 것에 개방할 수 있는 생동감을 경험할 뿐이다.

어쨌든 나는 이 프랙티스를 자주 하는 것을 추천한다!

•◦

•◦

프랙티스 8.4.

신속한 자기조절 조치에 세 가지 핵심 프랙티스 통합하기

이 책의 이 부분에서 내가 제시한 세 가지 핵심 프랙티스("앉기", "센터링", "가슴 터치하기")는 당신이 도전을 받거나 자극을 받았을 때 엄청난 도움이 될 수 있는 신속한 조치와 결합될 수 있다. 물론 위기에 처했을 때의 조치의 이점은 더 쉬운 상황에서 상당한 프랙티스를 통해서만 접근 가능할 것이다.

당신이 촉발되었을 때, 당신이 반응하고 있다는 것을 알아차려라. 그것의 특성과 질감, 그것이 당신의 이야기, 당신의 감정 그리고 당신의 몸에서 어떻게 발생하는지 알아차리라. ([프랙티스 6.6.] "앉기"는 자기관찰을 통해 당신 자신을 관찰할 수 있는 능력을 구축한다.)

당신에 몸에 센터링하라. 당신의 자세를 정리하고 당신 자신을 스캔하고 정렬하라. 당신의 센터로 호흡하라. (센터링 프랙티스는 [프랙티스 7.1.]에 설명되어 있다. 프랙티스를 통해 센터는 빠르고 쉽게 조치할 수 있는 친숙한 상태가 된다.)

당신의 가슴을 터치하고, 웃으라. 당신의 연민을 느끼면서 당신의 가슴을 느껴라. ([프랙티스 8.2.] “가슴 터치하기”는 당신을 당신의 가슴과 빠르고 쉽게 접촉하게 하고 연민의 상태로 만든다.)

마음, 몸 및 가슴 프랙티스의 핵심 요소를 포함하는 이 빠른 스캔은 어떤 상황에서도 당신의 반응을 부드럽게 하고 당신의 인식을 더 넓고 더욱 현존하고 연민의 상태로 재구성하는 간단하고 통합적이며 신뢰할 수 있는 방법을 제공한다.

거기부터 당신은 상황의 요구에 창의적이고 적절하게 대응하는 방법을 고려할 수 있다.

●○

가슴을 통해 결정하기

가슴은 우리의 뇌를 통해 얻을 수 없는 삶에 대한 지혜, 지식 및 지침을 가지고 있다. 뇌와 가슴, 둘 다 유용하다. 그러나 그것들은 우리를 다른 결론으로 이끌 수도 있다. 확실히 뇌(분석, 객관성, 합리적인 의사결정에 대한 상응하는 가치)는 가슴(연민, 연결, 기쁨에 상응하는 관계적 가치)보다 비즈니스 세계에서 더 높게 평가된다. 우리가 최선의 결정을 내리기 위해 여러 관점을 고려하는 원칙을 중시한다면 우리 자신의 가슴은 우리가 고려해야 할 정보의 원천을 제공한다.

우리 대다수는 가슴으로 결정을 내린 적이 있다. 여기서 우리는 이것을 의사결정 양식으로 보다 더 명확하게 하고 가슴에 기반한 의사결정이 필요할 때 활용할 수 있는 분명한 역량으로 함양하고자 한다.

가슴의 결정이 반드시 쉬운 것은 아니다. 나는 직원에 대한 어려운 결정을 꺼리는 고객과 함께 작업했다. 그는 사람들에게서 최선을 찾으려고 노력했고 누구에게도 상처를 주고 싶지 않은 착한 사람이었다. 우리가 함께 작업하면서 그는 직면하기를 꺼리는 이 점이 실제로는 힘든 피드백을 주거나 실적이 없는 사람을 해고하는 불쾌한 경험으로부터 그를 보호한다는 것을 깨닫게 되었다. 그는 그것을 다른 사람들을 돌보는 것으로 자신의 마음을 정당화했다. 사실 그는 자신을 돌보고 있었다.

한 직속 부하 직원은 재직 기간이 오래된 관리자였는데, 몇 년 동안 부진했다. 그는 직장에서 행복하지 못했고, 다른 사람들은 자주 그의 일을 대신 해야 했다. 내 고객은 그 매니저가 고통받고 있고 다른 사람들이 그를 원망하고 있다는 것을 깨달았다. 그는 자신의 가슴에 귀를 기울이는 법을 배우면서 매니저를 떠나보내고 그에게 더 적합한 직업을 찾도록 지원하는 것이 연민어린 결정이라는 것을 깨달았다. 여전히 어려운 대화였지만 내 고객과 매니저의 동료들 그리고 해고된 매니저까지도 이 조치 이후에 훨씬 더 행복해했다.

가슴 지능에 접근하는 것은 판단을 보류하고자 하는 어떤 의지가 필요하다. 나는 이 영역을 잘 알고 있다. 유전적으로 타고난 과학자이자 회의론자로서, 내가 두뇌의 영역에 거주하는 것은 쉽다. 그리고 지속적으로 내 자신의 회의론을 중단시킬 수 있게 되면서, 나는 내 안에서 기다리고 있는 또 다른 지능을 발견한다. 조용하고 까다롭지 않고 항상 거기에서 기다리고 있는 또 다른 지능을 발견한다. 내가 그것을 개방하는 것이 정말 중요하다.

그래서 당신의 가슴은 어떻게 당신을 이끌었는가? 당신은 언제 가슴으로 결정을 내렸는가? 당신의 가슴이 당신에게 무엇을 하라고 말할 때 당신 안에서 어떤 변화가 일어났는가? 만약 당신의 삶에서 대부분의 결정이 가슴에서 나온다면 어떨까? 무엇을 바꾸고 싶은가?

- 현존을 위한 멈춤 -

감사하기

감사하기는 가슴으로 가는 지름길이다. 우리 삶에 있는 사랑하는 사람들, 우리 식탁에 빵을 올려놓는 일(그리고 이 책을 읽는 큰 관심과 만족을 제공한 대부분의 독자들에게), 우리가 살아온 삶의 경험, 어려운 관계, 대화, 상황이 우리에게 제공하는 성장 기회 그리고 평화의 순간들에게 감사할 수 있다.

사우스웨스트 항공사의 최고 경영자였던 허브 캘러허Herb Kelleher가 1997년 한 유명한 증언이 있다. "나는 사우스웨스트에서 어떤 의미 있는 일도 능숙하게 수행할 수 없기 때문에, 25,000명의 직원들은 나를 CEO로 임명했다. 그것이 내가 사우스웨스트 항공의 사람들을 사랑하는 많은 이유 중 하나이다."[7] 캘러허의 말은 물론 유머러스하며, 그의 전설적인 임기와 엄청나게 성공적인 문화로 회사에 크게 기여한 그의 겸손하고 감사한 태도를 드러낸다.

우리 모두에게는 감사해야 할 것이 많다. 일상 생활의 시련에서 이러한 것들을 잊기 쉽다. 감사는 우리가 가진 덧없는 선물에 대해 더 많이 현존하고 감사할 수 있는 간단하고 효과적인 방법이다. 다시 말하지만, 우리는 인지적인 연습이 아닌 가슴의 감정을 통해 감사에 접근한다.

•∘

프랙티스 8.5.
두 가지 간단한 감사하기 프랙티스[8]

한 가지 간단한 감사하기 프랙티스는 침대 옆에 메모지를 두는 것이다. 잠자리에 들기 전에 당신의 가슴을 터치하라. 그리고 나서 그 날에 일어난 일들 중 당신이 정말로 감사하게 생각하는 세 가지 일들을 적는 데 몇 분의 시간을 가져보라. 일정한 기간 동안 이 작업을 수행한다. 이것은 단지 데이터를 기록하는 것이 아니다. 이러한 것들에 대한 감사함을 진정으로 느낄 수 있는 시간을 가져보라.

또 다른 프랙티스는 당신의 삶에서 당신에게 깊은 영향을 준 중요한 소수의 사람들을 기억하는 것이다. 조부모, 부모, 교사, 상사, 배우자, 자녀 또는 한 번도 만나본 적이 없는 상징적인 인물이 없었다면 당신은 지금의 당신이 아닐 것이다. 이 사람들을 생각하고, 그들의 이름을 크게 말하고, 그들의 삶이 당신의 삶을 사는 데 도움이 되도록 그들의 생애를 살았다는 것에 대한 당신의 감사함을 경험하라. 다시 한번, 경험하기 전과 경험하는 동안에 당신의 가슴을 만져보라.

•∘

가슴으로 연결하기

우리가 이 장에서 논의한 내용은 관계의 장에 대한 대화와 유사하다. 우리는 가슴을 통해 연민과 감사함과 같은 특정한 자질을 배양하고 있다. 일단 우리 내부에 접근하면, 우리는 그것들을 다른 사람들에게 확장할 수 있다.

이런 자질은 지적 구조가 아니라 실체이다. 그것들은 쉽게 알 수 있다. 우리 모두는 방에 들어가자마자 방을 환하게 밝혀주는 멋진 사람들을 경험한 적이 있다. 미소를 짓고, 따뜻하고, 심지어 빛나면서, 그들은 다른 사람들에게 즉시 끌리는 느낌을 발산하는 것 같다. 그들은 종종 다른 사람들의 장점을 이끌어 내고, 그들 곁에 있으면 기분이 좋다.

비록 이것이 어떤 사람들에게 다른 사람들보다 더 자연스럽게 다가오기는 하지만, 우리 모두는 위에서 설명한 사람처럼 될 수 있다. 우리는 초대장이 될 수 있다. 가슴을 터치하고 미소를 지음으로써 우리는 우리 안에 있는 그 특별한 자질에 접근할 수 있다. 우리가 그것을 다른 사람들에게 확장하면 우리에 대한 그들의 경험이 크게 바뀔 수 있다. 쿠제와 포즈너는 이렇게 말했다. “우리는 당신이 될 수 있는 최고의 리더가 되는 데 사랑 안에 있는 것보다 더 좋은 비밀을 발견하지 못했다. 당신이 이끄는 사람들, 당신이 제공하는 제품과 서비스 그리고 당신이 서비스하는 고객과 소비자들과 사랑에 빠졌을 때, 당신은 그저 그것에 가슴을 쏟을 뿐이다.”[9]

프랙티스 8.6.
가슴으로 연결하기

코칭 대화 또는 따뜻하고 편안한 관계가 아닌 사람과의 다른 대화를 확인하라. 이것은 어려운 대화일 필요는 없다. 또한 마음이 통하는 것이 분명히 유익을 얻을 수 있는 상황을 선택하라.

대화를 계획하라. 그리고 당신은 상호작용을 하기 전에 몇 분간 시간을 갖고 당신의 정신적인 수다를 제쳐두라. 당신의 가슴을 터치하라. 마음 속으로 웃어보라. 이 사람에 대한 당신의 연민을 찾고, 당신의 가슴의 느낌에 접근하라. 당신의 의식 속에서 그 사람에 대한 연민과 가슴의 느낌을 확장하라. 당신과 다른 사람을 포함하는 관계의 장에서 이러한 특성들의 존재를 느껴보라.

이제 대화를 시작한다. 이런 느낌의 의식 상태를 유지하라. 상대방에게 미소를 짓는 것은 당신이 가슴의 느낌에 접근하고 상대방을 향해 그것을 확장하는 데 도움이 될 것이다. (물론 엉터리 가짜 미소는 당신을 물러나게 할 뿐이다. 미소를 가슴 속의 느낌과 연결시키는 것이 중요하다.) 이러한 특성을 장으로 확장하는 데 대한 반응 여부와 상관없이 개인과 개인과의 연결을 즐기라.

대화에서 무슨 일이 일어났는가? 가슴을 통해 마음으로 연결하기 때문에 어떻게 달라졌는가? 예상치 못했거나 다른 점은 무엇인가?

•◦

가슴을 통해 다른 사람과 연결되는 것은 사랑에 빠지는 것과 같다. 우리는 내면에서 이 사랑의 장소에 접근하고, 그것을 동료, 가족, 친구 및 코칭 고객으로 확장한다. 우리는 내면으로부터 우리 자신을 변화시키고, 그렇게 함으로써 세상을 변화시킨다.

갈망

가슴으로 결정하는 것. 연민. 감사. 보다 위대한 무엇인가와의 연결. 내가 이 책의 이 부분에서 당신을 초대하고자 하는 경험들이 궁극적으로 영적인 것이라고 말하고 싶다. 그것들은 우리의 타고난 권리인 온전한 인간 경험을 향해 저항할 수 없이 우리를 이끈다.

모든 시대와 모든 문화권의 사람들이 비슷한 현상을 경험했다. 사실 이러한 프랙티스에서 유래한 유산은 수천년 전으로 거슬러 올라간다. 지금은 자신의 경험을 통해 이러한 현상을 탐구하도록 초대받는다.

이것은 다른 사람들이 자신의 열정으로 우리를 위해 친절하게 설명한 것을 액면 그대로 받아들이는 것의 대안이다. 자신을 위해 그리고 스스로 그 영역을 찾아보라.

프랙티스를 계속하는 것은 우리를 부드럽게 하고 우리 자신, 서로 그리고 삶의 흐름에 더 연결되도록 이끈다. 당신이 계속하다 보면 당신은 이 모든 것의 이면에 있는 갈망의 경험을 발견할 축복을 받을 수도 있다. 이 갈망은 상실의 애통이나 슬픔처럼 감정적이지 않다. 그것은 또한 발견되지 않는 장소에서 우리의 맹목적인 행복의 추구와 관련된 욕구와 집착도 아니다. 오히려 이 갈망이 더 깊고 보편적이다. 그것은 우리 모두에게 있으며 익숙하지만 오래 전에 잃어버린 무언가에 대한 기억과 비슷하다. 달콤하고, 모호하고, 위안이 된다. 우리는 우리 자신이 광대한 연결과 고향으로 돌아가는 느낌을 갈망하고 있음을 발견한다.

가슴의 프랙티스 그리고 우리 자신의 연민과 감사함으로 현존하는 것은 우리 자신의 내적 갈망과 연결을 향해 우리를 움직이게 한다. 발달 충동의 근원인 갈망은 보이지 않지만 모든 인간의 열망과 노력의 근원이다. 우리가 야망과 성취욕으로 해석하는 조건화된 갈망과 혼동되는 경우가 많지만, 갈망은 의미 있는 기여와 영적인 연결을 통해서만 충족될 수 있다.

우리의 갈망에 닿는 것은 충분한 프랙티스와 날로 심화되는 인식의 필연적인 결과이다. 갈망은 우리의 삶에서 공헌을 향해, 중요한 것들과 더 완전한 관계로 순종하도록 요구한다. 시인 릴케[Rilke]는 이렇게 말한다.

> 내가 그대 가슴의 위대한 손에
> 안겨져 있기를 갈망한다.
> 오 이제 나를 데려가 주오.
> 나는 이 파편들, 내 삶을 그 손에 맡긴다.[10]

- 현존을 위한 멈춤 -

몇 달 전 크리스마스에 우리는 죽어가는 친구의 병상 옆에서 몇 시간을 보냈다. 그녀와 함께 있는 것이 크리스마스의 하이라이트였다. 그녀는 빛나고, 수용하고, 평화롭고, 미소를 지었다. 그녀는 자신의 갈망, 더 큰 무엇인가로 자유로워지고 싶은 마음을 느낄 수 있었다.

우리는 떠날 시간이 되기 전에 이것을 경험할 수 있다. 우리는 우리의 갈망에 마음을 열고, 삶의 압박감과 긴박함을 버리고, 우리 삶이 펼쳐지는 바로 그 충동을 가지고 현존하는 법을 배울 수 있다. 이러한 상태 – 깊게 현존하고, 우리의 연민, 감사함, 갈망과 연결되며, 수용하고, 빛나는 상태 – 에서 우리는 다른 사람들의 여정을 가장 잘 지원할 수 있다.

프랙티스와 주의를 통해 우리는 개발의 영역에서 안내자가 된다. 우리는 새로운 기술적 절차를 배우거나 어려운 대화를 나누는 것과 같은 일상적인 것이라도 새로운 행동을 필요로 하는 학습 기회가 우리가 코칭하고 있는 사람들을 위한 한 단계임을 알게 된다.

코치로서 우리는 고객의 관심 분야에서 고객을 만난다. 아마도 이것은 보편적인 갈망과 거의 관련이 없을 것이며 능력과 경력 및 현재의 도전과 모든 것과 관련이 있을 것이다. 우리가 그들의 헌신을 지원하는 동안 우리는 또한 더 큰 틀에서 그들을 지켜본다. 우리는 그들의 즉각적인 관심 이면에 연결과 의미 그리고 기여에 대한 깊은 갈망이 있다는 것을 깨닫는다. 우리는 고객들이 우리 자신과 크게 다르지 않다는 것을 알게 된다. 즉, 우리의 평생의 탐구가 그들을 현재의 시점에서 우리와의 관계로 이끈 것이다. 그리고 우리는 우리 자신의 길이 우리가 그들의 여정에서 도움이 될 수 있는 곳으로 인도해 준 것에 대해 깊이 고마워할 수 있다. 그렇게 할 수 있는 기회는 흔치 않은 특권이고, 우리 자신의 여정의 일부라는 것도 알게 된다.

코칭 함의

가슴을 통한 현존은 우리가 감사함과 무조건적인 긍정적 존중에 접근할 수 있게 해주고, 그것들을 우리의 고객들에게 확장하여 고객의 모든 방어적인 경향을 완화할 수 있게 해준다. 우리는 가슴 수준에서 연결될 수 있게 된다.

나는 저명한 비즈니스 스쿨의 학장인 고객과 전화 통화 중이다. 그녀는 똑똑하고 자기 분야의 개척자이며 다소 거칠다. 그녀는 높은 기준을 가지고 있다. 그녀가 위협하려는 의도가 없음에도 사람들은 종종 그녀를 그렇게 생각한다.

그녀는 진정으로 대학에 계속 있고 싶지만 다른 곳을 찾으려 소란을 피우는 유망한 교수에 대해 나와 이야기하고 있다. 그녀는 화가 났고, 그녀는 상담 시간 및 기타 문제에 대해 그 교수의 요청을 수용하기 위해 많은 수고를 했다고 말한다. 그녀는 교수의 충성심 부족에 대해 화가 났다.

나는 그녀와 이야기할 때 내 몸이 조이는 것을 느끼고, 그녀가 동료에 대해 너무 비판적이라는 것에 대한 나의 짜증이 점점 커지는 것을 알아차린다. 나는 미소를 지으며 내 가슴을 터치한다. 가슴이 부드러워지는 것을 느낀다. 나는 이 현장에서 무조건적인 긍정적 존중을 확대한다. 그렇게 하면서 그녀가 대학에 얼마나 깊이 헌신하고 있는지 그리고 그녀가 얼마나 높은 수준의 교수진을 원하는지를 깨달았다. 나는 그녀에게서 연민을 느낀다. 나는 그녀의 분노가 그녀가 그 교수에 대해 얼마나 관심을 갖고 있는지에 근거를 두고 있고, 그 분노 이면에는 그녀가 그 교수를 지키기 위한 노력을 알아주지 않는 것에서 비롯된다는 것을 깨달았다.

내 자신이 안정됨에 따라 내 고객에 대한 감사함이 커진다. 나는 고객에 대한 이 마음의 확장을 의식하면서 부드럽게 말한다. "당신은 이 교수의 우수성에 정말 깊이 몰입하고 있다. 그런가?" 그녀는 잠시 멈춘다.

그녀는 좀 더 부드럽게 말했다. "그래, 맞다! 그게 보이는 것 같나?"

"그래, 그렇다."

우리 둘 다 멈춘다. 우리는 이 행동이 때때로 사람들을 소외시키는 행동으로 어떻게 번지는지 탐구한다. 그 후 대화는 그녀가 함께 하고 싶은 교수와 어떻게 더 매력적인 대화를 시작할 수 있는지 방향으로 나아간다.

본 장의 요약

- 현존으로 들어가는 세 번째 문인 가슴은 우리의 연민과 관계적 존재 및 인간적 연결의 원천이다.
- 우리 자신과 다른 사람들에 대한 연민을 기르는 것은 우리의 판단을 사라지게 하고 보다 온전히 현존하게 한다.
- 신체적 인식과 마찬가지로 가슴 지능은 관찰을 통해 접근하는 것이 아니라 느낌과 감지를 통해 접근한다. 다시 말하지만 관찰자의 마음을 우회하고 가슴이 우리에게 제공하는 생동감으로 직접 나아가기 위해서는 프랙티스가 필요하다.
- 당신의 가슴을 터치하는 것은 핵심 프랙티스이다. 시간이 지남에 따라, 우리는 점점 더 빠르고 쉽게 가슴의 고유한 지능에 접촉할 수 있게 된다.
- 가슴 지능은 우리의 결정에 영향을 미칠 수 있으며 때때로 우리의 분석적인 뇌의 그것과 매우 다른 행동 과정으로 이어질 수 있다.
- 가슴을 통해 다른 사람들과 연결되는 것은 친밀감과 공명을 제공한다. 이러한 자질들은 자기생성과 학습에 도움이 되는 분위기에 기여한다.

- 연민과 감사하기 프랙티스는 종종 갈망의 경험으로 이어진다. 이러한 갈망은 발달 충동의 근원이며 필연적으로 전체에 대한 더 큰 연결감으로 이어진다.

제4부 현존 기반 코칭을 위한 관계적 조치

Relational Moves for Presence-Based Coaching

인간의 진정한 가치는 인간 자신에게서 찾을 수 있는 것이 아니라 다른 사람들에게서 생생하게 보이는 색채와 질감에서 찾을 수 있다.

알버트 슈바이쳐(Albert Schweitzer)

제4부에서는 이 책의 모든 내용을 하나로 묶는다. 우리는 코치가 현존하고 충만하게 하기 위한 내적인 조치들을 보았다. 우리는 앞서 설명한 내적 조치와 제4부에서 이어지는 관계적인 조치를 모두 수행할 수 있도록 숙련도를 쌓는 프랙티스를 탐구했다. 이제 현존 기반 코칭 대화가 어떤 모습인지 살펴본다.

나는 이러한 조치들을 주로 칼리Carly라는 고객의 샘플 코칭 사례를 통해 소개한다. 칼리는 실제 고객이지만 특정 사항을 변경하고 다른 고객과의 여러 작업 요소도 포함했기에 어떤 면에서 칼리는 합성된 인물이다. 이 접근 방식은 다음 세 장의 주제가 되는 다양한 관계적 코칭 조치를 가장 잘 설명할 수 있다.

우리는 칼리가 코치와 여러 번의 대화를 하면서 자기관찰, 센터링, 신체적 인식의 기본 역량을 개발하기 시작했다고 가정한다. 그녀는 또한 다른 부서의 지역 부사장으로 승진하기 위한 출사표를 던지는 것을 고려하고 있다. 만약 그녀가 그렇게 한다면 부사장이자 그녀의 직속상사인 개리Gary의 지원이 중요할 것이다.

제9장부터 제11장까지는 자기생성의 구성 요소를 중심으로 구성되어 있다. 각각의 관계적 조치는 일반적으로 이러한 요소들 중 하나를 지원한다. 이 경계는 때때로 다소 임의적이지만 그 구별은 유용하다. 나는 다음과 같은 이유로 제9장에서 자기관찰과 깨달음을 함께 분류했다. 제10장은 다양한 재구성 조치를 포함하고 제11장은 안정화를 설명한다. 코치의 내적 프로세스도 일부 조명해 볼 것이다.

칼리의 사례는 다양한 코칭 조치를 보여주지만 모든 코칭 고객을 대표하는 것은 아니다. 제12장에서는 매우 다른 고객들에게 몇 가지 유사한 조치를 어떻게 적용할 수 있는지 보여준다.

이어지는 모든 것에서 기본적으로 아래와 같은 내용이 필수적이다:

- 코치로서 우리는 고객과 관계를 맺기 전에 자체적으로 프랙티스를 하여 우리 자신을 위한 자기생성 영역을 알고 있다.
- 코칭 조치는 현존으로 초대한다. 역설적으로 그것들은 진정성과 진실성 및 관계적인 것으로 받아들여지기 위해 현존을 필요로 한다. 우리 자신의 현존은 여기에 설명된 관계적 조치보다 우선한다.

- 코칭 대화가 진행되는 동안 우리는 지속적으로 스스로와 작업하며, 활발한 대화 중에 변화하는 역동 속에서 현존을 유지하고 충만하기 위해 우리의 마음, 몸, 가슴의 지혜에 접근한다.
- 우리는 우리 자신의 학습에 도움이 되었던 모든 프랙티스 혹은 내적 조치를 고객에게 제공할 수 있다. 이 책의 모든 내용은 개발을 지원하도록 설계되었다. 아마도 우리는 그 영역에 대한 자신에 대한 탐구로부터 배울 것이다. 우리에게 도움이 된 것을 제공하는 것은 고객들에게 좋은 선물이 될 수 있다.

제 9 장

자기관찰과 깨달음을 위한 코칭

산다는 것은 너무 놀라워서 다른 것을 할 시간이 거의 없다.

에밀리 디킨슨(Emily Dickinson)

내세에 나는 "왜 너는 모세가 아니었는가?"라는 질문을 받지 않을 것이다. 나는 "왜 너는 주시야Zusya가 아니었는가?"라는 질문을 받게 될 것이다.

랍비 주시야(Rabbi Zusya)

자기인식이 후속되는 모든 것의 기초이기 때문에 우리는 자기관찰과 함께 관계적 코칭 조치에 대한 논의를 시작한다. 여기에는 자기관찰을 촉진하는 구체적인 코칭 조치가 있으며 이를 위한 프랙티스를 설계할 수 있다.

나는 자기관찰과 깨달음을 하나의 장으로 묶었지만, 깨달음은 별개의 구성요소이다. 깨달음은 그저 우리 안에서 일어나는 일이다. 그것은 자기관찰에서 비롯된다. 우리는 따로 깨달음을 위한 조치를 가지고 있지 않다.

다음은 자기관찰로 초대하고 자기인식과 깨달음을 더 쉽게 만드는 다양한 관계적 조치이다.

자기관찰과 깨달음을 위한 조치

반영하라
- 우리의 경험 명명하기
- 관찰한 것들을 반영하라
- 고객에 의해 우리 내면에 생성된 것을 반영하라

내적 인식으로 초대하라
- 자기관찰로 초대하라
- 현존으로 초대하라
- 감각을 추적하라
- 몸과 가슴의 지능에 접근하라

장에 초점을 맞추라
- 대화에 관련 요소를 가져오라
- 즉시성을 창출하라
- 실시간으로 습관에 조명하라
- 생동감에 조명하라

정체성에 도전하라

반영하라

우리는 자신의 경험을 고객에게 반영하는 것으로 시작한다. 우리는 고객과 별개의 독립된 세상에 살고 있기 때문에, 우리의 세계에서 제공되는 것 중에서 고객의 세계에서 이미 접근할 수 없는 것은 필연적으로 그 고객의 견해를 확장할 것이다. 우리의 경험을 공유하면 그 순간에 고객이 이용할 수 있는 정보가 확장되고, 자기관찰 역량의 모델이 된다.

우리의 경험 명명하기

우리가 스스로 알아차린 것을 공개하는 것은 다른 사람이 그 장을 어떻게 경험하는지에 대한 귀중한 정보를 제공한다. 간단한 진술들은 많은 도움이 되는데, "당신이 그 상황을 묘사할 때, 나는 가슴의 압박감과 어깨가 움츠려 있음을 의식하고 있다." 또는 "나는 해결책을 생각하기 위해 내 마음이 서두르고 있다는 것을 알아차린다."와 같은 것이다. 이러한 진술은 자기인식을 모델로 한다. 우리의 경험을 공유함으로써 우리는 다른 사람에게 이러한 차이를 인식하는 법을 보여준다.

칼리Carly와의 대화를 들어보자. 이 이야기는 칼리가 힘겨운 프레젠테이션 이후에 참가자들로부터 공격을 받았고 상사인 개리Gary로부터 지지를 받지 못한 것으로 느꼈기 때문에 코치에게 미팅을 요청하는 이메일을 보내는 것으로 시작된다. 이 미팅은 갑작스러운 통보로 계획되었기 때문에 전화로 진행된다(나는 현존 기반 코칭과 신체적인 작업이 대면뿐만 아니라 전화로도 이루어질 수 있다는 것을 강조하고 싶다).

다시 연락한 후 코치가 대화를 시작한다.

코치: 개리와 무슨 일이 있었는지 말해봐라. *칼리는 회의에 대한 몇 가지 세부 사항과 몇몇 참가자들로부터 예측 가능한 공격에 대한 자신의 인식을 자세히 설명한다. 그녀는 개리에 대한 불만과 이런 일이 이전에도 있었다고 말한다. 코치는 몇 가지 질문을 한다. 칼리는 무슨 일이 일어났는지에 대해 빠르게 말하고 있다.*

코치: *코치는 그녀가 설명하는 동안 자신의 내적 경험을 모니터링을 하고 응답하기 전에 잠시 멈춘다.* 당신이 이것에 대해 이야기할 때 내 목과 어깨에 많은 긴장감을 느끼고 있다. 그리고 나는 내 감정을 알아차렸다…. 분노와 아마도 약간의 독선적인 것일지도 모른다…. 나는 "그

가 어떻게 그럴 수 있지?"라고 생각한다.

지금까지 칼리는 무슨 일이 일어났는지 설명해 왔다. 그녀의 주의는 "저기"에 있었다. 현존 기반 코칭은 주의를 내부로 이동시키려 한다. 내적 경험을 묘사하는 코치의 간단한 조치는 암시적으로 칼리를 스스로 성찰하게 한다. 또한 우리 자신의 경험에 대한 세부 사항을 공유하면 그녀가 인식하지 못했을 수도 있는 미묘한 부분을 드러낼 수 있다. 이것은 우리가 상대방의 감정과 경험에 대한 이해를 전달하는 공감과 다르다. 여기서 우리는 우리 자신의 내적 경험에 대해 진실하게 말하고 있다.

우리의 경험을 공유하는 것은 고객에게 다른 종류의 응답을 가능하게 한다. 그녀가 속한 비즈니스 문화에서는 신체적 또는 감정적 경험에 대한 인식은 거의 전례가 없을 것이다. 프랙티스를 통해 배양된 자기인식에 기초하여 우리는 우리 경험의 신체적, 정서적 수준을 명명할 수 있다. 이것은 고객이 자신의 경험의 더 풍부한 계층을 발견하거나 적어도 그것들이 거기에 존재할지에 대해 궁금해하는 것을 더 당연하게 여기게 한다.

관찰한 것을 반영하기

우리가 관찰한 것을 고객에게 반영하는 것은 거울을 들어주는 것과 같다. 우리는 고객이 전혀 인식하지 못할 수 있는 현상을 알려줌으로써 고객의 자기인식을 높일 수 있다. 이것들 역시 인지적, 신체적 및 감정적 수준일 수 있다.

코치: 제가 관찰한 것을 제안해도 될까요? (허락을 받기 위해 멈춘다.) 나는 당신이 이것을 설명할 때, 당신의 목소리가 빨라지고 있다는 것을 알아챘습니다.

먼저 관찰한 내용을 공유할 때 허락을 구했다는 점에 주목하라. 특히 신뢰를 구축하고 대화의 토대를 마련해야 하는 관계의 초기에는 그렇게 하는 것이 중요하다. 또한 이러한 진술은 부분적인 평가와 해석이 될 수 있다는 점에 유의하라. "당신의 목소리가 빨라지고 있다"고 말하는 것은 객관적이다. "당신의 목소리는 슬프게 들린다"는 것은 해석이다. 이러한 성찰을 바탕으로 무언가를 단순하게 구성하는 것이 아니라 반영이 고객에게 유용하고 정확한 정보가 될 수 있도록 하는 것이 중요하다.

물론 고객은 이러한 평가나 해석이 정확한지 스스로 판단할 수 있다. 우리의 반영하기는 단순히 고객을 초대하여 관찰이 사실인지 여부를 탐구한다. 탐색하려면 고객이 스스로 관찰해야 한다. 이러한 조치는 자기관찰뿐만 아니라 직접적인 깨달음으로 이어질 수 있다.

고객에 의해 우리 내면에 생성된 것을 반영하라

우리는 고객의 행동이나 존재 방식에 의해 우리 내면에 생성되는 것을 고객에게 반영할 때 우리의 고객에게 귀중한 정보를 제공한다. 우리 고객이 더 강력한 사람일수록 그녀는 자신의 효과성을 크게 저해할 수 있는 비효과적인 리더십 행동을 수정하고 좋은 결정을 내리는 데 명백하고 매우 중요한 진실을 받아들일 가능성이 줄어 든다.

코치로서 우리는 고객이 다른 사람에게 미치는 영향에 대해 알 수 있도록 도울 수 있는 많은 기회를 가지고 있다. 360도 평가와 같은 공식적인 피드백 프로세스는 유용한 정보를 제공하지만 때로는 복잡하고 혼란스러운 방식으로 제공될 수 있으며 신뢰할 수 있고 솔직한 파트너의 실시간 피드백을 대체할 수 없다. 지금 당장 일어나고 있는 것에 대한 순간적인 반영은 데이터 더미보다 실제 변화로 이어질 가능성이 훨씬 높은 자기관찰과 깨달음을 위한 즉각적인 기회를 제공한다.

제1장에서 준과 릭의 대화는 이러한 조치의 좋은 예시를 제공한다. 여기 또 다른 예시가 있다.

코치: 칼리, 나는 당신이 프레젠테이션에 대해 이야기할 때 목소리가 높아졌다는 것을 알았고 당신이 말하는 동안 내 몸이 약간 긴장하고 배가 조이는 것을 느꼈다.

우리 자신의 경험을 명명하고, 관찰한 것을 반영하고, 고객이 우리 내면에 생성한 것을 반영하는 이 세 가지 조치 중 하나는 암시적으로 고객을 자기관찰로 초대한다. 이것들은 현재 일어나고 있는 일에 주의를 기울임으로써 현존으로의 문을 열어준다.

내적 인식으로 초대하라

또한 우리는 직접적인 질문을 함으로써 고객을 자기관찰에 분명하게 초대할 수 있다. 고객이 자기관찰을 처음 하는 경우, 직접적인 질문이 이전의 반영 조치들 중 하나로 선행될 때 더 쉬워지는 경우가 많다. 반영은 예시를 제공하고, 고객은 스스로 확인하여 자신이 알아차린 내용이 비슷한지 또는 다른지 확인할 수 있다.

자기관찰로 초대하기

고객의 인지적, 신체적 또는 감정적 경험에 대한 질문을 하는 것은 그녀를 현존의 순간으로 초대한다. 우리는 고객의 전환을 알아차릴 수 있다. 대화의 흐름, 음성의 변화, 신체적 변화, 관계의 장에서 뭔가 다르다는 느낌 등에 대해 우리는 "그것이 무엇인가?" 또는 "지금 당신 안에서 무슨 일이 일어나고 있는가?"라고 물어볼 수 있다. 우리는 호기심을 가지고 고객의 내면 경험을 표현하도록 초대한다. 대부분의 경우,

그녀는 자신의 내면 경험을 완전히 인식하지 못하고 있다. 질문은 자신을 관찰할 것을 요구하고 관찰한 것을 분명하게 표현하도록 만든다.

> 코치: 그러면 당신이 프레젠테이션에 대해 이야기할 때, 당신의 내면에서 무슨 일이 일어나고 있는지 알아차렸는가?
>
> 칼리: 나는 가슴의 답답함을 알아챘다. 그리고 나는 어떤 불안감을 느낀다. 솔직히 화가 난다. 보라, 나는 상당히 강한 사람이다. 그 사람들은 적대적이었지만, 나는 그들을 잘 다룰 수 있다. 동시에 나는 상사로부터 더 나은 지원을 받을 자격이 있다!

칼리는 신체적인 것 (답답함), 감정적인 것 (분노), 인지적인 것 (강함에 대한 이야기와 지원을 받을 자격이 있는 것에 대한 이야기) 등 세 계층에서의 경험에 대해 자기관찰을 했다. 이것들은 그녀의 세 가지 반응의 뚜렷하면서도 상호 연관된 요소를 나타낸다. 이러한 현상들을 관찰할 수 있는 것은 습관과 함께 작업하는 데 익숙해지고 능숙해지는 첫 번째 단계이다.

각 계층의 경험은 보다 심층적인 내용의 진입점을 제공한다. 이야기에 대한 대화는 때로 유용할 수 있다. 감정에 대해 더 깊이 탐구하는 것은 자신의 감정 범위(예를 들어, 그녀는 어디에서 이것을 몸에서 느끼는지, 그것의 특성은 무엇이며, 그 충동은 어디로 이끄는지 등)에 익숙하지 않은 누군가에게 중요할 수 있다. 다른 사람들은 감정이 강한 경향이 있고, 그들의 내적 작업은 이러한 감정들에 압도되지 않고 그 감정들과 함께 현존하는 것을 배우는 것일 수 있다. 신체적 경험은 종종 우리가 보게 될 것처럼 더 깊은 현존과 이해로 가는 강력한 방법이다.

코치로서 우리는 스스로를 "부드러운 진흙"으로 여기며 수용적이어야 한다. 우리 자신의 인지적, 감정적 및 신체적 경험과의 조율은 우리의 고객을 감지하고, 그녀에게 영향을 받고, 가장 유용한 기회가 드러날 수 있게 해준다.

현존으로 초대하라

우리가 일정한 기간 동안 고객과 함께 작업했고, 그녀가 제3부의 몇 가지 프랙티스를 수행했다면 우리는 대화의 어떤 지점에서든지 그녀를 현존의 경험으로 직접 초대할 수 있다. 이를 위해 우리는 그녀가 지금까지 해온 프랙티스에 그녀를 연결하는 시금석을 사용한다

"가슴을 터치하라", "센터링하라", "지금 당장 무슨 일이 일어나고 있는지 알아차려라"는 (각각) 가슴, 몸, 마음을 일깨워주는 간단하고 강력한 알림이다. 누구든지 어느 정도까지 프랙티스를 해왔다면 이러한 알림은 보통 그녀를 즉시 더 충만한 상태로 만든다.

우리가 이를 수행하는 동안 현존할 수 있는 능력도 중요한 차이를 만든다. 우리가 내적 작업을 통해 현존한다면 이러한 간단한 알림은 스킬이 아닌 초대로 받아들여질 것이다.

감각을 추적하라

고객에게 자신의 감각을 추적하라고 요구하는 것은 그녀의 경험과 함께 현존하도록 초대하는 것이다. 우리는 고객이 어떤 변화가 있는지 지켜보도록 초대한다. 위의 이야기를 따라 어디로 가는지 보자:

칼리: 개리는 질문들이 적대적으로 변했을 때 나를 지원하지 않았다. 놀라운 일이 아니었지만 왠지 그가 나를 지원하지 않을 때 나는 항상 충격을 받는다.

코치: 나는 당신이 과거에 그것으로 어려움을 겪었다는 것을 안다. 자, 이것에 대해 조금 탐색해도 괜찮을까? *이것은 선택의 지점이다. 전통적인*

코칭은 개리에 대한 대처 방법을 탐색할 것이다. 현존 기반 코칭은 현재 순간의 경험을 탐구한다. 코치는 이것에 대해 더 깊이 작업할 수 있도록 허가를 요청한다.

칼리: 그래, 나는 그런 일에 더 잘 대처할 수 있었으면 좋겠다. 아직도 화가 많이 난다.

코치: 좋다. 당분간 이것으로 작업하자. 당신의 경험에 머물러라. 어디에서 긴장을 느끼고 있는가?

칼리: 내 가슴과 어깨이다. 꽉 조인다. 나는 화가 나서 기분이 언짢다.

코치: 그럼 당신이 무슨 일이 일어났는지 떠올릴 때 바로 지금 당신 안에서 많은 일이 일어나고 있다는 것을 알아차려라. 신체적으로 조임과 긴장의 경험이 있다. 분노의 감정이 있다. 언짢음에 대한 당신의 인지적 해석이 있다. 저 계층들이 다 보이는가? *코치는 칼리가 그것들을 볼 수 있도록 경험의 세 가지 층을 명명함으로 관찰자로서 칼리를 훈련시키고 있다.*

칼리: 그래, 꽤 멋진 쇼다. 그렇지?

코치: *칼리의 반응을 정상화한다.* 그래, 우리 모두는 쇼이다! 이제 나는 당신이 당신의 경험, 특히 신체적 경험과 함께 현존하도록 초대하고 싶다. 그 조임의 특성에 대해 자세히 말해 달라. 어디가 더 강렬한가? 그렇지 않은 곳은 어디인가? 거기에 움직임이 있는가? *칼리는 자신의 감각을 추적하라는 요청을 받고 있다.*

칼리: 움직임? 보자. 글쎄, 별로. 1분 전보다 어깨의 긴장이 조금 줄었다. 그런데 가슴이 정말 답답하고 뜨겁다. 내가 누군가를 칠 수 있을 것 같은 느낌이다.

코치: 잘 알아차렸다. 또 무엇이 있는가?

칼리: 내 팔에는 많은 에너지가 있다. 그것들은 참을성이 없고 거의 가렵게 느낀다. 약간 웃기다. 목과 어깨에서 팔 아래로 타고 내려오는 것 같은 작은 움직임이 있다.

코치: 좋다. 그냥 움직이게 놔두라. 그것과 아무 관련이 없다. 그냥 즐기고 무슨 일이 일어나는지 보라.

때때로 단순히 감각과 함께 하면서 고객에게 그녀가 인지한 것을 보고하도록 요청하는 것은 상황에 변화를 가져올 것이다.

몸과 가슴의 지능에 접근하라

우리는 또한 약간의 관점을 추가할 수 있는 그녀의 신체에 대한 질문을 할 수 있다. 행동 패턴과 해석은 몸의 방어 및 에너지 패턴과 끊임없이 연결되어 있기 때문에 몸에 주의를 기울이고 탐색을 유도하는 질문은 때때로 놀라운 답변을 생성한다.[1] “당신의 목과 어깨는 이것에 대해 무엇을 말하고 있는가?”라는 질문은 “나는 나를 보호하고 있다. 나는 상사에게 의지할 수 없다.” 아니면 “나는 이것에 대해 정말 화가 나 있고 내 본능은 누군가를 다치게 하는 것이다!”와 같은 응답을 불러 일으킬 수 있다. 아니면 우리는 그녀에게 가슴과 연결해서 이것이 그녀의 상황에 대한 감각을 어떻게 바꾸는지 볼 것을 요구할 것이다.

코치: 칼리, 당신은 당신의 가슴에 접근하는 것을 프랙티스했다. 잠시 시간을 내어 가슴을 터치하고 느껴보라.

칼리: (그녀의 가슴을 터치하여 느끼고 어떻게 다른지 느끼기 위해 얼마간의 시간을 갖는다.) 나는 평화롭다. 내가 내 가슴을 터치하면 다른 느낌이 들고 더 편안해진다. 나는 개리에 대한 수용감을 더 느낀다.

코치: 훌륭하다. 이것이 당신에게 어떻게 도움이 되나? *가슴에 접근하는 것은 그녀의 상태를 변화시킨다. 코치는 그 상태에서 상황이 어떻게 다르게 보이는지 탐구하고 있다.*

칼리: 글쎄, 나는 내가 실제로 프레젠테이션을 아주 잘했다는 것을 안다. 비

록 공격을 당했지만 나는 침착하게 잘 응대하였다. 그것을 기억하는 것은 유용하다! 그래도 나는 아직도 그가 뛰어 들었어야 했다고 생각한다. 그의 신뢰도에 관한 문제이기 때문이다. 동시에 나는 그가 공격을 받지 않기를 바라는 것에 대해 어느 정도 연민을 가질 수 있다. 그들 중 몇 사람들은 거칠다! 내 생각에는 그가 나보다 더 두려워했던 것 같다.

코치: 지금 당신의 몸에서 무엇을 알아차렸는가? *칼리를 다시 현존하도록 초대한다.*

칼리: 글쎄, 몸이 좀 가벼워졌다. 내 가슴의 긴장감은 훨씬 가벼워졌다. 나는 그 안에서 약간의 따뜻함과 가벼움을 느낀다. 그리고 내 팔의 움직임이 더 강해졌다. 내 팔은 활기차게 느껴진다.

코치: 그리고 그 가벼움이 당신에게 어떻게 도움이 되는가?

칼리: 개리와 다른 대화를 나누는 것을 상상할 수 있다. 5분 전, 나는 그를 죽이려 했었다. 이제 건설적인 대화를 할 수 있을 것 같다. 그리고 나는 분명히 그렇게 해야 한다는 것을 알고 있다. *더 많이 현존으로 칼리는 자연스럽게 이전의 분노 상태에서 더 연민을 가지고 충만한 상태로 변화했다. 그녀는 다양한 행동 가능성을 본다.*

이 대화 전반에 걸쳐 주의의 변화를 주목하라. 칼리의 몸과 마음이 대화에 정보를 제공하고 있다. 칼리에 대해서는 몇 단락 후에 다시 설명하겠다.

일단 고객의 주의를 자신의 내적 경험으로 유도한다고 해서 고객이 이미 우리에게 알려진 미리 정해진 답으로 이어지지 않는다는 점을 언급함으로써 요약해보자. 오히려 그것은 진정한 호기심이 이끈 탐구이며 그 결과는 알 수 없다. 신체적인 자기관찰 스킬이 어느 정도 개발되고 가슴을 통해 더 많은 개방성을 가지면 감각은 매우 강력해질 수 있다. 우리는 중요한 발견과 재구성으로 이어질 수 있는 더 깊은 수준의 내면 경험에 접근한다.

장에 초점을 맞추라

장은 우리가 이용 가능한 연결과 의미의 풍부한 배경을 제공한다. 장의 요소들을 고객의 현재의 경험과 명확하게 연결하면 코칭 대화에 관련성과 의미가 부여된다. 우리는 이것을 장에 초점을 맞추는 것으로 생각할 수 있다.

대화에 관련 요소들을 가져오라

우리는 이미 존재하는 것에 이름을 붙여서 배경에서 전경으로 그 무언가를 가져옴으로써 관계의 장에 초점을 맞춘다. 우리는 당면한 주제와 관련된 현실을 이 장소로 가져온다.

코치: 칼리, 여기서 연결을 해보자. 지난주에 우리가 이야기를 했을 때, 당신은 개리에게 승진을 지원하는 것에 관해 이야기했다. 이것이 당신이 지지받지 못한다고 느껴진 프레젠테이션의 맥락이다. 이것이 당신의 반응에 어떤 영향을 미치는가?

칼리: (그녀의 목소리가 커지고 속도가 빨라짐) 엄청나게 영향이 있다! 이 승진을 위해 그의 지원이 필요하다. 내가 그 어리석은 회의에서 그를 믿을 수 없다면, 승진을 위해 그를 어떻게 믿을 수 있나?

코치: 그래, 그것은 정말로 큰 문제이다. 방금 당신의 목소리를 알아차렸는가? *자기관찰을 요구한다.*

칼리: 그래, 나는 더 긴장하기 시작했다. 나는 이것에 대해 꽤 불안한 것 같다. *칼리는 자신의 반응을 알아차리고 개리로부터 필요한 지원의 맥락과 즉시 연결한다.*

칼리는 현재 개리로부터 필요한 지원과 그녀가 처한 중대한 상황에 대한 신념에 의해 유발된 습관적인 반응을 보이고 있다. 칼리는 잘못된 행동이나 적대적인 참가자를 다룰 수 있는 강력한 리더이기 때문에 그녀의 강한 반응은 회의에서 일어난 일보다 승진을 위해 개리를 의지할 수 있는지에 더 관련이 있을 것이다. 이것 또한 칼리의 패턴이고 그녀가 종종 지원 부족에 민감할 수 있다. 일부 치료법은 이것의 원천을 탐구한다. 그러나 현존 기반 코칭에서는 그 순간에 나타나는 것을 토대로 작업을 한다. 따라서 지원을 받지 못하는 것에 대한 이러한 반응은 칼리와의 작업을 위한 시작이다.

즉시성을 창출하라

우리는 고객의 결과에 중요한 행동이나 습관이 순간적으로 나타날 때 이를 조명하여 즉시성을 만든다.[2]

나는 좋은 의도를 가지고 있지만 위협적인 CEO에게 다른 사람들이 몇 년 동안 그에게 말하려 했지만 실패한 것을 보았다. 그것은 내가 대화 중에 발견한 위협적인 행동을 식별하여 반영하고, 그 행동이 나에게 미친 영향을 공유하고, 다른 사람들도 위협을 경험할 수 있다고 추측할 수 있었던 순간에 일어났다. 그 순간 그는 일상적인 사건의 축소판에 근거한 깨달음을 얻었다. 그는 그 의미를 잘 알고 있었지만 기원은 알지 못했다.

즉시성을 창출하면 “저기에” 있던 것이 지금 나타나는 것과 연결된다. 우리의 문제가 현재 발생하고 있음을 보는 것이 깨달음의 문을 여는 것이다.

코치: *맥락화하기.* 칼리, 나는 당신의 상사를 모르고 그의 동기를 해석할 수

없다. 그러나 전체적인 그림을 염두에 두는 것이 중요해 보인다. 당신은 승진을 위해 그의 지원을 요청했고, 그는 과거에 다른 상황에서 지원을 하지 않았으며, 여기서 그의 지원 부재에 대해 꽤 강한 반응을 보였다. 여기서 해야 할 일이 무엇이라고 생각하는가?

칼리: 그래. (멈춤) 이 관계에 세심한 주의를 기울어야 할 때인 것 같다. 내가 그와 이에 대해 이야기하는 여부에 따라 이해관계가 달라지는 것 같다. 조심해야 할 것 같다. (칼리의 목소리가 작아진다.)

코치: 그럴지도. 그것을 느껴보라, 칼리. 당신이 내면에서 무엇을 하는지 느껴보라. *전통적인 코칭은 무엇을 조심해야 하는지 또는 개리와 대화하기 위한 전략을 모색할 것이다. 현존 기반 코칭은 현재의 순간 경험에 직접 초점을 맞춘다.*

칼리: 그래. 나는 다시 불안해지고 있다. 승진에 대한 생각이 그것을 유발했다. 다시 가슴으로 느낄 수 있지만 긴장감과는 다르다. 에너지가 넘치는 느낌이지만 좋은 방식은 아니다. 붕괴되는 느낌이 있다. 난 안전하지 않다. 조심해야 한다. 마치 내 몸이 "작아져라. 만약 내가 이것을 망친다면, 나는 절대로 이 승진을 할 수 없을 것이다"라고 말하는 것 같다. *코치는 칼리의 목소리에서 긴장감을 알아차렸다. 칼리는 자신의 신체적 반응과 관련된 이야기를 모두 자기관찰하고 있다. 이것은 또 다른 습관이다-붕괴, 안전하게 행동하는 것.*

코치: 그것을 느껴봐라. *칼리의 직접적인 현재의 경험을 확인하고 강조한다.*

칼리: 그래, 알겠다. (멈춤) 꽤 강력한 전환이다. *칼리의 에너지가 다시 증가하고 있다. 그녀의 목소리는 더 강해지고 더 낙관적이다.*

칼리가 경력의 리스크를 걱정할 때, 불안과 신중함으로 특징지어지는 즉각적인 반응이 유발된다. 이것은 그녀의 직업 세계에서 자주 일어날 가능성이 있는 내적 경험이다. 일반적으로 강하고 직접적인 성격이지만 칼리는 그 습관이 그녀를 사로잡을 때 긴장되고, 작아지고, 조심스러워진다. 지금 나타나고 있다. 이것은 실험실 환경에서 발생하기 때문에 관찰, 연구 및 작업이 가능하다.

이것은 칼리에게 강력한 깨달음의 순간이다. 깨닫고 나면 습관은 통제력을 잃는다.

실시간으로 습관에 조명하라

이러한 관찰을 규칙적으로 하는 것이 중요하다. 반응이 강할 수도 있고 심지어 압도적일 수도 있다. 그것을 단순한 현상으로 보고 그것을 관찰하고 그것으로부터 거리를 둠으로써 우리는 그것에 의해 장악 당하는 것 대신 그것과 함께 작업하는 법을 배운다. 이를 습관이라고 명명하는 것은 이러한 과정에서 첫 번째 조치이다.

코치: 훌륭하다. 당신은 사고 과정에 대한 신체적 반응을 알아차리고 있다. 먼저 당신은 상황이 위험하다고 말했다. 그리고 나서 당신의 몸은 할 줄 아는 것을 했다. 웅크리고 마차를 돌며 안전하게 놀아라(역자 주: 작게 들어가, 방어 태세로 들어가, 안전한 플레이를 한다)! *코치는 이것을 칼리와는 별개의 현상으로 설명하고 있다. 이것은 탈동일시와 자기관찰을 돕는다.*

칼리: 그래, 그건 순간적이었다. "이봐, 우리는 위험한 땅에 있다! 작게 플레이하고, 조심스럽게 걷고, 공격을 유도하지 마라."

코치: 전에 프랙티스를 한 적이 있지? (웃음) *약간의 유머는 습관을 식별하는 데 도움이 된다. 코치는 칼리가 이 습관이 근본적으로 그녀가 누구인지가 아니라 단지 일어나는 일이라는 것을 알기 원한다.*

칼리: (웃음) 딱 한두 번쯤!

코치: 그래서 당신은 당신의 습관에 빠지는 모습을 본 것인가?

칼리: 그래, 그게 내 습관이었다. 그게 내가 하는 것이다.

코치: 바로 지금, 이 순간에 습관이 나타난다. 그렇게 명확하게 보는 것이 도

움이 되지 않는가?

칼라: 그래, 이게 얼마나 익숙한지 느낄 수 있다.

코치: 이제 이 순간에, 당신의 습관을 끊을 수 있는 선택을 했다고 가정해보자. *칼리는 깨닫고 있는 중이며 코치는 재구성의 가능성을 소개한다. 이것은 잠시 자기관찰 조치에서 벗어는 것이며, 코칭 대화는 절대로 예측된 대로 흘러가지 않는다.*

칼리: 무슨 뜻인가?

코치: 글쎄, 당신이 원하는 것은 무엇이든 할 수 있다고 생각하라. 새로운 순간이다. 그 오래된 습관을 많이 프랙티스했을지 모르지만 언제든지 새로운 각본을 쓸 수 있다.

칼리: (멈춤) 그래, 알았다. 그런데 그것이 조금 무섭다.

코치: 그래. 그것은 오래된 정체성에서 당신이 구축하고 있는 새롭고 더욱 강력한 정체성으로의 전환이다. *코치는 칼리의 정체성에 대한 그녀의 스토리에 현재 순간을 연결하고 있다.*

칼리: 그래, 나도 그걸 느낄 수 있다. 조금 무섭긴 하지만 좋을 것 같다.

코치: 그러면 이것을 시작하자, 칼리. 이 기회를 새롭고 창의적인 방법으로 어떻게 구성할지 생각해보라. *코치는 칼리를 새로운 관점으로 몰아간다.*

칼리: 음… 좋은 질문이다. 개리와의 대화는 다른 것을 프랙티스할 수 있는 기회가 될 수 있다! 나는 그의 지원이 중요할 때 그를 화나게 하지 않기 위해 뒤로 물러나는 것보다 강하고 센터링된 상태에서 그에게 말할 수 있다.

칼리는 습관적인 반응을 인지하고 새로운 대응의 가능성을 선택했다. 그녀는 자신의 몸에서 차이를 느낄 수 있었다. 우리는 이 단편적인 대화에서 그녀의 상사와 다른 종류의 대화를 위해 에너지와 실행을 다짐하는 것에 집중할 수 있는 가능성을 볼 수 있다. 이것이 실제로 재구성이 이루어지는 과정이다.

생동감에 조명하라

보통 우리는 인생을 힘들게 살아가면서 매 순간 우리에게 가능한 것을 놓친다. 우리가 현존할 때, 우리는 우리가 머리에 사로잡혔을 때보다 훨씬 더 많은 것을 느낀다. 그것은 문을 나서는 도중에 마카로니와 치즈 한 접시를 입에 급하게 넣고 나가는 것과 다크 초콜릿 트러플을 혀 위에 천천히 녹여서 풍부한 감각으로 입을 가득 채우는 것의 차이이다.

현재의 순간에 있다는 것은 우리가 이용할 수 있는 모든 것을 감지할 수 있는 유일한 장소이다. 고객이 이러한 생동감의 상태를 경험할 때는 이를 강조하고 현존감을 향상시키는 것이 매우 유용하다.

코치: 당신은 강하고 센터링한 상태에서 그와 대화할 가능성을 보고 있다. 지금 기분이 어떤가? 당신의 몸은 그 가능성에 어떻게 반응하고 있는가?

칼리: 느낌이 좋다! 나는 지금 많은 에너지를 가지고 있다. 모든 곳에 퍼져 있다. 불안한 감정이 아니라 더 많은 준비, 생동감, 나는 깨어난 기분이다. 기대가 된다.

코치: 마음에 드는가?

칼리: 그래, 실제로 이 감각은 꽤 즐겁다! 상사와의 대화에 대해 생각하는 것이 이렇게 재미있을 줄 누가 알았겠는가!

칼리의 생동감을 알아차리라. 우리가 현재, 즉 우리의 몸에 완전히 주의를 기울이게 되면 대부분의 시간 동안 우리가 인식하고 있는 풍부한 감각을 깨닫기 시작한다. 이것을 감지하는 것은 살아있다는 것, 깨어있다는 것을 의미한다. 작업이 내용을 제공하지만, 생동감은 코칭의 필연적인 산물이다. 이런 식으로 일어나는 것이다.

정체성에 도전하라

자기생성은 부분적으로 고객의 정체성을 구성하는 습관의 통제를 느슨하게 함으로써 형성된다. 우리는 고객의 정체성에 도전하거나 고객이 자신의 정체성이라고 생각하는 것과 실제로 하는 것 (행동) 사이의 격차를 드러내는 질문을 할 수 있다. 우리는 고객이 어떻게 상황에 기여했는지 그리고 그 기여가 고객이 세상에서 자신이 누구라고 생각하는지에 대해 어떻게 상충될 수 있는지 탐구할 수 있다.

이 노출된 격차는 그녀의 정체성이 전부가 아니라는 것을 보여준다. 그녀의 자아 감각은 더 큰 그림을 포함하기 위해 확장되어야 한다. 이것은 때때로 어려울 수도 있지만 또한 매우 해방적일 수 있다. 코치가 중립적이고 연민어린 자세를 유지하는 것이 중요하다.

코치: 칼리, 내가 보기엔 당신이 무슨 일이 일어났는지 개리와 이야기할 계획을 세우는 것으로 이 대화를 마무리 할 것 같다. 하지만 우선 나는 당신이 그 상황에 어떻게 기여했는지 궁금하다. 당신이 이것에서 볼 수 있는 것은 무엇인가?

칼리: 글쎄, 그가 나를 지원할 거라고 생각할 정도로 순진해서는 안 된다는 것이다. 이렇게 될 줄 알았어야 하는 것이다.

코치: 전에도 그런 일이 있지 않았는가?

칼리: 가능한 모든 방법으로!

코치: 그렇다면 당신의 일부분 중 어떤 부분은 개리가 당신을 지원하지 않을 것 같다는 것을 알고도 그에 대해 행동을 취하지 못하고 있는가? 이 맹점이 당신에게 무엇을 드러내는가? *이것은 정체성 문제이며, 칼리가 세상을 어떻게 인식하고 해석하는지를 보여준다.*

칼리: 이크! 여기에서 나는 어린애 같다! (멈춤) 당신도 알다시피, 나에게는 모든 사람이 단지 친절하고 서로를 지원해야 한다고 생각하는 순진한 부분이 있다. 나는 이 장밋빛 안경을 통해 사람들을 본다. 나는 모든 사람이 나만큼 사람들을 배려하도록 태어났다고 가정한다. 그게 바로 내가 하는 일이다. 그리고 다른 사람들도 다 그렇게 여긴다고 생각한다. 다른 사람들이 그렇지 않을 때, 나는 충격을 받았다! *칼리는 자신의 해석 구조 중 일부를 확인했다. 이것이 그녀가 세상을 보는 방식이다. 그것은 그녀의 정체성의 일부이다.*

코치: 충격 받은 것에 대해 더 말해보라.

칼리: 글쎄, 여기에 단절이 있다. 개리가 나를 지원하지 않았을 때 나는 당황했다. 그가 어떻게 그렇게 할 수 있었는가? 그가 세상에서 기대하는 대로 행동하지 않았을 때 나는 화가 났다! 그래서, 내가 왜 그렇게 놀랐을까? 나는 이것이 정확히 일어날 것이라는 많은 증거를 가지고 있다. 그는 원래 그렇다. 개리는 그냥 개리처럼 굴었다.

코치: 그 단절을 느껴보라. 당신이 생각하는 세상이 어떠해야 하는지와 실제의 차이를 느껴보라.

칼리: (멈춤) 그래, 상당히 크다! 나는 꽤 순진하고, 심지어 약간 부끄럽기까지 하다. (목소리가 감정적으로 떨린다.)

코치: 그래, 여기 또 자책하는 부분이 있다. 인식하고 있는가? *칼리는 격정적인 사람이다. 이전의 대화는 그녀가 자기 비판적인 경향을 보여주었다. 코치가 자책과 수치심이 발생하는 것을 관찰함으로써 칼리는 그것을 단순히 관찰하고 그것과 싸우거나 사로잡히지 않게 한다.*

칼리: 그래, 그게 내 방식이다.

코치: 그러면 자책을 놓아 보내자. 그것은 당신에게 도움이 되지 않는다. 그것은 단지 다른 습관일 뿐이다. *멈춤. 코치는 칼리의 감정에 빠지거나 그녀에게 그것들을 부인하라고 하지도 않는다. 여기에 선택의*

여지가 있다. 칼리가 자신의 감정에 접근할 수 없다면, 이 감정과 함께 현존하는 것은 중요하고 유용할 것이다. 여기서 코치는 그것이 더 주의를 산만하게 한다고 평가하고 칼리가 스스로 관찰하고 그것을 놓아 보내도록 격려하고 있다. 당신이 이 이상적인 세계에 얼마나 강하게 헌신했는지 그저 명확하게 보고 느끼도록 하라. 그리고 그 헌신이 어떻게 당신이 실제 세계를 보지 못하게 하는지 느끼도록 하라.

칼리: (긴 멈춤) 그래, 알겠다. 이 차이는 상당히 큰 것 같다, 그렇지 않나?

코치: 그러면 이 깨달음에 머물러라. *긴 침묵이 흘렀다. 칼리는 안도감, 강한 확장감 그리고 자신과 개리에 대한 깊은 수용을 경험한다. 이것은 깨달음이고, 그녀가 1분 전에 느꼈던 감정 상태와는 매우 다르다.*

칼리: 내가 자책하는 것을 중단했을 때, 실제로 조금 웃기까지 했다! 그렇다면 그것은 단지 신랄했다. 우리 모두는 우리의 특정한 세계를 지탱하기 위해 열심히 일한다. 그리고 사실 그게 크게 중요한 문제가 아니다. *때로는 그 모든 것이 가벼워지고 받아들일 수 있다. 인간의 조건을 받아들이는 것은 우리에게 엄청난 행동의 자유를 제공한다.*

코치: 당신이 맞다! 별것 아니다. 그래서 당신은 이것에 대해 어떻게 생각하는가?

칼리: 아마도 나는 세상을 그대로 받아들여야 하고, 내가 기대할 수 있는 세상과 다를 때 그렇게 화를 낼 필요가 없다. 개리는 그냥 개리였다.

코치: 당신은 무엇을 다르게 했을 수 있는가?

칼리: 나는 공격을 예상하고 개리가 뛰어들 필요성을 예상했을 것이다. 나는 그에게 미리 매우 명확한 요청을 했고 그에게 우리가 특정한 역할을 하는 것에 약속해 달라고 요청했을 것이다. 나는 내가 이것을 설정하는 데 협력했다는 것을 알 수 있다. *깨달음은 새로운 가능성으로 이끈다. 요청하는 부분은 이 대화에서 새로운 것이며 실행 가능한 주제가 된다.*

프레젠테이션 상황에서 칼리는 대부분의 우리들이 하는 방식으로 진행했다. 우리의 해석과 검증되지 않은 가정에 의해 생성된 세계 내에서 말이다. 코칭 대화는 그녀를 자신의 정체성(행동과 해석 모두 포함하여)과 실제 세계 사이의 부조화 속에 직접적으로 야기했다. 이 두 가지 측면을 동시에 경험하는 것은 그녀가 어떻게 상황에 기여했는지에 대한 강력한 깨달음을 제공했다.

이 깨달음으로부터 실제 상황에 더 기반을 두고 보다 숙련된 대안적 가능성이 나타났다. 따라서 자기생성적인 순간은 우리가 더 효과적인 행동을 향해 재구성할 수 있게 해준다.

본 장의 요약

- 우리는 고객들의 주의를 현재의 경험에 지속적으로 집중시킴으로써 자기관찰과 깨달음을 위한 코칭을 한다. 우리는 자기관찰을 유도하고, 우리 자신의 경험을 모델로 반영하며, 고객이 그들 자신의 경험을 탐구하도록 지속적으로 초대한다.
- 우리는 고객들이 몸 전체의 감각에 주의를 기울이도록 권장하고 이를 귀중한 정보의 원천으로 인정한다.
- 동시에 우리는 대화를 관련성 있게 유지하기 위해 외부 맥락을 대화로 끌어들이고 현재 나타나는 것이 "저기에" 중요한 무언가를 드러낼 때 스포트라이트를 비추어 즉시성을 창출한다.
- 우리는 습관이 발생할 때 그것들과 생동감의 경험을 조명함으로써 해당 장에 초점을 맞춘다. 이것들을 실시간으로 인식하는 것은 자기인식과 충만감을 크게 증가시킨다.
- 정체성에 도전하는 것은 누군가가 세상에 대해 갖고 있는 정체성과 그들이 실제로 하고 있는 행동 사이의 격차를 드러낼 때 발생

한다. 우리의 고객들이 이러한 차이를 명확하게 볼 수 있을 때, 자신에 대한 이해는 반드시 확장된다.

제 10 장

재구성을 위한 코칭

행동 계획에는 위험과 비용이 따른다.
그러나 그것은 안락한 무대응 상태의 장기적인 위험과 비용보다 훨씬 적다.

존 피츠제럴드 케네디(John Fitzgerald Kennedy)

진정한 발견의 행위는 새로운 땅을 찾는 것이 아니라 새로운 눈으로 보는 것이다.

마르셀 프루스트(Marcel Proust)

깨달음의 순간은 과거를 깨끗이 지워버리고, 습관의 속박을 풀어주며, 에너지를 높이고 실천을 다짐하게 하는 새로운 가능성을 창출한다. 내적 재구성에 의해 생성된 지속 가능한 변화는 새로운 존재 방식이 될 때까지 반복된다.

칼리와 함께 이전의 몇 가지 깨달음의 순간들은 새로운 행동 방침을 향한 재구성을 위한 출발점을 제공할 수 있었다. 가장 최근의 것은 칼리가 자신의 자동적인 지원에 대한 기대가 얼마나 비현실적인지 그리고 필요할 때 매우 명확한 요청을 할 수 있는 가능성에 대한 깨달음이다.

재구성을 위한 관계적 조치를 살펴보면서 이 대화를 더 진행해 보겠다. 코치는 칼리가 원하는 미래를 창출하는 데 중요한 새로운 행동을 할 수 있도록 지원하고 있다. 새롭게 창출되는 칼리의 행동 방침에 대해 *인지적*으로 명확하고, *감정적*으로 유연하며, 발생하는 일에 대처할 수 있으며, *신체적*으로 활력을 얻고 용감하고 헌신적인 행동을 하도록 구성될 것이다.

재구성을 위한 조치

관점을 전환하라
- 참조 프레임을 전환하라
- 지금 미래의 가능성에 접근하라

센터 중심으로 재구성하라
- 센터링 하라
- 실행에 센터링 하라

자기조절 역량을 구축하라
- 필요한 것을 확장하라
- 내부의 신체적 자원을 확인하라
- 내적 프로세스를 명확히 하라
- 가슴과 연결하라

실행을 다짐하라

관점을 전환하라

우리는 고객을 편안하지만 제한적인 해석 구조에서 벗어나게 하는 관점의 변화로 초대할 수 있다. 이것은 혼란스러운 동시에 자유롭다. 인간은 자신의 세계에서 단지 일정한 한도까지 볼 수 있다. 현재 관점의 제약에서 고객을 해방시킴으로써 새로운 관점이 가능하게 되면, 극적인 새로운 통찰과 가능한 행동으로 이어질 수 있다(제4장에서 우리는 오리엔테이션에 대해 긴 대화를 나누었다. 이것도 비슷하다. 관점의 전환은 우리의 주의를 끄는 것들에 포함된 대상, 우리가 만들 연결 그리고 우리가 접근할 수 있는 자원을 변화시킨다).

참조 프레임을 전환하라

우리는 고객의 참조 프레임을 전환하여 고객을 새로운 관점으로 초대할 수 있다. 예를 들어 영업사원에게 "엔지니어의 관점에서 생각해 보라. 이 거래에 대해 어떤 우려가 있는가?" 또는 고객에게 "앞으로 5년 후라고 상상해 보라. 지금 당신의 경력이 어떻게 보일 수 있는지 말해 달라!"고 요청할 수 있다. 이러한 질문들은 고객을 새로운 관점으로 혼란스럽게 만든 다음, 고객이 이전에는 접근할 수 없었던 해결책을 사용할 수 있는 새로운 관점으로 재지향하도록 한다.

나는 한 번은 "내가 도널드 트럼프라면 어떻게 하겠느가?"는 식으로 풀기 어려운 문제의 해결책을 찾은 적이 있다(이는 처음으로 국가 원수를 만나러 가는 국제선을 타기 위해, 당시 잃어버린 여권을 찾아오려고 소형 항공기를 전세내는 것으로 해결했다).

고객을 새 프레임에 최대한 몰입하게 하는 것이 중요하다. 현재 시제의 언어를 사용하고, 가능한 한 생생한 이미지를 제공하고, 감각 언어를 사용하는 것은 모두 관점을 즉각적으로 느끼게 하는 데 도움이 된다. 이제 칼리를 유용한 관점의 전환으로 초대해 보자.

코치: 여기서 무엇인가를 시도해 보자. 당신은 관점의 전환을 실험해 볼 의향이 있는가? *의지 확인.*

칼리: 물론이다.

코치: 좋다. 지금으로부터 1년 후를 상상해 보라. 당신은 승진했고 이제 지역

부사장이 되었다. 당신은 지난 한 해를 돌아보며 무엇이 이 중요한 경력의 돌파구를 만들었는지 생각하고 있다. 이러한 관점에서 당신은 개리와의 관계에서 어떤 일이 일어났고, 그 결과 당신이 어떻게 달라졌는지 설명할 수 있는가? *코치는 칼리를 다른 미래의 관점으로 재지향하면서, 마치 이미 그 자리에 있는 것처럼 현재 시제의 언어를 사용한다.*

칼리: 글쎄, 나는 내 우려를 극복하고 개리와 직접 대화를 나눴을 것이다.

코치: (말을 끊으며) 칼리, 잠시 말을 끊겠다. 나는 당신이 미래 시점에 자신을 가져다 두기를 바란다. 당신은 그것을 조건부로 설명하고 있다. 차이점을 들어보라: "그랬을 것이다"는 잠정적이고 가능한 사건에 따라 다르다. "나는 개리와의 그 사건을 이용해서…" 차이점이 들리나? 이미 일어난 일이라는 관점에 자신을 위치시켜라. *코치는 단지 구문에 집착하는 사람이 아니다. 칼리는 자신과 미래의 관점 사이의 심리적 거리를 보여주고 있었다. 코치는 즉시성을 추구하며 칼리가 가능한 한 실제처럼 만들기를 원한다.*

칼리: 좋아, 알겠다. 그것을 다시 시도해보겠다. (멈춤) 개리와의 고통스런 사건을 기억하는가? 나는 정말로 그것을 깨어나는 신호로 사용했다. 나는 사람들이 나를 지원하기 위해 뛰어들 것을 기대할 수 없다는 것을 배웠다. 나는 필요한 지원을 받기 위해 관계를 능동적으로 관리하는 법을 배워야 했다. 이제 나는 내가 그들에게 무엇을 원하는지 훨씬 더 명확해졌다. *이번에는 칼리의 설명에서 즉시성을 들었는가?*

코치: 좋다. 그게 얼마나 다른지 느껴지는가? 이것에 대해 더 탐구해보자. 지금 당신에게 다른 것은 무엇인가?

칼리: 이제 나는 정말로 요청하는 일에 집중한다. 나는 모든 사람들이 나를 지원하기 위해 뛰어들려고 서두를 만한 좋은 여자였다. 이제 나는 내 이익을 위해 능숙하게 행동한다. 물론 그렇다고 해서 내가 훈족의 아틸라(역자 주: 무자비한 사람)라는 뜻은 아니다! 나는 여전히 좋은 사람

이다. 그리고 나는 사람들에게 내가 필요로 하는 것을 더 잘 알려서, 내게 제공할 수 있도록 하는 데 훨씬 능숙하다.

코치: 이것이 다른 사람들에게 어떤 도움이 되었는가? *코치는 다른 사람들의 고민을 돌보려는 칼리의 경향을 알고 있다. 그녀의 요청이 실제로 다른 사람들에게 어떻게 도움이 되는지를 보는 것이 칼리의 조건화 습관의 핵심 동기요인을 무력화할 수 있다.*

칼리: 사람들은 지원받고 싶어한다. 요청을 하는 것은 그들에게 어떻게 도움이 될 수 있는지를 보여준다. 그것은 어쨌든 사람들에게 그들이 하고 싶은 일을 더 쉽게 할 수 있게 만든다.

코치: 이것이 당신의 경력에 어떻게 도움이 되었나?

칼리: 여기에는 많은 방식들이 있다. 나는 항상 나 자신을 더 잘 대변해야 한다는 것을 알고 있었다. 나는 단지 사람들에게 무언가를 요청하는 것이 힘든 일이라고 느꼈다. 이제 명확한 요청을 하는 것이 나에게 도움이 되고, 다른 사람들에게도 도움이 된다는 것을 알게 되었다. 이것은 나에게 큰 의미가 있고, 다른 사람들에게 내가 승진할 준비가 된 사람으로 인식된다는 것이 나에게 정말 중요했다. 나는 이제 지역 부사장 역할을 맡은 훨씬 더 강력한 리더다.

코치의 조치는 칼리에게 새로운 관점을 제공했다. 사실 개리와의 갈등은 그녀가 필요로 하는 것을 더 직접적으로 요청할 수 있는 기회를 보여주었다. 새로운 관점은 인식의 재구성이며 고객이 가능한 새로운 행동을 보고 선택할 수 있도록 한다.

지금 미래의 가능성에 접근하라

이 전환된 관점에서 우리는 일반적으로 접근할 수 없을 것 같은 특정한 가능성에 접근할 수 있다. 우리는 미래의 가능성을 더 강력한 현실로 만들기 위해 현재에서 작업한다.

코치: 리더로서의 당신의 미래 모습과 일치하는 지금 당신이 할 수 있는 것은 무엇인가?

칼리: 개리부터 시작할 수 있다. 나는 개리에게 내가 원하는 지원을 요청할 때 매우 분명하고 직접적으로 말할 수 있다. 사실 나는 그가 꽤 잘 대응할 것이라고 생각한다. 그는 나쁜 사람이 아니다. 그는 단지 소심하고 정치적이다.

코치: 다시 미래의 관점에서 이 특정 대화에 대해 어떻게 성찰하겠는가? *코치는 이번에는 특정 행동에 대한 관점 전환으로 다시 초대하고 있다.*

칼리: 미래에서? (멈춤) 내가 필요한 것을 명확하고 직접적으로 설명하고 그에게 행동할 것을 요청했을 때, 그가 결정을 내리는 위험을 감수할 필요가 없었기 때문에 실제로 그가 나를 더 쉽게 지원할 수 있게 만들었다. 그는 몇 가지 곤란한 상황에서 나를 지원하고, 승진을 위해 내가 예상치 못한 방식으로 나를 변호했다. 그리고 나는 그것을 이 스킬을 개발할 수 있는 기회로 보기로 선택했기 때문이다.

코치: 훌륭하다. 당신이 이것을 설명할 때 무엇을 알아차렸는가?

칼리: 음, 해방감이다. 해야 할 일이 매우 분명해졌다. 그리고 현재의 도전을 더 큰 시각에서 바라보게 되었다. 왠지 안도의 숨을 쉬게 된다. 나는 이것을 다룰 수 있는 방법과 심지어 어느 정도 유익도 있다는 것을 알 수 있다. *칼리는 이제 개리 문제를 더 큰 맥락에서 본다. 이렇게 하면 위험은 줄어든다. 칼리는 그것이 "해방감"이라고 생각한다.*

코치: 그렇다면, 어떤 유익이 있을까?

칼리: 글쎄, 나는 이것을 기회로 볼 것을 선택할 수 있다. 나는 개리를 일종의 교사로 볼 수 있다. 그는 나 자신을 위한 더 나은 대변자가 되기 위한 프랙티스 파트너이다!

코치: 그럼 어떤 행동을 취하겠는가?

칼리: 나는 개리와 명료한 대화를 나눌 수 있다. 나는 다음 회의에서 내가 그에게 기대하는 바를 구체적으로 말할 수 있다. 그리고 나는 그가 나

를 지원하겠다고 약속할 것을 미리 요청할 수 있다.

이 새로운 관점은 이것을 단순히 탐색해야 하는 어려운 대화가 아니라 그녀의 경력과 만족도에 대한 실질적인 장기적 보상이 있는 역량을 개발할 수 있는 기회로 프레임화한다.

이제 지금의 불편한 상황은 관계에 더욱 온전하게 참여하는 생성적 기술을 프랙티스할 기회를 제공한다. 이런 식으로 보면 대화의 맥락이 재평가되고, 부담을 낮추고, 새로운 에너지와 목적의식이 제공된다. 칼리는 그녀가 이전의 반응을 넘어 요청하는 것을 프랙티스할 기회를 확인했으며, 상황과 개리를 훨씬 더 수용하고 권한을 부여받는 방식으로 볼 수 있다.

만약 칼리의 요청이 활기차고 명료하며 조화로운 몸에서 나온다면, 똑같은 말을 하더라도 조심스럽고 자기를 보호하려는 몸에서 나온 것과는 매우 다르게 개리에게 받아들여질 가능성이 높다. 이것은 두 가지의 매우 다른 내면 상태가 매우 다른 결과를 낼 수 있는 예시이다. 우리의 내면 상태와 신체를 재구성하여 행동이 일치하고 진정성 있게 취해지도록 학습하는 것이 효과성의 핵심이다. 요청을 하는 것은 칼리가 단지 이것을 프랙티스할 수 있는 관련 영역뿐이다.

센터 중심으로 재구성하라

제7장의 핵심 프랙티스인 센터링은 자기생성적 리더의 기본 기술이다. 센터링은 재구성 조치다. 그것은 현존, 개방성, 다음이 무엇이든 준비되어 있는 여유로운 준비 상태로의 전환이다.

센터링 하라

우리는 대화의 어느 시점에서도 고객을 센터링하도록 권유할 수 있다. 이것은 특히 고객이 그날 하루의 흥분을 몸에 안고 정신이 혼란스러운 상태로 우리의 미팅에 나타나거나 우리의 대화 과정에서 반응을 촉발하는 무언가가 나올 때 유용하다.

나는 거의 모든 고객에게 센터링을 강력하게 제안한다. 고객이 한동안 이러한 생성 프랙티스를 해왔다면, 센터링의 상태가 익숙할 것이기 때문에 간단히 센터링을 상기시키는 것으로 충분할 수 있다. 나는 종종 고객에게 전화를 하건 직접 만나든 자신이 스스로 센터링할 때 무엇을 하고 있는지 소리를 내어 말하도록 요청한다. 이렇게 함으로써 우리 둘 다 재구성을 하기 위해 무엇을 하는지 알 수 있다. 이러한 차이가 고객에게 명확하게 전달될수록 더 많은 경험은 더욱 유용하고 구체화된다. 고객이 겪는 특정 단계를 명료하게 설명하는 것이 도움이 된다.

만약 고객이 이 프랙티스에 익숙하지 않다면, 나는 고객에게 지침을 제공하고 고객이 실행하는 동안 함께 센터링한다.

실행에 센터링 하라

코칭의 첫 번째 산물은 약속을 이행하는 데 있어 관찰 가능한 역량이라는 점을 상기하라. 단순히 훌륭한 행동 가능성을 볼 수 있는 것만으로는 충분하지 않다. 우리의 고객은 자신의 습관을 유발하는 사람과 상황에 대해 필요한 새로운 행동들을 실제적으로 취할 수 있어야 한다.

현존 기반 코칭은 고객이 진정성 있고 실천적인 방식으로 이러한 조치를 취하는 데 필요한 내적 재구성을 지원한다. 우리는 센터링 이외에도 고객이 특정한 실천에 자신을 센터링하도록 초대할 수 있다.[1]

우리 모두는 다양한 실천 속에서 살아간다. 우리는 그것을 큰 소리로 말함으로써 실천에 지향할 수 있다. 그러면 우리는 그 실천의 장에 자신을 센터링을 할 수 있다. 우리 자신의 실천을 위해 완전히 구성된 센터링된 몸으로 경험하는 것은 나중에 참고할 수 있는 참조 경험을 제공한다.

서론 초반부에 멘토가 그의 현존을 통해 나에게 자신감의 수준을 올렸던 예를 떠올려보라. 나는 며칠 후에 스페인어로 10일간의 훈련을 진행해야 할 것을 알게 되었을 때 이 경험을 활용했다. 나는 결정적인 상황에서 그 자신감을 끌어낼 수 있었다. 그것은 결정적인 상황에서 생성해야 하는 것이 아니라 내가 돌아갈 수 있는 익숙한 상태였다.

실천에 센터링하는 것을 코치가 칼리와 어떻게 작업하는지 보자.

코치: 그래서 개리에 대해 무엇을 실행하겠는가?

칼리: 나는 개리와 다른 대화를 진행할 것이다. 나는 이 회의에서 그의 지원을 기대하고 있었다고 말할 것이다. 그리고 나는 내 기대를 분명히 하지 않았다는 것을 인정할 것이다.

코치: 좋은 시작인 것 같다. 그러나 당신이 말했듯이, 이것은 당신이 요청하는 프랙티스를 할 수 있는 기회이다. 그에게 어떤 특별한 요청이 있는가? *코치는 칼리에게 그녀의 실행을 명확히 하라고 요청하고 있다.*

칼리: 내 요청은 매우 구체적인 지원에 대한 것이다. 곧 후속 회의가 있을 예정이고, 나는 몇몇 사람이 좋아하지 않을 자료를 가지고 갈 예정인데, 그 정보가 그들의 판단에 부정적으로 영향을 미치기 때문이다. 나는 개리가 그 자료가 그 당시 모든 사람들이 지지했던 결정의 결과라고 말하기를 바란다. 나는 그 자료에 대해 어떤 것이든 설명할 용의가 있다. 하지만 결정이 내려졌을 때 나는 그 자리에 없었다.

코치: (칼리가 말할 때 자신의 몸에 약간의 긴장이 있다는 것을 알아차리며) 그래서 당신은 그것을 말할 때 무엇을 알아차렸는가?

칼리: 나는 약간 방어적이고 경계심이 느껴진다.

코치: 몸에서는? *코치는 칼리의 주의를 그녀의 몸으로 유도하여 그녀를 현존에 초대하고 중요한 정보원에 접근하도록 초대하고 있다.*

칼리: 내 에너지는 높고, 내 팔에는 활기가 있고, 약간 긴장이 된다. 행동할 준비 완료!

코치: 자, 이제 센터링하자. 이 요청을 이행하겠다는 당신의 약속을 분명히 하라. 그리고 센터링할 때 무엇을 하고 있는지 말해 달라. *그녀는 습관적인 반응을 보이고 있다. 코치는 그녀에게 실행에 센터링할 것을 요청하고 있다.*

칼리: 좋아. 나는 자세를 바로잡고 있다. 발바닥과 의자가 나를 지탱하고 있는 것을 감지하고 있다. 사실 나는 지금 일어나 있다. 내 어깨를 풀어주고. 내 호흡을 따라가고. *칼리는 그녀가 어떻게 자신을 재구성하는지 보고한다. 말로 표현하면 그녀 자신과 코치 모두에게 더 분명해진다.* 마음이 안정되는 것 같다. 좀 여유로워졌다. 좀 더 현존한다.

코치: 이제 센터링된 몸으로 말해 달라, 개리에게 무엇을 요청하겠는가? *코치가 신체적 감각에서 외부 상황으로 왔다갔다 하며 작업하고 있으며, 칼리의 몸은 상황과 그것에 대한 그녀의 반응에 대한 지속적인 정보의 원천이라는 것을 주목하라.*

칼리: (멈춤) 나는 그가 그들이 내린 결정에 대해 책임을 묻고, 그들이 보고 싶어하지 않는 자료를 제시할 때 나를 지원해 줄 것을 요청하는 것이다.

코치: 그렇게 말할 때 어떤 느낌이 드는가?

칼리: 그건 꽤 다른 느낌이다. 나는 그 요청에 훨씬 더 안정된 느낌이다. 이것은 소중한 요청이고, 방어적으로 느껴지지 않는다. 그것이 그의 일이다. 난 그저 그에게 그의 일을 부탁하는 것이다.

코치: 좋다. 잘했다. 이제 내가 개리라고 가정해 보자. 센터링된 몸으로 있어라. 요청을 해보라. 나에게 말해보라. *코치는 그것을 역할극으로 바꾸고 있다. 이것은 칼리가 센터링을 유지하는 데 더 큰 도전이 될 수 있다.*

칼리: (멈춤) "개리…" 좋아, 다시 시도해 보겠다. 당신에게 직접 말하면서 센터링한 상태를 유지하는 것이 확실히 더 어렵다!

코치: 좋다. 당신은 그것을 어떻게 알 수 있는가? 센터링이 유지되지 못한다고 느끼는 곳은 어디인가?

칼리: 긴장하고 있다. 어깨가 오그라들고 가슴이 수축되는 것이 느껴진다.

코치: 훌륭하다. 잘하고 있다. 칼리, 당신이 센터링이 유지되지 않는 것을 어떻게, 어디에서 얼마나 빨리 알아차릴 수 있는지를 주목하라. 이제 그것으로 작업하라. 엄격하게 하라. 다시 센터링하라. 천천히 하라. 당신이 준비되었을 때, 요청하라. *코치와 칼리는 실시간으로 재구성 작업을 하고 있다. 이것은 칼리의 초조함이다. 그녀는 자기 상사와의 구체적이고 진정한 행동을 위해 신체적으로 준비하고 있다. 이러한 내적 재구성은 자기생성에 매우 중요하며, 여기서 우리가 실행하고 있는 것은 많은 성과 코칭과 구별된다.*

칼리: (다시 센터링하는 시간을 갖는다.) 좋다. 시작한다. "개리, 나는 다음 주 회의에서 그 사람들이 다시 나를 공격할 때 나를 지원해 줄 것을 요청한다. 제프와 릭은 그 자료를 좋아하지 않을 것이다. 나는 당신이 일어나서 그것이 정확하고, 그것은 모든 그룹이 작년에 내린 결정을 반영하고 있으며, 우리는 이러한 사실들을 기반으로 결정을 내려야 한다고 말해주기 바란다. 이 부분에서 적극적으로 지원해 주기를 부탁한다."

코치: 그건 다르다! 기분이 어땠는가?

칼리: 음, 나는 많은 에너지를 느낄 수 있었다. 불안의 흔적이 있었지만 그저 눈에 띄지 않는 곳에 있었다. 불안이 통제하지 않았다. 나는 매우 분명하게 센터링되어 있다고 느낀다.

코치: 훌륭하다. 그것은 나에게도 명확하고 일치하는 인상을 주었다. *대화는 계속되고, 요청을 구체화하고, 센터링하고, 개리에게 명시적인 약속을 요청하는 작업이 진행된다.*

우리는 이 대화에서 지속적인 현존을 볼 수 있다. 우리는 칼리가 그녀의 몸에 주의를 집중하고 계속해서 다시 센터링하는 것을 볼 수 있다. 우리는 그녀가 자신의 신체적 경험에 접근하는 것을 볼 수 있다. 우리는 그녀가 실천 중심으로 자신을 재구성하고, 그녀가 그것을 말할 때 내적 불일치가 없는 수준까지 나아가는 것을 볼 수 있다.

프랙티스를 통해 칼리는 이 대화를 차분하고, 센터링되고, 직접적인 방식으로 진행할 수 있을 것이다. 그녀는 진정한 리더의 자기생성 능력을 구축하고 있다.

자기조절 역량을 구축하라

재구성은 때로는 극적이고 때로는 우리 내면 상태와 함께 순간적으로 작업하는 것과 더 유사할 수 있다. 현존 기반 코칭에서 우리는 현재 진행중인 재구성에서 고객의 역량을 구축하고자 한다. 우리는 이보다 더 미묘하고 반복적인 수준에서 재구성을 자기조절이라고 부를 수도 있다.[2]

필요한 것을 확장하라

관계의 장에 대한 우리의 논의를 상기하라. 우리는 자기조절 프로세스를 기반으로 고객에게 우리의 현존을 확장한다. 우리의 내면 상태는 고객을 고객이 원하는 행동과 관련이 있고 도움이 되는 내면 상태로 초대한다.[3]

우리 현존의 안정성은 고객이 자기조절하는 법을 배울 때 강력한 자원이 된다. 우리는 특정한 특성을 관계의 장으로 확장하여 고객이 아직 스스로 쉽게 접근할 수 없는 특별한 특성을 우리 내면에 구현하고 안정화한다. 우리는 고객을 위한 자원이 된다.

예를 들어, 고객이 내적으로 혼란스러우면, 우리는 스스로를 안정시키고 생명줄처럼 고객을 향해 안정감을 확장한다. 고객이 체념하는 분위기라면, 우리는 낙관적인 태도에 접근하여 고객을 향해 확장한다. 고객이 불안하고 산만하면, 우리는 깊은 현존으로 이동하여 이를 확장한다. 이렇게 해도 고객의 경험은 자동으로 변하지 않는다. 그러나 그 장의 변화는 종종 명백하고, 고객은 나중에 "당신은 매우 침착했다. 그것이 나 자신을 진정시키는 데 도움이 되었다."와 같은 말을 할 수 있다.

내부의 신체적 자원을 확인하라

앞선 내용을 토대로 우리는 우리 몸 안의 자원을 확인하는 방법을 배울 수 있다. 만약 당신의 몸에서 연민이나 사랑을 찾을 수 있는 곳을 말해 달라고 한다면, 당신은 "내 가슴 속에서"라고 말할 가능성이 높다. 마찬가지로 우리가 민감하고 프랙티스를 한다면, 우리는 우리의 몸 안에서 침착함, 힘 및 용기의 위치를 확인하는 법을 배울 수 있다. 이것들은 내부 자원이며, 책이나 CD 및 코치와는 달리 우리의 내부 자원은 항상 우리가 이용할 수 있다.

칼리가 이것을 발견하는 것을 들어보자.

코치: 그래서 우리는 개리와의 대화를 프랙티스 하고 있다. 당신은 직접적이고 진정성 있는 방식으로 요청을 하고 있으며, 그렇게 하는 동안 당신은 센터링을 유지하고 있다. 나는 궁금한 게, 현재의 행동이 승진을 못하게 한다고 가정할 때처럼 당신이 센터링 상태를 유지 못할 때, 당신의 몸에서 가장 먼저 알아차리는 곳은 어디인가? 그것을 알아차렸을 때, 가장 먼저 느껴지는 증상은 무엇인가?

칼리: 내 가슴이다. 가슴이 조여오는 느낌이 든다. 불안하다.

코치: 좋아, 훌륭하다. 이제 당신의 몸에서 가장 덜 불안한 곳은 어디인가?

가슴에서 초기 신호를 느낄 때 몸의 어느 부분에 주의를 기울여서 침착함에 접근할 수 있는가? *코치는 칼리를 초대하여 내부 자원을 찾는다.*

칼리: (멈추고 감지한다) 내 다리, 내 발이다. 내 발은 평온하고, 뿌리를 내리고, 지지를 받고 있는 느낌이다.

코치: 좋다. 당신의 주의를 발에 두라.

칼리: 그래, 난 내 발이 좋아!

코치: 좋다. 그것들은 당신에게 훌륭한 자원이다. 나는 당신이 이것을 가지고 실험하기 바란다. 그 불안을 터치해보라. 제프와 릭이 자료를 비판하는 것처럼 불안감을 유발하는 상황을 상상해보라. 당신의 반응을 감지하라. (멈춤) 감지할 수 있는가? *코치가 실험을 준비하고 있다.*

칼리: 그래, 바로 거기에 있다. 가슴이 조여오는 것을 느낄 수 있다. 확실히 거기에 있다.

코치: 좋다. 이제 그것을 그저 알아차리라. 그것에 대해 아무것도 할 필요가 없다. 단지 알아차리고 당신의 주의를 당신의 발과 다리로 내려라. 당신의 발을 당신의 평온함과 안정에 접근하는 자원으로 사용하라. 그것들에 지향하고 당신 안에 있는 그 자원에 지향하라. (긴 멈춤)

칼리: 그래, 나는 내 자신이 다시 안정되는 것을 느낀다. 그것은 확실한 전환이다.

코치: 자, 이제 가슴으로 다시 확인하라. 조임이 아직까지 남아 있는가?

칼리: (멈춤) 그냥 흔적일 뿐이다. 거의 사라졌다. 이거 정말 대단하다!

칼리는 자신의 관심을 몸의 다른 곳으로 옮기면서 자기조절을 경험했다. 이것은 프랙티스를 통해 구축될 수 있는 역량의 시작이다.

내적 프로세스를 명확히 하라

만약 고객이 변화를 경험한다면, 우리는 고객에게 어떻게 그렇게 했는지 물어본다. 결국 변화된 것은 고객의 신경계이고, 우리가 지원하기 위해 전념하는 것은 고객의 자기생성이다. 우리의 자아는 우리가 무언가를 만들었다고 주장하고 싶어할지도 모른다. 그러나 고객이 개인적인 자기생성 기술을 개발할 수 있도록 고객의 자기조절 프로세스를 분리하는 것이 고객에게 훨씬 더 도움이 된다. 그래서 우리는 묻는다. "몇 분 전에 당신은 꽤 비관적인 것처럼 보였다. 이제 당신은 활기차고 긍정적이다. 무엇이 일어났는가? 어떻게 했는가?"

고객에게 방금 실행한 단계를 반복하도록 요구하면 고객은 앵커링하고, 다음에 유사한 자기조절이 필요할 때 사용할 수 있는 참조 경험을 제공한다.

코치: 그건 자기조절 조치이다. 칼리, 어떻게 그렇게 했나? *코치는 칼리에게 그녀가 반복할 수 있는 명확한 프로세스를 만들면서 스스로를 위해 그 조치에 앵커링 할 것을 요구한다.*

칼리: 음, 그것은 꽤 쉬웠다. 나는 가슴이 조여오는 것과 감각이 솟아오름을 알아차렸다. 그리고 나서 나는 주의를 발로 옮겼다. 나는 발을 느끼게 했고, 심지어는 그 곳에서 더 많은 감각을 얻기 위해 양탄자 위에서 이리저리 움직이기도 했다. 그리고 내가 만들어 낸 것인지 아닌지 모르겠지만, 나는 그 속에서 내 자신이 평온함을 느낄 수 있도록 해주었다. 그러자 나는 전체적으로 침착해졌다. 나의 나머지 부분을 사용할 수 있는 자원이 거기 있었던 것 같다. 그리고 내가 확인했을 때, 꽉 조이는 것이 거의 사라졌다. *칼리는 능숙한 관찰자가 되었고, 그녀의 내적 프로세스를 잘 표현한다.*

코치: 잘하고 있다! 당신이 그것을 사용할 수 있다고 생각하는가?

칼리: 매일 같이? 나는 아직 그렇게 믿는지 확신할 수 없다. 이것이 진짜라고 정말로 믿기 전에 좀 더 실험해 봐야겠다!

코치: 해보라. 실험을 진행해보라. 하지만 정말로 진행해야 한다. 당신이 그것

을 반증하려고 한다면, 당신의 마음은 성공할 것이다. 만약 당신이 단순히 궁금해하고 진정으로 당신의 주의를 옮기도록 한다면, 그것이 당신에게 효과가 있는지는 스스로 발견할 것이다. *코치는 칼리에게 그것이 효과가 있는지 스스로 확인하도록 요구하고 있다.*

칼리는 현재의 순간에만 일어날 수 있는 자기조절을 프랙티스하고 있다. 우리는 불안에서 현존으로 센터링 된 상태로 전환하는 스킬이 칼리의 삶의 많은 영역과 관련이 있음을 알 수 있다. 그것은 개리와의 대화와 비판적인 청중들에게 자료를 제시하는 상황에서 특히 유용할 수 있지만, 그녀의 결혼 생활, 십대의 자녀들 및 잠재적인 승진을 위한 면접에도 도움이 될 것으로 예상된다.

칼리는 점점 더 자기생성적인 리더가 되고 있다. 그녀의 삶에서 발생하는 도전과 실패는 이러한 조치들을 프랙티스할 수 있는 무한한 기회를 제공한다.

가슴과 연결하라

가슴 지능과 연결하는 것은 뚜렷한 내면 상태를 생성하기 때문에 재구성 조치다. 가슴은 지속적으로 이용 가능한 자원이다. 이것은 실천을 향한 재구성보다는 오히려 연민과 연약함으로 나아가는 것에 가깝다. 이 마음의 상태에서 우리는 종종 다른 관점에서 사물을 본다.

코치: 칼리, 당신의 가슴을 터치하라. 미소를 지으며 당신의 가슴을 느껴보라. *이것은 현재 칼리에게 익숙한 핵심적인 가슴 프랙티스에서 비롯된다.*

칼리: (가슴을 터치하며) 알았다.

코치: 무엇을 느끼는가?

칼리: 나는 내 가슴 속의 좋은 느낌을 느낀다. 기분이 좋다!

코치: 그 느낌을 더 강화시켜보라. 그럼 그 상태에서 상황이 어떻게 다르게 보이는지 말해 달라.

칼리: 모든 것이 더 부드럽게 느껴진다. 나는 이 느낌 안에서 개리에게 친절할 수 있다. 나는 그가 할 수 있는 최선을 다하는 모습을 본다.

코치: 자, 그 자리에서 당신의 연민과 접촉하면서 이전에 말했던 것으로 돌아가보라. 개리가 당신을 지원하고 싶어한다고 믿는가?

칼리: (멈추고 나서 미소를 지으며) 사실 그렇다! 그는 꽤 괜찮은 사람일 수 있다. 그는 나를 지원하고 싶어 한다. 그는 단지 방법을 모른다. 내가 대신 대본을 써주면, 그는 시도할 것이다.

칼리가 가슴 프랙티스를 해왔기 때문에 이 가슴의 상태를 쉽게 사용할 수 있다. 그러나 특별히 그녀가 강하게 자극을 받으면 항상 작동하지 않을 수 있다. 하지만 많은 상황에서 연민 어린 가슴 지능에 접근하는 것은 꽤 쉬울 수 있다. 가슴과의 연결을 통한 자기조절이 우리를 다른 사람들에게 화를 내거나 분개하는 것이 매우 어렵게 하는 바람직한 상태로 이끈다.

실행을 다짐하라

"지옥으로 가는 길은 선의로 포장되어 있다"는 속담처럼, 코칭 대화의 매우 고상한 현존에서는 우리가 취할 수 있는 새로운 조치를 포함하여 상황을 명확하게 보는 것이 우리가 일상적인 업무 환경의 요구와 분열 속에 있을 때보다 더 쉽다. 그런 환경에서는 좋은 의도를 가지고 있다고 해서 멀리 나아갈 수 없다.

개발을 촉진하기 위해서는 실행을 다짐하고 유지하는 것이 중요하다. 우리는 코칭에서 이를 작업하여 "저기"에서 실행이 더 가능하게 한다. 우리는 미래의 행동(칼리와 개리의 대화와 같은)을 목적과 동원된 에너지의 신체적인 경험 모두에 연결할 수 있다. 그리고 우리는 확실한 실행을 요구한다. 이러한 실행의 다짐은 재구성의 한 유형이다. 코칭 세션에서 이 작업을 수행함으로써 필요한 실제 상황에서 고객이 동일한 조치를 취할 수 있다. 그것은 다음과 같이 보일 수 있다.

코치: 그래서 우리는 개리와의 대화에 대해 많은 작업을 했다. 당신은 그 대화를 실행할 준비가 되었는가?

칼리: 그래, 나는 그것이 옳은 일이라는 것을 안다.

코치: 무언가를 하는 것이 옳다는 것을 아는 것과 그것을 실천하는 것은 다르다. 아는 것은 마음에 있고, 실행은 몸에 있다. 행동을 취해야 하는 것은 당신의 몸이다.

칼리: 음, 이것에 대해서는 내 마음이 분명하다. 나의 몸? 이것이 무슨 의미인지 말해 달라.

코치: 모든 행동은 몸에서 시작된다. 대화는 당신의 몸 속 어딘가에서 일어나야 한다. 우리 모두 좋은 의도를 가지고 있다. 하지만 막상 압박을 받는 상황이 닥치면 우리 몸은 우리의 의도와 상관없이 준비된 대로 움직인다. 알코올 중독자 앞에 와인 한 잔을 놓으면 의도는 물거품이 된다. 이해하는가? 나는 당신의 몸이 이 대화를 실행할 것인지 아니면 여기서 좋은 의도만을 가지고 나가서 개리 앞에 주저앉을 것인지 알고 싶다.

칼리: 음, 그건 다르다, 그렇지 않은가? (멈춤) 내가 어떻게 아나? 나는 실행한다고 생각한다. 나는 일단 어려운 대화가 명확해지면 두렵지 않다. 단지 승진과 연결이 되면 몸이 조심하라고 한다!

코치: 바로 그거다. 그렇다면 몸의 어디에서 실행을 느끼는가? 일어서서 센터링을 하고 실행의 원천을 찾아보라. *이것은 현존의 요청이다. 그것은 혼란스러운 질문이고, 칼리는 대답하기 위해 다르게 바라봐야 한다.*

칼리: (일어서 자신을 재구성함) 좋아, 이제 이해하기 시작했다. 무슨 말인지

알겠다. 생동감을 더 느낀다. 내 길이와 너비가 느껴진다. 복부에서 에너지가 느껴진다. 거기에는 힘이 있다. (멈춤) 나의 실행은 배에 있다, 그렇지 않은가?

코치: 그런가? *코치는 칼리가 질문을 되돌려 그녀가 그 대답에 대한 스스로 권위를 갖기를 원한다.*

칼리: 그렇다, 나의 배다.

코치: 칼리. 잠시 시간을 내어 당신의 실천을 몸에 앵커링을 걸라. (긴 멈춤) 이제 무엇을 알아차렸는가?

칼리: 글쎄, 나는 힘이 넘치고 매우 안정되고 진정되어 있다. 의심의 여지가 없다.

코치: 왜 이런 대화를 하는 것인가? *실행은 목적을 지향하는 것으로 다져진다.*

칼리: 나는 개리의 지원을 받을 자격이 있기 때문에 이 대화를 하고 있다. 더 중요한 건, 나는 어떤 목표를 위해 사람들을 동원할 수 있는 리더가 되기 위해 대화를 하고 있는 것이다. 그리고 요구하는 것이 그렇게 되는 방법이다. 개리와의 대화는 그것을 위한 프랙티스이다.

코치: 이제 몸으로 느껴보라. 당신의 복부에서 목적을 행동에 연결하라. *실행은 몸에서 다져진다.*

칼리: (멈춤, 감지) 바로 그것이다. 나는 그 힘을 느낄 수 있다. (긴 멈춤)

코치: 알겠는가?

칼리: 알겠다.

코치: 좋다. 이제 당신이 방금 한 것을 말해 달라. 그 조치에 대해 말해 달라. 그래야 당신이 실행을 다짐해야 때, 어떻게 해야 할지 알 수 있게 해주도록 하라. *코치는 칼리에게 그녀의 조치를 명확하게 하라고 요구하고 있다.*

칼리: 음, 나는 내 의도에 대해 명확히 했다. 그리고 나서 나는 센터링을 하고 실천의 근원을 찾았다. 나는 행동을 내 목적에 연결했다. 그런 다음 모

든 것이 어우러졌다. 행동, 실천의 신체적인 감각, 목적: 이 모든 것이 하나의 경험이었다.

코치: 바로 그것이다, 칼리. (멈춤) 자, 언제 대화를 나눌 것인가? *코치는 실행에 대한 구체적인 타임라인을 요구한다.*

칼리: 우리는 매주 화요일 아침에 한 시간 동안 만난다. 이미 다음 프레젠테이션에 대한 안건이 있다. 그때 대화를 할 것이다.

코치: 좋다. 다음에는 어떻게 진행됐는지 물어보겠다.

우리는 몸에서 실행을 다짐한다. 미래는 현재 속에서 매 순간 만들어지고 있다. 그래서 다른 미래를 만들기 위해 필요한 에너지는 지금 필요하다. 칼리가 방금 한 것처럼 실행하면 원하는 행동을 향한 확고한 과정이 설정된다. 물론 때때로 잘 안될 수도 있다. 일들이 발생하고 우리 몸의 조건화된 반응이 시작된다. 우리 몸은 우리가 의도했던 행동을 하도록 내버려두지 않는다. 이런 일이 발생할 때 칼리의 기회는 무슨 일이 일어나고 있는지 스스로 관찰한 다음 그 자리에서 자신을 재구성하여 의도한 조치를 취하는 것이다. 프랙티스를 통해 이 실행의 다짐은 칼리에게 점점 더 유용해질 것이다.

만약 잘 안되고 칼리가 조치를 취할 수 없다는 것을 알게 된다면, 그것은 필요한 스킬이나 실천을 다짐하는 것에 대해 더 많은 작업이 필요하다는 것을 보여주는 것뿐이다.

본 장의 요약

- 재구성은 코칭 대화 중에 실시간으로 강조되고 프랙티스될 수 있다. 이는 고객의 부담감이 높아 보일 수 있는 실제 상황에서 재구성 조치를 반복할 수 있는 가능성이 훨씬 높아진다.
- 관점의 전환은 실제로 인식의 재구성인 동시에 관계적 조치다. 이

것은 종종 상황에서 보거나 행동하는 새로운 방식을 드러낸다.

- 실행에 센터링하는 것은 신체적 자아 전체를 실천과 일치시키는 재구성 조치다. 이것은 반복적으로 실행하는 것 자체가 중요한 자기생성 프랙티스이다.
- 자기조절은 우리의 내적 상태를 시시각각으로 조정하는 것에서 비롯된다. 이것은 소규모의 재구성의 형태로, 선택된 상태를 유지할 수 있게 해준다. 우리는 장에서 필요한 특정한 자질을 확장하고, 내부 프로세스를 명확하게 만들고, 고객이 내부의 신체 자원을 발견하도록 돕고, 가슴과 연결함으로써 고객의 자기조절을 지원할 수 있다.
- 실행의 다짐은 몸에서 일어난다. 코칭 대화에서 프랙티스할 수 있으므로 고객이 "저기"에서 사용할 수 있는 내적 조치가 될 수 있다. 미래의 행동에 대한 실천은 현재에서 다져진다.

제 11 장

안정화를 위한 코칭

만약 당신이 공중에 성을 쌓았다고 해서 당신의 일이 없어져서는 안 된다; 그곳이 그것들이 있어야 할 곳이다. 이제 그 밑에 기초를 놓아라.

헨리 데이빗 소로우(Henry David Thoreau)

성공이 행복의 열쇠는 아니다. 행복은 성공의 열쇠이다. 당신이 하고 있는 일을 사랑한다면 성공할 것이다.

알버트 슈바이처(Albert Schweitzer)

우리의 고객들은 실행을 하기 위한 관찰 가능한 역량을 구축하고 있다. 이러한 역량은 테크니컬 스킬에서 진정한 리더십 현존의 무형적인 요소에 이르기까지 모든 것을 포함할 수 있다.

안정화를 위한 코칭은 주로 고객이 이러한 역량을 구축하는 현장작업(자기관찰, 프랙티스, 실험 및 보완적 학습 활동)을 공동으로 설계하는 것을 의미한다. 더 중요한 것은 이 현장작업을 통해 고객이 자신의 삶 전체에 대해 근본적으로 새로운 관점을 열 수 있다는 것이다. 모든 것이 자기생성의 기회이며 배움의 실험으로 평생을 살아갈 수 있음을 알게 된다. 직장, 경력, 결혼, 공동체 및 육아는 그들이 자기생성을 개발하고 자신의 세계에 창의적으로 참여하기 위해 끊임없이 확장되는 능력을 개발시키는 프랙티스의 장들이다.

이 장의 코칭 조치들은 이 두 가지 수준을 모두 다루기 위해 고안되었다. 첫째, 그것들은 종종 업무와 관련된 구체적인 역량을 안정화하는 데 도움이 된다. 둘째, 고객은 현장작업을 스스로 설계하는 법을 배움으로써 통찰력과 의도를 새로운 기술을 안정화하는데 필요한 구체적이고 엄격한 프랙티스로 전환하는 법을 배운다. 이것은 고객의 삶의 모든 영역에 정보를 제공할 수 있는 자기생성으로 이어진다.

안정화를 위한 조치

현장작업을 설계하라

- 조건화된 경향을 중심으로 자기관찰을 설계하라
- 새로운 행동 또는 행위를 중심으로 자기관찰을 설계하라
- 관련이 있는 바디 프랙티스를 확인하라
- 고객이 생성적 프랙티스를 하도록 초대하라
- 관련이 있는 바디 프랙티스들을 확인하라
- 보완적인 학습 활동을 설계하라

함께 작업하라

새로운 "근거에 기반한 사실"을 창출하라.

현장작업을 설계하라

현장작업의 기회는 무한하다. 코칭은 우리가 삶에 접근하는 방식에 관한 것이기 때문에 거의 모든 경험이 이와 관련된 학습을 제공할 수 있다. 우리는 현장작업의 몇 가지 다른 영역을 탐구할 것이다. 그 결과, 고객이 코칭 대화 사이에 학습에 적극적으로 참여하는 풍부하고 다면

적인 개발 프레임워크를 짜는 일련의 상호 강화학습 활동이 있다.

개발에는 엄격함과 실천이 필요하다. 만약 고객이 행동하지 않는다면 코치로서 특정 코칭 결과에 대한 우리의 약속을 이행할 수 없다. 동시에 현장작업은 이미 가득 찬 고객의 삶의 접시에 너무 많은 것을 추가하지 않으면서 고객의 삶의 맥락에 맞아야 한다. 현장작업이 관련성이 있고, 흥미롭고, 호기심을 자극하고, 결과를 낳는다면 고객은 그것이 에너지를 준다는 것을 알게 될 것이다. 이러한 요소를 놓치면 현장작업은 목록에서 확인해야 할 또 다른 작업이 되거나 규율이 있고 철저한 끈기를 요구하는 부담스러운 책임이 된다.

칼리에게 돌아가 보자. 그녀의 현장작업에는 자기관찰과 개리와의 대화와 다른 기타 사항들도 포함될 것이다. 그녀는 까다롭고 높은 수준의 작업, 일하는 남편, 세 명의 십대 아이들, 교회 봉사 그리고 두 마리의 프리스키 달마시안을 가지고 있기 때문에 코칭 현장작업을 바쁜 라이프 스타일에 적합하도록 설계하는 것이 성공을 위해 중요하다.

칼리의 코치는 미팅이 곧 끝날 것임을 알고 있다. 지금부터 2주 후에 있을 다음 미팅 사이에 칼리가 학습과정에 계속 참여하도록 현장작업을 정의하는 방향으로 나아가야 할 때이다. 요약하자면 칼리는 다음과 같다:

- 그녀가 "좋은 여자"라면 다른 사람들이 그녀를 지원해 줄 것이라고 가정하는 그녀의 경향에 대한 인지적 인식
- 위험부담이 크다고 느낄 때 무너지고 안전하게 플레이하려는 느낌
- 개리에게 구체적인 지원 요청을 하는 대화를 하겠다는 약속
- 이러한 상황이 중요한 리더십 스킬을 개발할 수 있는 기회를 제공한다는 관점
- 자원으로서 그녀의 몸 안에 침착함의 장소를 사용하여 그녀의 실

천과 재구성을 중심으로 다시 센터링하는 경험

칼리는 실제 고객들의 합성이지만 이 시점에서 이어지는 대화의 분기점은 설명적이다. 나는 약간의 기술적인 자격으로 우리가 중단한 대화의 지점에서 분기되는 몇 가지 가능한 대화를 제공할 것이다. 이것은 모든 대화에서 발생하는 선택 사항과 유사하다. 내 의도는 몇 가지 현장작업의 가능성을 어떻게 개발할 수 있는지 설명하는 것이다. 분명히 이 모든 것이 하나의 대화에서 일어나지는 않을 것이다.

조건화된 경향을 중심으로 자기관찰을 설계하라

이것은 개발이 필요한 특정 영역에 엄격한 주의를 기울이는 방법이다. 제6장에서 논의한 것처럼 우리는 습관이 일어나는 것을 관찰하기 위해 주의를 기울이는 훈련을 하고 있다. 우리는 우리가 잘 훈련된 것처럼 보일 수 있지만 아마도 자기 패배적인 행동으로 초기화 되는 순간이 실제로 선택의 순간이 될 수 있음을 보았다. 세분화된 자기관찰이 이를 가능하게 한다.

어떤 면에서 이 조치는 이전 장의 자기관찰과 깨달음에 속할 것이다. 그러나 현장작업으로서 이것은 실제로 자기인식 증가의 안정화를 위해 설계되었기 때문에 여기에 넣기로 결정했다. 현장작업으로서의 자기관찰은 코칭 중에 발생하는 깨달음을 기반으로 한다.

칼리의 코칭 세션은 우리가 어떻게 이 깨달음을 현장작업으로 변환하는지 보여줄 것이다.

코치: 자, 무너지는 순간에 집중하자. 당신이 요청하는 것을 생각할 때, 특히 승진이 걸린 상황에서 촉발되는 것이다. 맞는가?

칼리: 맞다!

코치: 당신은 가슴이 조이는 느낌, 긴장을 묘사했다. 그런 일이 하루에 몇 번이나 일어나는가?

칼리: 음, 아마 많을 것이다. 때때로 나는 그것이 미묘하다고 확신하지만, 나는 그것을 알지 못할 때도 있다. 하지만 하루에 몇 번은 뚜렷하게 몸이 조이는 것을 알아챈다. 지금은 스트레스가 많은 환경이다.

코치: 그래, 나도 알고 있다. 환경이 어렵다는 것을 기억하고 환경적 요소가 당신 안에서 특정한 반응을 촉발한다는 것을 인식하는 것이 중요하다. *코치는 칼리의 평가를 지지한 다음, 강조하기 위해 잠시 멈춘다.* 칼리, 이것을 극복하는 방법은 반응 및 스트레스가 당신 안에 있음을 인식하는 것이다. 당신은 주변에 있는 것을 자신에게 옮기지 않고 자기조절하는 법을 배울 수 있다.

칼리: 그건 지금으로서는 꽤 멀게 느껴진다.

코치: 그렇다. 그리고 당신이 배운 조치들을 프랙티스할 때마다 당신은 환경적 긴장감을 덜 짊어지게 된다. 당신은 그것을 알 수 있는가?

칼리: 그래, 물론이다. 잠깐이지만 그 순간에는 정말 분명하다.

코치: 그게 작업이다. 순간 순간. 계속해서. 그리고 언젠가는 일어나 보면, 자신이 정말로 다른 사람이 되어 있음을 알게 될 것이다. 당신과 어려운 환경과의 관계가 변한 것이 아니다. 당신이 변한 것이다. *코치는 칼리를 목표 및 바람직한 미래 상태로 지향하게 하고 있다.*

칼리: 원칙적으로 그렇게 본다. 실제로는 매우 어렵게 느껴진다!

코치: 당신은 놀라게 될 것이다. 만약 당신이 당신의 프랙티스를 엄격하게 유지한다면 당신이 얼마나 빨리 달라지는지에 놀랄 것이다. 하지만 프랙티스를 계속하는 것은 당신의 일이다. (잠시 멈춤) 우리에게는 시간이 부족하다. 현장작업에 대한 제안이 있다. 듣고 싶은가?

칼리: 그렇다.

코치: 나는 당신이 자기관찰을 하기 바란다. 나는 당신이 그 습관이 촉발되는 순간을 관찰하는 프랙티스를 하기를 바란다. 당신이 몸을 구부리기 시

작하는 정확한 순간에 자각을 가져오려면 가슴과 어깨를 조이고 그 불안이 다가오는 것을 느끼라. 당신은 아무것도 바꿀 필요가 없다. 무슨 일이 일어나는지 호기심을 가지라고 제안하는 것 뿐이다. *코치는 자기관찰 프랙티스를 제안하고 칼리의 호기심에 호소하고 있다. 이것은 학습 활동이지 성과 활동이 아니다.*

칼리: 좀 더 말해 달라.

코치: 나는 당신이 기록을 하도록 요청한다. 하루에 두 번, 예를 들어 정오와 하루가 끝날 때 지난 몇 시간을 되돌아보고 이 반응이 촉발되었는지에 대한 두 가지 예를 발견할 것이다. 그런 다음 원인, 발생한 일, 당신이 한 선택에 대한 간단한 노트를 작성하라. 몇 가지 구체적인 질문을 작성해 주겠다. 당신은 자신을 관찰하고 있다. 당신은 과학자이자 실험쥐가 되는 것이다.

칼리: 좋아, 이해가 되는 것 같다.

코치: 칼리, 기억하자, 당신은 아무것도 바꾸려는 것이 아니다. 당신은 단지 호기심을 가지고 이 현상에 주의를 기울이는 것이다. 물론 하위 줄거리를 추적함으로써 당신이 그것에 주의를 기울이는 것이다. 주의를 기울이면 선택이 온다. 당신의 습관이 발생하는 순간에 대한 예리한 인식은 당신이 자기조절을 할 수 있게 한다. 당신이 그것을 발견할 수 없다면, 당신은 자기조절을 할 수 없다. *코치는 이것이 어떻게 작동하는지에 대한 충분한 설명을 제공하여 참여하는 것에 도움을 준다.*

코치는 이러한 자기관찰을 유도하기 위해 일련의 특정 질문을 작성할 수 있다. 샘플 세트는 [자료 11.1.]에 나와 있다. 자기관찰이 어떻게 행동 변화를 만들어 내는지에 대한 자세한 내용은 제6장에서 찾을 수 있다.

칼리는 몇 주 동안 자기관찰을 할 것이고, 마지막에 그녀가 발견한 것을 코치와 논의할 것이다. 대부분의 경우, 이러한 프랙티스는 습관의 본질에 훨씬 더 익숙해지고 그것이 발생하는 것을 매우 일찍 발견할 수 있게 한다.

•∘

자료 11.1.

칼리의 자기관찰 예

행동 묘사

나는 나의 "조심스러운" 상태를 촉발시키는 나의 습관을 관찰할 것이다. 특히 조이는 느낌, 다른 사람들이 나를 지원해줄 것이라는 가정 및 명확한 요청을 하지 않는 행동 등을 찾아볼 것이다.

구조

이벤트: 나의 불안/조심스러운 습관

기간: 3주간

빈도: 하루에 두 번, 아침이 끝나고 퇴근하기 전에

메모: 내 세션 템플릿에 아래 질문을 알림으로 포함한다.

질문

1. 습관이 촉발되었을 때 무슨 일이 있었는가?

2. 내 몸에서 습관적으로 행동하고 있다는 첫 번째 증거는 무엇인가?

3. 내가 무엇을 했는가?

4. 그 영향은 무엇인가?

5. 어떤 대안이 있었는가?

•○

새로운 행동 또는 행위를 중심으로 자기관찰을 설계하라

이러한 자기관찰은 다른 결과를 산출하도록 설계된 특정 조치에 대한 주의를 집중하도록 훈련시킨다. 신경과학 문헌은 특정한 행동의 빈번한 반복적 수행이 지속적인 주의와 현존이 결합되어 신체에 새로운 신경 회로가 형성된다는 사실을 점점 더 많이 제시하고 있다.[1] 말 그대로, 우리의 생리학적 특성은 새로운 디폴트를 만들기 위해 오랜 시간 동안 변화한다.

따라서 여기에서 유용한 행동은 다른 사람들에게 요청을 하거나 자신을 불안한 상태에서 센터링하고 준비된 상태로 재구성하는 것이다. 전자에 대한 칼라와의 대화는 다음과 같다:

코치: 프랙티스해야 할 중요한 것은 요청을 하는 것인 것 같다. 이것을 어떻게 보는가?

칼리: 나도 동의한다. 어차피 누군가가 해야 할 일이라고 생각할 때 이것을 하는 것이 특히 더 힘들다. 누군가에게 그들이 해야 할 일이 무엇인지 말하는 것은 무례하게 느껴진다.

코치: 나는 당신이 이것에 관한 어느 정도 이야기가 있다고 들었다. 그 이야기를 들었는가? *코치는 칼리의 프랙티스된 해석을 노출시키고 있다.*

칼리: 그렇다. 그것은 나의 "좋은 여자"의 세계관 일부이다.

코치: 그러나 당신은 또한 요청을 하면 누군가가 그들에게 필요한 것이 무엇

인지 더 쉽게 알 수 있도록 해줄 수 있다고 또한 말하지 않았나?

칼리: 그렇다. 그 이야기는 내가 요청을 하지 않기 위해 나 자신에게 하는 말뿐이다.

코치: 내가 약간의 현장작업을 제안해도 될까?

칼리: 물론이다.

코치: 나는 당신이 요청을 하는 것에 대해 자기관찰을 할 것을 요청한다. *이것을 요청으로 제시하면 칼리는 요청을 받는 쪽에 있는 경험을 할 수 있다. 이것은 그녀의 프랙티스와 관련이 있다.* 매일 당신은 당신의 경영팀, 개리, 점심시간에 식당 종업원과 아이들에게 하는 요청에 대해 생각하고 두세 가지를 선택하라. 그것들은 큰 일이 될 필요가 없다. 작은 것들도 괜찮다. 그런 다음 요청이 무엇이었는지, 요청을 하기 직전과 직후에 당신의 몸에서 무엇을 알아차렸는지, 왜 요청하면 안 되는지에 대해 당신 스스로에게 한 이야기 그리고 결국 요청할 수 있게 해준 이야기를 추적해 보라. 나는 당신이 어떻게 요청을 하고 무엇이 그렇게 할 수 있게 하는지에 대해 익숙해지기를 바란다. 이 말이 어떻게 들리는가?

칼리: 흥미롭다. 나는 내가 각각의 요청을 하기 전에 어떤 긴장감을 알아차릴 것 같고, 그 후에 내가 느끼는 것은 그 사람이 어떻게 반응하는지에 달려 있을 것 같다.

코치: 그럴 것 같다. 하지만 좋은 과학자가 되고자 하는 선입견을 갖지 말라. 그냥 중립적인 관찰자가 되어 당신이 무엇을 배우게 될지 보라. 당신은 이것을 3주 동안 매일 프랙티스할 의향이 있는가? *코치는 명확한 약속과 타임라인을 요구한다. 요청에 대한 주요 구성 요소이다.*

칼리: 그렇다. 흥미롭다. 이것이 이해가 된다.

코치: 나는 당신이 이것에 주의를 기울이기 때문에, 당신은 점점 더 이것을 알아차리기 시작할 것이고 전에 하지 못했던 요청을 할 기회를 찾을 것이라고 예측한다.

요청을 하는 것은 다른 사람들에게도 관찰 가능한 기본적인 능력으로 모든 관계와 여러 상황에 유용하다. 칼리의 자기관찰은 그녀가 이 행동을 취할 때 그녀의 현존을 증가시킬 것이다. 이것 때문에 그녀에게 더 많이 것이 가능해지는 것이다.

또한 같은 대화는 다른 사람들이 전혀 눈치채지 못할 수도 있는 센터링과 같은 내적 행동을 탐색할 수도 있다. 자기관찰은 주의를 기울이는 프랙티스를 통해 인식과 더 풍부한 선택들을 할 수 있고 새로운 역량을 개발한다.

관련이 있는 프랙티스를 설계하라

우리는 특정 행동에 친숙함과 역량을 개발하기 위해 고객이 반복적으로 수행할 수 있는 프랙티스를 설계할 수 있다. 특정 근육을 단련하는 것처럼 이 활동도 우리에게 점점 더 가능해진다.

우리는 의도적인 반복을 통해 우리에게 중요한 활동이나 행동을 구현하기 위해 실천한다. 마치 내 아들 네이선Nathan이 강에 도착하기 전에 카약의 특정한 움직임을 계획할 수 있는 것처럼 어려운 대화에 특정한 방식으로 대응할 수 있다. 하지만 우리가 어려운 대화를 위해 앉거나, 네이선이 폭포의 끝에 다가가면 숨을 곳이 없다. 그것은 우리의 몸이 실행하거나 하지 않는 순간이다.

이런 생생한 순간에 우리는 프랙티스의 수준에 따라 올라가거나 혹은 가라앉는다. 의도는 우리를 멀리 못 데려간다. 그러나 우리가 프랙티스하고 우리 몸으로 필요한 조치를 반복적으로 프랙티스하고 반복해서 몸에 새겨 넣었다면, 우리는 압박감 속에서 그 조치를 수행할 가능성이 훨씬 더 높다. 나는 네이선이 카약 비디오를 무한정 보면서 그의 몸으로 어려운 동작을 운동감각적으로 연습하는 것을 보았다. 그리고 나서 그가 물 위에 올랐을 때, 그것은 이미 그에게 내재되어 있다.

그러므로 우리는 우리 자신의 노력에서 우리의 성공에 결정적인 특정한 조치들을 골라내고 그것들을 몸에 익힐 때까지 프랙티스할 수 있다. 우리의 비즈니스가 요청을 하는 것, 카약을 타는 것, 위임을 하는 것, 어려운 대화 중에 센터링을 유지하는 것, 또는 대담한 특정 미래를 약속하는 것이든, 우리가 더 많이 프랙티스 할수록 필요할 때 더 많은 중요한 조치들이 가능하게 될 수 있다. 우리는 현존과 자기생성을 개발하는 프랙티스를 통해 제3부 내내 광범위하게 이것을 수행했다. 또한 우리는 우리의 실행에 따른 행동을 개발하기 위해 구체적인 프랙티스를 설계할 수 있다.

칼리는 요청을 하는 프랙티스를 시작했다. 그녀는 식당에서 프랙티스를 했는데, 메뉴에서 제공하는 페타 치즈 대신 샐러드에 블루 치즈를 선호한다며 그것을 요청했다. 그녀는 세탁소에서 프랙티스 했다. 그녀는 관리자, 경영진 및 상사에게 매우 구체적인 요청을 프랙티스 했다. 그녀는 신뢰할 수 있는 여러 동료들에게 그녀의 요청에 주의를 기울여 달라고 부탁했으며, 만약 그 요청이 확실하지 않다면 그것을 지적해 달라고 부탁했다.

칼리는 이러한 요청을 공식화하는 것이 실제로 그녀가 처음부터 원하는 것에 대해 명확해지도록 돕는다는 것을 발견했다. 요청을 할 때 칼리는 항상 친절하고 정중했으며 그녀는 다른 사람들이 그녀를 만족시키도록 실행하는 것을 돕고 있다는 것을 알게 되었다. 그녀는 의심의 여지가 없는 이야기인 어린 시절의 유물인 명확한 요청을 하는 것이 무례하다는 스토리를 바꾸기 시작했다. 요청을 하는 것은 상생하는 것이 되었다.

다양한 상황에서 몇 주 동안 집중적인 프랙티스를 마친 결과, 개리에게 큰 요청을 하는 것이 훨씬 쉬워 보였다. 이것은 어려운 상황에서 특정한 지원과 승진을 위한 개리의 지원을 요청하는 경우에도 마찬가지였다. 그 내용은 식당과는 다르다. 그러나 위험부담이 큰 상황에서도 요청을 하는 것을 중심으로 자신을 구성하는 것이 훨씬 쉬워졌다. 그리고 그녀는 다른 사람들에게 점점 더 명료하고 직접적이며 진정한 리더로 인식되었다.

고객이 생성적 프랙티스를 하도록 초대하라

개발의 세 가지 구조, 즉 유능한 파트너와의 계약, 생성적 프랙티스 및 특정 아웃컴을 위한 현장작업을 상기하라. 제3부의 생성적 프랙티스는 코칭 프로그램에 포함될 수 있다. 생성적 프랙티스는 본질적으로 더 구체적인 역량을 학습하는 고객의 능력을 향상시킬 것이다.

나의 모든 코칭 프로그램에는 대부분 앉기, 센터링 및 가슴을 터치하는 것을 포함한다. 이러한 프랙티스는 기초이며 고객의 모든 영역에 정보를 제공한다. 그것들은 또한 고객이 새로운 행동을 배우고 취하는 능력을 크게 확장시킨다. 우리의 작업이 함께 진행됨에 따라 특정 역량에 대한 보다 구체적인 프랙티스가 중첩된다.

관련이 있는 바디 프랙티스를 확인하라

우리는 고객이 코칭에서 원하는 결과와 관련된 고객의 미개발된 특성을 키우도록 설계된 바디 프랙티스를 실천하도록 초대할 수 있다. 내 코칭 프로그램 중 많은 부분에서도 이러한 요소가 포함되어 있다. 이 지침은 현존과 온전한 주의를 가지고 바디 프랙티스를 실행하고, 그 프랙티스가 이루어지는 목적과 명확하게 연결하고 유지하는 것이다.

칼리와 관련이 있을 수 있는 바디 프랙티스는 견제기[Push Hands] 훈련이다. 이것은 태극권에서 비롯되었으며, 대응성을 강조하여 파트너와의 조정된 움직임, 파트너가 어떻게 움직이는지 감지하고, 파트너가 무엇을 하든 중심을 유지하는 것이 포함된다.

견제기 훈련과 같이 칼리의 상사는 항상 그녀가 원하는 대로 행동하지 않을 것이다. 개리가 무엇을 하든 하지 않든 센터링, 현존 및 충만함을 유지하는 그녀의 능력이 중요하다. 견제기 훈련은 누군가와 유연하게 움직이면서 자신의 중심을 완전히 유지하는 능력을 경험하고 강력한 감각을 제공한다.

코치가 의심이 많은 칼리에게 어떻게 이것을 제시할 수 있는지 보자. 종종 사람들은 우리가 전화로 몸을 다룰 수 있는지에 대해 의심한다. 나의 대답은 단호한 "예"이다. 그래서 이것은 전화 대화로 묘사될 것이다. 만약 우리가 직접 만난다면 이 실험은 파트너로서 서로 쉽게 할 수 있을 것이다.

당신 자신의 학습을 위해 당신이 이것을 읽으면서 직접 시도해보는 것을 추천한다. 당신이 칼리라고 상상해보라.

코치: 여기에서 당신에게 정말 도움이 될 것 같은 제안이 있다. 나는 당신을 태극권 선생님에게 몇 가지 개인 교습을 받도록 권유하고 싶다. 당신의 사무실 근처에 있는 선생을 추천해 드릴 테니 세션에 쉽게 예약할 수 있을 것이다.

칼리: 나는 이것을 더 잘 이해할 필요가 있다. 솔직히, 지금 당장은 이 일을 할 수 없을 것 같다.

코치: 정말 바쁜 시간이라는 것을 안다. 하지만 당신은 이것이 어떤 변화를 가져다줄지 놀랄 것이라고 생각한다. 실험을 해보자. 괜찮은가?

칼리: 좋다.

코치: 고맙다, 칼리 기꺼이 해줘서. 자, 일어서서 가구에서 떨어져서 주변에 약간의 공간을 확보하라. 준비가 되면 알려 달라.

칼리: (잠시 후) 좋아. 나는 내 사무실 중앙에서 창문을 마주하고 있다. 경치가 아주 좋다!

코치: 그래. 좋다. 이제 오른발은 약간 앞으로, 왼발은 뒤로 하고 서라. 몸통을 창문 쪽으로 향하게 하라. 이해하고 있는가? *코치는 시각적인 피드백이 없기 때문에 자주 확인한다.*

칼리: 알았다.

코치: 이제 오른팔을 창문 쪽으로 뻗고 체중의 80%가 오른발에 실리도록 하고 창문 밖에 있는 무언가를 향해 손을 뻗으라. 무릎을 약간 구부리고 앞으로 숙여서 손을 뻗으라. 당신이 정말로 밖에 있는 무언가를 정말로 원한다고 상상해보라. 팔과 몸무게를 지탱하는 상상의 기둥 같은 것에 기대어 손에 닿는 느낌을 느껴보라. (멈춤) 느껴지는가? *코치는 칼리가 그녀의 몸에서 감지할 수 있는 신체적 차이를 설정하고 있다.*

칼리: (멈춤, 실험 중) 알겠다. 느낄 수 있다.

코치: 기울어짐을 느끼고, 그 기둥에 의지해보라.

칼리: 좋다. 알겠다.

코치: 이제 기둥이 무너지면 어떻게 되는지 느껴보라. 그냥 사라지면.

칼리: 균형이 무너져 앞으로 넘어질 것 같다. 의존하고 있었는데, 그게 사라지면 균형이 잡히지 않는다. 나는 중심을 잃었다.

코치: 좋다. 이제, 정말로 그것을 느껴보라.

칼리: 약간의 상상력이 필요하지만 내 몸에서 그 감각을 느낄 수 있다.

코치: 그렇다. 이제 이 경험이 우리가 이야기한 것과 어떤 관련이 있는가? *코치는 경험을 맥락과 연결하여 관련성을 만들어 내기 위해 칼리를 초대한다.*

칼리: 오, 알겠다. 개리 같다. 개리가 그 기둥이다. 그리고 나는 그가 거기에 있는 것처럼 행동했지만 그는 거기에 없었다. 나의 어떤 부분은 정말로 그에게 의지했고, 그가 나를 지지하지 않았을 때, 나는 배신감과 균형을 잃은 느낌을 받았다.

코치: 그래. 그것이 어떻게 마음에 와 닿았는가?

칼리: 글쎄, 나는 이 비유를 통해 내가 어떻게 의지할 수 없는 사람을 의지하

도록 스스로가 정했는지 더 명확하게 알 수 있다.

코치: 그래. 그것은 비유이다. 그것은 또한 당신의 몸에서 실제로 현재 순간의 경험이다.

칼리: 그래. 알겠다. 실험에서도 실제 상황과 비슷한 신체적 감각을 느낄 수 있다.

코치: 그럼 다른 방법으로 해보자. 같은 자세를 취하라. 이제 잠시 시간을 내서 센터링을 하라. 무엇을 하고 있는지 말해보라.

칼리: 나는 주의를 내려놓고 어깨의 긴장을 풀고 있다. 나는 발 아래 바닥을 느낀다. 턱을 이완하고 가슴을 열고 있다. 내가 자리를 잡아가는 것을 느낀다.

코치: 좋다. 이제 그 안정감과 함께 무릎을 약간 구부린다. 자신이 나무처럼 땅에 뿌리를 내리고 있다고 상상하라. 당신의 무게, 당신의 견고함을 느껴보라. 이해했는가?

칼리: 바위처럼.

코치: 바위처럼! (멈춤) 이제 당신의 뒤를 느껴보라. 마치 거대한 공룡 꼬리가 등에 붙어 있는 것처럼 뒤쪽을 느껴보라. 체중의 대부분을 다시 앞 발에 싣되, 중심을 잡고 땅을 딛고 균형을 유지하라. 느껴보라. (멈춤) 이제 오른팔을 다시 쭉 뻗어 에너지를 뿜어낸다. 당신이 어떤 요청을 하고 있고 오른팔을 뻗은 것이 그 요청이라 상상해보라. 그리고 체중은 실리지 않는다. 기둥이 거기에 있든 없는 당신은 여전히 균형을 유지하고 중심을 잡고 있다. 그걸 감지하고 어떤 점이 달라졌는지 말해보라.

칼리: 정말 달라졌다. 균형을 잃지 않고 자유롭게 움직일 수 있다는 느낌이 든다. 무언가에 연결되어 상호작용을 할 수 있지만, 그것에 의존하지는 않는다. 나는 헌신적이지만 지나치게 헌신적이지 않다. 나는 관계 속에 있으면서도 동시에 내 자신 안에 있다. *칼리는 신체적 차이를 경험했는데, 이는 이전 실험과는 분명히 달랐다. 그녀는 자신의 몸에서 연결과 센터링을 동시에 경험하고 있다.*

코치: 그러면, 잠시만 느껴보라. (긴 멈춤) 또 다른 것은 없는가?

칼리: 그래. 정말 멋지다. 강인함과 해방감을 동시에 느낀다.

코치: 이 경험이 개리와의 관계에 어떤 영향을 미치는가?

칼리: 글쎄, 나는 개리에게 요청을 할 수 있고, 그와 관계를 맺을 수 있다. 하지만 개리가 거기에 없거나 "아니오"라고 말하거나, "예"라고 말하지만 상황이 나빠졌을 때 숨는다 하더라도 나는 균형을 잃을 필요가 없다. 나는 여전히 센터링되어 있고 다양한 방식으로 대응할 수 있다. 나는 여전히 유연하다.

코치: 빙고, 맞다. (잠시 멈춤) 그럼 태극권 선생이 당신과 함께 이 동작을 할 것이다. 견제기라고 하는 동작인데, 다른 사람과 함께 움직이지만 그 사람은 예측할 수 없다. 파트너가 함께할 때도 있고 그렇지 않을 때도 있다. 그리고 때로는 파트너가 균형을 잃게 만들기도 한다. 당신은 중심을 잡는 연습과 관계 맺는 연습을 동시에 할 수 있다! 재미있다. 그리고 그것은 우리가 여기서 함께 작업해 온 것과 매우 관련이 있다. 이것을 시도해 볼 의향이 있는가? *코치는 실행을 위한 테스트하고 있다.*

칼리: 그래, 해보겠다. 적어도 한 번은 해보겠다.

코치: 좋다. 한 번 해보고 이야기해보자. 내가 선생과 함께 준비하겠다. 그동안 이 프랙티스를 할 수 있다. 하루에 열 번만 해도 오래 걸리지 않는다. 자세를 취하고, 그것을 느끼고, 그 자세에서 중심을 유지하면서 뻗기만 하면 된다. 이를 요청하기와 연결하여 의식 속에서 누군가에게 무언가를 요청하고 있다고 생각하라.

이제 시도해보라. 칼리가 자신의 몸에서 느꼈던 것을 느껴보라. 앞으로 몸을 기울여 존재하지 않는 것에 의지하는 것과 자신을 중심에 두고 중심에서 뻗어 나가는 것의 차이를 느껴보라. 후자의 자세가 어떻게 자신을 포기하거나 상대방에게 의존하지 않고 관계로 확장할 수 있는지 느껴보라.

- 현존을 위한 멈춤 -

이것이 정말 사실이라면 어떨까? 매일 짧은 시간 동안 우리 삶에 엄청난 영향을 미치는 특정 역량을 실제로 프랙티스하고 내재화할 수 있다면 어떨까? 예를 들어 견제기를 통해 우리가 상상할 수 있는 가장 힘들고 어려운 직장 내 대화 중에도 중심의 몰입감을 개발할 수 있다면 어떨까? 이것이 우리 자신을 개발시키는 방식에 어떤 의미가 있을까? 우리의 고객들은?

직접 테스트 해보겠는가? 정말? 어떻게 할 것인가?

- 현존을 위한 멈춤 -

요약된 바디 프랙티스는 칼리가 실행하고자 하는 코칭의 아웃컴과 관련이 있다. 그녀는 비유이자 실제 존재의 방식을 프랙티스하고 있었다. 그녀는 어떤 상황에서도 활용할 수 있는 센터링의 참조 경험을 하고 있다. 그녀는 시간이 지남에 따라 관계에서 자신의 일부가 될 무언가를 구현하고 있다.

창의적인 현존 기반의 코치로서 당신은 고객과 함께 고객의 특정한 리더십 개발 요구 사항과 관련된 바디 프랙티스를 확인할 수 있다. 어려운 관계에서 센터를 유지하기 위한 견제기, 필라테스(서 있는 데 필요한 코어 근력을 키우는 데 도움이 된다). 경직된 리더의 유연성을 향상을 위한 요가. 압박감 속에서 창의적인 해결책을 찾기 위한 암벽 등반. 협력적 파트너십을 구축하는 프랙티스하기 위한 볼룸 댄스. 경력 전환을 고민하는 고객을 위한 스카이 다이빙.

바디 프랙티스는 고객과 상황에 따라 하루에 10번 정도 하는 짧은 수련(센터링), 주 1회 수업(태극권), 일회성 체험(스카이 다이빙), 집에서 일주일에 4~5회 DVD를 보며 하는 수련(요가) 등의 형태로 이루어질 수 있다.

적절한 바디 프랙티스를 선택하는 데는 공식이 없다. 동시에 당신이나 고객에게 필요한 거의 모든 리더십이 특성이나 역량을 몸으로 프랙티스할 수 있는 방법이 있다. 핵심은 고객의 마음 속에 관련성을 확립하여 고객이 자신의 실천을 뒷받침할 수 있는 무언가를 몸으로 명료하게 프랙티스하고 있다는 것을 인식시키는 것이다.

이것은 러닝머신에 몸을 올려놓고 TV에 시선을 고정하고 30분 동안 땀을 흘리는 것과는 완전히 다르다. 그것은 기계적인 신체에는 좋을지 모르지만 리더십을 키우지는 못한다. 오히려 우리는 다음과 같다:

- 경험에 온전히 현존하는 몸과 마음 프랙티스에 몰입
- 우리의 몸을 통해 새로운 것을 프랙티스
- 우리의 몸을 감지
- 더 큰 맥락과의 관련성을 창출
- 우리가 몰입하는 특정한 목적을 위해 새로운 프랙티스에 헌신하는 것
- 다른 사람이 되기 위해 우리의 몸을 다시 재배선하기rewiring

만약 이것이 거창한 주장처럼 들린다며 사실이다! 우리는 우리 존재의 기반을 바꾸고 있다. 이러한 변화는 자기생성적이고 발달적이고 현대 사회의 거대한 도전에 대응할 수 있는 보다 진정성 있고 근거 있는 리더를 육성하는 기업의 핵심이다.

보완적인 학습 활동을 설계하라

마지막으로 우리는 칼리가 작업하는 내용과 관련하여 보완적인 관점과 경험들을 제공하는 활동을 설계할 수 있다. 여기에는 다양한 가능성이 포함될 수 있다. 칼리가 "센터링된 요청 근육centered requesting muscle"을 개발하는 데 도움이 될 수 있는 다른 종류의 창의적인 행동이 무엇인지 살펴보자.

- 촉매: 승진을 위해 그녀의 이력서를 제출하는 것은 무언가에 대한 입장을 표명하는 것이며 개리와의 대화에서 지분을 높이는 것이다. 촉매는 실천에 대한 추진력과 에너지를 더하는 대담한 행동이다.[2]
- 대화: 개리와 구체적인 대화를 나누는 것은 프랙티스의 기회를 제공하고, 개리가 칼리의 명확한 요청에 응답할 수 있도록 하며, 두 사람 모두를 포함하는 관계의 장을 변화시킬 수 있다.
- 실험: 칼리는 다양한 상황에서 요청을 하거나 어려운 대화에서 센터링을 유지하는 실험을 시도해 볼 수 있다. 실험에서 무언가를 발견하지 않는 것은 불가능하다.
- 피드백: 칼리는 회의에서 자신을 관찰하고 피드백을 제공하도록 다른 사람을 초대하거나, 필요한 것을 요청하는 것이 명확하지 않을 때 사람들에게 말해 달라고 요청할 수 있다.
- 인터뷰: 능숙함을 보여주는 다른 사람들과 대화하면 그 방법을 배우는 데 유용할 수 있다.
- 저널링: 매일 또는 자주 저널링하거나 때로는 가이드 하는 질문은 성찰하는 데 도움이 된다. 자기관찰이 (위에 설명된) 이에 대한 특별한 예이다.
- 영화: 역량이나 적절한 존재 방식을 보여주는 특정 영화는 매우

강력할 수 있다. 예를 들어, 영화 간디는 진정성 있고 센터링이 된 리더십의 많은 예를 제공한다.

- 음악과 시: 예술은 때때로 논리적 사고가 도달할 수 없는 뇌의 특정 부분에 도달할 수 있다. 예를 들어 메리 올리버Mary Oliver의 "기러기Wild Geese"는 칼리의 소속감과 긴장을 완화하는 데 도움이 되는 시이며, 모차르트 교향곡 제40번 3악장은 절제되고 중심이 잡히고 우아하게 움직이는 듯한 느낌을 줄 수 있다.
- 타인 관찰: 개발하고자 하는 특정 기술에 능숙한 사람을 관찰하는 것은 작동중인 역량을 파악할 수 있는 강력한 수단이다.
- 독서: 역량에 대한 통찰력이나 관점을 제공하는 책이나 기사 또는 웹 참조 자료. 예를 들어, 매튜 버드Matthew Budd와 래리 로스스타인Larry Rothstein의 저서 'You Are What You Say"에는 요청을 하는 방법에 대한 훌륭한 자료가 있다.[3]
- 과제: 개발해야 할 역량을 광범위하게 사용해야 하는 특정 작업을 수행한다. 예를 들어, 칼리는 직속 상사 없이 업무를 조율해야 하는 다기능적cross-functional 팀을 이끌겠다고 자원할 수 있다. 이는 요청을 해야 하는 상황에 처하게 되는 것이다.
- 훈련: 강의실, 온라인 또는 CD 기반 교육 또는 수련을 통해 특정 경험을 제공하거나 코칭 결과를 뒷받침하는 스킬을 육성할 수 있다.
- 글쓰기: 구체적인 질문에 대한 답변, 목적 혹은 비전 선언문의 개발, 매일 일기 쓰기, 창의적인 글쓰기 등은 모두 새로운 것을 정리하고 표현하는 수단을 제공한다.

분명히 코칭에는 다양한 활동이 포함될 수 있다. 핵심은 활동이 관련성이 있고 의미가 있는지 확인하는 것이다.

우리 모두는 해석 속에서 살아가기 때문에 이러한 의미는 만들어질 수 있다. 예를 들어, 모차르트가 그의 훌륭한 40번 교향곡을 작곡할 때 칼리를 염두에 두지 않았다고 생각한다! 하지만 3악장에서 중심에서 요청을 하는 낙관적이고 자신감 있는 행위의 느낌을 불러일으키는 감정이 있다면, 이를 명시적으로 연결하여 특정 방식으로 요청하는 데 필요한 내부의 재구성을 위한 촉매제로 음악을 사용하는 것은 어떤가?

함께 작업하라

우리는 코칭 대화의 공동 설계를 통해 투명성을 확보하고, 우리가 생각하고 행동하는 것을 드러내어 고객의 관점 밖의 시각으로 연결한다. 코치로서 처방적인 태도를 취하고 싶은 유혹이 있다. "내 고객은 리더십을 더 강력하게 주장할 필요가 있으니 킥복싱을 하라고 해야겠다!"라고 생각할 수 있다. 효과가 있을 수도 있고 없을 수도 있다. 우리는 고객에게 옳다고 믿는 것에 대한 우리 자신의 집착을 매우 조심해야 한다.

우리는 또한 고객에게 자신만의 가능한 활동을 생성하도록 요청할 수 있다. 종종 고객이 코치보다 무엇을 해야 하는지 더 잘 파악할 수 있을 것이다. 다른 상황에서는 자원으로서 코치가 관련성이 있고 강력한 학습 활동을 제공할 수 있을 것이다.

우리가 그렇게 할 때 현장작업 제안을 초대로 생각하는 것이 도움이 된다. 우리는 무언가를 제안할 수 있으며, 수락 또는 거절은 고객의 몫이다. 우리는 고객에게 왜 그 제안이 관련이 있다고 생각하는지 설명할 의무가 있다. 그러면 고객은 그 제안이 자신에게 적합한지 그리고 기꺼이 참여할 의사가 있는지 평가할 수 있다.

위의 견제기에 대한 대화에서 회의적이었던 칼리는 즉시성과 관련성을 확립한 현재의 순간에 대한 경험으로 인해 기꺼이 시도해 볼 의향

이 생겼다. 다음은 현장작업 초대의 또 다른 예이다:

코치: 칼리, 회사에서 명확한 요청을 정말 잘하는 사람이 누구인가?

칼리: 글쎄, 루디Rudy이다. 그는 다른 부서의 나의 상대이다. 사람들은 항상 루디의 입장을 잘 알고 있다. 그는 매우 직설적이고 사람들은 그를 많이 신뢰한다.

코치: 루디와 대화를 나누고 루디가 어떻게 하는지에 대해 이야기해 주겠는가? *코치는 이 행동 단계에 대한 의지가 있는지 확인하고 있다.*

칼리: 아마도. 그가 요청에 대해 생각하고 있는지도 모를 것 같다.

코치: 대화를 통해 무엇을 얻을 수 있을까?

칼리: 글쎄, 잘 모르겠다. 이 문제에 대해 다르게 생각하는 방법을 배울지도 모른다. 또는 요청을 하기 위해 준비하는 방법을 배울지도. 그리고 만약 그가 그것에 대해 생각하지 않았다면, 그것은 그에게도 흥미로울 것이다.

코치: 그래, 나도 그렇게 본다. 내적 작업의 일부는 먼저 당신이 원하는 것을 고려하는 것 같다. 그런 다음 사람들이 당신을 지원하기 쉽게 명확하고 센터링이 된 요청을 하고, 그렇지 않을 때 당황하지 않도록 해야 한다. 그것은 일종의 두 단계 프로세스이다. 이해가 되는가?

칼리: 그렇다. 난 일단 명확해지면 물어볼 수 있을 것 같다. 나는 너무 늦을 때까지는 생각하지 않는 편이다. 개리에게도 그런 일이 있었다. 나는 그냥 짐작만 했다. 정말 맹목적이었다.

코치: 그래, 이제 어떻게 그런 일이 일어나는지 더 잘 알게 되었다. 그리고 두 가지를 모두 프랙티스함으로써 당신은 다른 리더가 될 것이다. *코치는 이 행동을 목적과 맥락에 연결한다.*

칼리: 그렇다. 나도 그렇게 생각한다.

코치: 그러니 지금 이 순간 루디나 다른 사람 또는 어떤 사람과도 대화할 수 있다는 것을 알아두라. (멈춤) 당신은 무엇이 옳다고 생각하는가? *코치*

는 현장에 무조건적인 존중과 중립성을 발휘한다.

칼리: (스스로 확인하기 위해 잠시 멈춤) 루디와 함께 시도하는 것이 옳다고 느껴진다. 무엇을 배울 수 있는지 모르겠다. 그래도 어쨌든 강화해야 할 관계이다. 내가 지역 부사장직을 맡게 되면 루디의 상사가 될 것이다. 우리는 서로에게 꽤 개방적이어서 그도 대화에 흥미를 가질 것 같다. 그렇게 하겠다.

코치: 잘됐다. 언제까지?

칼리: 다음 주 금요일까지 연락해서 일정을 잡겠다. 유럽에 있어서 스케줄이 어떻게 될지 모르겠지만 적어도 그의 일정에 올려 놓을 것이다.

고객의 소유권[owership]이 가장 중요하다. 코치는 칼리를 분명히 운전석에 앉혔다. 코치는 칼리에게 무엇이 옳다고 느끼는지 스스로에게 물어보라고 했다. 정답은 없다. 칼리는 지금 당장 루디와 대화하는 행동을 실행에 옮기거나 멈출 수 있는 선택을 하도록 초대를 받았을 것이다.

행동은 미래에 취해지지만 현재에 최선을 다하는 것이다. 우리가 무언가를 실천하기 위한 에너지와 일치는 성공 가능성에 큰 차이를 만든다.

결단하는 순간은 그 자체로 프랙티스이다. 칼리는 스스로를 점검하고 자신이 하고 싶은 일을 분별하고 있다. 중요한 결정은 아니지만 프랙티스의 기회이다. 칼리는 잠시 시간을 내어 자신의 경험과 자신이 직면한 선택에 현존한다. 그 순간, 그녀는 자기생성적 역량을 키우고 있다.

칼리가 원하는 것을 결정하는 과정에서 칼리가 직장에서 구축하고 있는 요청하는 역량과 어떤 연관성이 있다고 생각하는가?

코치가 칼리에게 루디와 대화하도록 밀어붙였다면 이 대화는 어떻게 달라졌을까? 무엇을 잃었을까?

- 현존을 위한 멈춤 -

우리가 현장작업을 설계할 때, 우리는 개발에 초점을 맞추고 미래를 불러일으키는 구체적인 행동을 선택한다. 이러한 행동은 우리가 어떤 사람이 될지를 결정한다. 이 과정에 통합적으로 참여하는 것은 고객의 자기 생성적 발달을 크게 가속화한다. 그렇게 하지 않으면 고객을 우리가 개발하고 있는 대상으로 취급하는 것이다. 미래를 건설하는 현재 순간의 선택에 고객을 초대하는 것이 바로 코칭의 본질이다.

새로운 "근거에 기반한 사실"을 창출하라

코치는 고객이 자신을 둘러싼 인간 시스템에 눈에 띄는 영향을 미칠 수 있는 행동을 취하도록 장려한다. 개발은 단순히 변하지 않는 세상을 헤쳐 나가기 위한 스킬을 구축하는 문제가 아니다. 오히려 현장작업은 고객을 변화시키고, 고객은 자신을 둘러싼 시스템을 변화시킨다. 시스템의 변화는 다시 고객의 새로운 대응을 요구한다. 고객과 시스템 간의 이러한 역동적인 상호작용은 끊임없이 변화하는 현실을 제공함으로써 코칭 프로세스를 생생하고 흥미롭게 유지한다.

칼리를 생각해보라. 루디에게 그가 명확한 요청을 하기 위해 어떻게 스스로를 구성하는지에 대해 이야기하는 것은 그를 놀라게 할 수 있다. 일반적인 비즈니스 사고방식으로는 잠재적인 직속 부하에게 더 효과적으로 주도할 수 있는 아이디어를 요청하는 것은 너무 취약한 행동이라고 생각할 수 있다. 하지만 체계적으로 생각해보면 칼리는 자신이 관리할 수 있는 강력한 부하직원과 보다 솔직한 관계를 맺을 수 있는 기회이며, 명확한 요청(그리고 암묵적으로 솔직함과 자기개발)이 자신에게 가치가 있다는 기대감을 심어줄 수 있다고 생각할 수 있다. 루디에게도 요청하는 것은 분명히 중요하기 때문에, 이는 더 강력한 관계를 위한 좋은 시작이다.

대담한 고객은 스스로 기준을 높이는 행동을 취한다. 칼리는 현재 직속 부하 직원과 이야기하여 더 명료한 요청을 하기 위해 최선을 다하고 있다고 설명할 수 있다. 이렇게 하면 그녀가 다르게 행동할 것이라는 기대감이 생길 것이다. 요청하기를 성공적으로 실행하면 관리자들 사이에서 칼리가 명료하고 이끄는 리더라는 인식이 어떻게 형성될지 생각해보라. 칼리의 명료성이 향상되면 팀의 응집력과 생산력이 어떻게 향상될 수 있는지 생각해 보라.

칼리가 다른 부서의 지역 부사장 직책에 지원하면 사람들이 칼리를 인식하고 반응하는 방식이 어떻게 달라질 수 있는지 그리고 칼리 역시 어떻게 에너지와 가능성을 느낄 수 있는지 생각해보라.

이 모든 것은 칼리가 취한 비교적 단순한 행동에 의해 촉발된 칼리 주변 시스템의 효과들이다. 이러한 효과는 칼리가 선택을 내리는 맥락을 변화시키는 결과를 가져온다. 예를 들어, 칼리에게 일관되고 명확한 요청에 대한 새로운 기대가 생기면, 칼리의 직원이 요청이 이루어지지 않을 때 주도적으로 행동하기를 꺼릴 수 있다. 따라서 칼리는 직원들이 주도적으로 일할 수 있도록 기대치를 설정하는 작업을 해야 할 수도 있다. 또는 동일한 지역의 부사장직에 관심이 있는 다른 사람이 칼리의 눈에 띄는 새로운 주장에 위협을 느끼고 그녀를 약화시키려고 할 수도 있다. 칼리는 이 새로운 상황에 정직하고 명료하게 적극적으로 대처해야 할 수도 있다. 이를 위해서는 새로운 역량이 필요하다.

우리의 코칭 노력은 진성성 있고 자기생성적인 리더를 개발시키는 데 투자하는 동시에 리더는 자신을 둘러싼 시스템을 변화시키고 있다. 코칭 프로세스의 반복적인 특성과 코칭(그리고 그에 따른 고객의 빠른 성장)이 조직 내에서 파급 효과를 일으키는 방식을 모두 볼 수 있다.

따라서 코칭은 고객이 가능성을 해석하고 행동하는 방식을 변화시키는 집중적인 대화와 현장에서 새로운 사실을 만들어내는 생성적인 행동을 번갈아 가며 진행한다. 진화하는 코칭 대화는 항상 새로운 맥락과 관련된 고객의 개발을 유지해야 한다.

칼리와의 이러한 대화를 통해 코칭의 세 가지 산물이 만들어지고 있다. 첫째, 칼리는 자신의 실천과 관련된 특정 역량을 습득하고 있다. 이 특별한 대화에서 그녀는 효과적인 리더가 되기 위해 필수적인 요청을 하는 역량을 개발하고 있으며, 이는 지역 부사장 직책의 후보로서 그녀를 강화하고 있다.

둘째, 칼리는 점점 더 자기생성적으로 변화하고 있다. 그녀는 창의적이고 진정성 있게 대응하기 위해 점점 더 자기관찰을 잘하고, 자신의 내면을 다스리며, 센터링할 수 있게 되었다.

마지막으로 칼리는 자신의 생동감, 감정 범위 및 신체 내의 감각에 더욱 집중하고 있다. 이는 더 큰 기쁨과 성취감을 경험하는 데 직접적으로 기여한다.

본 장의 요약

- 새로운 역량을 안정화하려면 고객이 코칭 대화에서 벗어나 스스로 관찰, 운동, 바디 프랙티스 및 기타 학습 활동에 참여하는 구체적인 현장작업이 필요하다.
- 프랙티스는 반복을 통해 고객이 필요로 하는 특정 역량을 구축하는 데 중요한 역할을 한다. 이러한 프랙티스에는 센터링하기와 앉기 등 생성적인 프랙티스와 특정 역량에 대한 프랙티스 모두 포

함될 수 있다. 바디 프랙티스는 고객이 새로운 행동을 취할 수 있는 역량에 크게 기여할 수 있다.

- 우리는 고객이 현장작업으로 수행할 수 있는 자기관찰을 설계한다. 여기에는 고객이 바꾸고 싶은 습관이나 고객이 더 개발하고 싶은 새로운 행동에 대한 자기관찰이 포함될 수 있다.
- 창의적이고 잘 설계된 현장작업은 다양한 양식을 통합하고, 고객의 결과와 관련이 있어야 하며, 흥미를 유발하고, 바쁜 생활에 적합해야 한다.
- 공동 설계는 더 높은 수준의 고객의 소유권을 제공하고 고객이 코칭을 작동시키는 원칙과 접근 방식을 이해하도록 지원한다. 코칭 프로세스에 대한 고객의 철저한 이해는 고객이 독립적이고 자기생성적으로 성장하는 데 도움이 된다.
- 현장작업은 "저기"를 변화시킨다. 고객의 행동은 종종 다른 사람들에게 반응을 일으키거나 기대감을 불러일으킨다. 현장의 이러한 사실은 코치의 요구 사항과 코칭이 이루어지는 맥락을 변화시킨다. 이러한 반복적인 역동성은 이 프로세스에서 훌륭한 창의성을 요구하고 또 가능하게 한다.

제 12 장

이정표들: 시작, 지속 및 완결

모든 사람은 죽기 전에 자신이 무엇을 위해, 어디로, 왜 달려가고 있는지 배우기 위해 노력해야 한다.

제임스 서버(James Thurber)

당신과 함께 길을 가는 사람들과 영적인 본성을 가능한 한 최대한 많이 나누고, 그들로부터 당신에게 돌아오는 것을 소중하게 받아들이라.

알버트 슈바이처(Albert Schweitzer)

우리는 현존 기반 코칭의 프로세스를 심도 있게 탐구했다. 코치가 현존하면서 생성적이고 유용한 것에 집중하고, 현존과 새로운 가능성을 불러일으킬 수 있는 관계의 장을 유지하기 위해 어떤 내적 조치를 하는지 살펴보았다. 현재의 순간만이 만들어낼 수 있는 친밀감을 토대로 나누는 코칭 대화가 어떻게 자기생성의 구성요소를 지원할 수 있는지 알아보았다. 사실 이 책의 대부분은 순간들과 그 순간들이 총체적으로 어떻게 역량, 자기생성 및 생동감을 창출하는지에 대한 이야기이다.

이제 한 걸음 물러서서 더 긴 시간적 관점에서 현존 기반 코칭을 살펴볼 때이다. 시작, 지속 및 완결에 대해 이야기하는 것이 유용하다. 물론 이러한 단계도 여전히 순간이지만 코칭 관계의 흐름에서 중요한 이정표가 되는 순간이다. 이러한 순간에 의도적이고 의식적으로 참여하면 코칭 대화에서 의미와 맥락을 도출하는 구조를 구축한다.

시작, 지속 및 완결을 위한 조치

이것은 도입과 계약 등을 위한 조치에 대한 완전한 설명이 아니다. 오히려 이 장의 나머지 부분을 통해 살펴볼 중점 사항은 현존 기반의 코칭 원칙이 이러한 특정 이정표에서 어떻게 적용되는지를 명확히 하는 것이다.

시작

- 고객을 현존으로 초대하라
- 현재 순간과 더 큰 문제와의 관련성을 확립하라
- 고객의 습관을 부드럽게 나타내라
- 목적과 결과는 공동으로 개발하라

지속

- 고객이 진행 상황을 스스로 평가하도록 초대하라
- 진행 상황을 검증하고 벤치마킹하라
- 평가 및 가능한 다음 단계를 공유하라
- 목적, 아웃컴 및 구조를 재협상하라

완결

- 공동으로 평가를 공유하라
- 미해결 문제를 해결하라
- 고객을 위한 지속적인 자기생성 조치를 공동으로 설계하라
- 완결을 선언하라.

시작

칼리의 사례는 다양한 코칭 조치들을 보여준다. 칼리는 이상적인 고객이다: 동기가 부여되고, 자기인식이 뛰어나며, 자기관찰 역량이 있다. 그녀는 코치에게 훌륭한 파트너이고, 책에서는 훌륭한 사례이다.

많은 코칭 고객들은 칼리보다 현존 기반 코칭에 대한 준비, 의지, 능숙하게 진입할 수 있는 능력도 부족할 것이다. 예를 들어, 고객의 저항 및 아무것도 바꿀 필요가 없다고 확신하는 자신감 있는 사람들과 실질적인 결과를 협상하고 코칭에서 필연적으로 발행하는 실책에 대처하는 것 등을 다루려면 다른 책이 필요할 것이다. 이러한 주제는 우리의 범위를 벗어난다.

그러나 다른 두 가지 사례를 간략히 살펴보는 것도 도움이 될 것이다. 이 두 가지 사례 역시 세부적인 사항이 변경된 실제 사례이다. 잠재적인 고객과의 초기 대화에 대한 이 간단한 단편을 통해 고객과 처음 대화를 시작하는 방법과 여기에서 이미 설명한 원칙을 바탕으로 현존 기반 코칭 대화를 시작하여 매우 다른 고객의 우려에 어떻게 대응할 수 있는지를 알 수 있다. 이 글은 편집된 것이므로 다소 갑작스럽게 전개된다고 느껴질 수 있다는 점을 염두에 두라. 실제로는 긴 대화에 걸쳐 단계별로 전개되었다.

알파 메일 임원

론Ron은 대형 은행의 최고 운영 책임자이다. 그는 현재 직책에서 8년, 은행에서 25년 동안 근무했다. 그는 재무 및 법률 분야에 매우 유능하며 수년 동안 은행의 수익성과 탄탄한 규범 준수를 성공적으로 유지해 왔다. 하지만 그는 리더가 아닌 기술 전문가이다. 론이 담당하는 분야의 이직률이 높고, 수익과 회사의 주가가 하락하고 있으며, CEO가 추진을 했던 몇 가지 변화가 다루기 힘들게 지연되고 있다. CEO는 론에게 리더십 스타일과 특정 성과 지표에 변화가 필요하다고 말하며 코칭을 받을 것을 "강력히 제안" 했다. 그는 론에게 그가 다른 직원들에게 종종 겁을 주어 접근하기 어렵고 거리감이 느껴지며 이로 인해 주요 계획에 대한 진행의 방해가 되고 있다는 피드백을 주었다.

이것은 예비 코치와의 첫 대면 대화이다:

론 : 그럼 왜 내가 당신과 함께 작업을 해야 하는가?

코치: 모르겠다, 론. 우리가 왜 이 대화를 나누게 되었다고 생각하는지 조금만 말해 달라.

론 : CEO가 코칭에 대해 알아보라고 해서 여기 왔다. 이봐, 문제가 있다는 것은 안다. 하지만 우리는 다른 분야에서 슈퍼스타이다. 3주 전에 나는 스탠[Stan]에게 폭거를 당했다. 25년 동안 나의 성과는 훌륭했다. 그런데 이제 와서 코칭이 필요하다고?

코치: 당신이 부당한 대우를 받고 있다고 느끼는 것 같다. 그게 맞는가?

론 : 그렇다. 난 잘하고 있었다. 우리 모두는 더 나아질 수 있고 몇 가지 일에 더 엄격해져야 한다. 하지만 나는 치료적인 도움이 필요하지 않다.

코치: 그럼 코칭은 치료에 도움이 되는 것인가?

론 : 그렇지 않은가? 당신은 업무 관리를 위해 손이 필요한 사람들을 위한 정신과 의사 같지 않은가? 이봐, 나는 당신이 당신 일을 하는 것은 안다. 난 치료의 도움은 필요 없다. 난 성공적이다. 나는 내가 뭘 하고 있는지 안다. *론은 자신감이 넘치는 말투였지만 CEO의 피드백에 동요되고 있다. 그는 이전에 이런 종류의 지원을 요청하거나 받은 경험이 없다. 론은 방어적이며 상사에 대한 분노를 코치에게 투사하고 있을 가능성이 높다. 코치는 판을 바꿀 준비가 되어 있다.*

코치: 그럼, 여기서 잠시 멈추자. 다른 종류의 질문을 하고 싶다. 그래도 될까? *허락을 구하면 론의 협력 의지를 높일 수도 있다.*

론 : 그렇다. (어깨를 으쓱하며) *코치는 론이 체념하고 있다는 것을 감지하고 론이 또 어떤 것을 체념할지 잠시 궁금해한다.*

코치: 이 만남에 대해 다른 관점이 있을 수 있는가? 이 만남이 당신에게 어떻게 도움이 될 수 있는가? *코치는 관점의 전환을 요청하고 있다.*

론 : 그럼 빨리 끝낼 수 있으면 다시 일하러 갈 수 있겠다! (커다란 금시계를

바라보며)

코치: 그렇다. 그럴 수 있다. (웃음을 참는다. 미끼를 물지 않고 웃으며) 그럼 우리 둘 다 특별한 기회를 놓치게 될지도 모른다. 정말 불행한 일이다! (활짝 웃으며) *코치는 관계의 장에서 연민과 무조건적인 긍정적 존중을 확장하고 있다.*

론 : (잠시 머뭇거리며 약간 방심하고 코치를 쳐다보다가 잠시 미소를 머금은 듯 얼굴이 부드러워졌다가 다시 원래대로 돌아오고, 코치가 말할 때 목소리에서 날카로움이 조금 사라짐) 아마도.

코치: (다른 관점을 제시하며) 우리 둘 다 성의가 있는 사람들이며 유능한 전문가이고 45분 동안 함께 할 수 있는 일이 더 있을지 여부를 공동으로 결정할 시간이 있다고 가정해 보자. 합리적인 가정인가?

론 : 알았다. 합리적이다. *코치의 제안은 표면적으로 미팅을 요청한 론에게도 이의를 제기하기 어렵다. 사소한 부분이지만 두 사람이 동의하는 지점이 있다.*

코치: 먼저, 내가 도움이 될지 안될지 모르겠다. *중립성.* 내가 도움이 될 수 있는지 판단하는 것이 이 대화의 목적이다. 그래서 론, 이 대화의 목적이 무엇인가? *코치는 자신이 어떤 목적을 지향하고 있으며, 론에게도 그렇게 하라고 권유하고 있다.*

론 : 글쎄, 나는 당신이 날 도울 수 없다고 가정하고 있다.

코치: 그래, 론, 나도 동의한다. 당신은 내가 패배자를 위한 치료적 도움이라고 가정하고 있다. 당신이 유능하고 성공적인 전문가라는 데 동의할 수 있다. 그러니 론, 생각해 보라. 내가 실제로 당신에게 엄청난 도움이 될 수 있지만 코칭이 무엇인지, 내가 어떤 사람인지에 대한 당신의 가정 때문에 그 가능성을 스스로 보지 못한다면 어떻게 될까?

론 : (멈춤) 글쎄, 45분 동안 알아볼 가치가 있을 것 같다.

코치: (미소) 음, 의심에 여지를 줘서 고맙다!

론 : (반쯤 웃으며) 전혀 확신은 없지만 들어보겠다.

코치: 알았다. 난 당신에게 조언을 하러 온 것은 아니다. 당신은 이미 충분히 들을 만큼 들었다고 확신한다. 내가 보기에 당신은 코칭을 거절하는 방법을 정말 잘 알고 있는 것 같다. 몸의 자세, 언어 및 코칭에 대한 당신의 가정까지. 이 모든 것은 통합된 "아니오"로 작용했다. 기본적으로 당신은 문을 단단히 닫고 이 미팅에 들어온 것이다. 동의하는가?

론 : 그렇다. 동의한다.

코치: 그럼 질문이 하나 있다. 이 대화를 어떻게 다르게 할 수 있을까? 우리가 유능하고 성공한 두 전문가라는 가정을 받아들인다면 내가 당신에게 도움이 될 수 있는지 어떻게 판단하겠는가?

론 : 글쎄, 나는 당신에게 코칭이 무엇인지 묻고 싶다. 그리고 코칭이 나에게 어떻게 도움이 될 수 있다고 생각하는지.

코치: 그런 대화를 진정으로 나누고 싶은 것인가?

론 : 그렇다. 기꺼이 하겠다.

코치: 훌륭하다! 나도 그런 대화를 해보고 싶다. 나를 초대하는 것 같다. 전에는 서운한 마음이 들었다. 이제 우리는 서로 다르게 만나고 있다. 느껴지는가? *코치는 론에게 스스로 관찰하라고 요청한다.*

론 : 그렇다. 달라졌다.

코치: 그럼 질문에 대한 첫 번째 대답은 이렇다. 코치로서 나는 당신이 특정 상황에서 내면에서 일어나는 일을 더 잘 인식하도록 도울 수 있다. 다른 사람에게 어떤 영향을 미치는지 말이다. 처음 몇 분 동안 꽤나 강인하고 접근하기 어려운 사람으로 느껴졌다. 그리고 이제 당신은 나를 대화에 진정으로 초대했다. 당신은 강인함에서 개방적으로 전환하기 위해 자신의 내면에서 무언가를 하는데 유능*[론의 가치]* 했다. (잠시 멈춤, 론을 향해 공명을 확장하며) 그래서, 론, 어떻게 했는가?

론 : (칭찬과 확신이 서지 않음을 둘 다 느끼며) 음, 내가 여기 왔으니 당신의 의견을 들어보는 것이 좋겠다고 생각했다. 좀 더 개방적이 되기로 했다. 내가 무언가를 결정하면 그렇게 된다.

코치: 알겠다. 그러니까 내 언어로 말하면, 나와 다른 종류의 관계를 맺기 위해 스스로를 재구성했다고 할 수 있겠다. 처음에는 다소 적대적인 관계로 시작했지만, 이를 바꾸기 위해 선택을 했다. 사람들과 연결하고, 동기를 부여하고, 중요한 일에 참여시키기 위해 자기조절을 할 수 있는 것은 매우 중요한 리더십 스킬이다. 당신은 방금 그렇게 할 수 있다는 것을 보여주었다. 그리고 그것은 우리 모두가 더 능숙해질 수 있는 부분이다. (멈춤) 어떻게 생각하는가?

론 : (약간 미심쩍게) 그렇다, 유용한 것 같다. *론은 차이점을 분명히 알지만 어떻게 그런 일이 일어났는지 정확히 알만큼 숙련되지는 않았다. 동시에 그는 방금 일어난 일과 CEO가 자신에게 준 피드백의 관련성을 알아차린다. 코치는 론을 자기관찰에 초대하여 론의 더 큰 맥락과 관련되도록 만들었다.*

코치: 코칭을 통해 더 강력한 리더가 될 수 있는 한 가지 방법은 사람들을 이끌고 동기를 부여하기 위해 더 의도적이고 능숙하게 사람들과 관계를 구축하는 방법을 발견하도록 돕는 것이다.

대화는 계속된다. 함께 시간을 보내면서 코치는 론과 신뢰를 쌓았고, '치료적 도움'에 대한 론의 우려를 해소했으며, 론의 우려와 관련된 몇 가지 차이점을 밝혀냈다. 론과 함께 있으면서 론을 자신의 이야기에 현존을 초대하는 조치를 사용하고, 안전하고 흥미로운 코칭 경험을 제공함으로써 론은 상사가 제안한 도움을 받아들일 수 있었다.

론은 쉬운 고객이 아니다. 그는 자기 자신과 연결이 끊어져 있고 고립되어 있으며 강력한 방어 메커니즘으로 잘 보호되어 있다. 현존 기반 코칭을 통해 틈새가 생겼다. 코칭에 대한 실행 가능한 합의가 이루어지기까지 해야 할 일이 더 많지만 적어도 문은 열려 있다.

고속 승진을 하는 사람

바바라[Barnara]는 통신 회사의 영업 이사로 향후 몇 년 내에 부사장이 될 가능성이 높은 것으로 평가받고 있다. 그녀는 한 통신 회사의 떠오르는 리더 그룹의 일원으로 코칭을 제안을 받았다. 코칭에 대해 거의 알지 못하지만 그녀는 코칭을 시작하고 싶어 한다. 바바라는 빠른 승진을 거듭하며 여러 번의 승진을 거듭했고 단기간에 책임이 크게 증가했다.

이 대화는 바바라와 그녀가 면접 중인 세 명의 예비 코치 중 한 명과의 초기 인터뷰이다:

코치 : 그럼, 내가 당신이 업무의 어느 단계에 있는지, 무엇이 흥미를 유발하는지, 직면한 과제는 무엇인지 이해할 수 있도록 도와 달라. 그러면 코칭이 당신에게 어떻게 도움이 될지 대화로 이어질 수 있다.

바바라: 나는 지난 몇 년 동안 몇 가지 멋진 진전을 이루었다. 그것들은 나에게 몇 가지 중요한 분야에서 경험을 쌓을 기회를 주었다. 그리고 앞으로 2년 안에 부사장직을 기대하고 있다. 지금은 준비가 되지 않았지만 곧 준비가 될 것이고 코칭이 도움이 될 수 있다고 생각한다. *코치는 그녀가 매우 세련된 방식으로 약간 빠른 속도로 말하는 것을 알아차린다. 그는 그녀가 자신의 위치를 정하고 있다는 순간적인 인상을 받았다.*

코치 : 그렇다면 부사장직을 준비하려면 무엇이 필요하다고 생각하는가?

바바라: 나는 내 아이디어를 홍보하는 동시에 협업하는 데 더 능숙해지도록 해야 한다. 나는 영업을 잘하지만 가끔은 남의 말을 잘 듣지 않을 때가 있다. 나는 회사와 내 자신을 위해 전략적으로 생각하는 사람이다. 하지만 때때로 내가 너무 날카롭거나 공격적이어서 사람들을 위협한다는 피드백을 받기도 한다. 나는 사람들이 따르고 싶어하는 리

더가 되고 싶다. *이를 바탕으로 코치는 바바라가 어느 정도 자기인식이 되어 있고 자기개발에 암묵적인 의지를 갖고 있다고 평가한다.*

코치 : 다른 사람들에게서도 이런 피드백을 들었는가? 어떤 것 같았나…?

바바라: (말을 끊으며) 여러 번 들었다. 몇 년 전에 성과 리뷰에 나온 적이 있다. 좀 따끔했다.

코치 : 그래서 그게 당신을 신경 쓰이게 했는가? 혹시…

바바라: (다시 말을 끊고, 코치의 질문에 대답하지 않음) 사실인 것 같다. 난 흥분한다. 나는 많은 에너지를 가지고 있고, 특히 스트레스를 받을 때 그런 에너지가 쏟아져 나올 때가 있다.

코치 : (멈추고, 궁금해하며) 지금 흥분이 되는가?

바바라: (놀람) 음, 조금… 왜지?

코치 : *매우 중립적이며, 무조건적인 긍정적 존중을 확장한다.* 음, 당신이 내 말을 두 번이나 끊었던 것을 주목했다. 그냥 궁금해서 묻는 것인데, 이것이 다른 사람들이 당신을 경험하는 방식과 관련이 있을 수 있다고 생각한다. 어떻게 생각하는가?

바바라: (재빨리 마음을 가라앉히고, 몸을 약간 뒤로 젖히고 있는 것처럼 보인다. 미소의 기미가 있지만, 그 안에는 따뜻함이 거의 없다) 미안하다. 내가 말을 끊었다.

코치 : 문제없다. (미소를 살짝 지으며, 무조건적인 긍정적 존중을 확장하며) 당신의 에너지가 좋다. 나는 단지 여기에서 봐야 할 것이 있다고 생각한다. 이걸로 조금 작업해 볼 의향이 있는가? 실제 코칭을 해보면 어떻게 도움이 될 수 있는지 더 잘 알 수 있을 것이다.

바바라: (조금 미심쩍게) 좋다. 그 말이 맞다.

코치 : 고맙다. 조금 전에 흥분이 되는가 물었더니 '조금'이라고 했다. 맞는가?

바바라: 그렇다.

코치 : 그리고 그것은 내가 당신에게 질문을 할 때 두 번 끊었을 때였다.

바바라: 그렇다.

코치 : 그래서 그 순간에 당신의 내면 경험은 어땠는지 궁금하다.

바바라: (잠시 멈추었다가 에너지를 가지고 말함) 나는 열정적으로 느꼈다! 나는 회사에서 코칭을 제안한 것이 마음에 들었다. 내가 한동안 가지고 있던 목표를 달성하는 데 도움이 될 수 있기를 바란다. 힘이 난다.

코치 : 그리고 당신은 앞서 당신이 더 잘 듣는 사람이 되고 싶고 "날카롭다"거나 "공격적"으로 보이지 않기를 원한다고 했다.

바바라: 그렇다.

코치 : 열정적이라고 느낄 때 끼어들기를 많이 하면 사람들이 공격적이라고 생각할 수 있다는 것을 알 수 있었다. 이해했는가?

바바라: 그렇다, 나도 알 수 있다. (잠시 멈춘 다음, 더 천천히 말하며 눈빛에 생기가 돌고, 키가 약간 커지고, 목소리 톤이 낮아진다.) 하지만 나는 열정을 포기하고 싶지 않다. 내 생명줄이다. 나는 매우 힘든 일을 해왔고, 그 일을 계속할 수 있는 것은 나의 에너지와 낙관주의 덕분이다. 정말 내게는 생존 수단이다.

코치 : 당신의 열정이 맘에 들어! *연민을 확장: 코치는 열정에 대한 '생존'의 해석에 대해서도 언급한다.* 바바라, 나는 당신에게 열정이 얼마나 중요한지를 이야기할 때 말투가 약간 바뀐 것을 느꼈다. 당신은 그것을 알아차렸는가? *코치는 반영을 하며 자기를 관찰할 것을 요청하고 있다.*

바바라: 글쎄, 내가 단지 에너지가 넘치는 나를 볼 때 내가 공격적이라는 말을 들으면 좀 좌절감이 든다. 낙담이 된다. 그것이 없었다면 나는 내가 있는 곳에 있지 못했을 것이다. *그녀의 정체성은 몇몇 상황에서 분명히 문제를 일으키기도 하지만 이 열정적인 에너지와 매우 연관되어 있다.*

코치 : 그래, 나는 이것이 정말 중요하다는 것을 안다. 당신은 그것을 포기할

필요는 없다.

바바라: 글쎄, 사람들은 내 열정을 공격적인 것으로 해석한다. 어떻게 하면 열정적이면서 동시에 공격적이지 않을 수 있는지 모르겠다.

코치 : 훌륭하다. 내 생각에 당신은 방금 정곡을 찌른 것 같다. 지금 바로 해보자. 당신이 열정적이면서 동시에 나와 연결되기를 바란다. 할 수 있겠나?

바바라: 그럴 수 있을 것 같은데, 더 말해 달라.

코치 : 음, 당신이 내 말을 끊었을 때 당신은 열정에는 연결되었지만 나와는 연결이 끊어졌다. 나는 두 가지 모두에 연결될 수 있다고 생각한다. 에너지와 힘의 원천과 영향력을 발휘해야 하는 사람들과 동시에 연결될 수 있다고 생각한다. 어떻게 생각하는가?

바바라: 그래, 바로 그것이 도전 과제이다!

코치 : 좋다, 지금부터 프랙티스 해보자. 부사장직이 기대되는 이유를 말해보라. 그 자리에 대한 열정과 에너지를 느껴보라. 그리고 동시에 나에게 집중하라. 나와 눈을 마주쳐라. 그리고 자신을 세일즈하기 보다는 자신을 진정으로 아끼는 사람에게 소중한 것을 드러내고 있다고 상상해 보라. 열정을 가지고 동시에 속도를 늦추고 관계에 머물러 보라.

바바라: 그래, 알겠다. (말을 천천히 하면서 코치와 더 잘 접촉한다.) 이제 부사장이 되면 전략 마케팅에 실질적인 영향력을 행사할 수 있게 된다. 세계적 수준의 회사에서 중요한 책임을 맡게 되고, 업계 최고의 전문가들과 함께 일하게 될 것이다. 도전이 될 것이라는 것을 알지만 에너지가 넘쳐난다. *코치는 바바라가 위에 군림하기보다는 함께 있다는 느낌을 받는다. 그녀의 목소리를 절제되고, 눈빛은 강렬하며, 얼굴은 더 표현력이 풍부하다. 그녀의 눈에는 더 많은 생기가 있다.*

코치 : 당신의 열정이 느껴지는가?

바바라: 물론이다. 당신은?

코치 : 그래, 나도 느낄 수 있다.

바바라: 왜 내 열정을 억누르기 어려운지 이해하는가?

코치 : 그렇다, 알겠다. 난 당신의 열정이 좋다. 다만 그 열정에 휩쓸린다는 느낌을 받고 싶지 않을 뿐인데, (멈춤) 느낌이 다르다. 당신의 경험은 어떠했는가? 이야기를 나누면서 나를 어떻게 알고 있었는가?

바바라: 그래, 달랐다. 당신을 더 잘 알고 있었다.

코치 : 나도 느꼈다. 어떻게 알 수 있었는가?

바바라: 글쎄, 나는 당신이 눈을 마주치고 있다는 것을 알아차렸고 당신이 듣고 있다는 것을 알았다. 그리고 나는 마음 속의 트랙을 달려가는 것보다 당신의 질문에 열린 자세로 임했다.

코치 : (부드럽게 말하며, 긍정적인 존중을 확장함) 코칭이 이 문제에 대해 어떻게 도움이 될까?

바바라: 글쎄, 방금 일어난 일을 생각해보면, 내 열정으로 사람들을 몰아세우지 않는 방법을 배우는데 당신이 꽤 도움이 될 것 같다. 나는 열정적이면서 동시에 다른 사람들과 소통할 수 있다는 것을 알게 되었다. 나에게는 어려운 균형 잡기라고 생각한다.

코치 : 그래, 강하고 공격적으로 행동해야 성공할 수 있다는 문화가 있는데, 실제로 그렇게 행동하면 원래 행동해야 할 대로 행동하지 않는다는 말을 듣는 어려움이 있을 수 있다.

바바라: 그래, 바로 그것이다.

코치 : 그래서 이게 그 장점이다. 강력하고 에너지가 넘치는 동시에 관계적이고 진정성 있게 행동하는 이 두 가지 모두가 문화에서 요구하는 것이다. 그렇다면 어떻게 그렇게 했는가? 어떻게 열정적으로 말하면서 동시에 나와 관계를 맺을 수 있었는가? *코치는 바바라에게 더 큰 고민의 맥락에서 현재의 대화를 성찰할 것을 지시한다. 앞의 예와 마찬가지로 코치는 고객에게 자신이 한 행동을 스스로 분명하게 표현하도록 요청한다. 코치는 초기 역량을 명확히 하고 바바라가 첫 대화에서 실용적인 것을 얻을 수 있도록 도와준다.*

코치와 바바라는 이에 대해 몇 가지 추가적인 대화를 나누고 다른 주제로 넘어간다. 이러한 주제를 명시적으로 명명하지는 않지만, 대화는 바바라가 자기 자신을 관찰하고 (그녀가 끼어들었을 때의 열정을) 다시 재구성(열정과 연결성을 동시에 유지하기 위해)해야 했다. 이 몇 분간의 대화를 기반으로 바바라가 현장작업으로 할 수 있는 실험이나 풍부한 프랙티스를 어떻게 구성할 수 있는지 쉽게 알 수 있다.

코치는 몇 분 동안의 대화를 통해 바바라가 한 행동의 근간이 되는 변화의 원칙을 밝혀낼 수도 있고 그렇지 않을 수도 있다. 또한 그는 바바라의 에너지와 열정의 습관적인 특성과 바바라가 열정적일 때 어떤 부분에서 연결이 끊어질 수 있는지에 대해 호기심을 가질 수도 있다. 첫 대화에서는 이러한 주제들을 펼치는 곳이 아닐 수 있지만 코칭이 진행되는 동안 이러한 주제는 풍부한 탐구의 소재가 될 것이다.

이 초기 단계에서 바바라는 자신에게 무언가 변화가 일어났음을 감지하고 이를 관심사의 더 큰 맥락과 의미 있게 연결했다. 추가 대화를 통해 이러한 구분이 점점 더 명확해질 것이다. 첫 번째 대화에서 코치는 단순히 바바라와 함께 있으면서 어떤 기회가 있는지 탐색하고 있다. 여기서부터 갈 방향이 많다.

이 두 대화는 모두 잠재 고객의 즉각적인 우려들을 다룬다. 코치와 고객의 작업은 첫 대화에서 탐색한 것보다 훨씬 더 깊은 영역으로 이어질 것이다. 이 시점에서 대화의 목적은 신뢰를 쌓고, 코칭의 여지가 있는지 확인하고, 두 사람이 앞으로 진행할지 여부를 평가와 관련한 대화를 나누는 것이다.

이 책에서 코칭의 중요성과 지속 가능한 코칭의 산물에 대한 약속을 고려할 때, 이것은 겸손한 출발점으로 보일 수 있다. 그러나 인간 개발이라는 더 큰 관점과 현존 기반 코칭 프로세스에 참여하기 위한 이러한 초기의 점진적인 단계를 보는 것이 중요하다. 더 큰 인식과 효능성을 향한 모든 점진적인 단계는 더 큰 현존과 기여를 향한 한 단계이다.

고객과 예비 코치가 함께 작업하기로 결정한 경우 (반드시 공동 결정이어야 한다) 다음 업무 항목은 참여의 목적과 결과를 구체화하기 시작하는 것이다. 코치는 이미 론과 바바라에 대한 몇 가지 평가를 가지고 있기에 이를 참고하면 유용할 것이다. 두 사람이 함께 작업한다면 코칭의 반복적인 과정을 통해 전문가이자 인간으로서 개발을 가속화할 수 있으며, 물론 얼마나 빨리, 얼마나 깊이, 어떤 방향으로 개발할지는 항상 고객이 결정할 수 있다.

코칭을 시작할 때 우리는 야망과 우려가 소용돌이치는 세계에서 고객들을 만난다. 동시에 우리는 항상 그들을 우리의 세계에서 본다는 것을 기억하고, 그들은 우리처럼 다듬어야 할 다이아몬드 원석과 같다.

지속

코칭 계약은 처음에 합의한 특정 결과를 달성하기 위해 특정한 기간 동안에 서비스를 제공하는 것이 가장 좋다. 이는 고객과 친밀감과 신뢰가 높은 파트너와 함께 완료를 선언하는 것이 고객에게 달려 있는 개방형 계약보다 코치와 고객 모두에게 더 많은 책임감을 부여한다. 나는 계약 기간 내내 그리고 계약이 거의 끝나갈 때 이러한 결과에 대해 주기적으로 진행 상황을 평가하는 것을 지지한다.

효과적인 방법 중에 하나는 고객에게 코칭 결과를 검토하고 각각에 대해 진행 상황을 평가하도록 초대하는 것이다. 이 평가를 뒷받침하는 구체적인 증거를 요청할 수 있다. 이러한 증거, 특히 대부분의 발달 코칭 프로그램의 핵심을 제공하는 행동 결과에 대한 증거를 찾는 것은 그 자체로 자기관찰 행위이다. 평가 과정에서는 고객이 자기관찰과 자기생성을 촉진하도록 요구한다. 그러므로 코칭 대화는 종종 고객이 증거를 바탕으로 새로운 수준의 새로운 역량을 소유할 수 있는 기회를 제공한다.

코칭을 계속 할 것인가를 재협상하고 재검토하는 것 자체가 고객이 필요로 하는 것을 감지하고, 명료하게 하고, 요청하는 프랙티스이다. 항상 그렇듯이 우리가 프로세스를 수행하는 방식은 그 자체로 자기생성의 프랙티스이다.

계속되는 대화를 엿들어 보자. 진[Jean]은 의료 실험실의 관리자로, 코치와 6개월 동안 함께 작업했다. 그녀는 "더 나은 관리 스킬"에 대한 일반적인 필요성을 가지고 코칭을 시작했고, 코치와 함께 구체적인 아웃컴을 개발하기 위해 노력했다.

코치는 이 대화에 앞서 진에게 각각의 성과에 대한 자신의 역량을 평가하고 그 평가를 뒷받침할 구체적인 증거를 찾아 달라고 요청했다. 그 결과 중 하나는 "월별, 주별, 일별로 중요한 우선순위를 계획하고 완료하는 역량의 향상"이었다. 그들은 직접 만나서 이야기하고 있다.

진 : 나는 사실 내가 한 방식과 그 아웃컴에 대해 꽤 만족한다.

코치: 그럼 증거는 무엇인가? *증거는 평가의 근거가 된다. 만족하는 것은 좋은 일이다. 그 근거가 되는 실질적인 무언가가 있다면 더욱 좋겠다.*

진 : 나는 계획 프로세스에 충실하다. 가끔 실행에 방해가 되는 일이 생기기도 한다. 완벽하지는 않다. 하지만 나는 월별, 주별, 일별 계획 시간을 철저히 지키려고 노력한다. 나는 철저하게 시간을 추적한다. 9월부터 매주 한 번도 빠지지 않고 1월에는 하루의 92%를 채웠다. 정말 대단하다고 생각한다.

코치: 어떻게 그런 일이 가능했지, 진? *코치는 진에게 관찰의 토대가 되는 근본적인 활성화 프로세스에 대한 관찰 내용을 살펴보라고 요청한다. 이를 명시하면 다른 상황에서도 더 잘 접근할 수 있을 것이다.*

진 : 나는 정말로 그것을 프랙티스로 실행하였다. 당신이 처음에는 프랙티스에 대해 많이 이야기를 했는데, 처음에는 잘 이해가 되지 않았다. 하지만 바디 프랙티스가 어떻게 변화를 가져왔는지 정말 알 수 있었다.

코치: 바디 프랙티스가 당신의 계획하기에 어떻게 스며들었는가?

진 : 음, 내 스스로를 복잡하게 만드는 방법과 생각하는 것 대신 그냥 행동하기로 결정할 수 있는지를 보았다. 아침에 걷기 프랙티스를 통해 쉽게 행동으로 옮기는 방법을 배웠다. 걷기 프랙티스를 통해 쉽게 행동으로 옮길 수 있게 되자 계획 세션에도 같은 방법을 적용하는 것이 쉬워졌다. *진은 바디 프랙티스를 통해 습득한 자기생성적 역량이 완전히 다른 영역에서 역량을 발휘할 수 있게 되었다고 설명한다.*

코치: 그래서 더 쉬워졌는가?

진 : 그래, 그게 바로 내가 하는 일이다. 매주 금요일 퇴근하기 전 오후에. 매일 아침 출근할 때. 5분. 별거 아니다. (멈춤) 내 삶의 다른 영역에서도 마찬가지이다. 나는 십대 자녀와 어려운 대화를 더 쉽게 할 수 있다. 그리고 내가 정말 동의하지 않는 교회 위원회의 누군가와 더 그냥 더 잘 마주하게 된다. 어떻게 그런 일이 일어났는지는 잘 모르겠지만 아주 분명하다.

코치: 지금 당신의 몸에서 그것을 정상적으로 느낄 수 있는가? "별일 아니야"가 느껴지는가? *코치는 이 새로운 습관을 체화한 신체적 경험에 대해 묻고 있다. 이것은 새로운 역량이 안정화되었다는 증거에 대한 자기관찰이자 질문이다.*

진 : 그렇다. 6개월 전에는 그 질문조차 이해하지 못했을 것이다! 하지만, 그렇다. 내가 이 계획하기를 프랙티스 하는 것은 별 문제가 아니다. 그리고 동시에 그 결과는 엄청나다! 나는 훨씬 더 체계적으로 정리할 수 있게 되었지만 그것은 어떤 노력이 필요하지 않다. 그것에 대해 지금 생각해보면 정말 이상하게 느껴진다!

코치: 그건 당신이 다른 사람이 되었다는 뜻이다! 예전의 진은 이런 방법을

몰랐다. 새로운 진은 알고 있다!

진 : 새로운 진이 맘에 든다!

이 짧은 대화는 자기평가의 몇 가지 요소를 묘사한다. 우리는 지속적으로 자신의 경험에 관심을 기울이고 있다. 역량에 대한 증거는 무엇인가? 내면의 증거는 무엇인가? 어떻게 발생했는가? 그리고 분석의 결과는 무엇인가? 개발의 여정에서 다음 단계로 떠오르는 작업은 어디에 있을까?

이전의 론과 바바라와의 대화와 비교하면 진은 6개월 동안 고객으로서 자기인식이 크게 향상되었음을 알 수 있다. 프랙티스는 자기관찰과 성찰 능력을 훨씬 더 향상시킨다.

코치로서 추가적인 코칭 작업이 도움이 될 것이라고 제안하거나, 코치의 관점에서 볼 때 아웃컴에 도달했으므로 완료하기에 좋은 시기라고 제안할 수 있다. 여러 가지 요인에 따라 고객은 종종 코칭 계약을 연장하는 것을 선택한다. 이는 한 단계가 끝나고 다음 단계가 시작되는 것이다. 코칭을 지속하려면 고객과 코치 모두 코칭을 지속하는 것이 고객에게 도움이 될 것이라고 믿어야 한다. 지속하기에는 목적과 아웃컴에 대한 재검토가 필요하다. 코치와 고객은 관계의 새로운 단계에 접어들고 있으며 맥락이 다르다. 고객과 코치도 마찬가지이다.

재계약 시에는 때때로 우리는 동일한 아웃컴에 대해 더 깊이 파고들기도 한다. 때로는 새로운 아웃컴이 요구되기도 한다. 코칭 대화의 구조(빈도, 장소 등)가 바뀔 때도 있다. 지금 이 순간에 존재하기 위해서는 지금 무엇이 필요한지 살펴봐야 한다. 고객은 아마도 자기생성적으로 발달했을 것이므로 다른 코칭 빈도나 구조가 개발 목적에 더 잘 부합할 수 있다.

목적과 아웃컴을 재차 강조하는 것은 같은 내용이 여전히 연관이 있고 설득력 있다는 점을 단순히 반복하는 것일지라도 대화의 신선함과 관련성을 유지하는 데 중요한 역할을 한다. 진과의 대화에서 이 문제를 어떻게 다루고 있는지 살펴보자.

코치: 당신은 여전히 실행에 방해되는 요소가 있다고 언급했다. 이 부분에 더 집중하고 싶은가?

진 : 그렇다. 나는 약간의 방해는 피할 수 없다는 것을 알고 있다. 하지만 가끔 궤도에서 벗어날 때면 내 탓으로 돌릴 수밖에 없다(이 말을 하면서 어깨를 살짝 구부리고 이마에 미간을 찌푸린다). 나는 사소하고 중요하지 않은 일에 빠져서 결국에는 중요한 일을 끝내지 못했다! 나는 이런 것을 잘 못한다.

코치: 꽤 정상적으로 들린다! 그래서 거기서 약간의 자아비판의 목소리가 들린다: "내 탓으로 돌릴 수밖에 없다." 그리고 이마에 주름이 잡힌 것을 봤다. 무엇을 느꼈는가?

진 : (잠시 멈추고 생각에 잠긴다.) 그렇다, 나도 이마가 찡그려진 것을 느꼈다. 이걸 제대로 해내야 한다고 생각한다.

코치: 그게 어떤 습관인가?

진 : 그것은 나의 자아비판이다. 그 안에는 체념도 있다. *진은 습관의 요소를 파악하고 있다. 신체적 요소와 감정적 요소가 있다.*

코치: 그럼 당신의 가슴을 터치해보라. *가슴의 핵심 프랙티스는 자신에 대한 연민을 불러일으키고 진을 부드럽게 한다.*

진 : (자신의 가슴을 터치하며, 미소 짓고, 긴 침묵이 흐른다.) 좋다. 훨씬 낫다.

코치: 그런 자기판단과 체념은 당신이 행동을 취하는 능력과 관련이 있나? *코치는 습관이 상황과 어떤 관련이 있는지 묻고 있다. 이것은 관련성에 대한 질문이다.*

진 : 음, 그 감각, 그 느낌은 매일의 과정에서는 생긴다. 나 자신에 대한 미묘한 포기이다. 내 자신을 멈추지 않고 궤도를 이탈하는 내 자신을 볼 때 체념이 느껴지는 것 같다. *진은 습관에 대한 현재 순간의 경험을 자신에게 중요한 "저기"와 연결한다.*

코치: 나는 당신이 나와 함께 작업하는 것을 지속하는 것을 고려하고 있는 것으로 알고 있다. 이 작업을 계속하고 싶은가? *코치가 지속 여부에 대한 질문을 던진다. 분명히 이전에 그 가능성에 대한 대화가 있었던 것 같다. 코치는 중립성을 확장시킨다. 이것은 영업이 아니라 단순한 질문이다.*

진 : 그렇다. 그러고 싶다. 나는 두세 달 정도 더 함께 작업하는 것을 고려하고 있다. 피터스버그 연구소가 중단되는 동안 새로운 소프트웨어 구현과 많은 추가 테스트가 필요하기 때문이다. 실행이 매우 중요하다! 그리고 나는 이런 일을 잘 못한다. 도움이 필요하다! *코치는 진의 몸이 조금씩 늘어지는 것을 관찰하고 있다. 그는 진의 자아비판의 소리를 알아차리고 이에 대한 반응으로 미묘한 체념감을 느낀다. 코치는 자신의 반응을 메모하고 따로 보관한다.*

코치: 그럼, 아웃컴은 무엇인가?

진 : 음, 나는 실행을 더 잘하고 싶다. 계획은 훌륭히 세우고 실행력은 많이 향상되었다. 하지만 아직 갈 길이 멀고 앞으로 3개월은 힘들 것이다.

코치: 진, 이 대화에서 당신의 말에 귀를 기울여 보라. *코치가 자기관찰을 요청하고 있다.*

진 : 나는 낙담하고 약간 압도되는 기분이 들었다. 내 체념이 밀려오고 있다! 나는 그것을 발견할 수 있다! *진은 스스로 그 습관을 관찰하고 자신과 분리된 것으로 이름을 짓고 그 습관으로부터 분리한다. 이것이 바로 깨달음의 순간이다. 에너지가 넘친다. 마지막 코멘트에서 승리의 감각을 알아차렸는가?*

코치: 그게 좀 영악하지 않나? *코치는 습관을 '그것'이라고 지칭하여 진의*

탈동일시를 강화한다. 그런 다음 코치는 아웃컴을 명확하게 표현하여 진이 재구성하도록 초대한다. 진, 코치처럼 생각하라. 이것이 바로 당신이 자기생성적이 되는 방법이다. 당신에게는 작은 습관이 있는데, 이 습관은 당신을 약화시킨다. 계획 영역에서 당신은 정말 유능하고 자기생성적인 사람이다. 당신은 이를 기획 업무에 쉽게 적응할 수 있다. 자, 요령은 이것을 실행으로 옮기는 것인데, 당신이 체념하는 습관을 알아챌 때, 간단하고 수월하게 실행으로 전환하는 것이다. 이해가 되는가?

진 : 그렇다. 이해했다.

코치: 그러니 이를 설득력 있고, 노력할 가치가 있으며, 측정 가능한 결과로 만들어보라. 당신의 우려를 해소하고 스스로 다짐할 수 있는 언어로 표현하라. 그렇게 하면 스스로를 재구성할 수 있다. *아웃컴을 개발하는 것 자체가 이미 재구성의 조치라는 것을 주목하라. 진은 지금 이 순간에 아웃컴을 명확히 함으로써 자기생성 프랙티스를 하고 있다.*

진 : 그럼 이렇게 해보자. 나는 주간 및 일일 목록에 있는 가장 중요한 일들을 대부분 실행하는 것이 아웃컴이라고 생각한다. 측정과 추적 시스템을 만들 수 있을 것 같았다. 그리고 나는 이를 작업하는 것, 즉 당신이 파악한 프랙티스-업무 전환에 따라 일하는 것이 핵심이라고 생각한다. 걷기 프랙티스와 계획하기 프랙티스를 하는 것과 같다. 이것은 실행 프랙티스이다. 어떤가? *무언가를 프랙티스로 자리매김하는 것은 그것을 성과 활동이 아닌 학습으로 만든다.*

코치: 당신의 몸은 어떻게 느끼는가?

진 : 에너지가 차는 것을 느낀다. 나는 그것이 어떻게 작용할지는 모르겠다. 하지만 잘 될 것 같다. 우리가 시작했던 다른 일들과 비슷하다. 처음에는 극복할 수 없을 것 같았다. 하지만 프랙티스라고 생각하고 섬세한 조치를 만드는 것을 배우다 보니 성과를 거둘 수 있었다. 노력할 가치가 있다.

대화는 계속되었고 진과 그녀의 코치는 이 결과와 다른 아웃컴에 대해 구체적으로 이야기했다. 대화는 두 가지의 새로운 아웃컴과 추가적인 관심을 기울이면 도움이 될 것이라는 데 동의한 기존 아웃컴에 대한 재실천으로 마무리되었다. 진과 코치는 앞으로 3개월 동안 더 함께 작업하기로 합의했고, 갱신과 재실천에 대한 이해가 명백히 있었다.

완결 그리고 시작

때때로 이러한 평가가 끝난 후 고객, 코치 혹은 두 사람이 함께 완결을 선언하는 경우가 있다. 고객과 함께 하는 완결 선언과 상호 만족의 순간은 놀랍다. 결국 고객에 대한 우리의 약속은 역량과 자기생성력을 구축하는 것이었다. 고객이 자기 개발을 지속하고, 스스로 코칭하고, 자기생성적이 되기 위해 무엇을 할 것인지에 대해 매우 유용한 대화를 나눌 수 있다.

고객이 만족스럽지 않다고 선언하는 경우, 그 이유를 이해하고 그 안에서 우리의 역할이 무엇인지 고려하는 것이 중요하다. 어떻게 하면 두 사람 모두에게 최대한 명예로운 완결이 될 수 있도록 일을 바로잡을 수 있을지 고려해야 할 수도 있다. 어려운 문제를 다룰 수도 있다.

또한 우리는 프로세스가 잘 진행되지 않음을 선언할 수 있는데, 고객에게 충족할 수 없는 특별한 요구사항이 있다고 판단되거나, 추가 코칭의 여지가 보이지 않는다고 판단할 수 있다. 물론 만약 우리가 완결하는 경우에는 그 방식에 있어서 고객을 배려하는 것이 중요하다.

완결은 깊이 현존하고 의식적으로 마무리하는 방법을 선택할 수 있는 또 다른 기회를 제공한다. 이런 특별한 종류의 관계에서 우리의 에너지와 관심을 철회하고 있다는 사실을 인식하는 것이 중요하다. 동시에 우리는 이 관계를 맺어온 상대방을 존중하고 감사하는 마음을 가질 수 있다.

다음은 비영리 환경 단체의 전무 이사 마크[Marc]와 성공적인 계약 이후의 완결 대화이다. 이 대화는 8개월 동안 함께 작업한 후에 이루어졌다. 마크는 만족스러운 고객이다. 다섯 가지 아웃컴들 중 세 가지에 대해 자신이 훨씬 더 유능하다고 평가했으며 그 증거도 가지고 있다. 나머지 두 가지에 대해서는 진전이 있었다고 말한다. 그는 마무리하고 앞으로 나아갈 준비가 되었다고 느낀다. 마크와 그의 코치는 진척도에 대한 평가를 검토하고 완결을 향해 나아가고 있다:

마크: 한동안 코치 없이 지내는 것도 재미있을 것 같다!

코치: 코치 없이! 눈보라 속에서 차 없이 집으로 가는 길을 찾는 것 같다!

마크: 글쎄, 내 생각에는 그렇게 나쁘진 않을 것 같다. 우리 대화가 그리울 것이다. 정말 특별한 여정이었다.

코치: 그래, 그랬다. 당신과 함께 할 수 있어서 정말 영광이었다. (전혀 어색하지 않은 긴 멈춤) 마크, 제안이 하나 있다.

마크: 들어보자!

코치: 스스로를 "코치가 없는 사람"이라고 생각하는 대신 "셀프 코칭을 하는 사람"이라고 생각하는 것은 어떨까? 그러면 상황이 어떻게 달라질까?

마크: 마음에 든다! 내가 나 자신을 위한 코치라는 의미인가? 그것이 당신이 의미하는 바인가?

코치: 정확하다. 지난 8개월 동안 우리는 의도적으로 우리가 한 모든 일에 대해 명확히 했다. 고객으로서 당신은 코칭에 대해 많은 것을 배웠다. 실제로 당신은 직원들과 다르게 일하는 방법도 봤을 것이다. 그렇다면 당신을 자신을 위한 새로운 코치로 고용한다면 어떤 모습일까?

마크: 우선 비용이 더 저렴할 것이다. 그리고 약속 잡는 것도 더 쉬워질 거다. (웃음)

코치: (웃음) 더 저렴하다, 맞다, 그러나 약속을 잡는 부분에서는 쉽지는 않을

것 같다! 당신이 다루어야 할 달력이 하나뿐이라도, 약속잡는 것에 느슨하게 되는 것이 훨씬 쉬울 것이다. *코치는 우리 자신의 학습과 개발보다 긴급한 일을 중심으로 구축하는 것이 항상 더 쉽다는 문제를 지적한다.*

마크: (약간 놀라며) 그래, 당신이 맞다. 생각보다 까다롭다.

코치: 어떻게 까다로운가?

마크: 음, 난 정말로 실천적이어야 한다. 누군가에게 돈을 지불하고 내 돈의 가치를 얻기 위해 실천하는 것은 쉽다. 아무도 보지 않는 곳에서 무언가를 하는 것과는 다르다. 내가 실천적이어야 할 수 있는 일이다. (멈춤) 이것은 실제로 기준을 높이지 않는가?

코치: 무슨 말인지 알겠는가? (웃음) 그럼 이제 시작하자, 마크. 이걸 하려면 무엇이 필요할까?

마크: 음, 내 생각에는 정기적으로 대화를 나눌 수 있는 몇 명의 동료가 있으면 도움이 될 것 같다. 그리고 프랙티스에 계속 참여하는 것도 도움이 될 것 같다. 나는 평생 프랙티스를 계속할 것 같다. 그리고 독서도.

코치: 포함시키기 좋은 것들이다. 이제 이러한 다양한 것들을 어떻게 구축해서 전체적인 의도와 아웃컴에 따라 주도될 수 있을까? 이 모든 것을 하나로 묶는 목적은 무엇인가? 단순히 활동의 나열이 아니라 개발 프로세스로 만드는 것은 무엇인가? *코치는 이를 구축하는 원칙과 그 프로세스에서 마크가 지향하는 바에 대해 질문한다.*

마크: 잠깐만, 나는 우리가 작별 인사하는 줄 알았다! 이제 마무리를 해야 하는데 당신은 나에게 가장 어려운 과제를 준다니!

코치: 음, 당신은 돈의 가치를 얻고 싶다고 하지 않았나? 그래서 마지막 통화에서 평생 자신을 개발할 수 있는 프로세스를 설계한다고 하지 않았나? 그것이 우리 작업을 꽤 좋은 투자로 만든다!

마크: 반박할 수가 없다.

코치: 그렇다면 이 일을 하는 목적은 무엇인가? 이것을 통해 무엇에 기여할

수 있을 것이라 생각하는가?

마크: 내가 생각해온 중요한 새로운 계획이 있다. 이것은 정말 큰 리더십의 움직임이며 전국적으로 여러 환경 단체와 협력하는 것을 포함하는 계획이다. 나는 내 게임에 나서야 할 것이다.

코치: 아주 가치 있는 목적이다!

마크: 그래, 아주 엄청나다.

코치: 그럼 코치로서 스스로가 필요한 것 같다! 자신의 게임에 나서면서 스스로 코칭하는 학습자가 되는 것에 대해 얼마나 진지하게 생각하나? 당신은 분명히 그것을 어떻게 해야 할 지 알고 있다. 단지 실천의 문제일 뿐이다.

마크: 음, 나는 많은 에너지와 흥분을 느낄 수 있다. 이 새로운 프로젝트에 대한 에너지가 매우 넘치고, 스스로를 코칭하는 것이 정말로 도움이 될 것 같다. 하지만 어떤 구조를 보고 있는지 말해 달라. 그래야 나의 실천을 평가할 수 있다.

코치: (멈춤) 만약 당신이 2주에 한 번씩 당신 자신과 코칭 세션을 갖는다면 어떨까? 한 시간. 달력에 적어 두라. 당신에게는 구체적인 아웃컴이 있다. 현장작업. 프랙티스. 모든 것이 다 있다. 당신이 고객이자 코치라는 것만 빼고.

마크: (그가 생각하는 동안 긴 멈춤, 무엇인가 스스로 떠올리고, 천천히 말하기 시작한다) 이건 정말 내가 자기생성하는 것에 관한 것이다, 그렇지? 나는 이것을 할 수 있는 방법을 알고 있다. 나에게는 스킬이 있다. 얼마나 오래 할 수 있을지는 모르겠다. 하지만 이것은 분명 가치 있는 실험이다. 3개월 동안 이 구조를 실행한 다음 어떻게 진행되는지 지켜볼 생각이다.

그들이 마무리를 향해 나아간다. 코치는 마크가 코칭에서 공유한 것에 대한 깊은 감사를 표한다. 두 사람은 서로에게 감사한다. 코칭이 완결되었다.

코칭 계약의 모든 시점에서 우리는 우리 각자의 개발 스토리가 펼쳐지는 더 큰 맥락에서 코칭을 할 수 있다. 이 기간 동안 우리는 고객의 스토리에서 역할을 수행한다. 그는 우리의 이야기에서 역할을 수행했다. 희망하는 바는 그 과정에서 소중한 것을 공유함으로써 우리 각자가 학습했을 것이라는 것이다.

어느 시점이 되면 코칭 계약이 완결된다. 이 순간, 우리와 고객은 다음 단계로 넘어간다. 완결은 그 순간을 의식적이고 의도적으로 만들라는 초대이다.

나는 이제 독자인 당신에게 직접 말하고자 한다. 나는 노스캐롤라이나 산골의 따뜻하고 화창한 2월 어느 날 창가에 앉아 지금 당신이 읽고 있는 바로 이 글을 쓰고 있다. 나는 여기에 있고, 당신도 여기 있다. 시간과 공간은 분리되어 있지만 이 글로 연결되어 있다.

당신이 현존 기반 코칭을 마치면 당신과 나는 무언가를 완결하게 될 것이다. 언젠가 우리는 다른 종류의 관계가 있을지도 모른다. 내가 여러분을 코칭하거나, 노스캐롤라이나에서 열리는 현존 기반 코칭 수련회에 참석하거나, 컨퍼런스에서 함께 점심을 먹게 될지도 모른다. 지금은 당신도 나도 확실히 알 수 없다.

그래서 지금은 이 완결을 향해 나아가고 있다. 당신이 숙고해야 할 독특한 질문을 정면으로 살펴보기 바란다.

당신의 삶에 더 많이 현존하면 우리 모두를 감싸고 있는 특별한 도전에서 당신의 역할에 대해 점점 더 깨어나게 될 것이다. 내가 밝히고자 하는 것 중 일부라도 경험했다면, 당신은 더 이상 돌이킬 수 없는 무언가에 들어선 것이다. 당신 스스로 관련성, 의미, 목적에 대한 질문을 던져보기 바란다. 이 과정이 불편할 수도 있지만, 당신을 발달 충동과 접촉하게 하고 결국에는 그 충동의 직접적인 경험인 더 깊은 갈망으로 이끌 것이다.

당신의 일은 경기장에서 운동을 하는 것이다. 그것은 당신의 프랙티스 기회이다. 당신은 자신만의 독특한 세계에서 인류 역사상 전례가 없는 색다르고 새로운 것을 만들어낼 수 있는 기회를 갖게 된다. 그 기회는 지금 이 글을 읽고 있는 시간과 장소에 상관없이 바로 당신의 눈 앞에 있다.

– 현존을 위한 멈춤 –

당신의 세상은 당신의 최선을 필요로 한다.

어떤 새로운 행동을 취할 수 있는가? 당신은 어떻게 기여하도록 부름을 받았는가? 그리고 무엇이 정말 중요한지 가장 큰 그림에서 어떻게 행동을 시작할 수 있을까?

– 현존을 위한 멈춤 –

이것이 핵심 질문들이다. 내면의 발달 충동에 마음을 열면 자신의 역할과 기여가 예상 이상으로 더 다양하고 풍부하며 광대하다는 것을 발견할 수 있다. 당신은 더욱 온전히 현존하게 될 것이다. 당신은 삶 속에서 사람들과 기회에 더 연결되고, 자신과 자신만이 할 수 있는 기여에 대해 크게 눈을 뜨게 될 것이다.

리더로서, 다른 사람의 개발자로서, 당신은 자신을 개발하는데 진정으로 실천해야 한다. 발달 충동은 당신이 지금까지의 자신을 초월하고 포함하도록 끊임없이 초대한다. 이렇게 끊임없이 깨어나고, 세상이 당신에게 요구하는 것을 더 깊이 파고드는 것이 바로 코칭할 자격을 얻는 방법이다.

무엇을 위해 자신을 개발하기로 선택한 사람은 특출한 사람이다. 당신이 선택한 분야는 비즈니스, 비영리 활동, 교육, 육아 및 우리에게 생명을 주는 소중한 지구를 보존하기 위한 노력 등으로 다양할 수 있다. 당신에게 중요한 것은 무엇인가? 무엇을 위해 아침에 일어나 하루를 시작하는가?

당신의 실행 영역이 무엇이든, 당신에게는 일어날 기회가 주어졌다. 그러니 일어나라. 지금 당장.

– 현존을 위한 멈춤 –

내가 코스타리카에서의 열흘 동안 완전히 스페인어로 강의해야 할 것을 알게 되며 시작한 세미나의 마지막 날이다.

우리는 매우 일찍 일어난다. 9명의 라틴 아메리카 경영대학원 교직원들과 나는 두 대의 작은 승합차에 짐을 싣고 활화산 정상으로 차를 몰았다. 우리는 함께 화산 분화구의 가장자리에 앉아 차가운 새벽의 정적 속에서 각자 변화의 주체로서 자신의 목적을 생각한다. 거대한 구름들이 광대하게 우리 주위를 휘감고, 때때로 갈라져 아래의 층을 이룬 절벽을 드러내면서, 하늘을 향해 솟아오르는 산성 연기를 내뿜는다. 그 순간은 생생하고 놀라울 정도로 아름답다.

우리는 경탄한다. 우리는 성찰하고 글을 쓴다. 우리는 차를 한 모금 마신다.

우리는 위대한 현존의 순간에 함께 있고 혼자이다. 우리 각자는 경외심을 불러일으키는 자연의 웅장함을 경험하고 있다. 우리 각자는 새로운 가능성을 불러일으킬 수 있는 영원한 선택의 순간을 경험하고 있다.

한 시간 정도 후에, 우리는 아침 식사를 하러 간다. 우리는 깊은 대화와 계획 속에서 산허리에서 하루를 보내며, 우리 각자는 초기의 취약한 가능성과 실천을 확고히 하고, 세상에서 대담한 새로운 행동을 준비한다.

그것은 중요한 무언가의 완결이다. 그리고 그것은 뒤따르는 모든 것의 시작이다.

•◦

프랙티스 12.1.
앞으로의 계획은 무엇인가?

여러분의 직업과 삶에서 지금 여러분에게 가장 중요한 것이 무엇인지 숙고하고 글을 쓰는 시간을 가져보라.

당신은 무엇을 위해 자신을 개발하고 있는가? 당신은 어떤 목적을 위해 가장 깊이 헌신하는가?

그런 다음 개발을 위한 세 가지 핵심 구조를 직접 설계하라. (이에 대한 검토는 제3장 참조)

- 누가 당신의 코치이자 개발 파트너가 될 수 있는가? 누가 당신에게 깊이 헌신하고, 당신이 관찰할 수 있는 것을 확장할 수 있고, 지속 가능한 변화를 가능하게 하는 프랙티스와 현장작업을 설계하는 데 능숙한가?
- 당신이 기꺼이 실행할 수 있는 생성적이고 지속적인 프랙티스은 무엇인가?
- 어떤 분야에서 그리고 어떤 역량을 개발하는 것이 중요한가? 강력하고 창의적인 방법으로 참여할 수 있는 구체적인 프랙티스와 현장작업은 무엇인가?

이제, 이것을 진전시키기 위한 당신의 즉각적인 다음 단계들을 적어보라. 이 작업에 시간과 날짜를 붙여라. 지금 시작하라.

●○

본 장의 요약

- 현존 기반 코칭의 원칙과 방법은 다양한 종류의 고객에게 적용될 수 있다. 그들이 있는 곳에서 고객을 만나는 것이 중요하다.
- 시작 지점은 고객을 현존의 경험으로 초대할 수 있는 좋은 기회를 제공한다. 잠재 고객에게 새로운 것을 느끼고 감지하는 것은 에너지를 주고 코칭이 어떤 것인지 보여줄 수 있다. 첫 대화에서 관련성과 즉시성을 확립하라.
- 코칭의 지속은 의식적이고 의도적으로 실행되어야 한다. 잘 실행되면, 그들은 자기 평가와 자기생성 프랙티스의 기회를 연다. 코칭의 확장은 계약 초기에 필요했던 것과는 상당히 다를 수 있는 지금 필요한 것에 대해 의식적인 선택을 하도록 초대하는 것이다.
- 완결은 위장된 시작이다. 다음 단계의 시작을 알리는 신호이다. 현존을 통해 우리는 발달 충동과 접촉하고 고객과 협력하여 가능한 의식적으로 완결과 전환을 하기 위해 고객과 함께 작업한다.
- 이 책의 완결은 당신이 다음에 무엇을 할 것인가에 대한 의문을 제기한다. 자신을 개발하고 있는 목적에 대해 명확히 하라. 그리고 자신을 위한 개발 파트너나 코치, 생성적 프랙티스의 체제 그리고 자신의 영역에서 특정 현장작업을 실천하라. 지금 시작하라.

코다(종결)

깨어 있음은 살아 있음이다. 시간은 내가 낚시하러 가는 시냇물일 뿐이다.

헨리 데이비드 소로(Henry David Thoreau)

네가 태어났을 때, 너는 울었고 세상은 기뻐했다.
네가 죽으면 세상이 울고 네가 기뻐하도록 네 인생을 살아라.

체로키족의 속담(Cherokee saying)

우리는 캠핑 장비, 어린이, 빈 치토스 봉지와 탄산음료 캔 그리고 가족 단위의 장거리 도로 여행에서 나온 다양한 잡동사니를 가득 실은 렌터카를 타고 요세미티 국립공원으로 향하는 긴 길을 올라간다. 나는 평생 동안 사진으로만 본 요세미티 계곡을 보고 싶었는데, 솔직히 나의 기대는 엽서에 나오는 대단한 풍경과 많은 관광객이었다. 내 계획은 계곡을 빨리 보고 나서 아이들과 함께 며칠 간의 캠핑과 하이킹을 준비하러 우리 캠프장으로 가는 것이었다.

우리는 계곡의 첫 번째 경치를 보여주는 전망대 바로 앞에 있는 긴 터널을 통과한다. 우리는 차를 주차하고, 나는 좋은 사진을 찍을 수 있을 것을 대비해 카메라를 가지고, 우리는 경치를 보기 위해 걸어간다. 비록 나는 셀 수 없이 많은 안셀 아담스[Ansel Adams] 달력을 보았지만, 나는 다음에 일어날 일에 대해 전혀 준비가 되어 있지 않았다.

내 앞에 펼쳐진 것은 내가 상상했던 것 이상이다. 엘 캐피탄El Capitan이 있다. 하프 돔. 머세드 강. 가공되지 않은 화강암과 황금빛의 광활한 확장. 사진도 보고 이름도 알고 있지만 이 풍경의 웅장함과 순수함, 광활함을 느껴본 적은 없다. 나는 정신이 혼미하다. 가슴이 활짝 열리는 것 같다. 나는 흥분하고, 숨을 헐떡이며, 눈물이 얼굴을 타고 흘러내린다. 내 온몸이 살아 있고 전기가 통한다. 형언할 수 없는 고양감으로 모든 말이 지워진다. 나는 이 경외감과 숭고한 아름다움의 경험에 거의 압도되어 서서 눈물 흘리는 것 외에는 아무것도 할 수 없다.

1~2분이 지나면 느낌이 사라지고, 어떤 지향의 감각이 돌아온다. 아이들은 가고 싶어 안달이고, 우리는 치토스를 더 먹기 위해 계곡으로 내려간다. 15년 후에 이것을 쓰면서도 같은 느낌의 흔적이 돌아오며 아직도 쉽게 접근이 가능하다.

요세미티에서의 나의 경험은 삶의 완전한 감각인 생동감이었다. 더 큰 생동감은 프랙티스와 현존 기반 코칭의 필연적인 결과이다. 그것은 우리의 타고난 권리이다. 우리가 우리 자신 속으로 더 깊이 들어갈 때, 순간순간의 삶의 경험 속으로 들어갈 때, 우리는 우리 자신이 점점 더 완전히 살아있음을 발견한다. 이것은 궁극적으로 다른 코칭 산물보다 훨씬 더 큰 가치가 있다. 우리가 인간이 되는 것이 무엇인지 재발견하는 것은 우리의 살아있음을 통해서이다.

비즈니스와 리더십, 코칭(그리고 결혼과 우정, 육아와 공동체)은 우리가 가장 자주 프랙티스하고 배우는 영역일 뿐이다. 동시에 우리에게 가능한 것은 이러한 영역에서의 성공에만 관심을 집중할 때 얻을 수 있는 우리가 상상할 수 있는 어떤 것보다 더 크다.

전문적인 효능성과 개인 개발은 불가분의 관계이다. 우리가 자기생성적이 되면서, 우리는 비슷한 여정을 걷고 있는 다른 사람들에게 더 많은 것을 제공하게 된다. 우리는 점점 더 다른 사람들이 자신의 여정을 능숙하게 펼칠 수 있도록 지원할 수 있게 된다. 우리는 다른 사람들을 지원하기 위해 우리 자신을 개발한다. 그리고 우리가 다른 사람들을 지원함에 따라, 우리 자신의 발달적인 면모가 불가피하게 드러나서, 우리 자신의 성장도 더욱 촉진한다. 우리의 개발은 우리 주변 사람들의 개발과 얽혀 있다.

익숙한 정체성과 존재 방식에 치열하게 매달릴수록 필연적으로 더 많은 것을 요구하기 때문에 그만큼 더 도전적이고 험난한 여정이 될 가능성이 크다. 그러나 현존하고자 하는 끊임없는 과정, 떠오르는 것에 창의적으로 반응하기 위해 집착을 버리는 과정은 우리에게 삶 자체를 열어준다. 우리는 모든 것을 프랙티스로 볼 수 있다는 것을 발견한다. 우리는 긴장을 풀고 우리 자신을 그렇게 엄격하게 대하지 않을 수 있다.

우리가 현존할 때 드러나는 것은 더 크고 더 크다. 우리는 우리 자신과 더 깊이 연결된다. 그리고 우리는 우리 주변에서 끊임없이 확장되는 시스템에 통합되고 소속된 부분으로서 우리 자신을 경험하게 된다: 우리의 전체 조직, 우리의 공동체, 우리의 문화, 지구 그리고 모든 존재.

우리가 우리 자신과 현존하고 우리 주변의 시스템에 연결되어 있을 때, 우리는 우리 자신이 전체와 점점 더 상호의존적으로 경험한다. 발달 충동을 따름으로써, 우리는 필연적으로 기여를 실천하게 된다. 우리는 더 많은 것을 돌보고 더 깊이 배려한다. 우리는 모든 것을 사랑한다. 우리는 우리 각자의 삶이 아직 쓰여지지 않은 우리의 집단적으로 전개될 스토리를 형성하는 데 도움이 된다는 것을 분명히 알고 있으며, 그 마지막 장은 아직 쓰여지지 않았다.

우리는 현존을 통해 삶의 기적에 완전히 참여하는 우리의 진정한 본성을 발견함으로써 끝을 맺는다.

이것이 이 책의 진정한 약속이다. 이것이 우리가 평생 갈망해 온 것이다.

이것이 집으로 가는 길이다.

부록 A.

조치와 프랙티스 표

제4장부터 제12장까지의 내적 조치, 생성적 프랙티스, 관계적 조치를 정리했다.

내적 조치

지향하기

- 코칭 모델을 향해 지향하기
- 당신의 고객을 향해 생성적 지향하기
- 당신의 목적을 향해 지향하기
- 당신의 고객의 목적을 향해 지향하기
- 코칭 아웃컴을 향해 지향하기
- 코칭의 맥락 확장하기

유지하기

관계의 장

- 장을 감지하기
- 장의 특성을 감지하기
- 특성을 장으로 확장하기

침묵과 가능성

- 가능성의 확실성 유지하기

- 고객의 잠재력을 유지하기
- 침묵을 유지하기

생성적 프랙티스

마음

- 핵심 마음 프랙티스: 앉기
- 명명하기
- 습관의 자기 관찰
- 집착 놓아 보내기

몸

- 몸의 핵심 프랙티스: 센터링
- 관찰하기 vs. 감지하기
- 바디 스캔: 몸 안에서 주의 유도
- 다른 사람에 대한 신체적 반응 경험
- 신체적 인식을 통한 자기관찰
- 반응을 통해 센터링하기
- 바디 프랙티스하기

가슴

- 타인에 대한 연민 찾기
- 핵심 가슴 프랙티스: 당신의 가슴 터치하기
- 키스 프랙티스: 관찰 대 감지 2.0
- 신속한 자기조절 조치에 세 가지 핵심 프랙티스 통합하기
- 두 가지 간단한 감사하기 프랙티스
- 가슴으로 연결하기

관계적 조치

자기관찰과 깨달음을 위한 조치

반영하라

- 우리의 경험 명명하기
- 관찰한 것들을 반영하라
- 고객에 의해 우리 내면에 생성된 것을 반영하라

내적 인식으로 초대하라

- 자기관찰로 초대하라
- 현존으로 초대하라
- 감각을 추적하라
- 몸과 가슴의 지능에 접근하라

장에 초점을 맞추라

- 대화에 관련 요소를 가져오라
- 즉시성을 창출하라
- 실시간으로 습관에 조명하라
- 생동감에 조명하라

정체성에 도전하라

재구성을 위한 조치

관점을 전환하라

- 참조 프레임을 전환하라
- 지금 미래의 가능성에 접근하라

센터 중심으로 재구성하라

- 센터링 하라
- 실행에 센터링하라

자기조절 역량을 구축하라

- 필요한 것을 확장하라
- 내부의 신체적 자원을 확인하라
- 내적 프로세스를 명확히 하라
- 가슴과 연결하라

실행을 다짐하라

안정화를 위한 조치

현장작업을 설계하라

- 조건화된 경향을 중심으로 자기관찰을 설계하라
- 새로운 행동 또는 행위를 중심으로 자기관찰을 설계하라
- 관련이 있는 바디 프랙티스를 확인하라
- 고객이 생성적 프랙티스를 하도록 초대하라
- 관련이 있는 바디 프랙티스들을 확인하라
- 보완적인 학습 활동을 설계하라

함께 작업하라

새로운 '근거에 기반한 사실'을 창출하라

시작, 지속 및 완결을 위한 조치

시작

- 고객을 현존으로 초대하라
- 현재 순간과 더 큰 문제와의 관련성을 확립하라
- 고객의 습관을 부드럽게 나타내라
- 목적과 결과는 공동으로 개발하라

지속

- 고객이 진행 상황을 스스로 평가하도록 초대하라
- 진행 상황을 검증하고 벤치마킹하라
- 평가 및 가능한 다음 단계를 공유하라
- 목적, 아웃컴 및 구조를 재협상하라

완결

- 공동으로 평가를 공유하라
- 미해결 문제를 해결하라
- 고객을 위한 지속적인 자기생성 조치를 공동으로 설계하라
- 완결을 선언하라.

부록 B.

목적 연습(Purpose Exercise)

이 연습은 엄밀히 말하자면 현존 기반 코칭은 아니지만, 코치로서 자신의 목적을 명확히 하는 것은 코치로서의 지향을 하는 데 기본이 된다. 목적에 지향하기는 제4장에 설명되어 있다.

목적 선언문을 작성하는 데 사용할 수 있는 많은 프로세스가 있다. 인터넷 검색을 통해 다른 방법도 찾을 수 있으며, 부록 C에는 다른 목적과 관련된 자료도 있다. 아직 작성해 보지 않았다면 이러한 프로세스에 참여할 것을 적극 권장한다. (질문을 약간 변경시켜 동일한 프로세스를 본인이나 고객의 삶의 목적과 관련하여 사용할 수 있다.)

연습 B.1.
코치로서 목적 선언문 개발하기

아직 당신이 이 작업을 수행하지 않았다면 코치로서의 목적 선언문을 개발하는 데 시간을 할애하라.

가급적이면 영감이 떠오르고 편안한 환경에서 혼자만의 시간을 갖고 다음 질문에 대한 답을 작성하는 것으로 시작하라. 이 때 자신이 현존하고 창의력을 발휘할 수 있도록 하라. 당신이 자신 안에 현존하는 프랙티스가 있다면 글을 쓰기 전에 그 프랙티스를 활용하라.

다음의 질문들을 사용하여 탐색을 시작하라:

1. 사람들과 함께 일할 때 가장 큰 기쁨을 주는 것은 무엇인가?
2. 사람들과 함께 일하면서 언제 가장 활기차고 낙관적이며 감사하다고 느끼는가?
3. 어떤 역사적 인물과의 관계가 당신에게 영감을 주고 가르침을 주었는가? 당신은 그들의 어떤 점을 존경하는가?
4. 당신이 가장 소중하게 여기는 배움에 대한 대여섯 가지의 가치관은 무엇인가?
5. 당신의 타고난 강점과 스킬은 무엇인가?
6. 당신이 인생에서 가장 많이 기여한 사람들은 누구인가? 당신은 어떻게 그렇게 했나?
7. 당신이 가장 능숙하게 가르치고, 멘토링하고 혹은 영감을 주는 것은 무엇인가? 가장 열정적으로?
8. 당신이 과거에 코칭했던 방식에 대해 후회하는 점은 무엇인가?
9. 당신이 85세이고 당신의 삶을 돌아본다고 상상하라. 당신은 무엇에 대해 가장 감사하는가? 당신은 무엇으로 기억되기를 원하는가? 당신이 배운 가장 중요한 것은 무엇인가? 다른 사람들에게 무엇을 기여했는가?
10. 당신을 잘 아는 다른 사람들은 당신의 인생에서 진정한 기여는 무엇이라고 말하는가?
11. 당신은 세상에서 어떤 가능성을 가장 강하게 믿는가? 그 가능성을 실현하는 데 도움이 되는 재능에는 어떤 것이 있는가?
12. 위에 나열된 스킬, 신념 및 가치관을 생각해 보라. 다른 사람의 성장과 개발을 위해 이러한 것들을 어떻게 제공할 수 있는가? 시간을 내어 이 질문에 대한 답변을 작성하라. 이 작업은 여러 세션에 걸쳐서 하는 것이 가장 좋으며, 세션 사이에는 이면에서 생각하는 것이 좋다. 그런 다음 이 질문에 답하는 간결한 문장을 한두 개 작성하라:

- 당신이 코칭하는 사람들에게 제공하는 것은 무엇인가?
- 당신은 이것을 누구에게 제공할 것인가?

- 코칭을 통해 어떤 가치가 창출되는가? 코칭을 통해 고객에게 어떤 변화를 가져올 수 있는가?

이것이 당신의 목적선언문이다. 이를 작성하여 잘 보이는 곳에 게시하고 상기하라. 당신이 발달함에 따라 변화하고 전환할 수 있음을 인식하고 그 안에서 살아가라.

부록 C.

참고 문헌

다음의 책들은 추가적인 읽을거리를 제공한다. 이 책들 중 일부는 내 작업에 큰 영향을 주었고, 다른 책들은 현존 기반 코칭에서 제공하는 관점에 다양하고 보완적인 관점을 추가하기 때문에 선택되었다.

당신은 비즈니스, 코칭, 신체 심리학, 리더십, 감성 지능, 영성, 테라피, 철학, 불교, 신경 화학 분야가 모두 포함되어 있음을 알 수 있다. 통합적인 작업인 현존 기반 코칭은 다양한 영향력을 활용한다. 이 짧은 목록은 몇 가지 출발점을 제공하기 위한 것이며, 나 자신에게도 많은 기여를 한 가치 있는 많은 연구가 생략될 필요가 있었다. 여기에서는 당신의 탐구를 풍부하게 해줄 많은 것들이 있다고 해도 과언이 아니다.

참고 문헌은 특정 장과 연관되어 있지만 때때로 거의 임의적인 것처럼 보인다. 책은 저자별로 알파벳순으로 나열되어 있으며, 각 장에서 관련 서적을 읽을 때 가장 추천하는 항목은 굵은 글씨로 강조되어 있다(이 모든 책에 대한 주문 링크는 http://dougsilsbee.com/books/pbc/biblio에서 확인할 수 있다).

Silsbee, D. The Mindful Coach: Seven Roles for Helping People Grow. Marshall, N.C.: Ivy River Press, 2004.

나의 첫 번째 책은 마음챙김과 코칭의 연결고리를 탐구한다. 불교 수행에 기반한 자기관찰의 중요성은 고객에게 진정한 서비스를 제공하는 데 방해가 되는 습관을 인식하고 버리는 데 있다. 7중주 모델은 코칭 대화를 위한 로드맵을 제공하며, 고객의 새로운 요구사항에 따라 코치가 수행하는 일곱 가지 목소리 중심으로 구축된다. 코치의 자기개발을 위한 다양한 연습과 무료 온라인 코치 자기 평가 링크가 포함되어 있다. 이 책은 현존 기반 코칭의 자연스러운 파트너이다.

제1장

Halpern, B., and Lubar, K. *Leadership Presence: Dramatic Techniques to Reach Out, Motivate, and Inspire*. New York: Gotham, 2004.

연극에 뿌리를 둔 이 저자들은 리더십의 현존을 발휘하기 위해 "다른 사람들의 생각과 감정에 진정성 있게 연결할 수 있는 능력"을 키우기 위한 실용적인 가이드를 만들었다. 다양한 연습을 통해 리더로서 진정성을 구축하는 실용적이고 재미있는 경험을 할 수 있다.

Moss, R. *The Mandala of Being: Discovering the Power of Awareness. Novato*, Calif.: New World Library, 2007.

현존의 영역에 대한 설명을 제공하고 우리가 어떻게 멀어지는지, 어떻게 돌아올 수 있는지에 대한 메커니즘을 설명한다. 모스는 뛰어난 작가이며 현존의 영역에 대한 새로운 지도를 제공한다.

Scharmer, O. *Theory U: Leading from the Future as It Emerges. Cambridge,* Mass.: Society for Organizational Learning, 2007.

샤머는 그룹과 개인이 서로 다른 인식과 내적 상태로 이동하는 현존 모델을 탐구한다. 샤머는 미래의 가능성이 나타날 준비가 되어 있는 내면의 상태에 접근하는 것이 리더십에 필수적이라고 주장한다. 다양한 비즈니스 사례를 제공한다.

Tolle, E. The Power of Now: A Guide to Spiritual Enlightenment. Novato, Calif.: New World Library, 1999.

이 간단한 책은 세계적인 베스트셀러가 되었으며 독자들에게 현존을 인지적으로 이해하는 동시에 직접 체험할 수 있는 기회를 제공한다. 더 많은 청중에게 현존의 경험을 명확하게 전달하는 데 기여한 톨레의 공헌은 매우 크며, 그는 이를 강력한 방식으로 구현한다. 훌륭한 책이다. 영적인 측면에 관심이 적은 비즈니스맨이라면 샤머의 책(위)이 더 도움이 될 것이다.

제2장

Leonard, G. *Mastery*. New York: Plume, 1992.

아름답고 우아하며 단순하고 심오한 책이다. 인간 개발에 관심이 있는 사람, 어떤 종류의 수련을 꾸준히 하는 사람이라면 반드시 읽어야 할 필독서이다. 레너드는 아이키도를 오랫동안 수련한 경험을 바탕으로 어떤 분야든 숙달할 수 있는 열쇠를 제시한다. 이러한 열쇠에는 적절한 교육, 프랙티스 및 몸을 맡기는 것이 포함된다.

Schwartz, J. M., and Begley, S. The Mind and the Brain: Neuroplasticity and the Power of Mental Force. New York: HarperCollins, 2002.

양자 물리학, 신경과학, 불교를 관통하는 이 명쾌하고 매혹적인 지적 여정은 주의 집중과 반복된 프랙티스를 통해 말 그대로 뇌를 재구성할 수 있다는 놀랍고 심오한 발견을 이끌어낸 연구를 설명한다. 이 연구는 우리가 직면한 가장 심오한 질문을 배경으로 제시된다. 자유의지는 존재하는가? 의식이란 무엇인가? 마음챙김과 프랙티스가 어떻게 지속가능한 행동 변화를 만들어내는지에 대한 과학적 근거에 관심이 있는 사람들에게는 이것이 출발점이다.

Strozzi–Heckler, R. *The Anatomy of Change: East/West Approaches to Body/Mind Therapy.* Boston: Shambhala, 1984.

신체가 어떻게 삶의 사건을 저장하고 삶의 사건에 형성되는지에 대한 탐구. 우리가 조건화된 성향(습관)을 어떻게 구현하는지 그리고 신체적 인식이 어떻게 자신에 대한 더 강한 감각과 타인과의 더 의미 있는 접촉으로 이어지는지에 대한 중요한 논의이다.

Wilber, K. *A Brief History of Everything*. Boston: Shambhala, 2000.

월버는 현대의 가장 주목할 만한 철학자 중 한 명이다. 그는 뛰어난 지성을 바탕으로 물질에서 생명, 정신, 영혼으로 진화하는 과정과 인간의 개발이 이러한 큰 패턴을 어떻게 반영하는지에 대한 포괄적인 지도를 제공했다. 이 책은 윌버의 사상을 때때로 유머러스하게 개괄하고, 인간이 개발 여정을 진행하면서 어떻게 "초월하고 포용"하는지에 대한 큰 그림의 이야기를 제공한다.

제3장

Flaherty, J. Coaching: Evoking Excellence in Others (2nd ed.). Boston: Elsevier/Butterworth–Heinemann, 2005.

코칭에 관한 가장 심오하고 포괄적인 책 중 하나이다. 인간이 어떻게 변화하는지에 대한 큰 그림에 바탕을 둔 이 책은 코칭 분야에 선물 같은 책이다. 플래허티는 가장 위대한 사상가들의 연구를 코칭에 대한 유연하고 우아한 접근 방식에 통합하고 있으며, 그의 연구는 나에게도 큰 영향을 미쳤다.

O'Neill, M. B. *Executive Coaching with Backbone and Heart: A Systems Approach to Engaging Leaders with 1heir Challenges*. San Francisco: Jossey–Bass, 2000.

최고의 리더와 함께 일하는 사람들을 위한 최고의 코칭 책 중 하나이다. 오닐은 코칭 프로세스를 명확한 방법론으로 세분화하여 견고한 원칙으로 뒷받침한다. 코칭에서 현존과 자아의 활용에 초점을 맞추는 그녀의 방식은 신선하다.

Whitworth, L., Kimsey–House, H., and Sandhal, P. *Co–Active Coaching: New Skills for Coaching People Toward Success at Work and in Life*. Palo Alto, Calif.: Davies–Black Publishing, 1998.

코칭 분야의 초기 고전인 이 책은 코칭을 위한 질문 중심의 좋은 프레임워크를 제공한다. 코치의 자기조절을 강조하기 때문에 여기에 포함시켰다. 저자들은 여기에 설명된 원칙을 바탕으로 매우 성공적인 리더십 프로그램을 개발했다.

제4장

Leider, R. The Power of Purpose: Creating Meaning in Your Life and Work. San Francisco: Berrett-Koehler, 2005.

우리 삶에서 목적의 필요성에 대한 철학적이고 실용적인 탐구. 라이더는 많은 실용적인 연습을 제공한다. 목적, 의미, 공헌에 대한 질문을 던지거나 은퇴를 앞두고 있거나 인생의 목적을 재검토하고 있는 분이라면 이 책에서 시작해보라.

Swimme, B. *The Hidden Heart of the Cosmos: Humanity and the New Story.* Maryknoll, N.Y.: Orbis, 1996.

수학적 우주론자인 스윔미는 어떻게 우리가 우주의 진짜 기원의 정확한 위치를 이해하게 되었는지 설명한다. 빅뱅을 돌아보는 스윔미의 우아하고 시적인 산문은 당신을 놀라게 하고, 당신의 방향을 잡고, 사물의 순서에서 당신이 정확히 어디에 서 있는지에 대한 강력한 깨달음을 제공할 것이다.

Wegela, K. K. *How to Be a Help Instead of a Nuisance: Practical Approaches to Giving Support, Service, and Encouragement to Others.* Boston: Shambhala, 1996.

웨겔라는 도움을 주고, 연민을 함양하고, 자원이 되는 영역을 탐구한다. 마음챙김을 통해 다른 사람들과 함께하기 위한 실용적인 지혜와 지침을 제공한다. 이 사려 깊은 책은 여러분이 고객과 더 잘 소통하고 자신의 방해 요소에 덜 얽매이는 데 도움이 될 것이다.

제5장

Boyatzis, R., and McKee, A. Resonant Leadership: Renewing Yourself and Connecting with Others Through Mindfulness, Hope, and Compassion.

Boston: Harvard Business School Press, 2005.

감성 지능에 관한 이 중요한 비즈니스 서적은 도전과 스트레스의 누적된 영향으로 인해 리더가 불협화음이 되는 것을 피하기가 매우 어렵다고 주장한다. 지친 경영진을 위한 처방은 무엇일까? 몸과 마음, 감정을 새롭게 하면서 마음챙김, 희망, 연민을 키우는 '부드러운' 프랙티스이다. 더 자세히 알아볼 수 있는 많은 연습과 참고 자료가 있다.

Goleman, D., Boyatzis, R., and McKee, A. *Primal Leadership: Realizing the Power of Emotional Intelligence.* Boston: Harvard Business School Press, 2002.

감성 지능에 관한 골먼의 책 시리즈 중 세 번째 책인 이 방대한 책은 6가지 리더십 스타일과 각 스타일이 특정 상황에 어떻게 적합하고 공감을 불러일으키는지 설명한다. 이 책에는 감성 지능 및 리더십과 관련된 신경 해부학에 대한 흥미롭고 실질적인 탐구가 포함되어 있다. 저자는 정서적으로 지능적인 리더와 조직을 개발하는 방법에 대한 제안으로 마무리한다.

Johanson, G., and Kurtz, R. *Grace Unfolding: Psychotherapy in the Spirit of the Tao−te−ching.* New York: Belltower, 1991.

이 간단하고 아름다운 책은 일련의 주제('환영', '권한 부여', '진실 추구' 등)를 다루고 있으며, 몇 페이지에 걸쳐 각 주제가 돕는 관계에서 갖는 의미를 간략하게 살펴본다. 코치로서 우리는 이 주제들을 지향할 수 있으며, 이를 통해 고객에게 어떤 모습으로 다가갈지 결정할 수 있다.

Lewis, T., Fari Amini, F., and Lannon, R. *A General Theory of Love.* New York: Vintage, 2000.

세 명의 의사가 쓴 이 책은 사랑, 감정, 정신생물학, 인간관계에 대한 시적 탐구를 통해 인간이 어떻게 유대감을 형성하는지를 탐구한다. 변연계 공명의 본질을 이해하는 것은 코칭 고객과 구축하는 관계의 장에서 중요한 역할을 한다. 이 위안이 되는 책은 인간이라는 것이 무엇을 의미하는지 그리고 우리 몸에 잠재되어 있는 성취감과 행복의 가능성을 상기시켜 줄 것이다.

제6장

Bennett–Goleman, T. *Emotional Alchemy: How the Mind Can Heal the Heart.* New York: Harmony, 2001.

어려운 감정 작업을 하는 것에 대한 지혜를 제공한다. 마음챙김, 근도short–circuit 습관(역자 주: 불만, 갈등 등에 대한 원시적 습관), 인식 전환, 생각과 감정과의 관계에 대한 의식적인 선택은 현존 기반 코칭의 독자들에게 친숙하게 들릴 것이다. 어려운 감정으로 작업하는데 매우 유용한 책이다.

Gunaratana, B. H. *Mindfulness in Plain English.* Somerville, Mass.: Wisdom, 2002.

명상과 마음챙김에 대한 철저하고 실용적인 소개. 명상하는 방법, 몸과 마음을 다스리는 방법, 문제와 산만함을 다루는 방법, 일상 생활에 마음챙김을 적용하는 방법 등을 소개한다. 상식적이고 현실적인 내용.

Hayes, S. C. *Get Out of Your Mind and into Your Life: The New Acceptance and Commitment Therapy.* Oakland, Calif.: New Harbinger, 2005.

자신만의 코치가 되고 싶은 사람들을 위한 흥미로운 책이다. 고통에 대한 우리 마음의 기여에 대한 풍부한 탐구를 담은 이 책은 본질적으로 우리 마음이 어떻게 우리 자신의 고통을 만들어내는지, 어떻게 수용과 존재로 나아갈 수 있는지에 익숙해지기 위한 워크북이다. 탄탄한 연구를 바탕으로 한 이 실용적인 책은 자기계발 장르의 얕은 처방을 넘어 대중 심리학보다 불교에 더 가까운 엄격한 프랙티스를 제시한다.

Mingyur Rinpoche, Y. The Joy of Living: Unlocking the Secret and Science of Happiness. New York: Harmony, 2007.

불교의 가르침을 철저하게 현대적인 이야기로 풀어낸 유쾌한 책이다. 이 책을 읽고 나면 행복감을 느낄 수밖에 없다! 마음챙김 인식, 신경과학, 양자 물리학의 얽히고설킨 실타래는 마음챙김으로 행복한 삶을 산다는 것이 무엇을 의미하는지에 대한 흥미롭고 때로는 유머러스한 이야기를 제공한다. 회의론자에게 강력히 추천한다.

Siegel, D. J. *The Mindful Brain: Reflection and Attunement in the Cultivation of Well-Being.* New York: Norton, 2007.

뇌 과학, 개인적 경험, 전문적인 임상 적용을 엄격하게 통합하여 웰빙과 인식에 대한 강력한 탐구를 기반으로 한다. 인식의 표면 아래에서 무슨 일이 일어나고 있는지 더 깊이 탐구하고 이 지식을 다른 사람을 돕는 데 활용하고 싶은 분들에게 이 책은 중요한 책이 될 것이다.

제7장

Gendlin, E. T. *Focusing.* New York: Bantam, 1978.

어떤 사람들은 쉽게 변화할 수 있는 것처럼 보이는 반면, 어떤 사람들은 변화하기 어려운 오래된 패턴에 갇혀 있는 이유에 관한 작은 고전이다. 젠들린은 우리 몸의 신체적 감각인 '느낌 감각[felt sense]'에 접근할 수 있어야 변화할 수 있다고 주장한다. 이 책은 느낌 감각에 접근하는 방법을 명확하고 간단하면서도 심오한 단계별 접근 방식으로 보여준다.

Kabat-Zinn, J. *Full Catastrophe Living: Using the Wisdom of Your Body and Mind to Face Stress, Pain, and Illness.* New York: Delta, 1990.

카밧 진은 신체적, 정신적 건강상의 이점을 잘 문서화했고 다른 많은 곳에서 복제된 마음챙김 기반 스트레스 감소(MBSR) 프로그램을 개발한 것으로 가장 잘 알려져 있다. 이 책은 실용적이고 접근하기 쉬우며 독자가 집에서 기본적인 MBSR 프로그램을 배울 수 있도록 설계되었다. 실습으로 가득 찬 이 책은 포괄적이고 유용한 책이다. 추가 명상 및 신체 스캔 CD는 http://mindfulnesstapes.com에서 주문할 수 있다.

Levine, P. *Waking the Tiger.* Berkeley, Calif.: North Atlantic Books, 1997.

트라우마에 대한 레빈의 매혹적인 연구에 대한 개요이다. 레빈은 우리의 투쟁/도피/재결빙 반응이 어떻게 신체에 저장되어 무의식적이고 습관적인 반응을 결정짓는지에 대한 혁신적인 이론을 제시한다.

Strozzi-Heckler, R. 1he Leadership Dojo: Build Your Foundation as an Exemplary Leader. Berkeley, Calif.: Frog, 2007.

스트로치-헤클러의 책 중에 가장 최근에 출간된 책으로 리더십에 가장 초점을 맞춘 책이자 비즈니스 독자에게 가장 쉽게 다가갈 수 있는 책이다. 이 책은 리더를 개발하는 데 있어 신체적 자아의 중요성을 설명한다. 무술, 신체 작업, 심리치료, 명상, 교육 심리학을 통합하여 우아하게 종합한 이 책은 진정한 리더를 개발시키는 데 관심이 있는 사람이라면 반드시 읽어야 할 책이다. 이 저자의 연구는 나에게도 큰 영향을 미쳤으며, 코칭 고객에게 이 책을 자주 제공한다.

제8장

Childre, D., and Martin, H. ***The Heartmath Solution.*** San Francisco: HarperCollins, 1999.

스트레스가 많고 감정적인 사건 속에서 마음의 지성에 접근하고 명료함을 유지하기 위한 구체적인 기술을 제공한다. 이 작업은 많은 연구를 거쳐 비즈니스 및 기타 스트레스가 많은 직업에서 널리 사용되는 교육 프로그램, 테이프 및 기타 리소스의 기초를 제공한다. 이 고전적인 책은 전체적으로 도구와 연습이 포함되어 있어 매우 실용적이다.

Chodron, P. *The Places That Scare You: A Guide to Fearlessness in Difficult Times.* Boston: Shambhala, 2001.

티베트 불교 전통의 스승인 쇼드론은 연민과 사랑의 친절을 기르고 다른 사람에게 이를 확장하기 위한 실용적인 지침을 제공한다. 연민과 가슴에 대한 마음챙김에 기반한 접근 방식에 관심이 있는 분들에게 좋은 책이다.

Kouzes, J., and Posner, *B. Encouraging the Heart: A Leader's Guide to Rewarding and Recognizing Others.* San Francisco: Jossey－Bass, 1999.

리더십 분야의 베스트셀러 작가 두 명이 비즈니스 환경에서 직원들을 배려하고 감사하는 마음을 전달하기 위한 실용적이고 읽기 쉬운 접근법을 제시한다. 비즈니스 사례와 실용적인 제안이 가득하다.

Pearsall, P. *The Heart's Code: Tapping the Wisdom and Power of Our Heart Energy.* New York: Broadway, 1998.

자체 지능을 가진 에너지 시스템으로서의 가슴에 대한 최신 정보를 한 곳에 모았다. 각주가 많이 달린 이 책은 가슴의 힘, 자신의 마음과의 연결, 다른 사람과의 연결에 대해 자세히 알아볼 수 있는 좋은 출발점이다.

제4부

Budd, M., and Rothstein, L. You Are What You Say: A Harvard Doctor's Six Step Proven Program for Transforming Stress Through the Power of Language. New York: Crown, 2000.

읽기 쉬운 이 책은 신체, 기분, 언어에 대한 실용적인 접근법을 통해 삶의 만족도와 효과성을 높일 수 있는 방법을 제시한다. 의사인 버드와 정신생물학, 언어학, 신체학 분야의 거장들이 강사진으로 참여한 이 책은 단순한 자기계발서 그 이상의 의미를 지닌다. 바쁜 독자들에게 좋은 출발점이 될 것이다.

Howe-Murphy, R. *Deep Coaching: Using the Enneagram as a Catalyst for Profound Change.* El Granada, Calif.: Enneagram Press, 2007.

에니어그램(아홉 가지 성격 구조의 프레임워크)과 함께 현존, 신체 및 가슴의 지능, 마음챙김, 생성적 프랙티스, 현장작업을 실용적인 코칭 구조에 통합한다. 이 책의 강력한 개발 지향성은 이 분야에 가치 있는 공헌을 한다. 강력히 추천한다.

Leonard, G., and Murphy, M. *The Life We Are Given: A Long Term Program for Realizing the Potential of Body, Mind, Heart, and Soul.* New York: Tarcher/Putnam, 1995.

인간 잠재력 운동의 선구자 두 사람이 몸과 마음, 감정과 정신을 통합하는 장기적인 수련에 대한 사례를 제시한다. 저자들은 특정 카타kata(자세) 또는 루틴(일련의 동작)을 포함하지만 다른 요소도 쉽게 포함할 수 있다. 통합적 크로스 트레이닝에 대한 좋은 현장 가이드이다.

Shafir, R. *The Zen of Listening: Mindful Communication in the Age of Distraction. Wheaton*, Ill.: Theosophical Publishing House, 2000.

샤피르는 다른 사람의 말을 충분히 경청하고, 서로 다른 해석이 어떻게 혼란을 야기할 수 있는지 이해하며, 스스로 경청하는 마음챙김 가이드를 통해 마음챙김을 실천함으로써 커뮤니케이션이 더욱 명확해질 수 있도록 한다.

부록 D.

웹기반 리소스

다음 리소스는 현존 기반 코칭 웹사이트(http://dougsilsbee.com/books/pbc)를 통해 사용이 가능하다.

- 책에 언급되지 않은 업데이트된 리소스 및 주문 링크를 포함한 온라인 주석이 달린 참고 문헌
- 다운로드 가능한 템플릿 및 사례
- 무료 온라인 코치 자기 평가
- 다양한 사례 모음이 있는 다른 웹사이트 링크
- 유사하고 보완적인 접근 방식을 제공하는 코칭 리소스 링크
- 코치 교육 및 현존 기반 리더십 개발 리트릿에 대한 설명 및 날짜
- 저자의 대중 연설 및 워크숍 캘린더

노트

도입

1. D. Silsbee, *The Mindful Coach: Seven Roles for Helping People Grow* (Marshall, N.C.: Ivy River Press, 2004).

CHAPTER ONE

1. M. B. O'Neill, *Executive Coaching with Backbone and Heart: A Systems Approach to Engaging Leaders with Their Challenges* (San Francisco: Jossey–Bass, 2000), p. 17.
2. P. Senge and others, *Presence: An Exploration of Profound Change in People, Organizations, and Society* (Boston: Society for Organizational Learning, 2004), p. 13.
3. L. B. Halpern and K. Lubar, *Leadership Presence: Dramatic Techniques to Reach Out, Motivate, and Inspire* (New York: Gotham, 2004), p. 3.
4. R. Quinn, *Deep Change: Discovering the Leader Within* (San Francisco: Jossey–Bass, 1996), describes the ubiquitous tendency to feel overwhelmed and withdraw. "As performance levels fall, stress goes up, and vitality and drive wane. Our focus narrows, and we increase our commitment to our existing strategies, leading us toward greater difficulty" (p. 55). Quinn describes the alternative as deep change.
5. A slightly different definition is explored in depth in D. Silsbee, *The Mindful Coach: Seven Roles for Helping People Grow* (Marshall, N.C.: Ivy River Press, 2004), p. 14. Both definitions distinguish between coaching and related activities. My definition also borrows from James Flaherty, whose work has been very influential in my own.
6. J. Flaherty, *Coaching: Evoking Excellence in Others,* 2nd ed. (Boston: Elsevier/Butterworth–Heinemann, 2005). Flaherty also describes three products of coaching, two of which are similar to what I'm describing here: "long–term excellent performance," "self–correction," and "self–generation" (pp. 3–5).

CHAPTER TWO

1. D. Whyte, "Working Together," in *The House of Belonging* (Langley, Wash.: Many Rivers Press, 2004).

2. Attachments and aversions are important components of the Buddhist taxonomy of consciousness, and are described as the source of suffering. D. Silsbee, *The Mindful Coach: Seven Roles for Helping People Grow* (Marshall, N.C.: Ivy River Press, 2004), pp. 32–36, offers more detail on attachments and aversions, and places them in the con–text of coaching. Lama Surya Das, *Awakening the Buddha Within: Tibetan Wisdom for the Western World* (New York: Broadway Books, 1997), provides more on the Buddhist context for these terms. An Internet search will quickly find many other references.
3. Daniel Goleman, and others in the emotional intelligence field, refer to this neurological phenomenon as an "amygdala hijack," in which the fast reacting limbic system, focused on survival, overrides our best cognitive reasoning about how to respond to the situation. The auto–matic nature of such reactions is a great illustration of habits in action. D. Goleman, *Emotional Intelligence: Why It Can Matter More Than IQ* (New York: Bantam, 1997), describes this phenomenon.
4. E. Langer, *Mindfulness* (Reading, Mass.: Addison–Wesley, 1989), de–scribes this thought experiment.
5. James Flaherty places self–generation centrally in his discussion of coach ing in one of the best coaching books available. He describes it somewhat differently than I do here. See J. Flaherty, *Coaching: Evoking Excellence in Others,* 2nd ed. (Boston: Elsevier/Butterworth–Heinemann, 2005).
6. An extensive body of emerging research documents precisely how practi ce with directed attention literally rewires the brain, creating new neura l pathways that support the new habit. J. M. Schwartz and S. Begley, *The Mind and the Brain: Neuroplasticity and the Power of Mental Fo rce* (New York: HarperCollins, 2002), is a great starting point for explor ing this. See also D. Rock and J. Schwartz, "The Neuroscience of Lead ership," Strategy and Business, Summer 2006, and available at http://w ww.strategy–business.com/press/freearticle/06207.
7. Flaherty's third product of coaching, self–correction, addresses this ongoing need for self–regulation and requires the diligent practice of much of what I am discussing here. See *Coaching.*
8. R. Strozzi–Heckler provides compelling examples in *The Leadership Dojo: Build Your Foundation as an Exemplary Leader* (Berkeley, Calif.: Frog, 2007), pp. 55–59, 78–79.

9. By this I mean that she was organizing herself to serve in a new role; at the same time, she could include her historically useful behaviors in this new role as appropriate. As Miles learns to walk, he'll still be able to crawl; as Janet learned to develop others, she could still step into the weeds and solve problems when that was required.

CHAPTER THREE

1. D. Goleman, R. Boyatzis, and A. McKee, *Primal Leadership: Realizing the Power of Emotional Intelligence* (Boston: Harvard Business School Press, 2002), p. 141, states that "improvement plans crafted around learning rather than performance outcomes—have been found most effective." This is a significant opportunity to improve much of the coaching delivered in business.
2. J. Flaherty has a useful discussion about openings for coaching in *Coaching: Evoking Excellence in Others,* 2nd ed. (Boston: Elsevier/ButterworthHeinemann, 2005), pp. 61—70.
3. Richard Strozzi—Heckler speaks of a set of similar distinctions as the "triad of power." He describes three sources of power: the self, a com—munity of fellow learners that demand more of us, and a combination of ontological (generative) and ontical (designed to develop a specific skill) practices. Personal communication with the author, February 2008.
4. Strozzi—Heckler places generative practices in a continuum of embodied behaviors including reflexes, habits, routines, practices, and generative practices. See *The Leadership Dojo: Build Your Foundation as an Exemplary Leader* (Berkeley, Calif.: Frog, 2007), pp. 81—83.
5. S. Gilligan (ed.), *Walking in Two Worlds: 1he Relational Self in Theory, Practice, and Community* (Phoenix, Ariz.: Zeig, Tucker & Theisen, 2004), p. 111.

CHAPTER FOUR

1. More information on the Septet model and on coach training retreats teaching the model is available at http://dougsilsbee.com/books/tmc.
2. J. Flaherty, *Coaching: Evoking Excellence in Others,* 2nd ed. (Boston: Elsevier/Butterworth—Heinemann, 2005), p. 70.
3. S. Covey, in *The Seven Habits of Highly Effective People* (New York: Simon & Schuster, 1989), pp. 106, 128, has useful discussion about

personal mission statements. R. Leider, in *The Power of Purpose: Creating Meaning in Your Life and Work* (San Francisco: Berrett–Koehler, 2004), discusses purpose extensively and provides suggestions for clarifying purpose.

4. S. Salzberg, *A Heart as Wide as the World* (Boston: Shambhala, 1997), pp. 89–91.

CHAPTER FIVE

1. This phrase is attributed to Carl Rogers, a pioneer therapist, who be–lieved that effective client relationships relied on an atmosphere of total acceptance. C. R. Rogers, "A Theory of Therapy, Personality and Interpersonal Relationships, as Developed in the Client–Centered Framework." In S. Koch (Ed.), *Psychology: A Study of Science*, vol. 3, pp. 184–256 (NewYork: McGraw–Hill, 1959).
2. The resulting sense of intimacy and connection can be explained as limbic resonance: "a symphony of mutual exchange and internal adap–tation whereby two mammals become attuned to each other's internal states." T. Lewis, F. Amini, and R. Lannon, *A General Theory of Love* (New York: Vintage, 2000), p. 63.

PART THREE

1. Based on Wilber's work, the Integral Life Practice Starter Kit (Integral Institute, 2005, http://myilp.com), provides a set of practices in the domains of body, mind, spirit, and psychoemotional domains. DVDs and a practical, commonsense guide encourage anyone to begin "body/mind/spirit cross–training."

CHAPTER SiX

1. K. Weick and K. Sutcliffe, *Managi–ng the Unexpected: Resilient Performance in an Age of Uncertainty,* 2nd ed. (San Francisco: Jessey–Bass, 2007), pp. 32–41.
2. S.S. Hall, "Is Buddhism Good for Your Health?" *New York Times,* Sept. 14, 2003.
3. D. Silsbee, *The Mindful Coach: Seven Roles for Helping People Grow* (Marshall River, N.C.: Ivy River Press, 2004), pp. 38–48.
4. J. Flaherty, *Coaching: Evoking Excellence in Others,* 2nd ed. (Boston:

Elsevier/ Butterworth－Heinemann, 2005), pp. 193－202, describes the principles of self－observation and provides a number of examples in personal, business, and relationship domains. Also, a significant portion of *The Mindful Coach* addresses the topic of self－observation as coaches. More in－depth discussion and coach－specific self－observations can be found throughout *The Mindful Coach*; the treatment here is necessarily briefer.

5. Attributed to Shunryu Suzuki－roshi, source unknown.

CHAPTER SEVEN

1. R. Strozzi－Heckler, *The Leadership Dojo: Build Your Foundation as an Exemplary Leader* (Berkeley, Calif.: Frog, 2007), p. 79.
2. Eduardo Galeano, *Walking Words,* trans. Mark Fried (New York: Norton, 1995), p. 151.
3. Thomas Hanna is generally credited with modernizing the Greek term *soma* to refer to "the body as experienced from within, where we experience mind/body integration." See T. Hanna, "What Is Somatics?" *Somatics,* 1986, 5(4), 4－9.
4. The term somatic literacy was, as far as I know, first used by P. Linden, "Somatic Literacy: Bringing Somatic Education into Physical Education," *Journal of Physical Education, Recreation, and Dance,* Sept. 1994, 65(7),15－21.
5. This centering practice uses the dimensions of length, width, and depth, as described by Strozzi－Heckler, *The Leadership Dojo,* pp. 123－125. Another description of this centering practice can be found there.
6. Many people find verbal guidance helpful in doing the body scan. Jon Kabat－Zinn has created a series of guided meditation CDs, available at http://mindfulnesstapes.com. The Series 1 CD contains an extensive fortyfive－minute long body scan exercise. He provides body scan descriptions in *Coming to Our Senses* (New York: Hyperion, 2005), pp. 250－253.
7. This research is referenced in S. C. Hayes, *Get Out of Your Mind and Into Your Life: The New Acceptance and Commitment Therapy* (Oakland, Calif.: New Harbinger Publications, 2005), p. 49.
8. J. M. Schwartz, *The Mind and the Brain: Neuroplasticity and the Power of Mental Force* (New York: HarperCollins, 2002), states:

"Introspection, willed attention, subjective state ... can redraw the con－tours of the mind, and in so doing can rewire the circuits of the brain, for it is attention that makes neuroplasticity possible" (p. 339).

9. Described in J. Stevens's "Introduction" in M. Ueshiba, *The Art of Peace* (Boston: Shambhala, 2007).
10. R. Strozzi－Heckler, verbal communication, October 2006.

CHAPTER EIGHT

1. J. M. Kouzes and B. Z. Posner, *Encouraging the Heart: A Leader's Guide to Rewarding and Recognizing Others* (San Francisco: Jossey－Bass, 2002), p. 119.
2. P. Pearsall, *The Heart's Code* (New York: Broadway Books, 1998), pp. 72－74, describes many elements of this intelligence and provides ex－tensive references.
3. R. Howe－Murphy, *Deep Coaching: Using the Enneagram as a Catalyst for Profound Change* (El Granada, Calif.: Enneagram Press, 2007), p. 173.
4. D. Goleman, R. Boyatzis, and A. McKee discuss the emotional center of the brain and explore the neurology of emotional intelligence in *Primal Leadership* (Boston: Harvard Business School Press, 2002).
5. Y. M. Rinpoche describes the *tonglen* practice in The Joy of Living (New York: Harmony, 2007), pp. 187－188. Another description can be found in Perna Chödrön, *The Places That Scare You* (Boston: Shambhala, 2001), pp. 55－60.
6. This exercise is modified from Irmansyeh Effendi and the Padmacahaya Institute for Inner Study. More information on the heart and links to workshops can be found at http://heartsanctuary.org.
7. From testimony provided to the National Civil Aviation Review Commission in a public hearing on May 28, 1997. http://www.library.unt.edu/gpo/NCARC/testimony/swa－te.htm.
8. Brother David Steindl－Rast, a Benedictine monk, has a wonderful website dedicated to gratefulness at http://www.gratefulness.org. Here, you can find many practices and other resources with gratitude as a theme.
9. Kouzes and Posner, Encouraging the Heart, p. 150.
10. R. M. Rilke, *The Book of Hours: Love Poems to God* (New York:

Riverhead, 2005), p. 98.

CHAPTER NINE

1. R. Strozzi-Heckler, *The Anatomy of Change: East/West Approaches to Body! Mind Therapy* (Boston: Shambhala, 1984), provides a good overview. His work integrates approaches from Wilhelm Reich, Randolph Stone, Ida Rolf, and many others.
2. M. B. O'Neill, *Executive Coaching with Backbone and Heart: A Systems Approach to Engaging Leaders with Their Challenges* (San Francisco: JosseyBass, 2000), pp. 33-37.

CHAPTER TEN

1. Richard Strozzi-Heckler has a discussion of centering in commitments in *The Leadership Dojo: Build Your Foundation as an Exemplary Leader* (Berkeley, Calif.: Frog, 2007), pp. 126-128.
2. Self-regulation is one of five main areas of competency in Daniel Goleman's taxonomy of emotional intelligence in *Working with Emotional Intelligence* (New York: Broadway Books, 1998), pp. 26-27. (The others are selfawareness, motivation, empathy, and social skills.) I describe self-regulation as a subset of reorganization, imply-ing the more subtle moves of maintaining a state as distinct from mo-bilizing ourselves for something new, as is implied by "reorganization."
3. "Limbic resonance supplies the wordless harmony we see everywhere but take for granted ... The limbic activity of those around us draws our emotions into almost immediate congruence." T. Lewis, F. Amini, and R. Lannon, *A General Theory of Love* (New York: Vintage, 2000), p. 64.

CHAPTER ELEVEN

1. J. M. Schwartz and S. Begley, *The Mind and the Brain: Neuroplasticity and the Power of Mental Force* (New York: HarperCollins, 2002), ex-plores this in depth in the context of an intriguing philosophical dis-cussion of the concept of free will.
2. The term *activator* comes from the work of Darya Funches and is an element of her REAP model for personal and organizational transformation. Personal communication, June 1995.
3. M. Budd and L. Rothstein, *You Are What You Say* (New York: Crown, 2000).

색 인

역자 약력

김환영

한양대학교 교육학과에서 인적자원개발과 기업문화를 연구하여 교육학박사 학위를 취득하였고, 1995년 이후 ASTD와 국제에니어그램협회에 참가하여 HRD, Enneagram, Coaching 등을 연구하여 삼성, 현대 및 LG 등에서 경영교육 컨설팅을 하였으며, 현재 용인대학교에서 경력설계와 멘토코칭 등을 강의하고 있다. 국제비즈니스협회 공인 코치이며 국제에니어그램협회 인증 교사 및 한국에니어그램연구원 대표로 연구, 강의 및 저술 활동하고 있다. 에니어그램 딥리빙과 코칭퀘스천(스토리나인), NLP라이프코칭(더나인), 코칭의 핵심(메타프레스) 등 다수의 공역서가 있다.

김선휘

감리교신학대학교에서 신학학사(2005), Wesley Theological Seminary(2011)에서 Master of Divinity 학위를 취득하였고, 기독교대한감리회 중부연회에서 목사 안수를 받고 정회원으로 미연합감리교회 협동 회원으로 목회하였다. 한국에니어그램연구원에서 연구개발 실장으로서 에니어그램과 코칭을 연구, 강의하면서 크리스천 에니어그램 중심의 영성 에니어그램의 보급을 위해 노력하고 있다. The EI(Riso & Hudson), Mario Sikora, Andrea Isaacs 등 세계적인 에니어그램 전문가의 과정에 참여하고, 청소년 리더십 에니어그램(스토리나인), 27하위유형: 에니어그램의 열쇠(박영사)를 공역하였고 에니어그램 코칭과 구르지예프의 연구와 번역에 힘쓰고 있다.

김혜옥

가톨릭 대학교에서 신학학사 및 성서신학 석사학위 취득 후 동대학에서 영성신학 박사과정을 수료하고 논문 과정 중에 있다. 가톨릭 상담대학원 코칭 과정을 수료하고 미국의 Advanced Academy에서 진학 상담 경력을 바탕으로 현재 Philosophical State와 에니어그램을 핵심 툴로 「오라클. Edu. 코칭 센터」를 운영하면서 프리랜서로 영성신학 영성상담 과목을 강의하고 있다. Drama Therapy Director로서 임상예술학회와 대한 명상의학회 평생회원으로 코칭과 상담에 관한 연구와 실천에 매진하고 있다.

현존 기반 코칭-마음, 몸, 가슴

초판발행 2024년 8월 30일

지은이 Douglas K. Silsbee
옮긴이 김환영 · 김선휘 · 김혜옥
펴낸이 노 현

편 집 배근하
표지디자인 BEN STORY
제 작 고철민 · 김원표

펴낸곳 ㈜ 피와이메이트
서울특별시 금천구 가산디지털2로 53 한라시그마밸리 210호(가산동)
등록 2014. 2. 12. 제2018-000080호
전 화 02)733-6771
f a x 02)736-4818
e-mail pys@pybook.co.kr
homepage www.pybook.co.kr
ISBN 979-11-6519-966-1 93180

정 가 26,000원